고려 초기 정치사회사
- 유이민과 성씨 -

고려 초기 정치사회사

– 유이민과 성씨 –

초판 1쇄 발행 2022년 10월 11일

지은이   김창겸
펴낸이   윤관백
펴낸곳   선인
등 록   제5-77호(1998.11.4)
주 소   서울특별시 양천구 남부순환로48길 1 1층
전 화   02)718-6252/6257
팩 스   02)718-6253
E-mail   sunin72@chol.com

정가   33,000원
ISBN 979-11-6068-749-1 93910

고려 초기 정치사회사

- 유이민과 성씨 -

김창겸 저

선인

얼마 전에 지인이 전화를 해서, "김창겸의 학통은 東峯 金成俊으로 이어집니다."고 했다. 작고하신 동봉 선생님은 한국중세정치법제사 전공으로, 필자의 영남대 재학시절 은사님이다. 이런 연유로 지레 짐작하여 '내가 고려시대사에 대한 연구서를 출간하려고 작업 중인걸 어떻게 알았을까?' 놀라면서, "무슨 말이요?"하고 물어보니, 자기가 "지금 한국사학사학회에서 간행한 『우리시대의 역사가1』(경인문화사, 2011)을 보고 있는데, 김성준 편에 '제자 김창겸의 박사학위 수여식'에서 같이 찍은 사진이 수록된 것을 찾았다."고 알려준다.

그러고 보니, 도서출판 선인에서 이 책을 출간하겠다고 시작하였으나 차일피일 미루다 한해가 흘렀다. 이래서는 안 되겠다는 생각에 이제는 마무리하기로 작정하였다. 이처럼 출간이 늦어지고 또 미비하고 부실한 것은 전적으로 필자가 천학비재하고 불민한 탓이다.

책을 내면서 간행사라는 제목으로 거창한 명문장을 쓸 자신도 없고, 때는 마침 5월이라 필자의 어린 시절 기억과 가족사에 대하여 몇 자 적는 것으로 갈음한다.

필자의 고향은 경상북도 김천시 대항면 香川洞이다. 直指寺에서 산등성이 두개 넘어 黃嶽山 기슭의 골짜기 외진 곳에 있는 기날이라 불리는 두메산골 마을이다. 이곳에서 1957년 8월 17일(음력)에 태어났지만 우여곡절로 신고가 늦어져 법적으로는 1959년 3월 1일 출생으로 등재되어 있다. 이 마을에는 새마을운동의 혜택으로 1970년 초반에야 비로소 전기가 들어왔다. 초등학교 시절엔 석유 기름 호롱불을 켜놓고 공부를 했고, 밤에 마실을 다니거나 늦게까지 이웃집에서 동무들이랑

어울려 놀다가 귀가할 때는 송진을 흠뻑 머금은 소나무 가지와 뿌리를 잘라서 만든 관솔불을 들고 다녔다. 겨울 늦은 밤엔 부엉이 울음소리가 들리고 가끔은 늑대 같은 짐승이 마을로 내려오기도 했다.

마을 사람들과 인근의 주민들은 필자의 증조부와 종조부 그리고 당숙께서 기거했던 종가, 마을에서 가장 큰집을 김참봉댁이라고 불렀다. 당숙과 재종형제들은 유복한 여건에서 김천시내에 소재한 중학교와 고등학교, 대도시의 대학으로 진학하였다. 이와 달리 필자의 아버지는 집안에서 서열상 가장 마지막이라 정식 학교 교육을 받지 못하고 소작농 그리고 머슴들과 함께 농사일을 하시다가, 18세에 16세인 어머니와 혼인하여 종가 아래채에, 나중에는 분가하여 이웃에서 생활하였다.

아버지께서는 농한기 겨울이면 쇠죽을 끓이는 가마솥에 군불을 때면서, 어린 필자를 옆에 앉혀 놓고 이런저런 이야기를 해주셨다. 기억컨대 대부분 우리 역사상 위인들에 대한 것이었다. 특히, 金庾信에 대해 말씀하실 때는 이야기 처음과 끝에, 이 분은 윗대 조상이라고 하시면서, 경상도 발음으로 우리 집은 '기매깅가[金海金家]', '깅파[京派]', 그 중에서도 '안깅공파[安敬公派]'에 속하고, 너는 '김[謙]짜' 항렬이라고 말씀하신 뒤에, 거듭 외우게 하셨다. 이것의 진위는 차치하고, 필자로서는 어린 마음에 특별한 내력과 다른 사람과는 차별성이 있다는 이야기를 듣고 자긍심과 우쭐함을 가졌던 것 같다. 그러면서 우리 집은 왜 김해 김가가 되었는지를 물었다. 하지만 선친의 대답은 "그냥 김해 김가라고 하면 된다. 옛날에 수로왕이 김해에 가락국을 세우고 우리는 김해 김가다고 해서 된 것이다."고 하셨다.

대학에 진학한 후 故 李樹健 교수님의 수업시간에 성씨와 본관, 土姓과 徙民, 지방제도 등에 대한 깊이 있는 강의를 받았다. 그러면서 인구 이동과 성씨 및 본관에 대한 이해와 관심을 갖게 되었다. 필자는 한국의 성씨와 본관제는 전통시대 국가와 사회를 얽어맨 씨줄날줄이면서 아울러 인간을 구속하고 가두는 틀로써 구실을 하였다고 이해한다. 한국의 성씨문화에 대한 연구는 반드시 필요한 분야이다. 하지만 이것은 연원이 오래됨에 비례하여 그 소종래가 복잡하고도 민감한 것들이 있어, 실제는 매우 지난한 작업이다. 게다가 현실적으로는 학문 외적인 요소와 환경에서 어려움과 절망을 경험하는 경우도 있다.

필자는 신라와 고려 초기의 역사문화를 연구하면서 때때로 성씨와 연관한 몇 편의 논문을 학술지에 발표하였다. 이것들에다가 최근에 쓴 글들을 더해서, 이번에 한권의 저서로 上梓하고자 한다. 당초부터 저서로 출간을 염두에 두고 전체적인 내용과 편차를 계획하고 작성한 것이 아니라 당시 사정에 따라 개별 논문으로 집필되어 일정한 형식과 체재가 아니었던 것들을, 이번에 본래의 논지를 유지하면서 부분적으로 수정하고 통일하여 외형상 한권의 책으로 모양을 갖추었다. 지금 읽어보니, 필자가 학문적으로 성숙하지 못한 初耆로서 당시 주변 분들의 격려성 부추김에 만용을 좀 부렸다는 느낌이 있다. 내용을 전면적으로 수정해 볼까 하고 생각도 했지만, 필자의 글이 공간된 이후에 발표된 다른 연구자들의 논저를 여기에다가 덧칠하여 혼란을 초래하기보다는 차라리 뒷날 후학들의 연구사 이해를 돕는 것이라 생각하여 가급적 본래대로 두기로 했다. 각주와 참고문헌 몇 군데 첨서하였다.

출간에 즈음하여 최근에 있었던 신상의 변화를 두 가지 기록한다. 1983년부터 근무하였던 韓國學中央硏究院에서 硏究員 생활을 2019년 6월에 정년퇴직하고, 2020년 봄 김천대학교에 새로 취업하였다. '나이 쉰에 참봉 벼슬'이란 말이 있듯이, 환갑이 지난 나이에 교수라는 허울을 더했다. 또 1986년 혼인하여 35년 동안 생활했던 서울 봉천동, 특히 2000년 1월에 처음으로 입주했던 관악우성아파트를 떠나 2021년 9월에 서초동으로 이사했다. 이 과정에서 필자의 학문과 연구 생활의 자료였던 수많은 서책과 원고들을 정리하고 폐기하였다. 지나온 오랜 인생의 흔적을 떠나보내는 아픔과 안타까움을 감내해야만 했다.

한편 가장으로서는 아직도 여러 가지로 서투르고 모자라는 필자와 함께 가정이라는 보금자리에서 서로 챙겨주고 보듬는 아내와 딸, 그리고 지난 2월에 폴란드 바르샤바에서 근무를 마치고 귀국한 아들 부부와 손녀들에게 고맙고 사랑한다는 말을 적는다. 특히 2021년 4월에 태어나 갓 첫돌을 맞은 둘째 손녀 金河穩이가 건강하게 성장해 주길 기원한다.

그리고 사옥을 마포에서 양천구 신월동으로 이전한 도서 출판 선인의 윤관백 사장께서 탁월한 사업 능력과 노력으로 크게 발전하길 바라면서, 또 정성을 다해 책을 만들어준 이진호 편집장에게 감사드린다.

2022년 10월
서초그랑자이 서재에서
香村 金昌謙 쓰다.

목차

책을 내면서 / 5
머리말 / 15

1부 • 후삼국 통일과 유이민 ·············· 23
1장 ι 고려 건국기 유이민의 양상 ·············· 25
Ⅰ. 머리말 ·············· 25
Ⅱ. 유이민의 양상 ·············· 27
    1. 종류 ·············· 27
    2. 발생 동인과 성분 ·············· 29
    3. 형태와 파급 효과 ·············· 43
Ⅲ. 맺음말 ·············· 56

2장 ι 고려 태조의 유이민 정책 ·············· 61
Ⅰ. 머리말 ·············· 61
Ⅱ. 유이민 정책의 형태와 내용 ·············· 63
    1. 무력 진압 ·············· 63
    2. 취민유도와 권농 ·············· 66
    3. 지방제도 개편 ·············· 74
    4. 주거지 택정과 순무·사민 ·············· 77

　　　5. 사원의 통제와 관리 ···················· 81

　　　6. 사성과 본관제 실시 ···················· 90

　Ⅲ. 맺음말 ································· 97

3장 ｜ 태조의 후삼국 통일, 패서 호족과 발해 유민 ······· 101

　Ⅰ. 머리말 ······························· 101

　Ⅱ. 태조의 통일정책 ························· 103

　　　1. 호족통합정책 ······················ 104

　　　2. 북방정책 ························· 110

　Ⅲ. 패서 호족에 대한 정책 ···················· 115

　　　1. 패서 호족의 성장 ··················· 115

　　　2. 패서 지방과 왕건가 ················· 127

　　　3. 태조의 통일정책과 패서 호족 ············ 130

　Ⅳ. 발해 유민에 대한 정책 ···················· 134

　　　1. 발해 유민의 내투 ··················· 134

　　　2. 발해 유민과 왕건가 ················· 136

　　　3. 태조의 통일정책과 발해 유민 ············ 138

　Ⅴ. 패서 호족과 발해 유민 ···················· 139

　Ⅵ. 맺음말 ······························· 145

2부 • 신라말 고려초 사회와 성씨 ············· 147

1장 ｜ 신라 인명의 항렬자 사용과 의미 ············· 149

　Ⅰ. 머리말 ······························· 149

　Ⅱ. 신라 중고기 인명과 불교식 돌림자 도입 ·········· 156

Ⅲ. 신라 중대 인명과 유교식 항렬자 수용 ················· 161

   1. 무열왕계 왕족의 항렬자 ························· 162

   2. 중대 진골귀족의 항렬자 ························· 167

Ⅳ. 신라 하대 인명과 항렬자 사용 확산 ················· 177

   1. 원성왕계 왕족들의 항렬자 ······················ 177

   2. 진골귀족과 입당신라인 및 지방 관인의 항렬자 ········· 181

   3. 유학지식인의 항렬자 ·························· 185

Ⅴ. 맺음말 ·································· 187

2장ㅣ고려 태조대 성관 사여와 의미 ················· **191**

Ⅰ. 머리말 ································· 191

Ⅱ. 성씨와 사성 ······························ 193

Ⅲ. 사성과 호족 ······························ 196

Ⅳ. 사관 및 성적과 거주 제한 ····················· 204

   1. 賜貫 ·································· 204

   2. 成籍 ·································· 207

Ⅴ. 맺음말 ·································· 211

3장ㅣ신라말 고려초 평택 임씨의 등장 ·············· **213**

Ⅰ. 머리말 ································· 213

Ⅱ. 평택 임씨의 유래와 林八及 ···················· 215

Ⅲ. 신라말 당에서 도래한 '八學士' 성씨들 ·············· 223

Ⅳ. 평택지역 본관의 성씨들 ······················ 230

Ⅴ. 신라말 고려초 지방세력의 칭성과 시조화 ············· 233

Ⅵ. 맺음말 ································· 239

3부 • 고려 초기 왕권과 정치 ·········· 241

1장 l 태조와 「훈요십조」 제3조 ·········· 243

Ⅰ. 머리말 ·········· 243

Ⅱ. 제3조 성립의 배경 ·········· 245

    1. 신라 하대 왕위계승의 혼란 ·········· 246

    2. 궁예 정권의 몰락과 왕위계승 ·········· 248

    3. 후백제의 멸망과 왕위계승 ·········· 253

Ⅲ. 제3조와 왕위계승 ·········· 255

    1. 제3조의 내용 ·········· 256

    2. 제3조의 준수 ·········· 258

Ⅳ. 맺음말 ·········· 265

2장 l 경종과 황제 호칭

    - 하남 교산동 약사불좌상 명문 고찰 - ·········· 269

Ⅰ. 머리말 ·········· 269

Ⅱ. 명문의 해석 ·········· 271

    1. 太平 2年 ·········· 273

    2. 古石佛과 重修 ·········· 276

    3. 今上皇帝 ·········· 279

Ⅲ. 중수의 의미 ·········· 290

Ⅳ. 맺음말 ·········· 293

3장 l 현종과 동궁관 설치 ·········· 295

Ⅰ. 머리말 ·········· 295

Ⅱ. 동궁관 설치의 경위 ·········· 297

Ⅲ. 현종대 동궁관 설치의 배경과 목적 ·········· 303

    1. 현종의 즉위와 거란의 제2차 침입 ·········· 303

　　2. 현종의 왕권 강화와 태자 책봉 ·················· 309

　　3. 「훈요십조」의 재출현 ························· 313

　Ⅳ. 현종대 정치세력과 동궁관 ·················· 317

　　1. 현종대 정치세력과 동궁관 설치 ·············· 317

　　2. 현종대 동궁관 역임자 ···················· 321

　Ⅴ. 맺음말 ································· 337

보론 ┃ 최치원에 대한 후대인의 평가 ············· **339**

　Ⅰ. 머리말 ································· 339

　Ⅱ. 밀찬조업설과 문창후 추시 ·················· 341

　Ⅲ. 문학과 삶에 대한 이해 ···················· 346

　　1. 우리 문학의 비조 - 고려시대 - ·············· 346

　　2. 조선시대 상반된 평가 ···················· 349

　Ⅳ. 문묘 배향과 사상에 대한 이해 ················ 357

　　1. 유가들의 평가 ························· 357

　　2. 불가들의 평가 ························· 363

　　3. 도가들의 평가 ························· 367

　　4. 삼교회통과 북학·동학에 끼친 영향 ············ 370

　Ⅴ. 문학작품과 민간에서 숭배 ·················· 373

　Ⅵ. 사대주의 문제와 역사인식 이해 ··············· 377

　Ⅶ. 정치·사회적 개혁의지 ···················· 384

　Ⅷ. 맺음말 ································· 387

참고문헌 / 391

찾아보기 / 403

| 수록 논고들의 처음 발표 때 제목과 서지 사항 |

1부

1장 「高麗 建國期 流移民의 樣相」『韓國中世史論叢』−李樹健敎授停年紀念
−, 2000.
2장 「高麗 太祖代 對流移民政策의 性格」『國史館論叢』 35, 1992.
3장 「後三國統一期 太祖 王建의 浿西豪族과 渤海遺民에 대한 政策研究」
『成大史林』 4, 1987.

2부

1장 「신라시대 人名의 行列字 사용과 그 의미」『韓國古代史探求』 39, 2021.
2장 「高麗 太祖代 姓貫 賜與와 그 의미」『역사민속학』 30, 2009.
3장 「신라말 고려초 平澤林氏의 등장」『新羅史學報』 34, 2015.

3부

1장 「고려 太祖의 王位 父子繼承 意識 −訓要十條 第三條를 중심으로−」『嶠
南史學』 6, 1994.
2장 「太平二年銘磨崖藥師佛坐像銘의 歷史的 考察」『韓國中世社會의 諸問
題』−金潤坤敎授定年紀念論叢−, 2001.
3장 「고려 顯宗代 東宮官 설치」『韓國史學報』 33, 2008.

보론

「고운 최치원에 대한 후대인의 평가」『신라 최고의 사상가 최치원 탐구』, 주류
성, 2001.

이 책에서는 신라 말기 및 고려 초기의 정치사회적 특성을 유이민 현상이라는 인구이동과 더불어 성씨본관제와 연계하여 살펴보고자 한다. 책의 제목을 무엇으로 할까? 고민을 많이 했다. 결국은 '고려 초기 정치사회사—유이민과 성씨—'로 정했다. 하지만 이 책의 내용이 제목의 모든 것을 내재하고 있다거나, 또는 이 제목이 이 책의 내용에 반드시 적합한 것은 아니다.

오늘날 한국에서 인구 감소현상은 매우 심각하다. 그 원인을 국가적으로는 출산율 저하와 인구의 고령화가 자연적인 감소 요인이지만, 보다 절박한 것은 지방에서는 수도권과 대도시로의 인구 유출에 따른 사회적 요인에 의한 지역 인구의 감소현상이다. 이러한 현상은 지방의 소멸이라는 위기를 초래하였고, 결국은 국가의 균형 발전을 저해하고 있다.

호모 미그란스(Homo Migrans)라고 하듯이, 인간은 움직이고 이주하는 존재이다. 그러면서도 定住하고 安着을 추구한다. 인간의 이동현상과 그 파급효과는 인류 역사문화의 발전에 매우 중요한 동력이다. 인간이란 恒産이 없으면 恒心이 없어 이곳저곳으로 떠돌아다니곤 한다. 신라 말과 고려초에는 '流移民의 時代'라 말할만큼 활발한 인구이동이 있었다. 장기간에 걸친 대대적인 유이민 현상은 신라의 사회체제 붕괴와 후삼국기의 분열과 혼란을 야기하였다. 반면에 후삼국 통합과 더불어 유이민의 안착으로 인구의 사회적 계층변화에 의한 신분이동과 이주와 정착에 의한 활발했던 지역이동이 小康化됨으로써 이들이 국가의 公民으로 편입되었다. 이것은 방황과 이동에서 통제와 정착으로의 전환인 것이다. 결국 고려 초기 통치지배체제의 확립이며 새로운 사회질서의 재편성이라고 보겠다.

이 책에서는 이러한 관점에서 고려 초기 정치사회를 살펴보고자 한다. 유이민의 정착은 인민의 지역적 긴박이며 격동적인 인구이동 현상의 소멸이었다. 이 과정에서 지방통치 구역의 편제와 함께 성씨본관제와 인명의 항렬자 사용이 확대되어 유교적 질서에 기초한 지배체제가 강고화되어 갔다. 이 기저 위에서 인민에 대한 역역 부과와 조세 징수는 실행되었던 것이다. 이와 더불어 최상층에서의 고려 초기의 왕권과 유교적 지배체제는 국왕 위상 강화, 왕위의 부자계승 확립 및 동궁관 설치, 문묘 설치 등 유교사상의 보급으로 실현되었음을 다룰 것이다.

이 책의 내용은 1부 후삼국 통일과 유이민, 2부 신라말 고려초의 사회와 성씨, 3부 고려 초기 왕권과 정치 순으로 편재한다.

1부에서는 고려의 건국과 후삼국 통일과 유이민에 대하여 살펴보겠다.

신라 하대와 고려 초기의 사회적 상황으로는 왕위쟁탈전에 따른 신라 지배계급의 분열과 타락, 富의 집중화, 기층민의 몰락과 활발한 인구의 이동, 새로운 종교와 사상의 출현 등을 들 수 있다. 이 중에서 인구 이동은 지역이동과 신분이동으로 나눌 수 있는데, 지역이동으로 가장 대표적인 것이 유이민 현상이다. 신라 하대로부터 고려 초기의 사회변화를 역사적으로 이해하는 방법으로는 이 시기에 만연하였던 유이민의 양상에 대해 분석할 필요가 있다. 신라 하대에 이르러 폭발적으로 발생한 유이민 현상은 후삼국의 정립을 초래한 중요한 요인의 하나로 작용하였으며, 이 현상은 뒤이은 고려의 건국 및 후삼국 통일 직후에도 계속되었다. 한편 고려는 유이민들을 지배영역 내에 정착시키는 과정에서 새로운 신분질서와 통치체계가 성립되어 사회 발전을 낳았다.

사실, 고려 태조의 즉위시에는 후삼국이 정립하여 경쟁하였고, 또 통일전쟁이 진행되는 중이라 여러 가지 요인에 의하여 수많은 인구의 流移 현상이 만연하였다. 유이민들이 각 지역을 횡행하면서 사회적 불안을 조성하는 상황에서 국내의 안정이란 기대할 수 없고, 또 국내 사정이 복잡한 상황에서 대외 문제, 특히 후삼국 통일전쟁을 수행하기에 어려웠다. 이에 태조는 이들 유이민을 영토 내에 定着시켜 生業에 종사케 함으로써 완전한 公民으로 만들어야 하는 중요한 과제를 안고 있었다. 여기서는 태조가 실시한 다양한 유이민 정책에 대해 살펴볼 것이다. 후삼국통일 이전의 시책은 유이민을 발생시킨 동인과 유이민의 양상을 해소하는데 목적을 둔 것이었다면, 통일 이후에는 유이민의 재발을 방지하기 위한 사회 재편성을 목적으로 한 보다 항구적인 성격의 정책들이었음을 밝히고자 한다.

　태조 왕건은 고려왕조를 개창하고 후삼국 통일을 완수하였다. 이 과정에서 대외적 문제인 후백제에 대한 정책, 신라에 대한 정책, 북방정책과, 대내적 문제인 호족통합과 민의 정착을 위한 시책 등은 각각으로 개별적 과제가 아니라 복합적인 것이었다. 그러므로 이들 과제의 해결은 동시적으로 상호 관련성을 가지고 진행되었을 것이다. 결국 고려 건국초, 즉 태조는 대내정책과 대외정책을 동시적으로 서로 연계성 속에서 시행하였다. 필자는 이러한 관점에서 호족정책, 북방정책, 후백제정책과 발해 유민의 포섭은 서로 불가분의 관계에서 이루어졌음을 구명할 것이다. 이로써 고려 태조의 통일 전쟁을 좀더 역동적으로 이해하고, 나아가 후삼국 통일이 갖는 의미를 부여하고자 한다.

　2부에서는 신라 하대와 고려 초기의 사회 상황과 인명의 항렬자 사용 그리고 성씨본관제의 실시에 대한 살펴본다.

　우선 신라시대 인명에 항렬자가 사용되었음을 확인하고, 또 그 사용

시기와 변화 추이를 알아보고, 그것이 갖는 정치사회적 의미를 검토함과 더불어, 후삼국기와 고려 초기에 인명에서 항렬자 사용의 의미를 성씨제와 연계하여 살펴볼 것이다. 신라 하대에는 왕족과 진골귀족은 물론 유교지식인, 그리고 일부 지방 세력가들 사이에는 항렬자 사용이 확산되고, 유교적 부계친족제는 강화되어 갔다. 특히, 도당유학생들은 주도적으로 唐의 성씨를 모방하여 취하고 아울러 유교식 한자 이름을 택하였다. 이러한 문화적 분위기는 점차적으로 중앙뿐만 아니라 지방에도 전파되었다. 하대의 지방사회에서 성씨의 확산은 중앙에서 有姓者가 지방으로 이주함에 의한 것도 있지만, 한편으로는 지방에서 성씨가 없던 세력가와 지식인들이 여기에 영향과 자극을 받아, 그리고 이를 혈연과 세력집단을 표현하는 요소로 인식하고 스스로 칭성과 함께 漢字式에다가 항렬자를 가진 이름을 사용하였을 것이다. 결국 고려초의 지배층에서는 姓氏本貫制 확립과 함께 行列字 사용이 확대되고, 그리하여 부계친족제가 점차 강화되어 간 것으로 이해하고자 한다.

고려 태조는 지방의 세력가인 이른바 호족들을 회유·결합하기 위하여 여러 가지로 노력하였다. 그 방법의 하나로 고려의 건국과 후삼국 통일 과정에서 賜姓을 행하였는데, 연구자들은 흔히 이것은 지방세력가 개인을 대상으로 한 것으로 이해되고 있다. 그러나 호족으로 지칭되었던 개인의 同一親族集團만으로 구성된 것이 아니라 여러 친족이 혼재되어 연합체를 형성하고 있었을 것이다. 결국 태조의 사성은 특정한 호족 개인에게 주어지는 경우도 있었지만, 때로는 그의 친족 구성원과 그 집단에 포함된 일정지역의 모든 양민에게 주어진 것이다. 그러므로 한국의 성씨는 반드시 혈연관계를 바탕으로 형성된 것만은 아니었고, 비록 동성동본이라고 해도 모두가 혈연적 관계를 가졌다고 할 수는 없음을 밝힐 것이다. 또 후삼국 통일을 완수한 뒤 공신들과 고급 관료 및 통일 사업에 협조했던 호족들에게 특정 지역을 본관으로 하는 성씨를 내렸다. 그리고 전국 군현을 개편하여 명칭 변경과 더불어 각 지역에 토착하고 있던 유력층에게 토성을 분정하고 본관을 부여하면서 지방사회를 재편성해 나갔다. 그 실질적인 작업은 호적의 정리 작성으로 이루어졌을 것으로 보인다. 결국 사성과 본관 부여, 호적 작성, 그리고 공동체 의식 고취 등은 인민을 토지에 긴박시켜 거주 이전을 제재하는 조치로서 성격을 갖는 것이다. 그러므로 이것은 지배층의 입장에서는 국토에 편재된 인구가 다시 유리화되는 것을 방지하기 위한 통제와 구속의 틀이었음을 주장하겠다.

전통적으로 한국에서 姓은 부계혈통의 표시로 인식되어 왔다. 한국의 성과 본관제는 중국의 漢式 성씨제를 수입 모방한데서 시작되었지만, 그것이 본격적으로 수용된 시기는 신라 하대와 고려 초기라 하겠다. 이런 까닭에 많은 성씨의 시조는 신라말 고려초와 그 이후의 인물로 알려져 있다. 더욱이 이들 성씨의 시조 중에는 중국에서 東來한 것으로 전하는 경우가 제법 많다. 필자는 대표적인 경우의 하나인 평택 임씨를 통해서 이 시기에 성씨가 대두하는 사례로 검토하고자 한다. 먼저 平澤 林氏의 시조로 전하는 林八及에 대해서 살펴보고, 이어서 평택 임씨처럼 시조가 이른바 ‘八學士’로서 중국에서 한반도로 건너와 정착했다는 성씨에 대해 검토하고, 또 평택지역에 本貫을 가진 성씨들에 대해 알아본다. 마지막으로는 신라말 고려초에 있었던 지방세력자의 稱姓과 평택 임씨가 대두하는 과정을 구명한다.

3부에서는 고려 초기의 왕권 강화와 정치사에 대하여 살펴본다.

왕조국가에서 왕위계승은 무엇보다도 중요하다. 왕위가 지속적으로 계승되는 것이 곧 왕조의 수성인 것이다. 고려왕조의 창업자인 태조는 말년에 「訓要十條」를 직접 지어서 후손에게 남겼다. 이 가운데 제3조는 왕위계승에 대한 것이며, 그 내용은 적장자계승을 기본으로 하는 부자계승원칙을 제시하고 당부한 것이다. 여기서는 태조가 왕위계승원칙을 특별히 제시한 역사적 배경, 제3조의 내용을 검토하고, 나아가 이 원칙의 제시로 고려 초기의 왕위계승원칙이 어떻게 변화를 하였는가를 알아보면서, 태조에 의한 왕위 부자계승원칙의 확립이 갖는 의미가 있음을 이야기하겠다.

이어서, 고려 전기에 고려국왕은 稱帝하였던 사실을 당시에 제작된 금석문을 통해서 밝히겠다. 하남 교산동 약사불좌상의 윈편에는 명문이 음각되어 있다. 이것은 불상의 중수 시기와 목적을 알려주고 있어 매우 중요하다. 필자는 이 명문을 역사적 관점에서 살펴볼 것이다. 먼저 이 명문을 이해하는데 중요한 관건이 되는 太平二年이란 고려 경종 2년(977)이며, 古石佛과 重修는 이전부터 있던 석불을 다시 수리하였다는 의미이고, 장수의 기원 대상인 今上皇帝는 고려 景宗에 대한 지칭으로, 이에서 고려 국내에서는 황제의 위상을 가졌던 사실을 규명한다. 이로써 945년(혜종 2)에 있었던 王規의 난으로 위축되어 있던 廣州 지역 세력들이 974년 경종의 즉위를 기하여 정치사회적 입지를 재기하려는 바램에서 불상의 중수가 이루어졌음을 밝히겠다.

한편 고려 왕조에서 현종대가 차지하는 역사적 의미는 대단히 크다. 현종이 펼친 일련의 정책은 유교적 관료체제를 완비하여 고려를 탄탄한 반석 위에 올려놓는 업적이었다. 이와 연계하여 1022년(현종 13) 東宮官을 설치한 배경과 의의를 알아보고자 한다. 현종이 동궁관을 설치한 것은 왕위의 부자계승이라는 태자 책봉의 기본적인 목적과 더불어 현종 자신의 경험이 가장 크게 작용하였다고 본다. 이것은 현종이 즉위 과정에서 경험한 고통, 그리고 즉위 직후에 있었던 거란의 제2차 침입을 격퇴한 이후 진행한 개혁정치의 목적과도 부합한다. 새로운 제도의 성립에는 당시 상황과 참여자들의 정치적 이상과 목적이 투영되었다. 현종대 동궁관의 설치 배경과 의도 또한 이러한 관점에서 볼 필요가 있기에, 동궁관을 설치한 현종과 동궁관직에 임명된 인물들의 관련 역할과 정치적 성격에 대해서도 검토한다.

그리고 현종대 유교정치를 이해하는 補論으로 崔致遠에 대한 후대인들의 평가를 검토하고 분석한다.

고려 현종대에 최치원을 文昌侯로 추시하고 文廟에 배향함으로써 한국의 명현을 포함하는 유교문화가 실시되었다. 최치원은 생존기에 이미 唐의 문인들에게 文才가 인정되어 詩仙 李白과 비유되었고, 귀국한 뒤에는 신라에서 國士로 대우받았으며 세간에서는 이른바 一代三崔의 한 사람으로 존경하였다. 더욱이 문학 작품은 중국·일본 등에 널리 알려지고 평가된 국제적인 문인이었다. 사실 최치원은 문학과 삶은 물론 역사인식과 사상 등 여러 면에서 후대인에게 많은 영향을 끼쳤다. 오늘날까지도 그에 대한 평가는 끊임없이 계속되고 있다. 하지만 그에 대한 후대인의 평가는 시대에 따라, 또 평가자의 입장에 따라 달랐다. 여기에서는 현재에 이르기까지의 그에 대한 평가를 살펴보고 분석할 것이다. 그 내용은 최치원에 대한 고려시대, 조선시대 문학, 사상(유가, 불가, 도가, 민족종교), 현대에서 역사(사대주의, 삼한 위치비정, 발해인식), 사회개혁 의지 등으로 나누어 검토하고 그 의의를 찾고자 한다.

이상에서 언급했듯이, 이 책은 신라 하대로부터 고려 현종대에 이르는 시간적 범위에서, 고려의 건국과 후삼국 통일을 분수령으로 한 시대적 전환을 '혼란과 안정'이라는 관점에서 유이민, 성씨본관제, 그리고 왕권 강화 등 정치사회사에 대해 논증할 것이다.

1부
후삼국 통일과 유이민

1장

고려 건국기 유이민의 양상

Ⅰ. 머리말

신라말 고려초의 사회적 상황으로는 왕위쟁탈전에 따른 신라 지배계급의 분열과 사치·방탕한 생활에 의한 타락 현상, 富의 집중화 현상, 활발한 인구의 이동현상, 새로운 종교와 사상의 출현 등을 들 수 있다.[1] 이 중에서 인구이동은 지역이동과 수직이동으로 나눌 수 있는데, 지역이동으로서 가장 대표적인 것이 유이민 현상이다. 流移民이란 官의 정식 보고와 허락을 받지 않고 거주지를 스스로 옮겨 숨거나 혹은 계속적으로 떠돌아다니는 자들을 지칭한다. 문헌에는 이러한 사람과 현상을 流人·流亡·流戶·流民·流氓·流浪·流徒·流寓·流亂·流餓·流離·流瓢·逋民·逋亡·逋播·避役者 등 다양하게 표기되어 있지만, 편의상 이를 통칭하여 流移民으로 표현해도 무방할 듯하다.

신라 하대, 특히 헌덕왕대부터 폭발적으로 발생한 유이민 현상은 후삼국의 정립을 초래한 중요한 요인의 하나로 작용하였으며, 이 현상은

---

1) 김갑동, 1990, 「나말려초 사회변동의 역사적 배경」『나말려초의 호족과 사회변동 연구』, 고려대학교 민족문화연구소, 20쪽.

뒤이은 고려의 건국 및 후삼국 통일 직후에도 계속되었다. 그러므로 고려 태조에게는 여러 가지 정치적·군사적으로 해결해야할 문제와 더불어 對民問題, 특히 그 중에서도 유이민의 발생 방지와 이미 발생한 유이민을 國土에 定着시키는 것은 시급한 과제로 대두되었다.

고려 건국기의 사회현상과 사회변동을 파악하기 위해 당시의 유이민현상에 대하여 살펴보는 것은 매우 의미 있는 과제이다. 사실 신라말 고려초의 사회변동을 이해하기 위하여 관심을 가져야할 대상으로 豪族과 더불어 流移民에 대한 파악은 대단히 중요한 관건이다. 그럼에도 유이민에 대해서는 群盜로서의 역할 외는 거의 미답의 상태에 있다.[2] 이에 대한 체계적이고 종합적인 연구가 필요하다.[3]

여기에서는 신라말 고려초의 유이민에 대하여 살펴보고자 한다. 우선 유이민의 양상에 대해서 한정하여 살펴보겠다. 그 순서는 먼저 유이민의 종류를 살펴본 다음, 각 종류의 유이민의 발생 동인과 그 성분, 그리고 유이민의 형태와 유이민이 끼친 파급 효과 등에 대하여 살펴보

---

2) 김광수, 1987, 「나말의 사회변동」『제2판 한국사연구입문』, 지식산업사, 149쪽.
3) 이 시기의 유이민에 대하여 언급한 연구는 다음과 같은 것이 있다. 김철준, 1964, 「후삼국시대의 지배세력의 성격」『이상백박사화갑기념논총』 ; 이기백, 1957, 「신라사병고」『역사학보』 9 ; 이수건, 1976, 「후삼국시대 지배세력의 성관분석」『대구사학』10 ; 최병헌, 1978, 「신라 하대 사회의 동요」『한국사』3, 국사편찬위원회 ; 노태돈, 1978, 「나대의 문객」『한국사연구』21·22합집 ; 김수태, 1981, 「고려 본관제도의 성립」『진단학보』52 ; 채웅석, 1986, 「고려전기 사회구조와 본관제」『고려사의 제문제』, 삼영사 ; 홍승기, 1989, 「후삼국의 분렬과 왕건에 의한 통일」『한국사시민강좌』5 ; 김갑동, 앞의 책 ; 이인재, 1992, 「신라하대 농민층분해와 농민항쟁(1)」 한국역사연구회 제25회 연구발표회요지 ; 조인성, 1994, 「신라말 농민반란의 배경에 대한 일시론」『신라말 고려초의 정치·사회변동』, 신서원 ; 전덕재, 「신라 하대의 농민항쟁」『한국사』4, 한길사 ; 박은경, 1996, 『고려시대 향촌사회연구』, 일조각 ; 이문현, 1996, 「고려태조의 농민정책」『고려태조의 국가경영』, 홍승기 외, 서울대학교출판부.

도록 하겠다.[4] 다만 연구의 범위는 시간적으로는 신라 하대 후반기부터 고려 태조의 재위기로, 공간적으로는 종래 신라의 영토와 고려 태조시의 지배 영역에서 있었던 유이민을 대상으로 하겠다.

Ⅱ. 유이민의 양상

1. 종류

유이민 현상은 인구이동의 한 형태이다. 인구이동은 통상적으로 단순히 거주지를 옮긴다는 의미의 비과학적인 이동은 'mover'로 표현되는 반면에 행정 및 지리적 경계를 넘어 이동하는 자를 학술적으로 지칭하여서는 'migrant'로 표현한다. 그리고 'migrant'는 다시 이동의 영역에 따라 '국내 이동인(interal migrant)'과 '국제 이동인(international migrant)'으로 분류된다.[5] 한편 유이민의 이동 방향에 따라 外部로부터 들어오는 '流入民(immigrants)'과 밖으로 나가는 '流出民(emigrants)'으로 구분된다.

고려 건국기의 인구이동은 이러한 학술적 분류형태가 동시에 복합적으로 나타났다. 그리고 당시 인구이동의 가장 일반적인 현상이었던 유이민 또한 마찬가지였다. 그래서 필자는 이러한 분류 기준을 참조하여, 이 시기의 유이민을 우선 크게 이동범위에 의해 국내 유이민과[6]

---

4) 필자는 이미 고려 태조의 유이민정책에 대하여 살펴본 바 있다(김창겸, 1992,「고려 태조대 대유이민정책의 성격」『국사관논총』 35). 그러나 태조의 왕권강화라는 연구주제에 맞추다보니, 유이민의 성격을 파악하는 데는 소홀하였다. 이를 보완하고자, 원래는 여기의 제Ⅱ장에 해당했던 부분을 다시 체제를 갖추고 내용을 수정 보충하여, 이 글로 작성하였다.

5) 홍사원·김사헌, 1979,『한국해외이민연구』, 한국개발연구원, 15쪽.

6) 당시는 후삼국이 정립하여 왕조는 달리했지만, 신라를 비롯하여 후백제·태

국제 유이민으로 나누고, 다시 각각의 출신국과 종족에 따라 여러 계통으로 세분하도록 한다.

고려 건국기의 유이민은 여러 종류가 있다. 그 중에서 대부분을 차지하는 것이 신라 하대에 신라 영역 안에서 발생한 유이민이다. 이들은 신라왕조를 혼란으로 몰아갔다. 그리고 甄萱과 弓裔는 이러한 혼란을 틈타 후백제와 후고구려를 건국함으로써 후삼국시대를 열었다. 그리고 후삼국이 정립된 뒤에도 신라에서 계속 발생한 유이민이 있다. 이들을 모두 합쳐서 '新羅系 流移民'이라 칭하기로 한다. 한편 새로이 건국한 궁예정권에서 발생한 유이민이 있는데, 이들을 '泰封系 流移民'이라 칭한다. 그리고 궁예를 몰아내고 고려를 건국한 태조 王建의 재위기에도 유이민이 계속 발생하였는데, 이들을 '高麗系 流移民'이라 칭한다. 또 후백제에 있어서도 견훤정권 말기의 내부적 갈등과 후백제 멸망에 따른 유이민 현상이 있었다. 이는 '後百濟系 流移民"이라 칭하기로 한다.

한편 국제 유이민으로는 국내에서 당시의 신라·태봉·고려·후백제를 벗어나 타민족의 거주지인 만주·일본·중국으로 이주해 간 유이민과 반대로 외부의 타민족 거주지에서 고려로 이주해온 유이민이 있었다. 이 경우는 전자는 비록 유이민의 분류상으로는 국제 유이민으로 발전하였지만 사실상은 국내 유이민의 이동 공간의 확대이므로 그 발생 동인과 성분은 국내 유이민의 분류 기준을 적용하고, 후자는 출신국과 종족에 따라 歸巢型 流移民, 渤海系 流移民, 女眞系 流移民, 漢人系 流移民 등으로 구분하겠다.

봉·고려가 모두 하나의 동일한 민족의식을 가진 공동체였으므로(김광수, 1986, 「고려건국기 일국가의식의 이념적 기초」『고려사의 제문제』, 삼영사), 이들을 국내라는 용어로 포괄해도 큰 무리는 없을 듯하다.

2. 발생 동인과 성분

유이민의 발생 동인과 그 성분은 매우 다양하다. 유이민의 발생 동인은 대체로 정치·군사·사회·문화·경제적인 요인을 들 수 있다. 그러나 전쟁, 정치·사회적 동요, 자연재해로 인한 어쩔 수 없는 인구이동의 한 형태로 발생한 것을 제외한다면 경제적 동기가 유이민 발생의 가장 중요한 동인 중의 하나가 되고 있다. 신라말 고려초에 있었던 유이민의 발생 동인도 이 범주를 크게 벗어나지 않는다.

그리고 유이민의 성분은 왕족·귀족·관리는 물론 일반민과 걸인·범죄자·도망자·정치망명자·도적과 수행을 하는 승려 등 다양하지만, 크게 분류하면 정치사회적으로 당시 상층에 속하던 지배층과 하층에 속하였던 일반민을 주로 한 피지배층으로 나눌 수 있다.

먼저 고려 건국기에 있었던 유이민의 발생 동인과 그 성분을 살펴보면 다음과 같다.

1) 국내 유이민

(1) 신라계 유이민

신라계 유이민은 고려의 건국 이전부터 있어온 것이다. 이들의 발생 배경과 원인으로는 여러 가지가 있다.

그 중에서도 첫째, 귀족들의 왕위쟁탈전에 의한 지배층의 분열과 사치·방탕한 생활 및 부정부패와 비리에 따른 정치적 혼란과 신라왕조의 멸망을 들 수 있다. 정치적 혼란현상은 통치기강을 해이하게 하였다. 특히 888년(진성여왕 2)에 이르러 진성여왕과 사통하던 각간 魏弘이 죽은 뒤, 여왕은 몰래 2·3인의 미소년을 불러들여 이들에게 요직을 주고 국정을 맡기었다. 그러자 佞倖이 방자해지고 貨賂가 공공연히 행해지며 상벌이 공평치 못하며 기강이 문란해졌고, 이에 불만을 표하다가 처벌을 받는 자도 생겼다.[7] 이러한 정치적 분위기에 실망과 위협을 느낀 자들은 山谷이나 이웃나라로 망명하였고,[8] 또 유리하였다.[9] 특히 935년 경순왕이 고려 태조에게 항복함으로써 신라왕조는 멸망하였다. 그러자 태자와 왕족 그리고 귀족은 물론 많은 관리들이 이에 반대하며 망국을 한을 품고 망명과 은둔을 택하였다.[10]

둘째, 자연재해와 가뭄 및 전염병의 유행을 들 수 있다. 『삼국사기』에 의하면, 신라 하대에는 거의 매년 가뭄과 홍수 그리고 병충해·한해·황충해·풍해 등의 자연재해가 계속 되었음을 볼 수 있다. 자연재해로 인한 흉년은 기근현상으로 이어졌으며, 이에 백성들은 먹고살기 위한 수단으로 유이민이 되었고, 드디어는 도적화하였다.[11] 이에 더하여 당시 전염병의 유행은 생활을 더욱 어렵게 하여 많은 유이민을 낳았다.[12]

7) 『삼국사기』권11, 진성여왕 2년 2월 ; 『삼국유사』권2, 眞聖女大王居陀知 참조.

8) 崔致遠과 崔承祐·崔彦撝가 그 대표적인 사례이다.

9) ① "唐昭宗景福元年 是新羅眞聖王在位六年 嬖竪在側 竊弄政柄 紀綱紊弛 加之以饑饉 百姓流移 羣盜蜂起"(『삼국사기』권50, 견훤전) ; ② "見新羅衰季 政荒民散 王畿外州縣 叛附相半 遠近羣盜 蜂起蟻聚 善宗爲乘亂聚衆 可以得志"(『삼국사기』권50, 弓裔傳).

10) ① "王子哭泣辭王 經歸皆骨山 倚巖爲屋 麻衣草食 以終其身"(『삼국사기』권12, 경순왕 8년 9년 10월) ; ② "其弟亦爲僧 名梵空 後住法水海印寺"(『동사강목』제5하, 乙未 冬10월).

11) "當國大饑頻致 小盜相尋 本恣豺狼之貪 漸矜鴻鵠之志 其以藏奸鼠竊 始開胠篋探囊 乘勢蜂飛 遽見分城剽邑 遂使烟塵匝境 風雨愆期 群戎益熾於東陵 餘粒莫棲於南畝 …… 而今也郡邑遍爲賊窟 山川皆是戰場"(『謝嗣位表』『崔文昌侯全集』)와 주9 참조.

12) "十一年 夏六月 王謂左右曰 近年以來 百姓困窮 盜賊蜂起 此孤之不德也"(『삼국사기』권11, 진성여왕 11년). 좀더 자세히 말하자면, 경문왕 6년 10월 尹興 兄弟의 모반사건, 11월 신라해적선의 일본근해 지방 약탈사건, 이듬해 정월 臨海殿의 중수, 5월 전염병 유행, 8월 홍수, 그리고 다음해 정월 金銳의 모반사건, 8월 朝元殿 重修 등이 그 대표적 사례의 하나이다.

셋째, 피난은 유이민 발생의 주된 동인이다. 빈번한 전쟁과 반란은 유이민을 발생시킨 중요한 원인 중의 하나이다. 전쟁의 양상은 이미 후삼국의 성립 이전부터 있었다. 신라 하대의 개시기부터 있었던 잦은 왕위쟁탈전과 반란은 왕경 뿐만 아니라 점차 그 무대가 확대되어 전국을 혼란과 위험 상황으로 몰아갔다. 그리고 싸움에서 실패한 정치세력은 金周元처럼 지방으로 퇴거하거나,[13] 金祐徵과[14] 弘弼처럼[15] 도서지역으로 도망하였으며, 또는 金陽과[16] 金昕처럼[17] 소백산과 같은 산야에 숨어버리기도 하였다. 또 일반민 역시 그 소용돌이에서 벗어나고자 안전지대로 이주해 갔다. 이에 더하여 지방 곳곳에서 발생한 농민반란과 북방에서 狄國과 寶露國·黑水國의 통교 요구와 침입설,[18] 그리고 唐에서의 王仙芝·黃巢 등 流賊의 亂에 대한 소식이 전해져 신라 전역은 위기의식 속에서 긴장감에 빠져들었을 것이다. 더구나 후삼국의 성립 뒤에는 각국 상호간의 대립항쟁으로 전쟁의 무대가 한반도 전체로 확대되었다.[19] 이에 많은 사람들은 전쟁의 위험으로부터 벗어나고자 하였

---

13) 『삼국유사』 권2, 元聖大王 ; 『신증동국여지승람』 권44, 강릉대도호부 인물.

14) 『삼국사기』 권10, 희강왕 2년.

15) 『삼국사기』 권11, 문성왕 3년.

16) 『삼국사기』 권44, 김양전.

17) 『삼국사기』 권44, 金陽傳附金昕傳.

18) ① "北鎭奏 狄國人入鎭 以片木掛樹而歸 遂取以獻 其木書十五字云 寶露國與黑水國人 共向新羅國和通"(『삼국사기』 권11, 헌강왕 12년) ; ② "始則黑水侵疆 曾噴毒液 次乃綠林成黨 競簸狂氣"(「讓位表」『崔文昌侯全集』).

19) 최치원은 당시 상황을 "唐十九帝 中興之祭 兵凶二災 西歇東來 惡中惡者 無處無也 餓殍戰死 原野星排"(「海印寺妙吉祥塔記」), "郡邑遍爲賊窟 山川皆是戰場"(「謝嗣位表」), "所管九州 仍標百郡 皆遭寇火 若見劫灰 加復殺人如麻 曝骨如莽 … 致使仁鄕 變爲疵國"(「讓位表」)이라고 하였다.

다. 특히 후백제 견훤의 신라왕경 침공은 많은 유이민을 낳았다.[20] 심지어 승려들마저도 안전한 수행의 장소를 찾아 山俗이나 다른 지역으로 이주하였다.[21]

넷째, 지배층의 수탈과 이에 대항하여 생존하려는 경제적 욕구를 들 수 있다. 이것은 특히 하층민에게는 가장 중요한 유망의 동인이다. 당시 계속된 흉년·전쟁·전염병 등으로 농업생산량이 극도로 감소되었다. 그럼에도 왕실은 잦은 왕위쟁탈전과 그에 따른 왕통의 변화로 실추된 왕권의 강화를 목적으로 한 여러 차례 修造役事를 벌였다. 그리하여 버거운 공역을 요구하자 이것을 감당하지 못한 일반민은 유망하였다.[22] 이러한 상황에서도 중앙에서는 국가재정을 위하여 사자를 파견하여 조세를 독촉하였고, 한편으로는 부패한 지방 관리들의 가렴주구가 심하였다.[23] 하지만 견디지 못한 백성들은 조세를 거부하거나 타

---

20) "羅季天成中 正甫崔殷諴 久無胤息 詣玆寺大慈前祈禱 有娠而生男 未盈三朔 百濟甄萱襲犯京師 城中大潰 殷諴抱兒來告曰 鄰兵奄至 事急矣 赤子累重 不能俱免 若誠之大聖之所賜 願借大慈之力覆養之 令我父子再得相見 涕泣悲惋 三泣而三告之 裹以襁褓 藏諸猊座下 眷眷而去 經半月寇退 來尋之 肌膚如新浴 貌體嬛好 乳香尚痕於口 抱持歸養 及壯聰惠過人 是爲丞魯 位至正匡"(『삼국유사』권3, 三所觀音衆生寺).

21) ① "偶值戎煙鶴歸有所 遯跡多年 曁平寇壘 大闢僧田"(「鳳巖寺靜眞大師塔碑文」); ② "此開觀曝骨之墟 見殭屍之處 他山靜境 豈無避地之方 此地危邦 終絶居山之計 … 同載而征達于彼岸"(「興法寺眞空大師塔碑文」); ③ "此際風聞 南在武州 此中安處 可能避難 修保殘生所以 大師與同侶十一人 行道茫茫至于 其所 果然 群黎翕集所在康寧"(「淨土寺法鏡大師塔碑文」); ④ "此際運當喪亂 時屬艱難 國祚之危 危如累卵 處處而煙塵 焱起媛氣而恐及蓮扉 大順二年 師 避地於尙州之南"(「興寧寺澄曉大師塔碑文」).

22) 김창겸, 1988, 「신라 경문왕대 수조역사의 정치사적 고찰」『계촌민병하교수 정년기념 사학논총』, 74쪽.

23) "亂甚於劉曹之代 上無聖主 猶鋪獝聚之徒 下有庸流 莫防黥鯢之難 … 四海沸 騰 三韓騷擾"(「無爲寺先覺大師塔碑文」).

지역으로 유망하였고, 드디어는 민란을 일으켰다.[24]

다섯째, 여러 가지 유언비어의 만연과, 말세의식의 심화와 새로운 세상의 도래에 대한 기대감을 들 수 있다. 자연재해, 전쟁의 위협, 경제적 곤궁이 겹쳐진 질곡의 분위기에 편승하여 신라 정부에 대한 비판,[25] 신라 멸망의 예언,[26] 彌勒信仰의 유행[27] 등 말기적 증상이 나타났다. 이러한 분위기는 새로운 사회로의 변화를 희구하게 하였다. 그리고 이것은 유이민의 발생을 부추기는 주요한 원인이 되었다.

한편 신라계 유이민의 성분은 왕족·귀족과 관리들을 비롯하여 승려·농민·걸인·범죄자 등 다양하였다. 왕조의 멸망과 전쟁, 정치적 혼란 등으로 중앙의 왕족·귀족을 비롯하여 관리는 물론 지식인계층 등 지배층의 유망도 상당히 많았다. 그러나 이들은 숫자상 피지배층에 비하여서는 상대적으로 적었다. 반면에 일반양민의 유리현상은[28] 그 빈도와 규모 면에서 대단히 심각하였다. 일반양민은 봉건국가에 있어 조세와 공역을 부담하면서 사회체제를 유지시켜 주는 기본토대이다. 그리고 이것을 담당하는 계층은 일반양민 중에서도 특히 농민들이었다.[29] 결국 신라 말기에 있어 많은 유이민이 발생하였는데, 이들의 대부분은 직접 생산층인 동시에 조세와 공역의 부담을 담당해야만 했던 일반양민 농민층과 그 가족들이었다.

---

24) 『삼국사기』 권11, 진성여왕 3년 참조.

25) 『삼국사기』 권11, 진성여왕 2년의 王巨仁 사건이 대표적이다.

26) "有雞林黃葉 鵠嶺靑松之"(『삼국사기』 권46, 최치원전), 智理多都波(『삼국유사』 권2, 處容郎望海寺).

27) 조인성, 1996, 「미륵신앙과 신라사회」 『진단학보』 82.

28) 9세기 말의 신라 사회에서 일반양인농민의 유리현상은 「신라촌락문서」에서 보이듯이 농촌의 일반적인 현상이었다(김종선, 1989, 「일본정창원소장 신라장적의 작성년도와 그 역사적 배경」 『아세아문화』 5, 3~9쪽).

29) 홍승기, 앞의 논문, 62쪽.

(2) 태봉계 유이민

弓裔는 신라 하대의 혼란을 틈타 유이민을 집합하여 새로운 국가를 건설하였다. 궁예 자신이 비록 신라의 왕족 출신이라고는 하나 이미 일반민의 신분으로 전락하였다. 그리고 신분을 감추기 위해 도피, 유 망생활을 하다가 사원에 기탁하여 승도로써 도적화된 유망민을 집합시 켜 일어났다. 건국 뒤에는 열악한 자신의 위치를 벗어나 짧은 시일 내 에 강력한 전제군주로서의 왕권을 구축하기 위하여 많은 무리한 정치 과정을 수행하였다. 그러나 이러한 궁예의 전제적 통치는 오히려 큰 역효과를 낳았으며, 또다시 궁예의 지배권에서 벗어나고자 하는 많은 수의 유이민이 발생하였다.

궁예 재위시의 유민 발생의 동인을 찾아보면 다음과 같은 것을 지적 할 수 있다. 첫째, 후삼국간의 세력 확장을 위한 계속된 전쟁이다. 둘 째, 이러한 전쟁 상황에서도 궁예는 신왕조의 개창한 뒤에 왕권의 과 시를 위한 궁궐의 건축 등 土木工事를 일으켜 백성들을 동원함에 요역 이 과중하고 農事의 시기를 놓쳐 농업생산량은 줄어들었다. 셋째, 기 근이 잇달았고 질병마저 나돌아 물가는 폭등하여 사회경제적 혼란이 가중되었다. 이에도 불구하고 궁예는 전제왕권을 유지하기 위하여 과 중한 조세를 부과하였다. 그리하여 이를 견디지 못한 백성들 사이에는 원망과 비난이 일어나고, 경제적 곤궁을 이기지 못하여 몸을 팔고 자 식을 팔아 남의 노비가 되기도 하였으며, 집을 버리고 유리하여 노상 에서 굶어죽는 자가 생기게 되어, 결국 인구는 줄어들고 국토는 황폐 해졌다.[30] 넷째, 정치적 혼란과 궁예 정권의 몰락이다. 먼저 지배층에

---

30) ① "詔曰 泰封主 以民從欲 惟事聚斂 不遵舊制 一頃之田 租稅六碩 置驛之戶 賦絲三束 遂使百姓 輟耕廢織 流亡相繼 自今 租稅征賦 宜用天下通法 以爲恒 例"(『고려사절요』권1, 태조 1년 7월) ; ② "詔曰 前主 視民如草芥 而惟欲之 從 乃信讖緯 遽棄松嶽 還居斧壤 營立宮室 百姓困於上功 三時失於農業 加以

속하였던 자들은 궁예의 전제화 정치를 만류 반대하다가 죽음을 당하기도 하고 혹은 자신에게 닥칠 위험에서 벗어나고자 미리 山谷이나[31] 北方으로[32] 도망쳤다. 이처럼 전쟁과 정치적 탄압으로 인하여 사회적 분위기가 혼란해지자 여러 가지 유언비어가 나돌아[33] 유이민 현상을 가속화시켰다. 그리고 918년에는 王建이 쿠데타를 일으켜 궁예를 몰아내고 고려를 건국하였다. 이러한 정치적 변동과정에서 종래 궁예 정권에서 관리였던 자들은 자신들에게 닥칠 위험을 피하여 대부분이 흩어져 달아났다.[34] 이때 도망친 자들 중에는 태조 정권에 재등용되기도 하였지만, 나머지는 망명자가 되어 국내의 山谷 지역이나 海島로 숨거나 혹은 북방 지역을 비롯한 국외로 이주하였다. 이러한 현상은 지배층에 속했던 자들만이 아니라 무력충돌에 놀란 일반민에게도 마찬가지였다. 그리고 이들은 王京에서 뿐만 아니라 지방에서도 북방 지역이나 후백제 지역으로 흘러 들어간 유이민이 발생하였다.

태봉계 유이민의 성분은 매우 다양하였다. 우선 당시 지배층에 속했

饑荐臻 疾疫仍起 室家棄背 道殣相望 一匹細布 直米五升 至使齊民 賣身鬻子 爲人奴婢 朕甚悶焉 其令所在 具錄以聞 於時 得一千餘口 以內庫布帛 贖還之"(『고려사』 권1, 태조 1년 8월) ; ③ "丁巳 詔曰 前主當四郡土崩之時 剗除寇賊 漸拓封彊 未及兼幷海內 俄以酷暴御衆 以姦回 爲至道 以威侮 爲要術 徭煩賦重 人耗土虛 而猶宮室宏壯 不遵制度 勞役不止 怨讟遂興"(『고려사』 권1, 태조 1년 6월).

31) "隱士朴儒來見 … 儒性質直 通經史 初仕弓裔爲員外 遷至東宮記室 見裔政亂 遂出家 隱於山谷 聞王卽位 乃來"(『고려사절요』 권1, 태조 1년 6월).

32) "朔方鶻巖城帥 尹瑄來附 瑄沉勇善韜鈐 弓裔末 避禍走入北邊 有衆二千餘人 居鶻巖城 召黑水 侵害邊郡 至是 聞王遣使招諭 遂來降 北邊以寧"(『고려사절요』 권1, 태조 1년 8월).

33) 918년(貞明 4) 3월 王昌瑾이 구입했다는 古鏡의 참언 등이 있었다.

34) "以珍閣省卿陟良 爲廣評侍郎 革命之除 事起倉卒 群僚散走 陟良獨謹守其職 所典倉庫 無所亡矢 故特授之"(『고려사절요』 권1, 태조 1년 9월).

던 자들로는 東宮記室·보좌관·장수·관리를 비롯하여 尹瑄처럼 독자적 군사적 기반을 가진 세력가 등이 있었는데, 이들은 대체로 궁예의 전제화 정치에 반대 입장을 취하거나 그 여파에 의해 직접적인 해를 입을 위험을 느낀 나머지 취한 자신들의 정치적 이해관계에 의한 자발적 망명인이었다.

그러나 피지배층에 속한 자들의 유이민은 이들과 달랐다. 피지배층 유이민은 대부분 공역과 조세를 감당치 못하여 유망하는 자들이므로, 이들의 신분은 국가의 수취대상이 되는 丁男들이었다. 그리고 태조가 여러 차례 詔에서 언급하였듯이 농사와 길쌈을 하는 자들이었으니 농민층이었다. 그러므로 피지배층 유이민은 바로 양인 농민이었다. 그리고 이들의 流移는 궁예 정권과의 정치적 이해관계보다는 자신들의 경제적 곤궁과 사회적 분위기에 편승하여 발생한 것이다.

(3) 고려계 유이민

유이민 현상은 궁예를 몰아내고 건국한 고려의 태조대에도 계속되었다. 태조대 유이민 발생의 동인은 다음과 같은 것이었다.

첫째, 빈번한 전쟁을 들 수 있다. 당시 거란 등 북방 이민족의 침공은 물론 후삼국통일전쟁을 치루고 있어 후백제와 잦은 전투를 가졌다.[35] 924년(태조 7) 7월과 925년(태조 8) 10월의 曹物城戰鬪, 927년(태조 10) 公山戰鬪 등 크고 작은 전투가 계속되어 전투지역 근처의 주민들에게 피해를 주었다. 그리하여 고려의 남쪽 국경지역 주민들의 유이민 현상을 야기하였다.[36]

---

35) "略詣禪扉間日 … 今則國讐稍擾 隣敵交侵 猶似楚漢相持 雄雌未決 至於三紀 常備二兜 雖切好生 漸深相殺"(「廣照寺眞澈大師塔碑文」).

36) "改烏山城 爲禮山縣 遣大相哀宣洪儒 安集流民五百餘戶"(『고려사절요』 권1, 태조 2년 8월).

둘째, 과중한 勞役의 동원이다. 변경 지대의 군사시설 확충을 위하여 城柵을 수리할 때 남자들은 전쟁에 임하고 부녀자들까지도 工役에 동원되니 이를 견디지 못하여 山林으로 도망치는 자들이 생겼다.[37] 또 西京 經營을 하면서 토목공사를 일으켜 노역 동원을 하니 이것을 견디기 어려웠고, 게다가 당시 관리들이 公道를 행하지 않음에 원망과 한탄을 하고 異心을 가지게 되어 유이민이 발생하였다.[38]

한편 고려계 유이민의 성분을 살펴보면 대체로 일반 양민들이었다. 물론 건국 직후에는 궁예 정권에서의 관리를 비롯한 지배층도 있었지만 이것은 정치적인 망명의 성격을 갖는 것이다. 그러나 피지배층의 유망은 정치적 이해관계보다는 국경 지대와 西京에서의 노역을 감당치 못하여 일어났다. 그러므로 이들의 사회적 신분은 노역을 담당하던 계층, 즉 양민 신분의 丁男을 비롯한 그들 가족들이었다.

(4) 후백제계 유이민

후백제의 멸망과정에서 많은 유이민이 발생한 듯하다. 후백제의 내

---

37) "幸禮山縣 詔曰 往者 新羅政衰 群盜競起 民庶亂離 曝骨荒野 前主服紛爭之黨 啓邦國之基 及乎末年 毒流下民 傾覆社稷 朕承基危緒 造此新邦 勞役瘡痍之民 豈予義哉 但草昧之時 事不獲己 櫛風沐雨 巡省州鎭 修完城柵 欲令赤子 得免綠林之難 由是 男盡從戎 婦猶在役 不忍勞苦 惑逃匿山林 惑號訴官府者 不知幾許 王親權勢之家 安知無肆暴陵弱 困我編氓者乎 予以一身 豈能家至而日觀 小民所以未由控告 呼籲彼蒼者也 宜爾公卿將相食祿之人 諒予愛民如子之意 矜爾祿邑 編戶之氓 若爾家臣無知之輩 使于祿邑 惟務聚斂 恣爲割剝 爾亦豈能知之"(『고려사』 권2, 태조 17년 5월).

38) "論群臣曰 頃 完葺西京 徙民實之 冀憑地方 平定三韓 將都於此 今者 民家雌雞化爲雄 大風官舍頹壞 夫何災變 至此 … 且祥瑞志云 行役不平 貢賦煩重 下民怨上 有此之應 以古驗今 豈無所召 今四方 勞役不息 供費旣多 貢賦未省 竊恐緣此 以致天譴 夙夜憂懼 不敢遑寧 軍國貢賦 難以蠲免 尙慮群臣 不行公道 使民怨咨 或懷非分之心 致此變異 各宜悛心 毋及於禍"(『고려사』 권2, 태조 15년 5월).

분에 의하여 신검이 견훤을 금산사에 유폐한 사건이 발생하였으며, 견훤을 지지하던 세력들은 숙청되었을 것이고, 이 과정에서 살아남기 위해서는 도망이 필요하였을 것이다. 더구나 견훤의 사위인 朴英規마저도 고려로 귀부하였고,[39] 곧이은 고려의 후백제 멸망은 많은 귀족·관리는 물론 백성들에게 두려움과 공포감을 주었고, 이에 많은 사람들이 강가와 산속으로 숨어 들어가 산적이 되어 저항하였다.[40]

2) 국제 유이민

고려초에는 북방지역과 중국·일본 등지로 이주해 가거나 반대로 이들 지역에서 한반도로 이주해 오는 국제 유이민의 현상이 있었다. 이러한 현상은 이미 국제관계상 종종 있었던 것이다. 그러나 좀더 엄격히 구분하자면 신라 하대에서 고려 건국시까지는 流入民 보다는 流出民이 일반적이었다. 그리고 이들 유출민은 앞에서 살펴본 국내 유이민의 발생에 의한 파급효과로써 나타난 것이다. 다시 말하면 국내 유이민의 연장적인 현상으로 단지 이주지를 좀더 멀리하여 국외로 유망한 것이다. 그러므로 이들의 발생 동인과 성분 또한 국내 유이민과 대체로 같다. 이런 까닭에 이에 대한 검토는 생략한다.

그러나 고려가 건국된 뒤로는 해외에서 한반도로 이주해오는 流入民이 더 많았다. 이들은 종족상 韓民族에 속하는 자도 있고 異民族도 있었다. 전자는 종전에 이들 지역으로 유망해 갔다가 다시 한반도로 돌아오는 歸巢型 流移民과 발해국의 멸망으로 인한 渤海系 流移民이 있었으며, 후자는 女眞系 流移民과 漢人系 流移民 등을 들 수 있다.

---

39) 『고려사』 권1, 태조 10년 2월.

40) "崔蒲寇竊洞徹兜改悔"(『新增東國輿地勝覽』 권18, 連山 佛宇 開泰寺條)와 주 63)-① 참조.

(1) 귀소형 유이민

귀소형 유이민은 신라 중대 말부터 있었다.[41] 그러나 신라 말기와 궁예 정권에는 한반도 내부의 혼란으로 인하여 오히려 국내에서 해외로 유출되는 상황이었으므로 해외에서 들어오는 유이민은 별로 없었다. 그러다가 궁예 정권이 몰락하고 고려가 건국되자 귀소형 유이민은 다시 나타났다.

이러한 현상의 원인은 고려 태조의 적극적인 북방정책에 호응하여 나타나기도 하고 반대로 이들이 자발적으로 고려의 영토 안으로 이주해 오기도 하였다. 하지만 무엇보다도 직접적인 원인은 고려의 건국 이후에는 이들이 느끼기에 한반도의 사정이 호전되고 생활 여건이 좋아졌다는 점이다.

그리고 이들의 성분은 鶻巖城의 帥 尹瑄처럼 자신의 세력집단을 가진 자들도 있었고, 또 그 휘하의 많은 수의 일반민도 있었다. 그러면서도 일반민의 경우는 개별적으로 이주하는 유이민의 수가 훨씬 많았다고 하겠다. 그리고 이들의 신분은 아마 농업에 종사하는 자들이 대부분이었을 것이다. 특히 이러한 귀소형 유이민은 후삼국 통일로 전쟁이 끝난 뒤에는 더 많았을 것이다.[42]

(2) 발해계 유이민

발해국의 멸망 직전인 925년부터 대규모 유이민이 고려로 몰려왔

---

41) 王建 先代가 白頭山으로부터 남하하여 松嶽山 부근에 정착한 것을 고려하면 옛 고구려 영토였던 지역에는 고구려 유민 후손의 이주가 흔히 있었던 것 같다(왕건 선대의 이주에 대해서는 신형식, 1988, 「통일신라에 있어서의 고구려유민의 동향」『한국사론』18, 국사편찬위원회 참조).

42) 이것은 "張延祐 瀛州尙質縣人 新羅末 父儒避難吳越 後還國光宗以解得華語 累授客省"(『고려사』 권94, 皇甫兪義傳附張延祐傳)에서도 짐작할 수 있다.

다. 이들을 흔히 발해 유이민 집단이라고 지칭하는데, 그 발생 원인은 물론 발해의 멸망과정에 따른 전쟁과 그로 인한 사회적 불안 및 위험에서 벗어나고자 하는 遭亂避禍의 목적에서 스스로 망명해 온 것이다.

태조 재위시 내투한 발해 유민의 사례를 살펴보면 다음과 같다. 925년(태조 8) 9월 6일 渤海將軍 申德 등 500人, 9월 10일 禮部卿 大和鈞·均老, 司政 大元鈞, 工部卿 大福謨, 左右衛將軍 大審理 등 民 100戶, 12월 29일 左首衛小將 冒豆干, 檢校開國男 朴漁 등 民 1,000戶가 왔다. 927년(태조 10) 3월 3일 工部卿 吳興 등 50인과 僧 載雄 등 60인이 내투하였고, 928년(태조 11) 3월 2일 金神 등 60戶, 7월 8일 大儒範과 民, 9월 25일 隱繼宗 등이 왔다. 또 929년(태조 12) 6월 23일 洪見 등이 船 20隻에 人物을 싣고, 9월 10일 正近 등 300餘人, 특히 934년(태조 17) 7월 世子 大光顯이 僚佐·軍士와 수만호를 거느리고 왔으며, 12월 (大)陳林 등 160人이 귀화하였다. 938년(태조 21) 朴昇 3,000餘戶 등이 來投·來附하였다.[43]

이에 의하면 발해계 유이민의 성분은 世子, 將軍, 禮部卿, 工部卿, 司政, 左右衛將軍, 左首衛小將, 檢校開國男, 僚佐, 軍士 등 왕족·귀족 및 관리와 장수·군인 그리고 승려 등 발해에서 특권 신분층에 속한 지배층이었다. 그리고 이들과 동시에 많은 일반민도 이주해 왔다. 특히 발해 유이민의 망명 기록에서 민 100호 또는 1,000호로 표기된 자들과 신분이 표기되지 않은 자들은 모두 일반민이었을 것이다. 그리고 이들은 농업이라든가 기타 생업에 종사하는 사람들이었을 것이다.[44]

---

43) 『고려사』 권1·2, 태조본기 참조.
44) 박옥걸, 1996, 『고려시대의 귀화인 연구』, 국학자료원, 102~106쪽.

(3) 여진계 유이민

고려 건국초에는 이민족이 한반도로 이주하는 현상도 있었다. 그 중에서 먼저 북방 여진족의 유입을 들 수 있다. 여진인은 이미 통일신라 시기부터 국경지대에서 수시로 넘나들었다. 그러다가 고려가 건국되자 점차 고려의 영토 안으로 이주해 왔다. 이들의 유이의 동인은 당시 만주 대륙에서 耶律阿保機가 契丹帝國을 세우고 발해를 서북방면으로부터 허물어가고 있었을 때, 전선에서 가장 멀리 떨어져있던 고려 북변의 여진족이 동요하기 시작하면서 남쪽의 고려 영토 내로 자발적으로 이주하거나,[45] 혹은 당시 남쪽의 후백제와 대치하는 상황에서 북방을 안정시킬 필요를 느낀 고려 태조의 회유책에 부응하여[46] 자신들의 경제적 이익과 생활의 안정을 얻기 위한 목적에서 래투하였다.

한편 여진계 유이민의 성분은 酋長을 비롯하여 군인이 있었다.[47] 그리고 추장을 따라온 자들도 있었는데, 이들은 아마 농업이나 어업 등 일반 생산에 종사하거나 군사적인 활동을 하던 자들이었던 것으로 보인다.[48]

(4) 한인계 유이민

한인의 한반도로의 이주 현상는 일찍이 우리 역사의 시작과 더불어 있어온 것이다. 그리고 중국 내부에서 사회적 변화가 있던 시기에는 더욱 심하였다. 우리나라의 여러 성씨 중에는 그 시원을 중국의 唐 말

---

45) ① "春二月 甲子 黑水酋長高子羅 率七十人 來投"(『고려사』권1, 태조 4년) ;
② "夏四月 乙酉 黑水阿於閒 率二百人 來投"(『고려사』권1, 태조 4년).

46) "夏四月 大匡庾黔弼 招諭北蕃 歸附者一千五百人 北蕃 歸我被虜三千餘人"(『고려사절요』권1. 태조 6년).

47) 9월에 후백제 정벌을 위한 군대 편성시 中軍에 속하였던 黑水 · 達姑 · 鐵勒 諸蕃勁騎 9,500의 일원으로서 활약하였다(『고려사』권2, 태조 19년 9월).

48) 박옥걸, 앞의 책, 81쪽.

기에 이주인에서 비롯되었다고 한 것이 여러 있음에서 추측컨대, 신라 하대에는 중국에서 黃巢의 난 등 내부적 혼란을 계기로 하여 많은 한인들이 한반도로 이주해 왔을 것이다. 그러나 중국인의 한반도로 이주가 후삼국의 분쟁이 심하던 시기에는 별로 없었던 것 같다. 고려 태조 재위시에는 한인계 유이민에 대한 기록은 많지 않다.[49] 단 2차례의 기록이 보일뿐인데, 이에 의하면 이들의 이주 동인은 그들 스스로의 개인적 출세나 보다 나은 대우를 받기 위한 목적에서 자발적으로 이주해 왔다고 하겠다.

그러면서도 이들의 성분이 또한 文士라고 하였듯이[50] 특별한 才藝를 가진 사람들이었다. 그러므로 이들의 이주는 지식인의 확보를 위한 고려 태조의 우대책의 영향을 받거나 이것에 고무되어 온 자발적인 유이민이라 하겠다.[51] 한편 지식인 계층과는 달리 당시 서해를 통하여 무역을 하던 상인들의 개별적 이주도 있었을 것이다. 그러나 한인계 유이민은 지리적 교통 여건상 다른 유이민에 비하면 규모도 작았고 그 수도 적었다.

이외에도 處容의 경우처럼 서역계 유이민과, 또 일본계 유이민도 있었을 것이지만, 직접적인 자료는 없어 논외로 한다.

---

49) 그러나 『宋史』高麗傳 紹興 2년 윤 4월조에 "定海縣言 民亡入高麗者 約八十人願奉表還國"과 慶元間조에 "王城有華人數百 多閩人因賈舶至者"라고 한 점과 『고려사』에 보이는 인물 가운데 '姓貫未詳者'·'失世系者'로 표기된 이들 중에는 중국계 귀화인이 상당한 비중을 차지했을 것이라는(이수건, 앞의 책, 220~227쪽) 견해를 수용하여, 중국계 인물의 귀화 사례가 기록에서 많이 누락되어 있으며 고려시대 한인 귀화인은 기록에 전하는 것보다 훨씬 많이 있었다는 추측도 있다(박옥걸, 앞의 책, 36~38쪽).

50) ① "九月癸未 吳越國文士 酋彦規 來投"(『고려사』 권1, 태조 2년 9월) ; ② "癸巳 吳越國文士 朴巖 來投"(『고려사』 권1, 태조 6년 6월).

51) 박옥걸, 앞의 책, 63쪽.

3. 형태와 파급 효과

유이민의 발생은 주로 그 당시의 사회·경제적 조건의 어려움에서 비롯된다. 고려 초의 유이민 또한 마찬가지였다.

이러한 유이민 현상은 그 양상면에서 다양한 형태를 갖는다. 특히 고려초의 유이민은 국내 유이민과 해외에서 이주해온 유이민이 그 출발점을 달리하고 있었으며, 또 이들이 비록 같은 국내 유이민 또는 해외 유이민이라 하더라도 성분면에서 지배층에 속하는 자들의 유이민과 피지배층에 속하는 자들로 구분되기 때문에 그 양상에 있어서 서로 같은 면도 있지만 다른 면도 있었다.

그리고 이들 유이민이 고려 사회에 미치는 영향, 즉 파급 효과도 다르게 나타났다. 그것은 역시 국내 유이민과 해외 유이민, 그리고 지배층 유이민과 피지배층 유이민이라는 그들이 갖고 있는 특성에 따라 각기 고려 사회에서 다른 파급 효과를 가져다 주었다.

1) 국내 유이민의 형태와 파급 효과

(1) 지배층 유이민

고려 건국을 전후한 시기의 신라·태봉·고려의 유이민 현상 가운데 정치사회적으로 지배층에 속했던 자들에 관한 기록을 살펴보면 다음과 같은 것들을 들 수 있다.

상층 유이민은[52] 당시 하층 유이민이 주로 경제적 원인으로 유이민이 되었던 것과는 달리 전쟁이나 정치적 입장의 차이에서 오는 신변의

---

52) 훨씬 이전부터 상층의 유리현상이 있었다. 「신라촌락문서」에서 소를 소유한 채 유리하는 烟의 존재와 나말려초 禪僧의 가계(眞澈大師)나 朴景仁처럼 유력 가문의 예로 미루어 본다면 몰락 농민 만이 아니라 자영농, 부호층도 포함되었을 가능성이 있다(채웅석, 1986, 「고려전기 사회구조와 본관제」『고려사의 제문제』, 삼영사, 344쪽).

위험으로부터 벗어나고자 유이민이 되었다. 또 이들은 가족을 동반한 적어도 하나의 가족 단위 이상이 집단으로 유리하였다. 때로는 대규모 집단을 거느린 경우도 있었다. 그래서 이들은 유이민이기는 하지만 하층 유이민보다는 훨씬 낳은 경제적 여유를 누리었다. 그리고 이주 지역은 주로 산골짜기와 해안을 택하여 조용히 은둔하였다.[53] 그러나 때로는 왕경(중앙)에서 지방으로 이주하는 형태를 취하였다.[54] 그리고 간혹 지방으로 이주하였다가 다시 변경지역으로 옮겨가 새로운 삶의 터전을 마련하여 세력가로 부상하거나,[55] 아니면 鶻巖城帥 尹瑄처럼 국경을 벗어나 힘의 공백지에서 독자적인 세력을 형성한 경우도 있었다. 하지만 종래 신라의 영토 내에서는 이미 이보다 앞선 시기에 중앙에서 낙향한 세력가나 지방에서 성장한 세력가가 이른바 豪族으로 각지에 활거하고 있었다. 이러한 상황에서 뒤늦게 이주한 상층 유이민이 틈을 비집고 들어가 새로운 세력으로 되는 과정에서 기존 세력과의 마찰이 따랐을 것이다.

그리고 이들 상층민이 당시 사회에 대해 미친 효과는 다음과 같은 것을 지적할 수 있다. 먼저 이들 상층 유이민은 그들이 속하였던 국가나 지역에서 지식인 계층과 관인들이었기에 고급 인력으로서 이들의

---

53) ① "致遠自西事大唐 東歸故國 皆遭亂世 屯邅塞連 動輒得咎 自傷不遇 無復仕進意 逍遙自放 山林之下 江海之濱 … 最後帶家隱伽耶山海印寺"(『삼국사기』 권46, 崔致遠傳) ; ② "于時 天福四春 枝幹俱首 於尸羅國迦耶山 海印寺華嚴院 避寇養痾 兩偸其便"(『法藏和尙傳後書』).

54) "公諱義元 羅州光陽縣人也 其先本出新羅季避難因家焉(『한국금석문추보』 32쪽, 金義元墓誌).

55) ① "(朴景仁)其先北京都尉赤烏 自新羅入竹州 爲察山侯 又入平州 置十谷城等 十三 歸于弓裔主 厥後子孫繁昌 自我太祖統合時 至于今 不絕繼嗣"(『조선금석총람』상, 303쪽, 朴景仁墓誌) ; ② "朴氏之先 鷄林人也 盖新羅始祖赫居世之裔也 新羅之季 其孫察山侯積古之子 直胤大毛達 徙居平州管八心戶爲邑長 自故直胤而下爲平州人"(『한국금석문추보』143쪽, 朴景山墓誌).

유리는 곧 고급 두뇌의 유출을 낳았다. 그리고 그들이 가졌던 어느 정도의 재물과 인적 자원이 함께 유출되어 경제적 손실을 동반하였다. 그리고 이들 상부 계층의 유이민 현상은 더 많은 숫자의 하층민의 유이민 현상을 촉진시켰다. 반면에 이들을 받아들인 국가나 지역은 고급 인력의 확보와 전체적인 면에서의 국가재원의 확충을 가져다주었다. 그러나 상층 유이민이 직접 생산자층은 아니기에 이들의 확보가 직접적인 산업 노동력의 확보는 아니었다. 다만 이들을 따르는 자들에 의하여 간접적으로 생산력의 보충은 되었다.

(2) 피지배층 유이민

전통시대 사서들의 대부분이 피지배층에 대한 기록은 소략한 편이다. 그럼에도 신라말 고려초 하층민의 유이민 현상에 대한 기록은 상당히 많이 있다.

그 내용을 살펴보면, 신라말 고려초의 하층 유이민은 사회적으로 대단히 심각한 문제였다. 이들은 당시의 여러 가지 여건에 의한 질곡으로부터 벗어나고자 자신들의 본래 거주지를 떠나고 있다. 이러한 양상은 이미 신라 중대 말부터 있어온 것이다. 그러나 신라 하대에 들어서면서 중앙의 정치적 혼란에 따른 잦은 반란의 발생, 특히 지방을 근거지로 한 반란의 발생은 점차 한반도 남부 전국토의 국민에게 전쟁의 위험을 느끼게 하였으며, 또 일부 귀족들의 토지 독점화, 과중한 조세의 독촉, 자연재해와 전염병의 만연, 유언비어의 유행 등과 농업생산량의 전반적인 감소 등은 이들에게 경제적 곤궁과 사회적 불안감을 가중시켜 유이민 현상을 가속시켰다. 그리하여 889년(진성여왕 3) 이후의 신라 말부터는 유이민은 전국적인 현상이 되었다.

이들 하층 유이민은 대부분 농민으로서 처음에는 직접 租稅와 力役의 부과대상인 丁男이 개별적으로 혹은 가족구성원이 함께 유리하였다. 그러나 유리된 뒤에도 생활은 계속 악화되어 가족이 뿔뿔이 흩어지는 경우도 있고,[56] 마침내는 굶어죽거나 전쟁에서 죽는 자가 속출하였다.[57] 그리하여 농민들은 경제적인 곤궁을 이겨내지 못하여 僧侶나 商人으로 직업을 바꾸어 생계를 꾸려가기도 하고,[58] 심지어는 자식을 팔아 살아가기도 하였다.[59] 유리한 뒤에는 재력을 가진 자에게 몸을 팔아 노비가 되기도 하였다.[60] 그리고 유이민은 草賊·盜賊이 되어 전국토를 횡행하기도 하고[61] 혹은 생활을 위하여 보다 상대적으로 생산력이 높은 지역, 그러면서도 사회적 위협에서 벗어나 안정한 지역으로 이주하였다. 다시 말하면 위험이 적은 山谷이나 海島로 유망하기도 하고, 혹은 유랑하다가 강력한 군사력을 가진 세력가인 귀족·대부호가와 사찰 등에 기탁하기도 하였다. 그리고 山谷이나 島嶼로 들어간 유이민 중에는 도적이 되어[62] 공동 집단생활을 하면서 점차 규모도 키워갔을 것이다.[63] 한편으로는 유이민들이 도적이 됨과 더불어 자신의 신

---

56) 『삼국유사』권3, 塔像4, 洛山二大聖觀音正趣調信의 調信說話에서 당시 하층민의 실상을 가히 짐작할 수 있다.

57) 주19 참조.

58) 평민이 사찰로 도망하여 승려가 되었고(『삼국사기』권12, 신라본기 말미 論), 또 弓裔처럼 사원에 몸을 기탁하기도 하였으며(『삼국사기』권50, 궁예전), 또 眞鑑禪師처럼 생선장수가 되었다가 나중에는 뱃사공이 되어 당으로 들어간 경우도 있다(『眞鑑禪師碑』).

59) 『삼국사기』권10, 헌덕왕 12년.

60) 주30-② 참조.

61) "頃 以三韓厄會 九土凶荒 黔黎多屬於黃巾 田野無非於赤土"(『삼국사기』권50, 견훤전).

62) ① "我太祖以運合二兇 時膺定亂 命之良將 授以全師 指百濟之狡窟梟巢"(『靜眞大師塔碑文』) ; ② "有山甿爲野寇者 始敢拒輪 終能食甚"(『智證大師寂照塔碑銘』).

63) ① "初師入唐廻 先止于推火之奉聖寺 適太祖東征至淸道境 山賊嘯聚于犬城

변 보호는 물론 타인의 물품을 탈취하기 위하여 무장을 하고 공격하였
다.[64] 결국 이들 집단은 마치 중국 後漢 말기의 黃巾賊처럼 복장을 특
이하게 꾸미어 赤袴賊,[65] 黃衣賊, 赤衣賊[66] 등으로 불리면서 전국 곳곳
에서 횡행하였다. 그러다가 보다 크고 강력한 유이민 집단을 만나면
흡수 통합되어 새로운 지도자 휘하로 편입되어 그 집단의 세력기반인
군사화하였다.[67]

결국 당시 하층 유이민은 단순한 유이민도 있었으나, 이보다는 때로
는 지방 곳곳에서 일어난 민란에 참여하면서 전국토를 유랑하던 무장
농민폭동군이었으며, 수시로 행동화하는 무장농민봉기세력이었다. 한
편 하층 유이민 가운데 일부는 能昌의 경우처럼 바다로 나가 해적이
되기도 하였고, 또 마침내 해외나 북변을 넘어가는 경우도 있었다.

그리고 하층 유이민의 파급 효과로는 다음과 같은 것을 들 수 있다.

驕傲不格"(『삼국유사』권4, 寶壤利木) ; ② "藍浦群賊輻輳 請益和尙 猶鍾待
叩 似鏡現形 以慧炤導其目 法喜娛其腹 由是 羣賊遷善改過 出家得道者百餘
人"(『崇巖山聖住寺事蹟記文』) ; ③ "遂以使領衆 行行直入進禮郡界 忽被賊徒
截道 禪衆迷途"(『澄曉大師塔碑文』) ; ④ "遂使蟻聚兇徒 蛇奔逆黨"(『靜眞大師
塔碑文』).

64) ① "然則竊承南海 多有昭隄 實堪駐足 不久往於彼處 謂云何以棲遲者焉居無
何 忽遇綠林 潛侵玄室 使爲御剗 俱然同行訖次至大師"(『淨土寺法鏡大師塔碑文』);
② "纔經兩宵 忽有山賊入寺 擬劫衣物直到上方"(大安寺廣慈大師塔碑文』); ③
"時有壓海縣賊帥能昌 起海島善水戰 號曰水獺 嘯聚亡命 遂與葛草島小賊 相
結"(『고려사』권1, 梁開平 3년).

65) "十年 賊起國西南 赤其袴以自異 人謂之赤袴賊"(『삼국사기』권11, 진성여왕
10년).

66) 『삼국사기』권50, 弓裔傳 天祐 2년.

67) 弓裔은 乾寧 원년(진성여왕 8) 溟州에 들어갔을 때 600여인이었던 무리가
3,500인이 되어 14隊로 나누었고, 견훤은 唐 昭宗 景福 원년(진성여왕 6)
무리를 모아 서울 서남쪽 州縣을 공격하니 가는 곳마다 호응하여 그 무리가
달포 사이 5,000여 인에 달하였다. 이는 후고구려와 후백제 건국 과정에서
유이민 집단이 중요한 기초집단의 하나가 되었음을 보여주는 것이다.

먼저 이들 하층 유이민이 발생한 국가나 지역에서는 이들이 대부분 직접적인 생산력을 가진 연령층의 남자를 중심으로 일어난 현상이었기 때문에 인구 구성상의 변화를 가져왔다.[68] 먼저 남자 특히 정남의 유리로 상대적으로 남녀 구성비의 불균형을 가져와 여자는 많으나 오히려 인구의 출생률은 낮아졌으며, 또 전체 인구상 노인과 어린이만 남게 되었다. 이는 결국 노동력의 부족현상으로 생산량의 감소를 가져와 농촌경제의 어려움은 가중되어지고 농토의 황폐화가 극심해지게 되었다. 그리하여 이들의 유망으로 생긴 수취의 부과량이 남은 자들에게 전가되어 또 다른 후발 유이민을 낳게 되었다. 이것은 총체적인 면에서도 생산량의 감소로 인한 지역경제 또는 국가경제의 곤궁을 가져왔다. 그리고 징발 대상의 도피로 인하여 국력의 약화와 군사력의 약화를 초래하였다. 결국 한반도 내에서 대부분 지역이 인구의 부족현상이 나타났다.

반면에 이들이 이주해 간 특정 국가나 지역은 노동력의 흡수로 인하여 종래보다 생산량의 증가를 가져다 주었다. 그러나 그것은 이들이 이주해 간 곳은 산간지대 등 당시 중심 산업인 농업생산이 있는 곳이 아니기 때문에 일반적인 현상은 아니었다. 다만 특정 지역은 총생산량이 증가하고 농토의 개발과 취락지의 건설 등 국토개발이 이루어졌다. 그리고 자체 방어력을 갖게 되어 이 지역은 인구집중화 현상이 일어나고 새로운 취락, 즉 군사·경제·사회·문화 나아가서는 정치적 중심지가 되어 변방지역의 발전을 가져왔다.[69] 그러나 이러한 발전적인 현상

---

68) 이러한 것은 이미 「신라촌락문서」의 인구변동 상황에서도 보이고 있다.

69) 궁예와 견훤이 신라의 변방지대에서 새로운 국가를 건설한 것이 좋은 예이다. 또 고려의 건국과 깊은 관련을 가졌던 浿江鎭 일대는 경주로부터 멀리 떨어진 변방지역이었던 관계로 중앙정부의 수탈을 비교적 덜 받았을 것이며, 오히려 流民들이 대량으로 이곳으로 가고, 지방세력가가 屯田兵的인 방

이 당시 한반도에 있어서 균형적으로 이루어진 것이 아니고 특정 지역에서만 나타난 것이다. 이를테면 당시 한반도의 대부분이 황폐화된 것에 비하여 일부 지역에서는 상대적으로 지역발전이 앞서고 빨라졌다. 한편 낙향한 귀족들과 지방세력가들은 유이민을 모집·규합하여 각자의 私民·私兵化하고 豪族으로 성장하였으며, 이 중에는 箕萱·梁吉·甄萱·弓裔처럼 정치적 야심을 실현하려는 자들도 있었다.

결국 신라말 고려초의 하층 유이민 현상은 크다란 사회변동 현상을 초래하였다. 먼저 경제적으로는 전체적으로 볼 때 생산량의 감소를 가져와 당시 농촌경제를 비롯한 모든 경제의 파탄을 가져왔다. 하지만 이와는 달리 일부 지역에서는 이들의 이동에 따른 농업기술의 전파 및 개발과 노동력의 집약으로 인하여 생산력의 발달을 가져오기도 하였다.[70] 사회적으로는 당시 사회구성의 대부분을 차지하면서 사회체제의 기층을 형성하던 일반농민의 유리현상은 인구의 부족화 현상을 초래함과 동시에 그 기반을 붕괴시켜서 새로운 신분질서가 형성되어 갔다. 이 과정에서 신분이 하락하는 층과 신분이 상승하는 층 등 신분의 수직이동이 유리현상에 의한 수평이동과 함께 나타나게 되어 신분제의 재편성을 필요로 하게 되었다. 사상적으로는 이러한 혼란을 틈타 末世觀이 유행하여 새로운 세계의 도래를 갈구하는 분위기가 만연하였다. 그래서 이들을 지켜줄 사상적 지주가 필요하게 되어 불교사원이 그 역할을 맡게 되었다. 그리고 정치적으로는 지방민들의 유리로 인하여 지방에 대한 통제력의 행사가 불가능해져 지방세력가의 등장을 낳았고, 결국에는 유이민의 방지와 해결을 위하여 여러 가지 새로운 지방통치

식으로 그들을 募兵하게 되어 다른 지역에 비해서 실력을 쌓기에 적합한 곳이었다(이기동, 1984, 「신라 하대의 패강진」『신라골품제사회와 화랑도』, 일조각, 225쪽).

70) 위은숙, 1985, 「나말려초 농업생산력 발전과 그 주도세력」『부대사학』9.

체제와 사회체제로의 개편이 요구되었다.

2) 국제 유이민의 형태와 파급 효과

신라말 고려초의 국제 유이민으로는 한반도에서 국외로 이주해간 자들과 국외에서 한반도로 이주해온 자들이 있다. 먼저 후자의 형태와 그것이 고려사회에 미친 파급 효과에 대해 살펴본 다음에, 전자에 대하여 살펴보겠다. 그러나 해외 유이민의 국내로의 유입계층도 물론 다양한 성분으로 구성되었지만 당시의 기록이 이를 명확히 구분하여 서술하지 않고 있다. 그래서 포괄적으로 살펴보도록 한다.

(1) 해외 유입민

고려 건국기의 해외로부터 이주해온 유이민으로는 귀소형 유이민, 발해계 유이민, 여진계 유이민 등이 있다. 먼저 귀소형 유이민은 대체로 고구려 유민의 후손이 많았을 것이다. 이들은 고구려의 멸망 뒤에 비록 唐의 지배를 받고 있지만 완전히 당 문화에 동화되지 않은 채 고구려적 전통을 견지하고 있다가 귀소성의 본능에 의해 고구려의 정서가 강하게 남아있던 한반도 북부지역으로 이주해 온 것이다. 그러므로 이들은 고구려의 일반 민층에 속했던 자들보다는 지배층에 속했던 자들의 후손으로서, 그 당시까지도 고구려 유이민 집단 내에서 상층의 지위를 유지하고 있던 자들이 이주하면서 동시에 따르던 하층민도 함께 이끌고 이주하였을 것이다.[71] 그리고 궁예의 말년에 화를 피하여 북

---

71) 王建의 先代를 살펴보면 聖骨將軍이라 스스로 높은 칭호를 사용하고 있음은 집단 내에서 지위를 유지하고 있었기에 가능한 것이었고, 또 松嶽 지역으로 이주해 왔을 때 주변 지역민들이 그를 추앙하고 있음은 虎景의 개인적인 능력도 있었겠지만 그보다는 이주시 휘하에 무리를 거느린 집단의 우두머리이었기에 가능했을 것이다.

방으로 이주하였다가 고려가 건국된 직후 재이주해 온 尹瑄의 경우도 무리 2,000명을 거느리고 있었다.

이처럼 고려초의 귀소형 이주민은 지배층에 속한 자들이 주동이 되어 많은 일반 유이민을 취합하여 하나의 독립된 변방 세력을 이루고 있다가 집단으로 이주해 오거나, 또는 이주해 온 뒤에 많은 유이민을 집합시켜 더 큰 세력을 형성하였다. 결국 귀소형 유이민은 소수의 지도층이 많은 일반 유이민을 거느린 형태였다.

그리고 이것이 미친 파급 효과는 이들이 이주하였던 곳은 인간의 거주가 거의 없던 고지였으므로 이주지는 새로운 인간의 거주지가 되어 농지가 개척되는 등 여러 형태의 개발이 이루어져 지역개발이 이루어졌으며, 또 북방 이민족의 침입을 차단시켜 주는 방파제의 구실을 하였다.

발해의 멸망으로 인한 발해계 유이민의 고려로 이주는 다른 이민족에 비하여 훨씬 많았다. 태조대에 있었던 발해계 유이민의 현상을 살펴보면 대체로 왕족·장수·고급관리·승려를 지도자로 하여 많은 발해인이 동시에 이주해 오고 있지만, 때로는 일반민의 이주 기록도 산견된다. 이들 기록을 바탕으로 한다면 물론 발해계 이주민 역시 지배층을 중심으로 하여 휘하의 일반민이 집단형태로 이주해 왔음이 분명하지만, 그러나 일반 민호의 이주 사례가 따로 기록되어 있음으로 유추한다면 사료에 누락된 더 많은 개별 민호들의 이주가 있었을 것이다. 결국 발해 유이민의 이주 양상은 기록상으로 보면 지배층을 중심으로 하여 많은 일반민을 거느린 집단 양상의 유이민, 일반민의 집단 유이민, 그리고 일반민들의 개별적인 유이민 양상 등으로 나누어 생각할 수 있다.

그리고 이들 발해계 유이민이 고려에 미친 영향은 국내 유이민의 해외이주와는 반대로 고려사회 내의 인구의 증대를 가져다 주었다. 특히 뛰어난 전투능력을 가진 발해인은 그들을 멸망시킨 契丹에 대하여 강한 적대 감정을 가지고 있었기 때문에 이들을 북방에 유치시킴으로써 북방지역에 대한 국방은 물론 이들 지역에 대한 농지 개발을 통한 생산지를 확충시킬 수 있었고, 나아가 大光顯의 경우처럼 대후백제정책에도 이용할 수 있었다.[72] 결국 발해계 유이민은 당시 고려사회 내의 국내 유이민으로 인한 인력 부족 현상을 보충해 주어 태조의 후삼국통일전쟁상 필요한 군사력의 증강을 가져다주었다.

한인계 유이민도 제법 있었던 것 같다. 물론 후대에 윤색한 경우도 있지만, 우리 민족의 여러 성씨시조가 중국인으로 숭앙된 경우가 많은 것에서 추측할 수 있다. 아마 이들은 대체로 문인·지식인·상인층 등 중국내에서 상류층에 속한 자들이었을 것이다. 한편 중국에서 이주해 온 자들 중에는 하층민도 많았다. 이들은 해적을 양상을 보이면서 신라의 변경을 약탈하였던 것 같다.[73]

한편 기록상 고려 건국기, 특히 태조대에 있었던 여진계 유이민의 이주 현상은 그리 많지 않다. 그러나 적으나마 이를 토대로 살펴보면 우선 추장이라는 신분을 가진 자가 그 휘하의 많은 무리를 거느리고 집단 이주를 하고 있다. 이들의 집단 이주는 때로는 약탈적 형태로 나타나 당시 신라와 고려에게는 침략 행위로 보이기도 하였다.[74] 물론 기록에는 보이지 않지만 더 많은 개별적인 여진인의 이주 현상이 있었을 것이다. 이들 여진인의 이주 역시 고려 사회에 많은 인력의 증대를 가져왔다. 특히 黑水·達姑·鐵勒人은 고려 군의 조직에 편입되어 당시

---

72) 김창겸, 1987, 「후삼국통일기 고려태조의 패서호족과 발해유민에 대한 정책 연구」『성대사림』 4, 82~84쪽.

73) 『삼국사기』 권44, 장보고전.

74) "達姑狄百七一人 侵新羅 道由登州 將軍堅權 邀擊大敗之"(『고려사』 권1, 태조 4년 2월).

후삼국 통일을 수행하던 태조에게는 많은 군사력의 보완을 가져다 주었다. 실제 후백제와의 一利川戰鬪에 용병으로 참여하여 큰 활약을 하였다.[75]

이상에서 살펴보았듯이 태조대의 국제 유이민 중 해외 유입민은 대체로 각 종족의 지배층에 속하던 자들과 그들 휘하의 일반민 집단을 거느린 형태의 이주, 또는 일반민 개별 집단의 이주 양상이었다. 그리고 이들의 고려로 이주는 당시 고려 내의 인력을 증대시켰으며, 이것은 후삼국 통일 전쟁을 수행하는 고려에게 국방력의 강화를 가져다 주었다. 다만 한인계 유이민은 소수의 개별적인 이주이기에 고급 인력의 흡수 외에 특별한 의미를 부여하기에는 어렵다.

(2) 해외 유출민

고려 건국기 해외 유출민은 국내 유이민의 연장적인 현상이다. 이들이 국외로까지 진출하였다는 점에서 해외 유출민으로 분류할 수 있는 존재들이다. 이들의 발생 동인과 성분은 국내 유인의 그것과 동일하다. 이들은 이주해간 지역에 따라 분류해보면 북방으로 이주해간 자들, 중국으로 이주해간 자들, 일본으로 이주해 간 자들 등으로 구분할 수 있다.

이들의 성분은 승려, 지방세력가, 피난민, 정치적 망명자, 범죄자, 상인, 관리, 전문기술자 등 다양하였다. 鹽州人 尹瑄의 경우처럼 무리를 2000명이나 이끌고 북방으로 이주해 그곳의 토착인을 아우른 뒤 세력가로 등장하였고, 金의 시조가 된 平州僧 今俊처럼[76] 새로운 정치

---

75) 936년(태조 19) 후백제와의 전투에 참가한 庾黔弼 휘하의 군에는 黑水·達姑·鐵勒 등 諸蕃의 騎兵 9,500명이 참가하였다.

76) "或曰 昔我平州僧今俊 遁入女眞居阿之古村 是謂金之先 或曰 平州僧 金幸之子克守 初入女眞阿之古村 娶女眞生子 曰古乙太師"(『고려사』 권14, 예종 14년 1월).

세력으로 성장한 경우도 있었다. 그리고 張保皐의 제거사건에 반발하여 그 잔당은 일본 지역으로 도망하였다.[77] 한편 이들이 유입된 국가에서는 이들을 표류인으로 인식하여 식량을 공급하고 귀환 조치해 주기도 하였다.[78] 또 유이민들은 상인이어서 물건 판매를 하는 경우도 있었다.[79] 그런데 이들 중에는 장보고처럼 신라에서 능력을 펼치기에는 한계가 있어 중국으로 이주해 武將이나 官吏로 등용되어 출세한 경우도 있었고,[80] 來投人·歸化人으로 처리되어 성씨의 시조가 되는 경우도 있었으며,[81] 여러 지역에 나뉘어져 안치되기도 하고,[82] 新羅坊과 같은 집단거류지를 형성하였을 것이다.

한반도에서 해외로 이주해간 유이민의 양상은 그들 지역에서는 걸인이나 해적과 같은 약탈자의 모습을 나타내었다. 이미 816년(헌덕왕 8) 흉년과 기근으로 신라인 170인이 당의 浙東 지방으로 건너가 먹을 것을 구한 적이 있었고,[83] 일본에 건너간 자가 300여인이나 되었다.[84] 한편 이들은 몇 명 또는 수십 명씩 무리를 이루고 무장을 하여 배를 타고 다니며[85] 894년 9월에는 신라의 해적선이 對馬島를 습격하기도 하

---

77) 『續日本後紀』권11, 承和 9년 정월 초하루.

78) 『日本文德天皇實錄』권8, 齊衡 3년 3월 ; 『日本三代實錄』권7, 貞觀 5년 11월 17일.

79) 『續日本後紀』권12, 承和 9년 8월 1일 ; 『日本三代實錄』권17, 貞觀 12년 2월 12일.

80) 『삼국사기』권44, 장보고전.

81) 『續日本後紀』권1, 天長 10년 4월.

82) 『日本三代實錄』권18, 貞觀 12년 9월 15일 ; 권24, 貞觀 15년 9월 8일.

83) 『삼국사기』권10, 헌덕왕 8년.

84) 『日本紀略』권14, 弘仁 7년 10월.

85) 『入唐求法巡禮行記』권2, 개성4(839) 4월 5일 기사에 의하면 해적 10명은 숯을 운반하는 신라인이었다고 한다.

였고,[86] 869년 9월에는 일본지방이 上貢하는 綿을 약탈하기도 하는 등,[87] 공물을 혹은 관가와 민가를 공격 약탈하기도 하였다.[88] 그리하여 海賊들이 두려워 중국과 사신의 왕래가 어려운 실정이었다.[89] 반면에 중국 당의 해적들은 이들을 잡아가 노비로 판매하기도 하였다.[90]

한편 해외 유출민은 국내에 인구 감소와 그에 따른 경제적 문제 등 파급 효과를 낳았지만, 이는 국내 유이민의 파급 효과에 속하는 것이다. 하지만 이들은 이주해 간 지역에서는 대단히 심각한 문제와 파급 효과를 초래하였다. 당시 동아시아에 있어서 유이민 문제는 이웃 나라에 많은 파장을 낳았다. 신라·태봉·후백제·고려의 한반도는 물론 중국의 당과 일본에서도 큰 문제로 대두되었다. 특히 일본의 해안지역에서는 이들을 방지하기 위한 대책에 고심하였다. 일본은 신라해적의 횡행으로 일본 연해지방에 대한 경비를 엄히 하고 있으며,[91] 장보고의 잔여 세력이 건너가자 이에 놀란 일본인들이 소란을 일으키기도 하였다. 이러한 와중에 내부의 일부 세력은 이들을 이용하여 모반을 꾀한 경우도 있다.[92] 또 신라의 침공설이 분분하여 불안감에 휩싸였다.[93] 당시

---

86) 『扶桑略記』 권22, 寬平 6년 9월 5일.

87) 『日本三代實錄』 권16, 貞觀 11년 6월 15일. 당시 신라 유이민의 일본 진출에 대해서는 김창겸, 2012, 「9세기 일본 서부 연안에 나타난 신라인들」 『신라사학보』 26을 참조바란다.

88) 『日本三代實錄』 권24, 貞觀 15년 12월 17일 ; 권34, 元慶 2년 12월 11일.

89) ① "奈蠻夷寇多 久阻巡征之使 禮實乖闕 情莫違寧"(「讓位表」) ; ② "時崔致遠 爲富城郡太守 召爲賀正使 以比歲 飢荒盜賊交午 道梗不行"(『東史綱目』 第5 上, 癸丑).

90) 『삼국사기』 권44, 장보고전.

91) 『日本三代實錄』 권12, 貞觀 8년 11월 17일 ; 권17, 12년 2월 12일.

92) 『日本三代實錄』 권16, 貞觀 11년 10월 26일.

93) 『日本三代實錄』 권34, 元慶 2년 12월 ; 권37, 元慶 4년 5월. 당시 신라인의

신라의 해외 유출민이 일본에게 끼친 파급 효과에서 미루어 보건대, 중국 당의 황해 연안에서도 비슷한 양상이었을 것 같다.

Ⅲ. 맺음말

지금까지 고려 건국기에 만연하였던 유이민의 양상에 대하여 살펴보았는데, 이를 간단히 정리 요약하면 다음과 같다.

신라말 고려초의 유이민을 분류하면 크게는 국내 유이민과 국제 유이민으로 나눌 수 있다. 그리고 전자는 다시 출신국별로 나누어 신라계 유이민, 태봉계 유이민, 고려계 유이민 등으로 구분되고, 후자는 종족 및 국가에 따라 귀소형 유이민, 발해계 유이민, 여진계 유이민, 한인계 유이민 등으로 구분할 수 있다.

신라말 고려초 유이민의 발생 동인은 그 종류에 따라 조금씩 차이는 있다. 먼저 국내 유이민의 경우 정치세력의 분열과 부정부패에 의하여 정치기강이 해이해지고, 통치력이 약화되면서 토지 소유의 독점화에 따른 빈부의 격차가 심화되고, 이에 더하여 지배층의 과도한 수취, 변방지역의 불안, 그리고 전쟁·자연재해·전염병의 발생과 유언비어의 유행 등의 사회적 원인, 토목공사에 따른 무리한 공역과 과다한 조세, 흉년으로 인한 기근현상 등의 경제적 원인, 왕조의 멸망과 반란·혁명 등 정치적 혼란 및 정치적 입장의 차이에서 오는 피해의식과 위험 등 정치적 원인에 의하였음을 알 수 있다. 한편 국제 유이민의 경우는 종족에 따라 다르지만 정치적 위험, 전쟁, 고려의 회유와 무역를 비롯한

유리와 진출에 따른 일본에서의 파급효과에 대해서는 김창겸, 2013, 「9세기 신라인의 출현에 대한 일본의 대응」『신라사학보』 28을 참조바란다.

경제적 요구, 그리고 귀소 본능 및 문화적 욕구 등에 의하였다.

유이민의 성분은 매우 다양하였다. 먼저 국내 유이민의 경우 왕족·귀족을 비롯하여 관리·장수·지식인·세력가·승려·농민·상인·걸인·범죄자·도망자 등 당시 모든 신분이 거의 망라되었다. 그러나 유이민의 구성상 수적으로 다수를 차지했던 것은 양인농민으로 대표되는 피지배층이었다. 한편 국제 유이민의 경우, 해외 유입민은 세자·귀족·관리·승려·장수·세력가·추장·지식인 등 지배층에 속한 자들은 물론 이들과 함께 이주해 오거나 개별적인 형태로 이주해온 일반민·군사·어민·상인 등 피지배층이 대단히 많은 수에 달하였다. 다만 한인계 유이민만은 문사로 표기된 지식인과 일부 상인들로서 다른 유이민들과 성분상 차이가 있었다. 반면 해외 유출민은 승려·지방세력가·피난민·범죄자·정치망명자·상인·관리·전문기술자 등 매우 다양하였다. 결국 신라말 고려초의 유이민 중 지배층에 속한 자들은 정치적·사회적 분위기 때문에 자발적인 유리를 하였고, 피지배층에 속한 자들은 경제적·사회적 어려움 때문에 어쩔 수 없이 유리하거나 또는 자신이 속한 집단의 지도자가 이주함과 함께 이주하였다.

한편 고려 건국기 유이민의 형태는 신분에 따라 달랐다. 지배층의 유이민은 가족 단위 이상이거나 친족집단을 통솔하였으며, 이들은 가족 단위 규모로 산곡·도서에 은둔하거나, 또는 대규모의 집단을 거느리고 이주한 지역에서 세력화하였으며, 계속 또다른 지역으로 이동하였다. 이에 비해 피지배층의 유이민은 상인·노비·피고용인·승려 등으로 직업과 신분을 바꾸어 살길을 찾았으며, 지방의 세력가·부호가·사원 등에 투탁하여 그들의 私兵化되었다. 개인 혹은 가족 단위로 유리하다가 점차 집단화하여 규모가 대규모화 하였으며, 이들의 모습은 유리걸식하거나 점차 산적·초적·해적으로 무장하여 농민무장군의 모습을 갖추게 되었고, 나아가 해외로 진출한 유이민은 이웃의 일본과 당

에서는 걸인이나 상인, 나아가 무장해적단으로 발전하여 물건의 판매
는 물론 약탈행위를 하였다.

한편 유이민의 파급 효과는 유출지역과 유입지역에서 대조적으로
표출되었다. 먼저 유출지역에 대해서는 지배층의 유출은 고급 인력의
유출, 부의 유출을 낳았고, 피지배층의 유리는 인구 구성비의 불균형,
인구 감소, 출생률 저하, 생산량의 감소로 인한 경제 파탄을 비롯하여
후발 유이민의 발생을 자극하였다. 그리고 군사력의 약화와 통제력이
이완되고, 한편으로는 族的 질서가 해체되면서 기존 사회신분체제를
붕괴시켰다. 반면에 유입지역에 대해서는 지배층의 유입은 고급 인력
의 확충과 재원의 확충을 낳았고, 피지배층의 유입은 인구 증가로 인
하여 식량의 부족과 범죄문제를 일으키기도 했다. 하지만 이것을 해결
하는 과정에서 농토의 개간과 생산량의 증가, 취락지 형성과 새로운
도시가 형성되어 지역 개발이 이루어졌으며, 군사력의 강화를 가져왔
다. 그리고 이들을 규합하여 새로운 정치적 세력가가 등장하였다. 한
편으로는 유이민들을 지배영역 내에 정착·안주시켜 위무하는 과정에
서 새로운 신분질서와 통치체계를 성립시켜 사회발전을 낳았다. 반면
에 일부 유이민은 해외로 진출하여 일본이나 중국의 변방지역에서 방
어상 위기를 초래하기도 하였다. 즉 우리민족의 삶의 무대가 확대되
었다.

고려를 개국한 태조는 왕권을 강화하고 국가의 기틀을 마련하는 것
이 대단히 중요한 과제였다. 이에 태조는 국가의 기초이며 收取와 力
役의 부과 대상인 民을 확보하는데 노력하였다. 그 방법의 하나로써
유이민의 국토 정착과 재발 방지를 위하여 여러 가지 정책을 시행하였
다. 결국 고려 건국기의 유이민은 대부분이 일반 양인 농민층이었으
며, 이들의 유리 현상은 태조에게는 왕권강화는 물론 국가체제의 기반
을 확고히 하기 위하여 가장 먼저 해결해야할 중요한 과제의 하나였

다. 이미 발생한 유이민을 때로는 무력으로 진압하기도 했다. 그러나 유이민의 예방과 발생한 유이민을 정착시켜 근원적으로 해소하기 위한 정책적 방법으로써 勸農, 取民有度, 지방제도의 개편, 住居地 擇定과 巡撫·徙民, 寺院의 통제와 관리, 賜姓과 本貫制의 실시, 土姓의 分定과 戶籍 작성 등을 통해 유이민을 영토에 긴박시켜 일반 양민으로 확보해 나갔다.

2장

고려 태조의 유이민 정책[※]

I. 머리말

918년 王建은 군사혁명을 통해 弓裔 政權을 무너뜨리고 즉위하여 고려 왕조를 개창하였다. 하지만 이것을 인정하지 않는 반대세력의 강한 반발이 있었고, 아예 고려의 통치권을 벗어나 도망을 가는 자도 있었고, 심지어 경쟁관계인 후백제 甄萱에게로 귀부해 가는 자도 있었다. 이들은 당시 독자적인 세력을 가진 세력가들로서 정치적 이해관계에 의하여 스스로 향방을 결정하였다. 그러기에 太祖 王建은 이들을 婚姻政策, 賜姓政策, 其人制의 실시, 事審官 임명 등 이른바 豪族統合政策을 통하여 王權强化를 이루어 나갔다.

그러나 이들 지배층세력과는 달리 피지배층의 일반민은 어떠한 정치적 이해보다는 자신들의 직접적인 생활 영위를 위한 경제적·사회적 여건에 따라 거처를 결정하는 자들이었다. 본래 전근대 사회에 있어서

[※] 이 글은 처음 발표시 김창겸, 1992, 「고려 태조대 대유이민정책의 성격」『국사관논총』35의 '2. 고려건국기 유이민의 양상' 부분을 들어내고 보완·수정하였다. 이와 관련하여서는 김창겸, 2000, 「고려 건국기 유이민의 양상」『한국중세사논총 – 이수건교수정년기념 –』을 참조하길 바란다.

는 국가란 王·領土·民의 3요소에 의하여 구성되는 것인데, 그 중에서도 人民의 확보가 무엇보다도 중요한 것이었다. 태조도 즉위 직후부터 인민의 중요성을 인지하고 民生의 안정과 民心의 收拾을 위하여 특별한 관심을 가지고 노력하였다.[1] 그리고 태조의 인민에 대한 정책의 기본정신은 그가 말년에 남긴 「訓要十條」에도 잘 나타나 있다.[2]

고려 태조 즉위시에는 후삼국이 정립하여 경쟁하는 상황이었고, 또 후삼국통일전쟁을 수행하는 중이였기에 여러 가지 원인에 의하여 많은 일반 민의 流移 현상이 만연되어 있었다. 고려 건국 초에는 여러 종류의 流移民이 있었지만, 그 중에서도 특히 하층 유이민은 대단히 많은 수였으며, 특히 일부는 무장농민폭동군의 모습을 띠기도 하여, 이들이 당시 정치·경제·사회에 끼치는 파급효과는 대단히 컸다.

이들이 당시 전국토를 횡행하면서 사회적 불안을 야기시키는 상황에서 국내의 안정이란 기대할 수 없었다. 또 국내의 사정이 어려워 왕권이 안정되지 못한 형편에서 대외적인 문제, 즉 후삼국통일전쟁을 수행하기에 어려움이 있었다. 이에 태조는 이들 유이민을 어떻게 영토 내에 定着시켜 안정되게 生業에 종사케 하여 완전한 백성으로 만드느냐 하는 중요한 과제를 갖고 있었다. 이들의 지배 영토 내에 정착과 생활의 안정은 곧 이들에게 조세와 공역의 부과, 그리고 징수·징발이 가능해져 왕권을 유지할 수 있고 동시에 국가재정을 위한 수취의 재원 확보가 되는 것이다. 또 이는 결국 새 왕조의 정치적 안정을 보장받게

---

1) 하현강, 1987, 「고려태조의 내외정책의 수립배경과 그 성격」『동방학지』 54·55·56.

2) 특히 제7조의 "백성을 부리되 때를 가려하고 搖役과 賦稅를 가벼히 하며 농사의 어려움을 안다면 자연히 민심을 얻고 나라가 부강하고 백성이 편안할 것이다."와 제9조의 "만일 공적이 없는 사람이거나 친척과 가까운 자에게 까닭 없이 祿을 받게 하면 백성들의 원성뿐 아니라 그 사람 역시 福祿을 오래 누리지 못할 것이니 극히 경계하라."고 한 것이 대표적이다.

되어 왕권 강화를 위한 기초적 조건의 형성이 된다. 그리고 동시에 영토를 확장시킴으로써 후삼국 통일을 추진하는 전제조건의 달성이기도 하였다.

이러한 의미를 지닌 對民政策 가운데서 流移民政策은 태조에 의하여 다양한 방법으로 실시되었다. 그러나 이들 정책은 비록 여러 가지 방법에 의하여 지속적으로 행하였지만 그 심도에 따라 차이점이 있다. 후삼국 통일을 기점으로 하여 이전과 이후는 그 성격이 달랐던 것으로 보겠다.

먼저 결론적으로 말하자면 후삼국통일 이전의 시책은 기존의 유이민을 발생시킨 동인과 유이민의 양상을 해소하는데 목적을 둔 그때그때 일시적인 성격의 것으로 본다면, 후삼국통일 이후에는 유이민의 재발을 방지하기 위한 사회 재편성을 목적으로 한 보다 항구적인 성격의 정책들이었다.

필자는 이와 같은 관점에서 고려 태조가 실시한 유이민 정책의 내용을 살펴보고, 그것이 가진 의미를 살펴보도록 한다.

Ⅱ. 유이민 정책의 형태와 내용

1. 무력 진압

태조는 유이민에 대하여 무력 진압을 취하기도 하였다. 일찍이 弓裔 휘하의 장수로 활약할 때에 그의 군사행동을 방해하던 서해안 島嶼의 유이민들을 소탕하였다.

A. 드디어 光州 西南界 潘南縣 浦口에 이르러 諜者를 賊境에 놓았다. 그때에 壓海縣의 賊帥 能昌이 海島의 출신으로 水戰을 잘하여 水瀨이라고 하였는데 도망친 자들을 불러 모으고 드디어 葛草島의 小賊들과 결탁하여 태

조가 이르기를 기다려 그를 맞아 해치고자 하였다. 태조가 여러 장수들에게 말하기를, '능창이 내가 올 것을 알고 반드시 島賊과 함께 변란을 꾀할 것이니 賊徒가 비록 소수라고 하더라도 만약에 힘을 아우르고 세력을 합하여서 앞을 막고 뒤를 끊으면 승부는 알 수 없는 노릇이니 헤엄을 잘치는 자 10여 인으로 하여금 갑옷을 입고 창을 가지고 작은 배로 밤중에 갈초도 나룻가에 나아가 왕래하며 일을 꾸미는 자를 사로잡아서 그 꾀하는 일을 막아야 될 것이다.'고 하니, 여러 장수들이 다 이 말을 따랐다. 과연 조그마한 배 한척을 잡아보니 바로 능창인지라 궁예에게 잡아 보내었다. 궁예가 크게 기뻐하여 능창의 얼굴에 침을 뱉고 말하기를, '海賊들은 모두가 너를 추대하여 괴수라고 하였으나 이제 포로가 되었으니 어찌 나의 神妙한 計策이 아니겠느냐.'하며, 이어 여러 사람 앞에서 목베었다.[3]

이는 태조가 즉위하기 전에 자신의 군사활동을 방해하던 서해안의 賊帥 能昌을 사로잡았던 기록이다. 이에 따르면 능창은 이때 서해안 일대의 流民들을 모아서 도적의 집단으로 세력을 형성하고 있었는데, 태조는 이들 집단에 대하여 무력 진압을 행하였다.

그리고 즉위 한 뒤에도 무력진압을 행하기도 하였다. 먼저 국내 유이민 집단에 대한 것부터 살펴보면 다음과 같다.

B. 처음에 法師가 당나라에 갔다가 돌아와서 먼저 推火郡 奉聖寺에 머물렀다. 이때 마침 고려 태조가 동쪽을 정벌해서 淸道 지경까지 이르렀는데 山賊들이 犬城에 모여서 교만을 부리고 항복하지 않았다. 태조가 산 밑에 이르러 법사에게 산적들을 쉽게 물리칠 방법을 물으니 법사가 대답하기를 '대체 개란 짐승은 밤만을 맡았고 낮은 맡지 않았으며 앞만 지키고 그 뒤는

---

3) 『고려사』 권1, 태조1.

잊고 있습니다. 하오니 마땅히 대낮에 그 북쪽으로 쳐들어가야 할 것입니다.'고 하였다. 태조가 그 말에 좇으니 적은 과연 패해서 항복하였다. 태조는 법사의 신통한 꾀를 가상히 여겨 매년 가까운 고을의 租 50石을 주어 香火를 받들게 하였다. 이에 二聖의 眞容을 모시고 절이름을 奉聖寺라 하였다.[4]

이것은 태조가 청도 지방의 산적들을 토벌할 때의 이야기이다. 비록 정확한 시기는 알 수 없지만 태조가 寶壤에게 매년 가까운 고을의 租 50石을 주었다고 한 것에서 아마 태조의 즉위 뒤의 일인 듯하다.[5] 그리고 이때의 山賊이란 바로 유이민들이 집단을 이루고 무장하여 도적떼가 된 자들이다. 그러므로 태조가 즉위한 뒤에도 유이민 집단에 대하여 직접 회유하여 항복을 받거나 이에 불응하는 자들은 무력으로 진압하였음을 보여주고 있다.

한편 국제 유이민에 대하여도 무력 진압을 하기도 하였다.

C. 壬申 達姑狄 171인이 신라를 침범하였는데 길이 登州를 경유하여 가게 되었으므로 장군 堅權이 요격하여 그들을 크게 패배시켜 한필의 말도 되돌아 간 것이 없으므로 命하여 공적 있는 사람에게 곡식 50石씩을 주도록 하였다. 신라왕이 이를 듣고 기뻐하여 사신을 보내와 사례하였다.[6]

이것은 921년(태조 4) 2월에 達姑狄을 소탕한 기록이다. 그러나 비록 침범하였다고는 하나 엄격한 의미에서는 유이민 집단의 이주 현상의 하나이다. 이보다 바로 며칠 전인 甲子에 高子羅 무리의 來投가 있었

---

4) 『삼국유사』 권4, 寶壤梨木.

5) 태조가 東征을 행한 시기라고 하므로, 아마 930년(태조 13) 古昌戰鬪 후에 동해안 일대를 정복한 시기와 가까운 때인 듯하다.

6) 『고려사』 권1, 태조 4년 2월.

고, 또 4월 乙酉에 阿於閒 무리의 내투가 있었다. 이러한 상황을 참고한다면 達姑狄 역시 유이민 집단으로서 고려로 오지 않고 신라의 영역으로까지 이주하다보니, 그 과정에서 식량 조달을 위한 약탈 행위가 있어서 침입으로 간주되었을 것이다. 태조는 堅權을 보내어 이들을 섬멸시켰다. 이것은 곧 태조의 국제 유이민에 대한 무력진압의 한 사례이다.[7]

이러한 태조의 무력 진압은 유이민 시책 중에서 정치군사적 성격을 가졌던 것으로, 이미 발생한 유이민의 양상을 제거하는데 목적을 둔 것이다.

2. 취민유도와 권농

태조는 즉위와 동시에 민생의 안정을 목표로 하는 여러 가지 회유책을 실시하였다. 그 가운데서도 가장 중요한 것은 백성들의 경제적 부담을 줄여 준 것이기에 흔히 '取民有度'라고 하는 것이다.

그 첫번째 조치가, 가혹한 조세의 징수가 바로 유이민 발생의 가장 근본적인 動因이라는 것을 알고, 즉위 34일만에 收取制度를 개선하였다.

D. 가을 7월 詔書를 내리기를, '泰封主가 백성을 침노하여 자기의 욕심을 채워서 오직 거둬들이기만을 일삼고 예전 제도를 따르지 아니하여 1頃의 토지에 租稅를 6石이나 받으며 驛에 소속된 戶에 絲를 3束이나 부과하여 드디어 백성으로 하여금 농사짓는 일을 걷어치우고 길쌈하는 일을 폐지하여 떠돌아다니고 도망하는 사람이 서로 잇달아 생기게 하였다. 앞으로는 조세의 부과는 마땅히 天下의 通法을 써서 常例로 삼으라.' 하였다.[8]

---

7) 태조가 당시 국내유민과 국제 유이민에 대하여 행한 무력진압의 사례는 더 많았을 것이다. 그러나 후대에『고려사』를 편찬시 혹은 고려시대에『태조실록』을 중찬하는 과정에서 누락과 삭제가 있었던 것 같다.

8)『고려사』권78, 지32, 식화1, 조세 ;『고려사절요』권1, 태조 1년 7월.

이처럼 후삼국 말에는 經界가 바르지 못하고 租稅를 대중할 수가 없었다. 특히 泰封의 弓裔는 거두어들임이 심하여 백성들이 농사를 걷어치우고 떠돌아 다니고 도망하는 유이민의 현상이 만연하여 人戶는 줄어들고 국토는 황폐화되었다.[9] 그래서 태조는 즉위하자마자 민생의 안정, 즉 유이민의 방지를 위하여 租稅率의 인하를 지시하였다. 이때의 '天下通法'이라는 것은 1388년(우왕 14) 7월 大司憲 趙浚의 上書文에 의하면 什一制를 지칭함을 알 수 있다.[10]

弓裔 시절의 1頃당 6石의 收租라는 것은 당시의 생산 수준에서는 中等田 1頃에서 생산된 곡식의 거의 전량에 해당하는 것이다.[11] 그러던 것을 10분의 1세를 적용하여 1負당 3升으로 낮추어 주었으니, 결국 1負당 3升은 1頃당 2石으로 낮추어 준 것으로 조세액이 무려 1/3로 줄어들었다.[12]

---

9) 『고려사』 권1, 태조 1년 6월 ; 권1, 태조 1년 8월.

10) "太祖龍興即位三十有四日迎見群臣慨然嘆曰近世暴歛一頃之租收至六石民不聊生予甚愍之自今宜用什一以田一負出租三升"(『고려사』 권78, 志32, 食貨1, 祿科田).

11) 『조선전사』 6 중세편, 1980, 과학백과사전출판사, 14쪽의 주. 그리고 『고려사』 권78, 食貨1, 租稅에 의하면 성종 11년(992)의 조세규정에 의하여 환산한 旱田中等田1結의 총 수확량은 6石12斗5升 정도였다고 한다.

12) 궁예 치하에서 1結당 생산량은 20石이었는데 수취량은 6石이나 되었다. 그래서 이때 6石을 2石으로 줄여 준 것이다(홍승기, 1989, 「후삼국의 분열과 왕건에 의한 통일」 『한국사시민강좌』 5). 한편, 김성준은 "이때 什一法을 써서 1負에 3升씩을 수취하면 1結(頃)의 조세액은 30升 즉 2石이 되고 그 소출량은 20石이 된다고 하면서 結負法을 舊法이라 한 것은 『고려사절요』 권1, 태조 1년 7월조 '天下通法'이라 하고 『고려사』 권78, 식화1, 조세의 공민왕 11년조 密直提學 白文寅가 箚子를 올려 國田의 제도는 "漢의 限田에서 법을 취하여 수확의 十分의 一税뿐이다." 한 것에서 볼 때 이는 10의 1세를 말하지만 그러나 舊法은 천하통법으로서 신라 구법을 의미하는 것이 아니라 일찍이 古代 중국에서부터 통용해오던 法이며 신라를 거쳐 고려에 내려오며 사용된 것을 알 수 있다."고 하여 什一税의 기원을 고대 중국의 제도에서 비

이러한 태조의 조치는 곧 신왕조의 개창 뒤에 행하여진 개혁정치의 常例로 볼 수도 있지만 이것은 형식적으로 민심을 얻기 위한 것만이 아니라 당시의 현실을 잘 파악하고 취한 특별한 의미를 가진 시책이었다. 그리고 당시 정치사회 구조상 자신과 직접적인 이해관계를 연결하였던 지배층을 위한 것이 아니라 피지배층의 일반 농민들을 위한 것이었다.[13] 이들의 경제적 어려움을 조금이나마 해결하여 더 이상 유리하는 것을 방지하기 위한 것이었다. 그러면서도 당시 이미 발생한 유이민들을 농업에 종사하도록 유도하는 의미를 가진 것이며, 나아가서는 각 지방의 城主와 將軍의 지배 밑에서 태봉 때와 다름없는 가혹한 착취를 받고 있던 일반민들을 끌어 들이기 위한 회유책이기도 하였다.[14]

결국 태조의 取民有度에 입각한 收取制의 개정은 대민정책의 하나로써 행하여진 민생의 안정과 동시에 왕권의 기반이 되는 民을 확보하기 위한 恒久的인 대책의 수립이었다.[15] 다시 말하면 조세율의 인하조치는 일반 농민의 유망을 막고 또 이미 유이민이 된 자들을 농토에 정착시키고자 하는 것이며, 나아가서는 당시 각 지방에 존재하던 세력가들의 지배하에 있던 일반 농민들을 자신의 지배하로 흡수하여 정착시키고자 하는[16] 대민정책의 하나였다.

롯된 것으로 이해한 바 있다(김성준, 1985, 「십훈요와 고려태조의 정치사상」 『한국중세정치법제사연구』, 일조각, 38쪽).

13) 홍승기, 앞의 논문, 78쪽에서, 이는 특히 자영농을 위한 것으로 보았다.

14) 『조선전사』 6 중세편, 1980, 과학백과사전출판사, 14쪽.

15) 하현강, 1987, 「고려태조의 내외정책의 수립배경과 그 성격」 『동방학지』 54·55·56합집, 925~927쪽.

16) 한편 태조에 의하여 租稅에 있어서는 取民有度의 정신에 따라 什一稅로 舊法을 좇게 되었지만 貢賦에 대해서는 대책이 강구되지 못하다가 光宗이 즉위하여 곧 歲貢之額을 정하게 됨으로써 貢賦에도 비로소 태조의 취민유도의 정신이 반영된 것으로 보인다(김성준, 앞의 책, 39쪽).

그러나 이러한 태조의 즉위초 收取率 감액을 통한 민생안정 노력에도 불구하고 유이민 현상은 계속되었다. 후백제와의 전투가 계속되고, 또 이를 위하여 변방의 군사시설을 보수 확충하는 工役이 계속되자 견디지 못한 유망의 현상이 발생하였고, 게다가 당시 권세 있는 자들의 민에 대한 능멸과 포학으로 생활이 어려워져 유망현상은 계속되었다. 이에 태조는 934년(태조 17) 5월 禮山鎭에 행차하여 詔書를 내렸다.

E. 지난 날에 신라의 政事가 쇠하여지니 群盜가 다투어 일어나 民庶는 사방으로 흩어져 해골을 荒野에 드러내었다. 前主가 紛爭의 무리들을 복종시키고 邦國의 터전을 열었으나 末年에 이르러서는 下民에게 害毒을 끼치고 社稷을 傾覆하였다. 朕이 그 위태로운 뒤를 이어받아 이 새 나라를 만들게 된 것이다. 전쟁에 상처 받은 民들을 勞役시키는 것이 어찌 나의 뜻이리요. 다만 草創期라 부득이한 일이로다. 모진 風雨속에서 州鎭을 巡省하고 城柵을 修完함은 赤子들로 하여금 綠林의 難을 면하게 하고자 함이다. 이로 말미암아 남자들은 모두 전쟁에 종사하고 부녀자들까지 役事를 하게 되어 그 勞苦를 참을 수 없어 혹은 山林에 도망하여 숨고 혹은 官府에 號訴하는 자의 수가 얼마나 되는지 알 수 없도다. 왕의 친척이나 權勢家들이 방자하고 사납게 약하고 고달픈 나의 編民을 짓밟고 있는지 어찌 알 수 있으리오. 小民들은 이러므로 호소할 데가 없어 저 蒼天에 울부짖는 것이다. 마땅히 너희들 公卿將相으로 國祿을 먹는 사람들은 내가 民을 자식같이 사랑하는 뜻을 생각하여서 너희들 祿邑의 編戶之民을 불쌍히 여겨야 할 것이다. 만약 家臣의 無知한 무리를 祿邑에 보내어서 그들이 오직 聚斂만을 일삼고 마음대로 割剝한 들 너희들이 또 어찌 능히 이를 알 수 있으리오.[17]

---

17) 『고려사』 권2, 태조 17년 5월.

이 조서에는 태조의 애민정신이 잘 반영되어 있다. 公卿將相들에게 자기의 애민정신을 본받아 실천하기를 적극 권장하고 있다. 특히 '王의 친척이나 權勢之家' 및 '公卿將相으로 國祿을 먹는 자' 등 당시 祿邑을 가졌던 특수층이 그 祿邑民들을 가혹하게 수탈하여 원성이 높으므로 이들에게 그것을 시정하라고 훈계하고 있다.

즉, 당시 후백제와 대결하는 과정에서 변방의 州鎭의 城柵을 수습하여 군사시설을 확충하자 남자들은 모두 전투에 종사하고 부녀자들까지도 工役을 맡게 되었다. 이에 勞苦를 감당할 수 없어 山林에 유망하는 자들이 생기었다. 더욱이 왕의 친척이나 권세가들이 編戶을 짓밟아 백성의 원망은 더욱 심하였다. 이에 태조는 애민정신을 내세워 백성들의 유망을 막고자 공경장상들에게 그들의 祿邑民에 대한 수취를 줄이라고 명령을 내렸다. 결국 태조의 이러한 조처는 일반민의 유망을 막고자하는 의도에서 취해진 민생안정의 한 조치였다. 그러면서도 당시 권세가들에게는 일종의 경제적 제재조치를 취한 것이었다.

한편 앞에서 살펴본 收租額 감세조치를 취한 뒤 곧바로 3년간 免稅·免役의 조치를 내렸다.

F. 조서를 내리기를 '周의 武王은 殷의 하를 내쫓고 곡식과 재물을 흩어 백성을 구제하였으며 漢의 高祖는 項羽를 멸망시키고 산택에 은신한 백성을 각기 田里로 돌아가게 하였다. 짐은 덕이 적은 사람으로서 왕업을 창건한 것을 깊이 부끄럽게 여긴다. 비록 하늘이 도와주는 위업에 힘입었으나 역시 백성이 추대하는 힘에 의하였으니 백성들로 하여금 편안히 살아 집집마다 모두 착한 사람이 되게 하려 한다. … 백성들에게 3년 동안의 조세와 부역을 면제하고 사방으로 떠돌아다니는 자는 田里로 돌아가게 하고 곧 大赦

하여 함께 휴식하게 하라.' 하였다.[18]

이러한 태조의 면세·면역조치는 건국초 특히 후백제와 대치하던 상황에서 대단히 획기적인 것이었다.[19] 태조가 이 조치를 내린 목적은 당시 유이민을 정착시키기 위한 것이었음은 위의 詔書 내용에서 "사방으로 떠돌아다니는 자를 田里로 돌아가게 하라."는 것에서 잘 나타나 있다. 당시 고려의 군사력은 후백제에 비하여 열세였다. 태조 즉위초의 이러한 군사적 열세는 사실은 군비를 일반 농민에게 크게 부담시키지 않은 결과였다.[20] 이것은 전쟁에서의 승리도 중요하지만 아직 즉위 초였기에 그의 즉위과정에서 큰 영향을 미친 일반민의 경제적 부담을 줄여서 그들의 지지를 받자는 의도에서였다. 결국 이러한 3년간의 조세와 부역의 면세 조치는 일시적인 것이긴 하지만 민생 안정을 위한 것이었다. 그 민생 안정의 기본 취지는 위의 詔書에서도 언급하였듯이 당시 사방으로 流離하는 자들은 田里에 귀향시켜 정착하도록 하려는 유이민 시책이었다.

그리고 이상에서 살펴보았듯이, 태조의 取民有度에 입각한 賦稅와 徭役의 경감은 유이민을 정착시킴으로써 民의 안정을 꾀하며 영토내의 혼란상을 막고 국가의 기본 수취원인 인구를 늘리어 국가재정을 확충함으로써 결국에는 왕권강화를 추구해 나간 것이었다.

한편 이러한 법제적 조치와 더불어 전근대 국가에서 治民의 기본 방

---

18) 『고려사절요』 권1, 태조 1년 8월.

19) 태조의 조치에 대하여 趙浚은 그의 上書文에서 "三國이 정립한 때에 財用이 급박하였으나 우리 태조는 戰功을 뒤에 돌리고 인민을 먼저 진휼하니 이는 곧 天地가 만물을 생육하는 마음이요 堯舜文武의 仁政이다."고 극찬한 바 있다(『고려사』 권78, 식화1, 녹과전).

20) 홍승기, 앞의 논문, 78쪽.

법인 勸農政策를 폈다.

G. 백성들로 하여금 편안하게 살아 집집마다 훌륭한 사람이 되게 하고자 한
  다. 그러나 매우 어려운 상황에 있으니 진실로 租稅를 면제하고 農桑을 권
  장하지 않으면 어찌 집집마다 넉넉하고 사람마다 풍족할 수 있으리오.[21]

이것은 태조가 민생의 안정을 위하여 무엇보다도 조세의 면제와 농
사의 권장이 중요함을 지적한 것이다. 앞에서 살펴보았듯이, 면세의
의미는 일시적인 유이민 정책의 하나로서 성격을 가진 것이다. 권농정
책 또한 마찬가지이다. 농업생산을 위해서는 반드시 농민이 토지에 긴
박되어져야 한다. 그러므로 권농정책은 유이민을 영토 안에서 정착시
키는 정책의 하나이다. 한편으로는 당시는 농업사회였으므로 국가재정
의 운영은 농업생산물에 대한 조세가 그 중심적 재원이었기에, 권농정
책이야말로 국가재정 확충을 위한 기본적인 정책이었다. 그래서 태조
는 즉위하자마자 권농정책을 행하였다.[22] 그리고 권농을 위하여 후백
제와의 직접적 대결인 전쟁을 피하고 평화 유지를 위하여 노력하였다.

H. 지난번에 三韓이 액운을 당하고 九州가 흉년으로 황폐해져 인민들은 많이
  黃巾賊에 속하게 되고 田野는 赤地가 아닌 땅이 없었소. 風塵의 소란함을
  그치게 하고 나라의 재난을 구하려고 이에 스스로 이웃 나라와 친목하여
  和好를 맺으니 과연 수 천리에 농사와 길쌈으로 생업을 즐겼으며 7~8년
  동안 士卒들은 한가로이 쉬었다.[23]

---

21) 『고려사절요』 권1, 태조 1년 8월.
22) 태조의 勸農思想은 「訓要十條」 제7조 "知稼穡之艱難則自得民心國富民安"
   이라 한 것에서 잘 드러내고 있다.
23) 『고려사』 권1, 태조 11년 1월 答甄萱書.

이러한 평화유지 노력은 이미 여러 해 동안 전란을 겪으면서 사회적 불안과 경제적 곤궁에 시달려 온 백성들에게 평화와 안정을 제공해 주었다. 그리하여 수 천리에 걸쳐 농사와 길쌈이 가능해져 백성들이 생업을 즐겼다고 한다. 전쟁의 일시적 종식은[24) 곧 그 지역에서 농업을 비롯한 생산 활동이 가능해지는 것으로 다시 백성들이 거주하게 됨으로써 유이민들의 정착현상을 가져다 주었다.[25) 즉 평화유지는 백성들을 편안하게 하는 것 그 자체로서도 하나의 큰 목적이 될 수 있지만, 또 나아가서는 백성을 안정시킴으로써 경제적 생산을 증가시키고 국가의 재정을 충실케 하여 국력을 신장하는 결과를 가져오게 되고, 결국에는 대내적인 면에서 태조의 왕권을 강화, 안정시키는 결과를 낳았다.[26)

이상에서 살펴보았듯이 태조의 取民有度와 勸農政策은[27) 당시 후삼국간의 전쟁과 과중한 노역, 질병 등으로 발생한 유이민을 국토 내에 정착시키는 것이며, 또 국가의 수취 대상과 원천을 확보하여 왕권을 강화하고 국가체제를 공고히 하려는 건국초 고려의 당면 문제를 해결

---

24) 酉年維時陽月에 다시 전투가 발생하기 이전 7~8년간을 말한다. 이때의 酉年이란 乙酉年, 즉 태조 8년(925)이고, 陽月이란 음력 10월을 의미한다. 그렇다면 이전의 7~8년간이라 함은 대략 태조 즉위부터이니, 태조는 즉위 직후부터 후백제와 평화유지에 노력하면서 고려 내부의 국가안정과 왕권강화에 주력하였음을 알 수 있다.

25) 전쟁의 종식은 곧 그 지역에 생업을 가능케 하는 것이다. 이러한 예는 일찍이 후백제 장군 龔直이 고려로 귀부한 뒤 "直謝因言曰百濟一牟山郡境接弊邑以臣歸化常加侵掠民不安業臣願往攻取使弊邑之民不被寇竊專務農桑益堅歸化之誠王許之"(『고려사절요』 권1, 태조 22년 3월)한 것에서도 전쟁의 종식은 생업에 전념과 직결됨을 볼 수 있다.

26) 박한설, 1980, 「고려태조의 후삼국통일정책」 『사학지』 14, 38~39쪽.

27) 이와 같은 태조의 取民有度와 勸農의 노력에 대하여 『고려사』 권77, 지32 食貨志序에서는 "三國末 經界不正 賦斂無藝 高麗太祖即位 首正田制 取民有度 而惓惓於農桑 可謂知所本矣"라 하였다.

하는 노력의 표출이다.[28] 그리고 이것은 태조의 유이민 정책 중에서 경제적 측면의 성격을 갖는 것이며, 또 유이민 발생의 동인을 없애고 나아가 이미 발생한 유이민 현상을 해소하려는 의도에서 취해진 방법이었다.

3. 지방제도 개편

태조는 재위시에 지방제도의 개편을 행하였다. 그러나 전국에 대하여 일시적으로 이루어졌다기보다는 점차적으로 행하였다. 그런데 이 지방제도의 개편은 당시 유이민을 정착시키는 하나의 시책으로 실시되고 있었다.

> I. 烏山城을 고쳐서 禮山縣이라 하고 大相 哀宣과 洪儒를 보내어 流民 500여 戶를 편안히 살게 하였다.[29]

이때 烏山城을 禮山縣이라 고친 것은 단순한 행정 단위의 개편만을 뜻하는 것은 아니다.

그것은 그 지역 주민에 대한 사회적 예우가 다르게 되는 것이다. 하지만 이 경우는 烏山城 자체의 어떠한 공로에 의한 것이 아니라 정부의 특별한 목적을 위한 일방적인 조치이다. 당시 후백제와 대치 상황에서 접경 지대인 이곳의 행정명칭을 고치고 유이민을 안집시켜 거주케 하였다는 것은 변방 수비를 위한 군사목적을 달성하고자 취한 정책이었다. 특히 변방 수비에 필요한 인적 자원을 확보하기 위한 수단으

---

28) 이외에도 태조대에 행하여진 유이민의 해결을 통한 양민확보시책으로는 奴婢贖還과 黑倉의 설치 등이 있었다.

29) "改烏山城爲禮山縣 遣大相哀宣洪儒 安集流民五百餘戶"(『고려사절요』 권1, 태조 2년 8월).

로써 유민을 안집시킨 것이다.[30] 즉 변방 지역이기에 전쟁 피해의 위험으로부터 벗어나고자 주민이 유리하여 황폐해진 예산 지역에 행정개편을 통하여 유이민을 정착시킴으로써 변방 수비를 위한 인적 자원을 확보하여 군사력을 확충하고, 또 이들을 생업에 종사케 하여서 현지에서 군량조달을 가능하게 하기 위한 조치였다.

물론 禮山縣의 경우는 변방의 예이지만 내지에서도 지방행정 단위의 변화를 통하여 유이민 문제를 해결한 경우는 더 있었을 것이다.[31] 그리고 지방행정 단위의 개편은 그 대상지역이 가지고 있는 정치·군사·경제적 중요성에 의하여 인적·물적 자원을 확보하고자 의도적으로 개편조치를 취하는 경우가 일반적이다. 이미 태조대에 많은 鎭·州·府 등을 설치하면서 이러한 목적을 달성하고자 노력하였다. 이처럼 지방제도의 개편이 이루어진 지역은 중앙정부의 직접 통제가 가능해져 이들 지역에 대하여 租稅와 役의 부과가 이루어질 수 있었다.[32]

---

30) 이것은 禮山縣이 934년(태조 17)에는 禮山鎭이라 불리던 것으로 보아 919년 (태조 2) 이후 언젠가 이곳에 鎭이 설치되었음에서도 짐작할 수 있다. 한편 일찍이 李基白은 禮山縣은 禮山鎭의 잘못이라고 지적하였으나(이기백, 1977, 「고려태조시의 진」『고려병제사연구』, 일조각, 233쪽), 그보다는 처음에 縣으로 하였다가 당시 후백제와의 군사적 목적상 다시 鎭을 설치한 것으로 이해함이 무난한 듯하다.

31) 지방제도의 개편을 통하여 유망민을 방지하려는 노력은 9세기 唐에서도 있었다. 즉 많은 농민이 田土를 떠나 商販이 되거나 僧道가 되었으며 또한 雜入色役하여 戶口가 줄어든 州縣들이 많이 나타남에 郡縣을 병합하자는 논의가 있었으며 실제 호구가 凋殘된 주현이 병합되었다. 이것은 농민의 유망을 막고 그들을 보호하며 지방통제를 효과적으로 하려고 했던 것이다. 그리고 신라에서도 애장왕 9년(808)의 지방제도 개편을 통한 군현의 통폐합은 그 맥락을 같이하는 것이라 하겠다(배종도, 1989, 「신라하대의 지방제도의 개편에 대한 고찰」『학림』 11, 12~13쪽).

32) 그리하여 今有와 租藏이 파견되었다(『고려사』 권77, 百官2 "今有租藏並外邑 使者之號國初 有之成宗二年罷"). 비록 今有와 租藏의 임무와 성격에 대해서는 여러 설이 있지만(안병우, 1986, 「고려초기 재정운영체계의 성립」『고려

그러나 지방제도의 개편이 동시적으로 이루어지지는 못하였다. 특히 후백제와 통일전쟁을 수행하는 과정에서는 그때그때 필요에 따라 특정 지역에 대하여 개편 조치가 있었다. 하지만 이때에도 가장 필요한 것은 전쟁 수행을 위한 인적·물적 자원의 확보가 무엇보다도 시급하였다. 그리하여 이들 지역의 군사적·정치적 필요성의 정도 차이에 의하여 그 개편이 있었던 것이니,[33] 이것은 바로 민의 확보가 그 목적이었다.

드디어 940년(태조 23)에 대대적인 郡縣制度의 개편이 이루어졌다. 이때에 이루어진 지방통치체제의 특징은 大邑을 중심으로 형성되었다는 점이다. 主邑은 그 밑에 많은 수의 屬邑을 거느리는 제도이다. 이러한 大邑 중심의 군현제도가 창안된 것은 민의 통치 지배를 용이하게 하려는 의도에서였다. 즉 신라말 고려초의 지방 농촌의 현실은 농민들의 逃散으로 인하여 小邑의 단위로 그들에 대한 파악 지배가 대단히 어렵게 되었다. 이 通戶=流亡뿐만 아니라 농민 중에 주거지와 토지의 소유지 등이 동일 郡縣 내에 병존하고 있지 않는 경우에 小邑보다 大邑 중심의 郡縣制度가 그들을 파악 지배하기에 훨씬 용이하였던 것이다.[34]

사의 제문제』, 삼영사, 402쪽 주62 참조). 이미 태조대에 지방에 대한 중앙 정부의 수취와 통제가 행해졌음을 알 수 있다. 특히 今有·租藏은 태조의 심복 幕僚들이었던 소위 '王親權勢之家'들이 그 직임을 대부분 수행해 왔으며, 이들은 流民의 安集 혹은 租税·賦役의 독촉·감독, 그리고 각 지방 村落의 田丁·戶口·寺院田 등을 조사하는 里審使의 직임을 띠고 각 郡邑으로 파견되었다는 추측도 있어(김윤곤, 1983, 「고려 군현제도의 연구」, 경북대학교 박사학위논문, 26~28쪽), 필자의 논지 전개에 도움이 되었다.

33) 태조 초년의 군현개편 방향은 군사적 요충지, 교통상 중요지를 대상으로 하여 이루어졌는데, 이때 天安都護府와 西京都護府의 경우처럼 지리풍수설을 이용한 경우가 많았다.

34) 김윤곤, 앞의 논문, 50쪽.

이처럼 태조대 지방제도의 개편은 유이민 정책을 근본으로 하면서 실시되었다. 그리고 이는 유이민 정책 중에서 사회적 측면의 성격을 갖는 것이며, 유이민을 재편제하여 다시 유이민화되는 것을 방지하기 위한 것이었다.

4. 주거지 택정과 순무·사민

한편 태조는 대민정책의 일환으로 유이민들의 거주지를 정하여 주기도 하였다.

J. 왕이 친히 **牙善城** 백성의 살 곳을 정하였다.[35]

이 기사는 태조가 직접 유이민들을 安居시켜 특정 지역에 주민으로 확보하려고 노력하였음을 보여주는 것이다. 이러한 노력은 이미 禮山縣의 설치와 더불어 大相 哀宣과 洪儒의 파견에 의해서도 있었다.

이와 더불어 태조는 직접 지방을 순수·순행·순시하거나[36] 또는 관료들을 대신 보내어 순시하고 鎭을 설치하면서[37] 백성들을 위무케 하고[38] 정착시키기에 고심하였다. 國王의 巡狩는 이미 고대국가에서도 행해졌다. 그 목적은 시대의 상황에 따라 변하였지만 전쟁과 災害로 백성들의 생활이 피폐해지고 그 결과 농업생산력이 저하된 현상을 타개하기 위하여 農時의 保障, 遊食百姓의 歸農 등 권농 조치가 행하여졌으며, 또 민심 수습 기능을 기본으로 하면서도 정복에 의해 확장된

---

35) "親定矛善城居民"(『고려사절요』권1, 태조 5년).

36) 『고려사』와 『고려사절요』에는 많은 태조의 순행 기사가 수록되어 있다.

37) 태조대의 鎭의 설치에 대해서는 이기백, 앞의 논문 ; 윤무병, 1953, 「고려북계지리고」『역사학보』4·5 참조.

38) "秋九月遣郞中撰行往巡邊…郡存撫百姓"(『고려사절요』권1, 태조 4년).

영역에 대한 영역 확인의 기능을 하였다.[39] 그렇다면 고려초 태조의 직접·간접의 변방 지역 또는 전쟁 지역에 대한 순시 역시 민심의 수습, 권농 조치와 아울러 영토 확인의 의미를 갖는 것이다. 이와 동시에 이들 지역에 대하여 행한 設鎭·築城·置縣 등은 유랑민을 비롯한 일반민을 영토에 긴박시켜 농지를 개간하고 인구의 희소 지역을 해소하고자 하는 인구의 재편제 조치라고 보겠다.

한편 유이민을 대상으로 하여 당시 인구가 희소한 지역에 대해서 徙民政策을[40] 행하기도 하였다.

K. 가을 7월 발해국의 世子 大光顯이 무리 수 만인을 거느리고 내투함에 王繼라는 이름을 주고 宗籍에 올려 주었다. 특별히 元輔를 除授하고 白州를 지키게 하여 그 제사를 받들게 하고 僚佐에게는 爵을, 軍士에게는 田宅을 주되 차등있게 하였다.[41]

---

39) 김영하, 1979, 「신라시대 순수의 성격」『민족문화연구』14, 199~245쪽.

40) 徙民이란 人口遷徙와 같은 말로서 募民·徙人·徙論 등을 변방 또는 내지에 강제로 이주시켜 그 지역을 충실히 하고자 하는 목적이다. 이럴 경우 국토의 개간이나 확장에 따른 徙民만을 말하는 것이 아니고 토지에 비례한 인구집중을 막기 위해 寬鄕에 보내진다든지, 또는 일정한 異族을 감시하는 데서도 활용된 편리한 조치였다. 전통적으로 이른바 强幹弱枝策은 중앙집권을 강화하고 할거 세력을 견제하는 조치로서 정치·군사·행정 등에서 실시되었다. 특히 중국에서의 徙民은 武功이 雄偉할 때에 史書에 자주 보인다. 이는 무공이 빛나는 시기에는 변경 개척을 위한 사민이 요구되는데 이것은 다음의 統一基盤(盛世)을 조성하는 경제적 기초가 되었다고 한다(변인석, 1984, 『안사난의 연구』, 형설출판사, 154~155쪽). 한편 나말려초에 있어서 徙民은 ① 전쟁포로의 內地遷徙로서의 사민, ② 순전한 형벌적인 조치로서의 사민, ③ 변경의 개척과 鎭守를 위한 사민 등의 성격을 갖고 있었다(한우근, 1960, 「고대국가 성장과정에 있어서의 대복속민시책(하)」『역사학보』13, 59~61쪽).

41) "秋七月 渤海國世子 大光顯率衆數萬來投 賜姓名王繼 附之宗籍 特授元甫守白州 以奉其把 賜僚佐爵軍士田宅有差"(『고려사』권2, 태조 17년).

이것은 태조대 유이민 중에서 국내 유이민이 아니라 외지에서 고려로 옮겨온 유이민 가운데 하나인 발해 유이민이다. 그러나 이들 역시고려의 영토내로 들어온 뒤에는 당시 사회적 문제가 되었던 고려초 유이민의 한 부류임에는 차이가 없다. 이들 大光顯의 집단을 白州에 이주 정착시킨 이유는 이곳을 중심으로 하여 주변, 즉 浿西地域의 인구문제를 해결하기 위해서였다. 918년(태조 원년) 9월과 922년(태조 5)에이 지역에서 屯田兵的 역할을 하고 있던 많은 民戶를 西京으로 徙民시킴으로써 인구가 줄어든 뒤 후백제의 침공을 받자 군사력을 보충할 필요가 생기었다. 그리하여 大光顯을 중심으로 한 발해 유이민을 이 지역에 이주하여 정착시켰다.[42]

이외에도 徙民이 행하여진 경우는 더 있다. 앞에서 살펴본 禮山縣의流民 500여호를 안집시킨 것과 神光鎭에 사민시킨 것[43] 등은 같은 목적에서 행해진 것이다.[44]

한편 이들 유이민을 정착시키기 위하여 編戶하기도 하였다.

ㄴ. 마땅히 너희 公卿將相으로 祿을 먹는 자들은 내가 백성을 자식같이 사랑하는 뜻을 인식하고 너희 祿邑의 編戶之氓을 불쌍히 여겨야 할 것이다.[45]

여기서 公卿將相으로 祿을 먹는 자는 郡邑을 祿으로 받은 '向義歸順

---

42) 김창겸, 1987, 「후삼국통일기 고려태조의 패서호족과 발해유민에 대한 정책연구」『성대사림』4, 82쪽.

43) "城昵於鎭改名神光鎭徙民實之"(『고려사』권82, 兵志鎭戍 태조 13년 2월).

44) 하지만 태조 1년 9월과 태조 5년에 행해진 浿西地域의 民戶를 西京으로사민한 것은 그 성격을 달리한다. 즉 기존의 정착생활을 하고 있던 良家子弟를 이주시킨 것이다.

45) 『고려사』권2, 태조 17년 5월.

城主將軍'등을 지칭한다. 이들은 태조로부터 祿邑을 하사받았는데, 그 녹읍은 編戶之氓에 의하여 경작되어지고 있었다. 그런데 '王親權勢之 家', 즉 그의 幕下臣僚들과 또 녹읍의 家臣(衙內) 등의 횡포와 가렴주구 로 인하여 編戶(農民)의 流亡이 확대되었다고 한다.

이러한 기록에서 編戶가 녹읍 안에 존재하였다는 것은 결국 농민을 녹읍에 결박시켰음을 의미한다. 따라서 태조는 유이민 정책의 하나로 써 귀부한 城主·將軍 등에게 그들의 本邑 혹은 他邑을 祿으로 賜與하 여 통치케 하여 배신을 방지하는 동시에 이를 통하여 流民의 安集 등 현실적 난제를 타개하려고 꾀하였던 것으로 이해된다.[46]

유이민에 대한 編戶는 특히 발해 유이민에 대하여 적극 추진되었다. 고려는 발해 유이민들을 봉건적 수취대상으로서 예속시키기 위하여 일 정한 거주지를 정해주고 살도록 하였다. 특히 북방정책에 이들을 이용 하기 위하여 주로 서북지방에 안치하였다. 다시 말하면 당시 발해유민 을 직접 군대에 편입시키거나 軍戶로 등록하여 군사력을 보충하여 북 방의 수비를 맡는 둔전병으로 만든 결과 북방 지역의 농토 개간이 이 루어져서 생산력의 발전을 가져왔으며 고려의 영토 확장에 큰 역할을 하였다.

특히 해외 유이민의 경우 고려에 이주해 온 뒤 군대에 직접 편입된 경우가 많았다.

M. 왕이 … 大相 庾黔弼과 元尹 官茂·官憲 등으로 黑水·達姑·鐵勒 諸蕃의 날쌘 騎兵 9,500을 거느리게 하였다.[47]

---

46) 김윤곤, 앞의 논문, 23~26쪽.
47) 『고려사』 권2, 태조 19년 9월.

936년(태조 19) 9월 고려의 후백제 정벌군에는 흑수·달고·철륵 등의 9,500명이 편성되었다고 한다. 그렇다면 이들은 이전에 고려에 내부해 온 북방의 유이민들로서 군대에 편성되어졌음을 말한다. 이처럼 9,500명 군인과 여기에 딸린 가족 등 많은 수의 북방 유이민들을 고려 영토내에 긴박시키기 위하여 군대에 편입시켰음을 알 수 있다. 그리고 이들은 고려의 후삼국 통일을 위하여 싸운 傭兵이 되었다. 발해 유이민 또한 白州나 서북지방에 정착되어져 고려의 정규군 대신에 후백제 또는 북방에 대하여 군사적 임무를 수행한 용병의 성격을 가졌다.

이처럼 태조의 유이민에 대한 거주지 택정, 순무, 사민 등은 사회적 측면에서의 정책으로 이미 발생한 유이민의 양상을 해소하기 위하여 취해진 노력이었다.

5. 사원의 통제와 관리

고려 왕실은 선대부터 佛敎 寺院과 연결하고 있었다. 그리고 태조 역시 후삼국 통일과정을 통하여 당시 유행한 禪宗과 밀접한 관계를 맺었다. 특히 태조는 고려 건국 이전에는 주로 중국 유학승과 인연을 맺었다가, 건국 이후에는 중국 유학승 뿐만 아니라 국내에 머무는 승려와도 인연을 맺었다.[48] 태조는 918년 이전에는 승려와 결합하기 위해 몸소 찾아 갔었다. 그러나 918년 즉위한 뒤에는 태조는 鵠版을 내리고 승려를 오게 하여 결연하는가 하면, 심지어 詔로써 승려들을 서울로 모이게 하여 결연하기도 하였다. 그런가하면 승려들도 부름을 기다리지 않고 스스로 태조에게 나아가 결연하고자 하였다. 이러한 태조의 승려와의 결연한 의도는 918년 이전에는 지방 호족과의 결합을 위해서

---

48) 김두진, 1981, 「왕건의 승려결합과 그 의도」『한국학논총』4, 127~153쪽. 이러한 연구는 당시 태조의 사원정책에 대한 일단면을 밝힌 것으로 시사하는 바가 크다.

였다. 그러나 918년 이후가 되면 지방 호족의 연합뿐 아니라 복속된 지방의 백성을 교화하거나 민심을 수합하기 위해 승려와 결합하였다.[49]

그러면 당시 태조가 불교정책을 통하여 대민정책을 행하였다는 점에 대해서 좀더 살펴보고자 한다. 당시 지방의 세력가가 태조에게 귀부하였다 하여 그 지역 주민이 모두 태조에게로 기울어지는 것은 아니었다. 일부 상층의 유력자들은 대표 세력가와 행동을 같이 할지언정, 그와 이해관계를 그리 직접적으로 하지 않았던 많은 하층의 백성들은 오히려 앞으로 거취에 혼란이 야기되었을 것이다.

그래서 태조는 이러한 하층민들을 안정시키고자 당시 명망 있는 승려를 파견하였다. 이러한 사실은 태조가 남긴 「訓要十條」의 제1조에도 잘 나타나 있다.

> N. 첫째, 우리나라의 왕업은 반드시 諸佛의 도움을 받아야 한다. 그러므로 불교사원들을 창건하고 주지들을 파견하여 불도를 닦음으로써 각각 자기 직책을 다하도록 하는 것이다.[50]

태조는 정부에서 주도적으로 사원의 최고 지배자인 住持의 임명권을 장악하여 불교계를 통제하려고 하였다. 물론 여기에는 신라 말부터

---

49) 이외에도 고려태조의 불교정책에 대한 연구논문으로는 다음과 같은 것이 있다. 한기문, 1983, 「고려태조의 불교정책」『대구사학』22 ; 김영태, 1977, 「고려 역대 왕의 신불과 국난타개의 불사」『불교학보』14 ; 김영태, 1988, 「고려 개국초의 불교사상」『한국사론』18, 국사편찬위원회 ; 고익진, 1991, 「태조의 불교관」『한국학기초자료선집』중세편, 한국정신문화연구원 ; 서진교, 1996, 「고려 태조의 선승 포섭과 주지파견」, 홍승기 편, 『고려 태조의 국가경영』, 서울대학교출판부.

50) 『고려사』 권2, 태조 26년 4월 訓要十條.

전국의 대사원과 연결되어 있던 호족세력을 격리시키려는 의미도 내재되어 있었다. 그러면서 한편으로는 당시 하층민들이 사회적 혼란에 의하여 안주하지 못하고, 또 심지어 어떤 지역은 전쟁을 비롯한 여러 원인으로 유리하여 사람이 거주하지 않게 되어 황폐화된 곳도 많이 발생함에, 태조는 이들 지역에 거주민을 양성할 필요를 느끼고 주변에 사원을 개창하고 당시 명망 있는 승려를 住持로 임명한 것이라 하겠다.

이때 다시 거주민이 된 자들은 농토로부터 이탈된 유이민들이었으며, 이들은 草賊 또는 群盜 등 무장농민군의 형태로 전국 각지를 횡행하던 자들이다. 「鳳巖寺靜眞大師圓悟塔碑」의 碑文에 의하면 兢讓은 936년(태조 18)에 曦陽山 鳳巖寺에 이르러 賊火에 焚燒된 堂宇를 재건하고 學徒를 모아 祖道를 선양하고 있었다.

> O. 비록 산중에서 靜默하고 있지마는 威猛을 域內에 나타내어 降魔의 술을 가만히 떨치고 助順의 功을 현양하여 개미떼처럼 모여드는 兇徒나 逆黨으로 하여금 愚迷한 성질을 고치고 강폭한 마음을 자랑하지 못하게 하여 점점 전답을 다투는 것을 그만두고 각기 安堵하게 하였다. 이때가 淸泰 乙未이다.[51]

이처럼 승려의 사원 개창으로 인하여 유랑민으로서 도적화된 자들의 교화가 있었다. 특히 鳳巖寺의 재건시 크게 門徒를 모집하였던 바, 그 속에는 다수의 商人이나 유랑민(窮子)들도 모이었다.[52] 그리고 이들을 사원 내 혹은 그 주변에 정착하여 거주민이 되었다.

---

51) 『조선금석총람』 상, 201쪽.

52) "營構禪室誘引學徒寒燠未遷竹筆成列大師誘人不倦利物有功至使商人遽息於化城窮子咸歸於寶肆列樹而梅檀馥郁滿庭而齒髦紙敷恢弘禪祖之風"(『조선금석총람』 상, 201쪽).

이러한 사원의 역할을 인식한 태조는 사원의 개창을 통하여 당시 만연되어 있던 유이민 현상을 종식시키려 하였다. 그리하여 유명한 승려들을 포섭하여 이들이 거처하고 있는 사원에 대하여 적극적인 재정 지원을 해주고, 또 그를 사원의 주지로 임명하여 신분을 보장해 주었다.

P - ① 얼마 뒤에 태조가 삼국을 통일하고 寶壤法師가 여기에 와서 절을 짓고 산다는 말을 듣고 五師의 田 500結을 절에 시납하고 淸泰 4년 丁酉(937)에 절의 이름을 雲門禪寺라 사액하고 袈裟의 영험을 받들게 하였다.[53]

② 왕이 허락하여 桐裏古山으로 돌아가게 하고 本道 守相에게 글로써 田結과 奴婢를 지급하라고 명하여 부처를 공양케 하였다.[54]

이처럼 태조는 새로 개창한 雲門寺에 무려 500결이나 되는 주변의 토지를 주어 사원의 기본재산으로 삼게 하였다. 그래서 사원에는 경제적 토대인 농경지를 확보하였으며, 더욱이 정부로부터 면세의 특전까지 부여받음으로써 많은 수의 인간이 생활할 수 있었다.

그리고 사원에 소속된 자들은 면역의 특권이 주어졌다. 당시 생활의 근거지를 상실하고 떠돌던 들도적·흉도·역당·窮子 등으로 표현되던 유랑민들이 대거 사원으로 몰려들었다.[55] 이들이 사원으로 投集하는 이유는 禪宗이 갖는 사상성의 특징에도 있었겠지만,[56] 그보다는 경제

---

53) 『삼국유사』 권4, 寶壤梨木.

54) 『泰安寺誌』, 아세아문화사, 44쪽, 谷城大安寺廣慈大師碑.

55) 당시 山門의 성립에는 인적·물적 자원을 요했을 것이며 그 작업에 참여한 계층은 선사와 제자들 및 특히 당해 지역의 민중들이었을 것이라는 추측도 있다(추만호, 1986, 「나말 선사들과 사회 제세력과의 관계」 『사총』 30, 13쪽).

56) 신라 말의 禪師들은 '不立文字'的 자기초월적 세계관에 철저하였으며, 사회

적으로 곤궁하던 이들에게 생활 터전을 제공해 주었기 때문이다. 특히 禪師들이 솔선수범하여 노동하는 풍조는 유이민들에게 노동을 요구하는 좋은 이념으로써 역할을 하였다.[57] 그 결과 유이민은 사원을 찾아 정착하면서 사원의 토지에서 노동하고 드디어는 주위의 황폐된 땅을 개간하고 작농하여 사원은 많은 토지를 소유하게 되고 식량을 비축하여 자급자족의 경제 단위로서 운영되었다.[58] 그러자 더 많은 인구가 모여들어 이른바 隨院僧徒로 불리어지던 非俗非僧의 무리가 千百에 이르렀다.[59] 이들이 바로 유이민들이 사원에 몸을 투탁하여 기식하고 있던 자들이다. 그리고 이러한 대사찰의 형성은 점차 주변에 인구를 집중시

적 입장은 신분제적 한계를 초월하여 사회 제세력을 동일하게 대하고자 노력하였기 때문에, 이들과 가장 밀접하였던 계층은 사회적 질곡으로부터 자유롭고자 하는 사회구성원의 절대 다수인 민중이었다(추만호, 앞의 논문).

57) 朗慧和尙碑文에 의하면 無染은 營葺하는 役事에 반드시 대중들과 함께 참가하고 있었으며 물 긷고 나무를 운반하는 일도 하고 있었다. 더욱이 "彼所啜不濟我渴彼所噉不救我餓盡努力自飮且食"하여 스스로 노동할 것을 강조하였으며 (『朝鮮金石總覽』 上, 80쪽), 이와 관련한 연구로는 최병헌, 1972, 「신라 하대 선종구산파의 성립」 『한국사연구』 7이 있다.

58) 당시 聖住寺에는 門徒가 2,000인이었으며, 건물이 1,000칸에 달하였다(「崇嚴山聖住寺事蹟」). 그리고 大安寺에는 2,939石4斗3升5合의 식량을 비축하고 있었고, 田畓은 494結39負, 柴地는 143結, 鹽盆 43結을 소유하고 있었다(「大安寺寂忍禪師碑」). 더욱이 廣慈가 王建의 尊信을 받으면서 개경에 머물다가 桐裏山으로 돌아올 때 왕건이 本道의 守相에게 명하여 田結과 奴婢를 내리었으며(「谷城大安寺廣慈大師碑」 『泰安寺誌』, 아세아문화사, 44쪽), 또 그 뒤에도 많은 토지가 지급되어 充多가 住持할 때에는 晋州·靈光·羅州·寶城·昇州·陜川은 물론 서해의 섬들까지 널리 소속된 약 500結의 토지가 추가되었다(이에 대한 연구로는 김두진, 1988, 「나말려초 동리산문의 성립과 그 사상」 『동방학지』 57 참조).

59) "國初 內外寺院 皆有隨院僧徒 常執勞役 如郡縣之居民 有恒産者多至千百"(『고려사』 권81, 兵志1, 숙종 9년 2월). 그리고 수원승도의 성격에 대한 여러 설은 이재범, 2007, 『후삼국시대 궁예정권 연구』, 혜안, 48~49쪽에 간결하게 정리되어 있다.

켜 사원취락을 형성하게 되면서 종전의 황폐지를 다시 생활주거지로 변화시켜 국토의 지역개발이 이루어졌다.[60]

그리고 이처럼 사원을 중심으로 유이민을 안집시킨 태조는 940년 군현제의 개편과 土姓分定을 실시한 뒤, 943년에는 전국적으로 각종 戶籍을 작성할 때 사원의 籍도 작성하였다.

그리고 이것을 통해 민을 파악하는 한 방법으로 이용한 듯하다.

> Q - ① 淸道郡司籍을 살펴보면 天福 8년 癸酉, 즉 태조 즉위 제26년 정월 일 淸道郡界 里審使 順英과 大乃末 水文 등의 相貼公文에 '雲門山 禪院 의 長生은 남쪽 阿尼岾이고 동쪽 嘉西峴이다.' 하였고, '이곳 三剛典 의 典主人은 寶壤和尙이고, 院主는 玄會長老, 貞座는 玄兩上座, 直 歲는 信元禪師이다.'고 하였다. 右公文은 淸道田帳에 기재되어 있는 데 확실하다.[61]
>
> ② 이 일들을 영영 끊어지지 않도록 天福 8년 癸卯 10월에 依板成籍하 였다.[62]

이처럼 943년(태조 26)에 사원의 戶籍도 작성되었다. 그 작성자는 里審使라는 직책을 띤 중앙의 파견인이었다. 그리고 이때 조사하여 작성한 내용은 Q-①에서 보면 사원의 경계, 그리고 사원내의 住持를 비롯한 책임 관리층의 승려 명이었고, Q-②에서 보면 사원의 내력 등이었다.

그런데 당시 里審使를 맡았던 자는 今有·租藏들로서 이들은 流民의

---

60) 김윤곤, 1983, 「여대의 운문사와 밀양청도지방」『삼국유사연구』상, 영남대 학교 민족문화연구소편, 54~55쪽.

61) 『삼국유사』권4, 寶壤梨木.

62) 『朝鮮寺刹史料』上, 1911, 조선총독부, 496쪽, 伽倻山海印寺古籍.

安集 혹은 租稅와 賦役의 독촉·감독, 그리고 각 지방 村落의 田丁·戶口·寺院田 등을 조사하였다고 한다. 그렇다면 이때 작성된 寺院籍에는 사원이 소유하고 있는 호구 및 사원전도 함께 조사 수록되었을 것이다. 그리하여 태조는 사원을 고려 개국초 지방통제의 한 방법으로 통제·관리하였다.

한편 당시 사원에 거주하는 선사들은 유이민 발생의 근본 원인의 하나인 자연재해를 극복하면서 권농을 실천하였다.

R-① 祖師 知識(上文에는 寶壤)이 大國에서 法을 傳授하고 돌아올 때 西海中에서 龍이 궁중으로 맞아들여 經을 念誦하고 金羅架裟 한벌을 施給하고 아울러 그 한 아들 璃目을 주어 모시고 돌아가게 하였다. … 璃目은 항상 절 옆 小潭에 있어 남몰래 法化를 돕던 바, 어느 해에 몹시 가물어 야채가 타고 말랐다. 寶壤이 이목에게 명하여 비를 내리게 하니 一境이 흡족하였다.[63]

② 天福 7년 7월에 鹽州·白州 두 지역에 뽕나무벌레와 메뚜기가 농사작물을 해쳤다. 이에 大師가 法主가 되어 大般若經을 강연함에 한 소리로 법회를 행하자 모든 벌레가 재앙이 되지 못하였다. 이해에 풍년이 들고 만물이 바뀌어 태평스러워졌다.[64]

위에서 보듯이 태조 연간에 있어 禪師들은 자연재해를 제압하는 능력자로서의 역할을 하고 있다. R-①에서는 용의 아들 璃目을[65] 이용하여 간접적으로 가뭄을 제거하였으며, R-②에서는 직접 불경을 독경

---

63) 『삼국유사』 권4, 寶壤梨木.

64) 『朝鮮金石總覽』 上, 226쪽, 普賢寺法印國師寶乘塔碑.

65) 璃目은 寶壤을 따라온 밀양인 혹은 유이민으로서 당시 청도군의 경내에 살고 있었던 사람으로 보인다(김윤곤, 앞의 논문, 55쪽).

하여 蟲害를 제거하여 풍년이 들게 하였다고 한다. 이러한 기록은 비록 설화적 요소가 가미되어 있기는 하나, 앞에서 언급한 것처럼 당시 禪師들이 직접 물 긷고 나무를 운반하는 등 노동을 하였음을 염두에 두면 아마 위의 두 사실도 이러한 노동과 佛心을 이용하여 당시 농민들을 이끌어 자연재해를 극복한 것을 꾸민 것이라 하겠다.

이처럼 당시 사원에서는 住持가 중심이 되어 직접 자연재해를 극복하려고 노력하는 등 지역민의 생활을 안정시켜 유리되는 것을 막기 위하여 권농을 행하였다. 특히 신라말·고려초의 禪僧들은 중국을 유학하고 돌아온 뒤 독자적인 선문 개창과 함께 중국으로부터 체험한 농사지식을 가지고 사원전 내에서 농지 개량을 통해 생산성을 높혀 나가는 한편 수리사업도 활발히 추진하여 농업생산력 발전의 주도세력으로 역할을 하였다.[66]

이러한 역할을 하였던 사원의 개창은 태조에 의하여 전국적으로 이루어졌다. 그리하여 태조대에는 500여 사원을 세웠으며, 叢林을 세우고 禪院을 개설하며 불상과 탑을 조성한 것이 3,500여 곳에 이르렀다.[67]

S. 둘째, 모든 사원들은 모두 道詵의 의견에 의하여 국내 山川의 좋고 나쁜 것을 가려서 창건한 것이다. 道詵의 말에 의하면 자기가 선정한 이 외에 함부로 사원을 짓는다면 地德을 훼손시켜 국운이 길지 못 할 것이라고 하였다. 내가 생각하건대 후세의 국왕·공후·왕비·대관들이 각기 願堂이라는 명칭으로 더 많은 사원들을 증축할 것이니 이것이 크게 근심되는 바이다.

---

66) 위은숙, 1985, 「나말여초 농업생산력 발전과 그 주도세력」『부대사학』 9, 131쪽.

67) 김영태, 1990, 『한국불교사개설』, 경서원, 122~123쪽.

신라 말기에 사원들을 야단스럽게 세워서 지덕을 훼손시켰고 결국은 나라
가 멸망하였으니 어찌 경계할 일이 아니겠는가.[68)]

　　이것은 「訓要十條」의 제2조이다. 여기서 태조는 道詵이 정한 곳 이
외에는 사원을 더 이상 증축하지 말 것을 당부하였다. 즉 태조는 道詵
의 裨補思想을[69)] 근거로 제시하여 이미 도선이 전국의 順逆 형세를 정
하여 놓았음으로 이에 위반되는 곳에는 사원을 개창하지 말라고 하였
다. 본디 도선의 풍수지리설이란 당시 경주 중심의 국토관을 부정하고
개경 중심의 새로운 국토 재구성안이다.[70)] 그러므로 도선이 계획한 국
토 재구성안에 따라 사원을 개창하여 국토를 개발할 것이지, 다른 곳
에 사원을 개창하여 특정 지역에 인구가 집중되고 개발이 편중되는 현
상을 일으켜 인구가 또 다시 이동하는 상황을 발생시키지 말라는 뜻이
내포되어 있다고 하겠다. 이처럼 「훈요십조」 제2조는 인구를 전국에
적절히 편제시켜 유이민 문제를 해결하고 유이민이 또다시 발생하는
것을 방지하고자 하는 태조의 의지가 표현된 것이다.
　　결국 태조가 사원의 통제와 관리를 통하여 지방통치를 하고자 한 것
은, 당시 유이민들이 전쟁의 위험과 과중한 조세 수탈에서 벗어나 안
정된 생활을 보장받고자 하는 목적과, 개국초 왕권을 강화하고자 하는
태조의 목적이 서로 추구하는 바가 다르면서도 상호 필요적인 입장에
있었으므로 큰 성과를 거둘 수 있었다.

---

68) 『고려사』 권2, 태조 26년 4월 訓要十條.
69) 道詵思想의 중심은 裨補에 있다고 한다(서윤길, 1975, 「도선과 그의 비보사
　　상」 『한국불교학』 1, 63쪽).
70) 최병헌, 1975, 「도선의 생애와 나말려초의 풍수지리설」 『한국사연구』 11, 121~
　　125쪽.

6. 사성과 본관제 실시

태조는 고려의 건국과 후삼국통일과정에서 많은 姓氏를 하사하였다. 이러한 賜姓政策은 당시 전국에 존재하던 지방 세력가를 태조의 지지세력으로 연합하려는 의도에서 행해진 것으로 이해되고 있다. 그러나 필자는 당시 賜姓의 성격을 좀 달리 보고자 한다. 비록 태조의 사성이 지방 세력가를 매개로 하였다는 점은 수긍하나, 그 대상이 지방 세력가 개인은 아니었을 것이라고 생각한다. 당시 지방 세력은 호족으로 지칭되는 동일친족집단만으로 구성된 것이 아니라 여러 친족집단이 혼재되어 연합체를 형성하고 있었다. 그러므로 그 집단이 태조에게 협조해 오면 사성을 하였는데,[71] 이는 집단의 대표자 개인에게 준 것이 아니라 집단 전체를 대상으로 준 것이다.

그리하여 후대에 동일한 본관과 성씨를 사용하면서도 始祖를 달리하는 경우가 종종 나타나게 되었다. 江陵 王氏의 경우, 고려초의 溟州將軍 順式에게 王姓이 주어졌으며 아울러 順式의 小將 官景에게도 王姓이 주어졌다.[72] 여기서 官景은 順式과는 혈연적인 관계는 없고 단지 상하관계로 연결된 溟州勢力의 한 구성원이었다. 그러면서도 順式과 더불어 王姓을 하사받았다.

그리고 王順式이나 王景과 가계를 달리 하는 또 하나의 江陵 王氏가 있다.

T. 王伯은 처음 이름은 汝舟였다. 강릉인으로 본래 姓은 金인데, 신라 太宗의 5世孫 周元의 후손이다. 遠祖 乂는 태조를 도와 공로가 있어 관직이 內史

---

71) 혹은 새로운 姓을 주는 경우와는 달리 이미 스스로 사용하고 있는 姓을 그대로 인정해 주어 사용하게 하는 경우도 많았을 것이다.

72) 『고려사』 권92, 王順式傳. 그리고 官景의 딸은 태조의 貞穆夫人이 되었다 (『고려사』 권88, 后妃1).

令이 되었다. 太祖가 그 딸을 맞아 妃로 삼고 王姓을 주었다.[73]

이처럼 王乂는 金周元의 후손으로 태조에 의하여 王姓을 하사받았다. 그리고 그의 딸은 태조의 大溟州院夫人이 되었다. 이는 앞에서 살펴본 王景의 경우처럼 王乂 역시 順式의 집단이 賜姓될 때 집단의 일원으로서 王姓을 하사받은 듯하다. 그리하여 태조에 의하여 사성되어진 같은 江陵 王氏이면서도 그 시조를 王順式·王景·王乂로 각각 달리하게 되었다.

이러한 사실은 태조에 의해 행하여진 賜姓은 어느 특정인을 대상으로 한 경우도 있겠지만 그보다는 어느 특정집단 전체를 대상으로 하였음을 짐작할 수 있다.[74]

그리고 그 대상은 집단공동체의 일반민까지도 포함하였다.

U. 속설에 전하기를 고려 태조가 나라를 세운 뒤에 木州 사람이 여러 번 배반한 것을 미워하여 그 고을 사람들에게 모두 짐승 이름으로 姓을 내렸는데, 뒤에 牛는 于로 고치고, 象은 尙으로 고치고, 豚은 頓으로 고치고, 場은 張으로 고쳤다.[75]

---

73) 『고려사』 권109, 趙廉傳附王伯傳.

74) 김창겸, 2009, 「고려 태조대 성관 사여와 그 의미」 『역사민속학』 30. 그리고 성씨집단은 인민 장악을 위한 정치적 성격이 강하기 때문에 바로 혈연집단이라고는 할 수 없을 것이라는 지적도 있으며(浜中昇, 1984, 「高麗の歷史的位置について」 『朝鮮史研究會論文集』 21, 57~58쪽), 또 고려초에 호부층이나 국가에 공이 있던 세력에게 토성이 분정된다면 그 예하에서 본래 父系血緣的으로 연결되지 않더라도 家父長制的으로 편성되어 있던 家戶들도 동일한 성씨를 갖게 되었을 것이라는 추측도 있다(채웅석, 1986, 「고려전기 사회구조와 본관제」 『고려사의 제문제』, 삼영사, 370쪽).

75) 『新增東國輿地勝覽』 권46, 木川縣 姓氏.

太祖가 木州人에게 邑城을 주었다는 것은 당시 이 지역에 존재하던 유력한 세력집단들에게 각각 여섯 가지의 동물 이름을 나타내는 姓氏를 내렸다는 것이다.[76] 이렇게 함으로써 이들 동물성을 가진 자들은 다른 지역으로 이주하더라도 구별이 되게 하는 일종의 이주 제한을 위한 조치였다. 그리고 그 대상은 세력집단의 구성원, 즉 공동체의 長은 물론 그 휘하의 일반민들 모두가 해당하였을 것이다.[77] 그러므로 이때의 賜姓은 일반민에게 행해졌음을 알 수 있다.[78]

한편 국가에 의한 賜姓이 있은 뒤 곧이어 本貫을 부여하였다.

W - ① 申은 곡성에서 나왔는데 고려 태조가 平山을 본적으로 내려주었다.[79]

② 세상에 전하기를 태조 때 몽웅역리로서 韓이란 성을 가진 자가 큰공을 세웠기에 대광 칭호를 주고 고구현 땅을 떼어 현을 설치하고 그의 관향으로 하였다.[80]

---

76) 이러한 사실은 조선 초기의 『世宗實錄地理志』 충청도 목천현 성씨조에 "土姓六 : 牛馬象豚場申 諺傳改牛爲于 改象爲尙 改豚爲頓 改場爲張"이라는 기록이 있어 더욱 신빙도가 높다.

77) 木川人에 대한 이러한 조치를 취한 의도는 당시 이 지역이 후백제와의 항쟁 과정에서 지역적 특수성으로 인하여 여러 차례 叛한 적도 있겠지만 그보다는 이 지역민들이 전쟁의 위험에서 벗어나고자 유망함에 따라 인적 자원이 감소되고 변방의 둔전병적 성격의 군사력이 약화되는 것을 방지하려는 의도에서 이주를 제한하는 조치였다고 하겠다. 이 지역뿐만 아니라 이웃의 禮山縣에 대하여 지방제도의 개편을 취한 적도 있다.

78) 고려 태조대에 일반민에게까지 주어졌음은 李重煥이 『八域誌』 總論에서 "自新羅末通中國而始制姓氏然只士官士族略有之民庶則皆無有也至高麗混一三韓而始倣中國氏頒姓族於八路而人皆有姓"이라 지적한 바 있다. 즉 태조가 후삼국을 통일한 뒤 姓族을 전국에 반포함으로써 모든 사람이 姓氏를 가졌다는 것이다.

79) "申出谷城 麗祖賜籍平山"(『朝鮮金石總寛』下, 813쪽, 申崇謙忠烈碑).

80) "世傳 太祖時 夢熊驛吏韓姓者 有大功 賜號大匡 割高丘縣地置縣 爲其鄕貫"

위의 자료에서 보듯이 태조는 本貫을 정해 주고 있다. 본관이란 사용자들이 스스로 칭함으로써 비롯된 것이 아니라 국가에 의하여 받게 됨으로써 본관을 사용하게 되었다.[81] 고려시대에 본관을 사용한 자들은 楊水尺과 같은 특수한 賤人을 비롯하여 奴婢와 外塞人 등 일정한 본관의 공동체에 소속되어 있지 않고 국가의 賦役도 부담하지 않는 계층을 제외한[82] 광범위한 계층의 사람들이 모두 가지고 있었다.

그런데 이때의 本貫이란 본관을 가질 수 있는 사람이 籍을 붙여 등록한 지역의 행정구역을 지칭한 것이었다. 이러한 본관제도의 성립 배경은 신라말 고려초에 전국적으로 광범위하게 발생한 인구유동현상에 대처해 나가기 위한 것이었다. 즉 백성들로 하여금 더 이상 流移할 수 없도록 하는 장치, 백성들의 戶口 상태를 파악하고 또한 백성들을 통제할 수 있는 수단으로써 본관제도가 성립된 것이다.[83]

신라와 후백제의 멸망으로 후삼국통일을 완성한 뒤 태조는 본격적으로 대내문제에 전력할 수 있게 되었다. 대내문제 가운데서 가장 기본적인 것으로는 민생의 안정을 통한 왕권의 강화를 도모하는 일이었다. 민생의 안정은 곧 국가통치에 필요한 인적 기반을 확고히 하는 것이기에 더욱 그러했다. 그리하여 민생안정을 위하여 당시 사회문제였던 유이민의 안착을 위한 여러 가지 방법을 취해 왔다. 특히 그 중에서

(『고려사』 권56, 지리1 貞海縣).

81) 김수태, 1981, 「고려 본관제도의 성립」『진단학보』52, 41~64쪽. 그러나 이와 달리 신라말 고려초의 유력자들이 스스로 칭하였다는 설도 있다(자세한 것은 김수태, 앞의 논문 ; 박은경, 1990, 「고려시대 향촌사회구조와 본관」, 인하대학교 박사학위논문, 1990, 47~48쪽 참조 바람).

82) 채웅석, 앞의 논문, 366쪽. 한편 김수태, 앞의 논문, 51쪽에서 奴婢도 本貫을 가졌다고 하였지만, 이것은 고려의 지방통치체제가 완성된 뒤의 양상이었을 것이므로, 여기에서는 따르지 않는다.

83) 김수태, 앞의 논문, 63쪽.

도 즉위초부터 개별적으로 행해오던 지방제도의 개편은 드디어 940년 (태조 23)에는 전국적으로 州府郡縣의 명칭 개편을 행하였다.

이와 동시에 各邑의 土姓을 分定하였다.[84] 그리고 곧 종전부터 점진적으로 취해오던 본관제도를 확대 실시하였다.[85] 그것은 유이민을 정착시켜 신분질서를 유지하고 효과적인 징세·調役을 위해서였다. 즉 일정한 지역에 특정한 본관을 가진 姓氏의 집단을 정착시키려는 의도에서 賜姓을 하고 또 本貫을 부여하였다.[86]

그리고 곧이어 戶籍을 작성하였다. 물론 그 전에도 호적은 있었을 것이다.[87] 그러나 신라말 고려초의 정치·경제·사회적인 여러 원인에 의하여 流移民 현상이 만연되면서 籍이 매우 혼란해졌다. 그리하여 후삼국을 통일한 태조는 혼란한 사회상황을 재편성할 필요에서 우선 940년 (태조 23)에 郡縣의 명칭 개편과 아울러 土姓을 分定하고, 本貫을 부여하면서, 지방사회를 재편성해 나갔다. 재편성의 실질적인 작업은 호적의 작성으로 이루어져 나갔는데, 그 시기는 아마 943년(태조 26) 무렵이었을 것으로 추측된다.

---

84) 이수건, 1984, 『한국중세사회사연구』, 일조각, 60~69쪽.

85) 결국 본관제 지배질서의 성립은 置邑이라는 과정을 거쳐 국가에 의해 재편된 공동체의 내용이 파악되면서 이루어졌다. 그 일환으로 量田事業이 병행되면서 공동체의 내용들은 籍의 작성을 통하여 파악되었다(채웅석, 앞의 논문, 362쪽). 그리고 국가가 籍의 재정리 작업을 통하여 백성들에게 본관을 주었다(김수태, 앞의 논문, 55~60쪽).

86) 그러나 본관제에 의한 편제가 전국적으로 일시에 실시된 것이 아니라 지역에 따라 단계적으로 실시되었을 것이다는 추측도 있다(채웅석, 앞의 논문, 353쪽).

87) 「新羅村落文書」와 같은 것을 들 수 있다. 그리고 『祖堂集』 권17, "道允姓朴 漢州鵂巖人也 累世豪族 祖考仕宦 郡譜詳之"라는 기록에서 郡譜가 있었음을 알 수 있다.

이것은 앞에서 살펴본 사원의 호적 작성 기록과[88) 더불어 다음의 軍籍 작성 기록을 참고하면 분명해 진다.

X. (왕이) '武班으로서 나이가 많고 자손이 없는 자로 癸卯年(태조 26)부터 군적
　　에 등록된 자는 모두 향리로 방환시키라…' 하였다.[89)

이들 자료에 의하면 우연의 일치인지는 몰라도 태조 26년, 즉 天福 8년 癸卯에 寺院은 물론 軍人에 대한 戶籍의 작성이 있었음을 알 수 있다. 이것을 사실로 받아들인다면, 이때는 아마 일반 백성들에 대한 호적의 작성도 이루어졌음을[90) 짐작할 수 있다. 그렇다면 당시 籍은 토지와 戶口가 함께 작성되었을 것으로 미루어 본다면 공동체의 사회경제적 내용이 파악되었을 것이기 때문에 곧 그 지역이 본관제에 의한 지배질서 속에서 편제된 것으로 보아야 한다. 그리고 籍의 작성으로 농업조건이 불안정한 상태에 따른 民의 유리 및 私民化의 방지에 효과를 얻을 수 있다.

이러한 사성과 본관의 부여 및 호적의 작성은 국가의 구성상 필수요건인 백성들에 대한 파악을 전제로 하면서, 당시 사회적 현상의 하나였던 유이민 문제의 해결을 위한 노력의 결과로 나타났다. 이미 발생한 유이민을 특정 지역에 새로 정착시켜 생업에 종사케 하면서 이들의

---

88) 주61과 주62 참조.

89) "武班年老無子孫自癸卯年錄軍籍者皆放還鄕里"(『고려사』 권3, 성종 7년 10월).

90) 戶籍의 작성 시기에 대해서는 태조 26년 외에도 ① 光宗代의 노비안검법의
　　실시와 함께, ② 成宗代의 지방제도의 정비 및 지방관의 파견과 더불어, ③
　　定宗 원년 州府郡縣의 貢賦歲額을 정할 때 등의 몇 시기로 나누어 생각할
　　수 있지만, 籍의 재정리 작업을 통하여 백성들에게 본관을 준시기는 빠르면
　　태조 말년이나 늦어도 정종대에 가능했을 것으로 본 견해도 있다(김수태,
　　앞의 논문, 61~63쪽).

거주 이전을 제한하여 또 다른 유이민의 발생을 억제한 것이다. 그리고 유이민의 정착은 지역 내에 인구의 재편제를 낳아 국토의 균형적인 발전을 가져왔다.[91]

그리고 이러한 본관제에 의한 편제가 이루어진 뒤, 지역 공동체의 결속을 강화하기 위하여 태조에게 협조한 공이 있는 성씨의 시조를 일정한 지역 단위에 城隍神,[92] 山神 등의 本貫을 鎭守하는 守護神으로 인정하여 공동제사를 행하게[93] 하였다. 그리하여 지역 단위의 공동체 의식을 고취시킴으로써 守護神의 비호 아래 지역민이 안정을 도모함과

---

91) 그 결과는 종래 경주 중심에서 이제 고려의 수도인 개경 중심의 인구 편제에 의하여 국토 개발이 진행되었으며 여기에는 풍수지리설이 크게 작용하였으리라 짐작할 수 있다.

92) 고려시대 城隍信仰을 역사적 입장에서 고찰한 논문으로는 김갑동, 1991, 「고려시대의 성황신앙과 지방통치」『한국사연구』74이 있다. 이 글에서 氏는 성황신앙이 중국으로부터 우리나라에 전해진 시기는 후삼국기 인물이 거의 죽고 宋과의 외교관계가 성립되는 光宗代 무렵으로, 그리고 城隍祠의 건립 주체는 국가가 아니라 조상을 성황신으로 배향함으로써 그 지역의 지배세력으로서 오랫동안 존속하기 위한 지방세력들로 파악하였다. 그러나 필자는 생각을 달리한다. 성황신앙은 이미 大興郡에 蘇定方이 성황신으로 배향되었으므로(『동국여지승람』권20) 唐의 영향을 받았던 신라시대부터 성황당이 있었을 것이고(정승모, 1991, 「성황사의 민간화와 향촌사회의 변동」『태동고전연구』7, 4쪽), 또 904년 弓裔가 여러 관부를 설치할 때 성황의 수리를 담당할 障繕府를 설치한 바 있으므로(『삼국사기』권50, 궁예전) 성황사의 설치는 이미 고려 태조의 후삼국통일 이전부터 있어온 것이다. 그리고 성황사의 건립은 국가가 의도적으로 행한 것으로 보인다. 특히 고려에 의하여 멸망한 후백제의 옛 영토 내에서 고려에 협조한 申崇謙, 朴英規와 두 아들, 朴蘭鳳 등의 후손이 중심이 된 토착세력이 자발적으로 자신의 조상을 성황신·山神으로 배향하여 신성성을 부여하는 것은 지역 주민들의 고려에 대한 악감정상 용인되지 못했을 것이다. 그러므로 오히려 고려 정부에 의해 강한 지배통치의 일환으로 이루어진 것이 타당할 듯하다. 그리고 그 목적은 국가가 지방 통제, 즉 지역 공동체의 내부 결속을 강고히 하기 위하여 고려 건국과 후삼국통일에 협조한 인물을 내세워 이들을 매개로 하는 공동제사를 행하도록 이끌어나간 것으로 보인다.

93) 채웅석, 앞의 논문, 349쪽.

공동체 의식 속에서 이탈하여 유리하는 현상을 방지하고자 노력한 것이다.

결국 사성과 본관 부여, 공동체 의식 고취 등은 유이민 정책 중에서 사회적인 제재조치의 성격을 갖는 것이다. 그리고 나아가서는 국토에 편제된 인구가 다시 유이민화되는 것을 방지하기 위한 노력의 표현이다.

Ⅲ. 맺음말

지금까지 고려 태조대의 대민정책의 한 분야로서 행하여진 유이민에 대한 정책을 살펴보았다.

고려 건국기 만연하였던 유이민들의 발생 동인은 대체로 전쟁, 자연재해, 질병과 유언비어의 유행 등 사회적 원인, 공역·조세의 과다, 흉년으로 인한 기근현상 등 경제적 원인, 반란·혁명 및 정치적 입장의 차이에서 오는 피해 위험 등 정치적 요인으로 작용하였다. 이들 유이민의 성분은 왕족·귀족·관리·지식인·세력가 등의 다양한 지배층을 비롯하여 농민·상인 등 피지배층이 있었으나, 당시 다수를 차지했던 것은 피지배층이었다.

이들 유이민은 형태와 파급 효과에 있어 대단히 심각한 것이어서 건국초 태조에게는 매우 중요한 문제로 인식되어졌다. 지배층의 유이민에 대해서는 정치적 이해관계로써 회유가 가능하나 피지배층의 유이민들에게 사회·경제적인 문제를 동시에 해결해 주어 안심하고 정착하여 생활할 수 있는 여건을 조성해 준 다음 또다시 유리할 수 없도록 긴박시켜야 하였다. 하지만 건국초였기에 왕권이 안정되지 못하였고 또 후삼국통일전쟁을 수행하는 상황이라 적극적 정책을 취하지 못하고 임기응변의 방법을 행하다가, 신라와 후백제를 병합한 뒤에는 본격적으로 항구적 방법을 행하였다.

　태조가 실시한 유이민 정책으로는 조세율 인하, 면세·면역 조치, 권농, 전쟁의 종식, 지방제도 개편, 거주지 택정, 순수, 위무, 안집, 사민, 승려 포섭과 사원의 관리·통제, 사성, 토성 분정, 본관제 실시, 호적 작성, 공동제사 장려 등이 있었다. 이 중에서 조세 인하, 면세 면역 등의 取民有度 실시와 권농정책은 경제적 측면에서의 유이민 정책이었다. 그리고 반란의 진압, 후백제와의 일시 휴전 및 후백제의 정벌을 통한 전쟁의 종식 등은 지배계층에게 행한 관직의 제수, 역분전 지급, 삼한공신 책봉과 버금하는 정치적 측면에서의 유이민 정책이었다. 또 수시로 지방제도 개편 나아가서는 군현제의 개정과 거주지 택정, 사민, 승려의 포섭과 주지 임명, 사원의 개창을 통한 사원의 통제·관리, 사성, 본관 부여, 토성 분정, 호적 작성 등은 사회적 측면에서의 유이민 정책이었다.

　이것을 당시 유이민의 성격과 관련시켜 살펴보면 다음과 같이 정리가 된다. 먼저 반란 진압, 휴전, 종전 등은 정치적 혼란과 전쟁으로부터의 위험이라는 정치사회적인 유이민 발생 동인을 없애준 것이다. 또 조세율 인하와 면세·면역은 가혹한 역역과 조세 부담이라는 원인과 승려 등을 통한 수리시설의 건설 등으로 행하여진 권농은 자연재해로부터는 물론 물가폭등 등의 경제사회적인 유이민 발생 동인을 제거하려는 노력이었다. 한편 유이민에 대한 무력 진압, 회유, 귀환 조치, 거주지 택정, 사민, 순수, 위무, 안집, 군대 편입, 사원 개창과 주지 임명, 권농 등은 이미 발생한 유이민의 양상을 해소하려는 정책의 표현이었다. 그리고 지방제도의 개편, 편호, 사원의 통제와 관리, 사성, 토성 분정, 본관 부여, 호적 작성과 공동체 의식의 고취 등은 유이민들을 국토에 정착시켜 다시금 유이민이 되는 것을 막기 위한 재발예방조치의 성격을 가진 시책들이다.

결국 태조가 여러 가지 대유이민정책을 행한 것은 새로운 왕조를 개창한 자신의 왕권강화와 국가의 기틀 마련에 목적을 둔 것이었다. 이 목적을 달성하기 위하여 태조는 후삼국통일 전에는 주로 유이민 발생의 동인과 이미 발생한 유이민의 양상 제거를 통하여 수취와 역역의 대상인 民을 확보하려고 노력하면서 국력의 신장과 왕권의 안정을 꾀하였다. 반면에 통일 직전과 통일 후에는 유이민의 재발 방지를 위한 여러 정책을 통하여 국가의 안정과 왕권의 강화에 노력하여 고려왕조의 기틀을 굳건히 하였다. 그리하여 종전의 경주 중심의 인구 편중과 국토 발전이 점차 종식되고 이제는 개경을 중심으로 인구의 분포가 재편성되면서 국토의 개발이 이루어져 나갔다. 그리고 이러한 태조의 노력과 경험은 말년에 친제한 「訓要十條」를 통하여 후세에게 민생의 안정을 강조하는 조항을 남기게 되었다. 하지만 태조의 당부가 있음에도 불구하고 유이민이란 恒產이 없으면 언제나 발생하는 속성이 있는 것이기에,[94] 후대에도 지속적인 문제꺼리로 남겨졌다.

---

94) ① "忠宣王卽位下敎曰 … 民無恒心因無恒產憚於賦役彼此流移"(『고려사』 권84, 刑法1, 職制) ; ② "民無恒產者彼此相移戶口日減"(『태조실록』 권4, 태조 2년 11월 己巳) ; ③ "近有南邊 … 民流人彼境侯則詰責所由拒而不約曰爾無恒產因無恒心故流徒耳人無恒心焉往而能 容哉"(『稼亭集』 권3, 䬊置金剛都山寺記).

3장

태조의 후삼국 통일, 패서 호족과 발해 유민

Ⅰ. 머리말

신라 왕조는 下代에 이르러 중앙에서 진골귀족들의 왕위쟁탈전과 지방에서 호족세력의 등장 및 농민반란으로 점차 붕괴되어 가고 있었다. 진성여왕 대에는 이러한 현상이 더욱 격화되어 後高句麗와 後百濟가 건국되면서 삼국이 鼎立하는 이른바 후삼국시대가 열렸다. 그러나 얼마 후 松岳(開城) 지방의 호족출신인 王建이 洪儒, 裵玄慶, 申崇謙 등의 추대로 즉위하여 고려라는 새로운 왕조를 開創하고, 신라와 후백제를 병합하여 후삼국을 통일하였다.

이러한 일련의 과정을 거치는 이 시기에 있어서 무엇보다도 중요한 역할을 한 존재는 지방에서 半獨立的적인 형태를 취했던 세력가들, 이른바 호족이었다. 이들의 등장과 소멸의 역사가 바로 신라 말 고려 초의 역사라고 해도 과언이 아니다.

그러면 태조 왕건은 어떠한 방법으로 이들 호족을 통합·흡수하여 가면서, 또 다른 한편으로는 고려의 배후인 북쪽 지방을 안정시켜 가면서, 남쪽의 신라와 후백제를 복속시켜 완전한 통일국가를 이룩할 수 있었을까? 이미 이에 대해서는 호족의 본질을 파악하려는 입장에서 婚

姻政策, 鄕吏制度, 其人制度, 郡縣制度 및 兵制와 관련지어 여러 선학의 연구가 있었다.[1] 또 渤海의 멸망으로 생긴 발해 유민과 북방정책에 대해서도 많은 의견이 제시되었다.[2]

그러나 당시의 상황에서 볼 때 고려의 대외적 문제인 對後百濟政策, 對新羅政策 및 北方政策과 내적 문제인 호족 통합은 하나하나가 별개적인 문제가 아니고 복합적인 것이었다. 에둘러 말하자면, 이들 문제는 지금까지의 인식과는 달리 태조 왕건에 의하여 동시적으로 상호관련성을 가지고 진행된 것으로 이해할 필요가 있다.[3]

이 글에서는 이러한 관점에서 후삼국 통일기인 918년 고려의 건국에서 936년(태조 18) 5월 후백제 통합시까지 행하여진 태조의 통일정책을 살펴보고자 한다. 먼저 태조가 행한 통일정책이 어떠한 것이었는가를 대내정책(호족통합정책)과 대외정책(북방정책)으로 나누어 알아본 다음에, 둘째로 당시 가장 중요한 태조의 세력기반의 하나였던 浿西지방의 호족은[4] 태조 왕건과 어떠한 관계에 있었고, 또 태조는 이들 세력을 통일정책에 어떻게 이용하였는가, 그리고 셋째로 발해의 멸망

---

1) 이에 대한 연구논문은 상당히 많다. 그러나 이들 모두를 여기에 소개함이 이 글의 전개상 꼭 필요한 것은 아니므로 필요할 때마다 언급하기로 한다.

2) 주1과 같다.

3) 박현서, 1974, 「북방민족과의 항쟁」『한국사』4, 국사편찬위원회, 253쪽에서 필자와 같은 관점에서 볼 것을 시사하였지만 구체적인 언급은 없다. 그후 박한설, 1985, 「고려태조의 후삼국통일정책」『고려건국의 연구』, 고려대학교 박사학위논문, 150쪽에서 후삼국통일에 대한 고려 태조의 기본정책은 평화유지정책과 민족통일정책인데, 이 두 정책은 연결 내지 병행될 수 있는 것이었다고 말하고 있다.

4) 여기에서 浿西地方이란 당시 浿江이라 불렸던 지금의 禮成江 유역에서 大洞江 이남의 지역을 지칭한다. 이곳은 이미 신라시대부터 浿江鎭이 설치되어 군사적으로 상당히 중요한 곳이었으며, 또 신라 하대에는 浿江道·浿西道가 두어졌다. 그리고 이 지역에는 많은 豪族勢力들이 있었는데, 이들을 일반적으로 "浿西豪族"이라 통칭한다.

으로 來投해온 발해유민을 태조는 통일정책에 어떻게 이용하였는가를 살펴보겠다.

필자는 이상의 몇 가지를 살펴봄으로써 태조의 후삼국 통일과정을[5] 좀더 넓은 공간에서 복합성을 가지고 역동적으로 이해하고, 나아가 후삼국통일이 가진 또 하나의 의미를 부여하고자 한다.

Ⅱ. 태조의 통일정책

신라 서북 변방지역의 세력가 출신인 왕건의 선대는 호족적 기반 위에 西海의 海上勢力 및 穴口鎭·浿江鎭 등의 軍鎭勢力과 연결되었으며, 또 王建 자신은 弓裔의 部將으로서 여러 전선에서 우세한 水軍力을 이용하여 공훈을 세워 세력 기반을 더욱 확고히 한 다음, 918년(신라 경명왕 2)에 洪儒·申崇謙·卜智謙 등의 추대로 마침내 高麗라는 새로운 왕조를 열었다.

즉위 후, 태조는 자기세력의 확보와 후삼국의 통일에 온갖 노력을 기울였는데, 그것은 크게는 대내정책과 대외정책으로 나눌 수 있다.[6] 그 중에서 대내정책은 당시 전국에 산재한 호족들을 자기세력으로 흡

---

5) 태조의 후삼국통일과정을 다룬 연구논문으로는 다음과 같은 것이 있다. 정중환, 1966, 「고려건국고」『동아논총』3, 동아대학교 ; 문경현, 1983, 「신라말 왕건태조의 후삼국민족재통일」『신라사연구』, 경북대학교출판부 ; 박한설, 앞의 논문 ; 류영철, 2004, 『고려의 후삼국 통일과정 연구』, 경인문화사 ; 신성재, 2018, 『후삼국통일전쟁사 연구』, 혜안 ; 이도학, 2015, 『후삼국시대 전쟁 연구』, 주류성 ; 김갑동, 2021, 『고려 태조왕건 정권 연구』, 혜안.

6) 박한설, 앞의 논문, 152쪽에서 고려태조의 후삼국통일정책은 대내정책과 대외정책으로 크게 나눌 수 있고, 또 다시 대내정책은 대호족정책(호족연합정책)과 대민정책(안민·양민·위민정책)으로, 대외정책은 외교정책(후백제고립정책)과 군사정책(후백제포위정책)으로 구분할 수 있다고 하였다.

수·통합하는 대호족정책이, 대외적으로는 대후백제정책과 북방정책이 가장 중요한 것이었다.

그러나 이 두 가지 정책은 태조 당시에 있어서 별개로 수행될 수 없는 상황이었기에 동시적으로 진행되었던 것이다.

1. 호족통합정책

후삼국시대에 지배적인 존재로서 언급되는 豪族은 일반적으로 郡하나 정도의 지역을 단위로 한 토착세력이었다. 호족의 계보는 부족사회까지 거슬러 올라갈 수 있다. 고대국가가 형성되면서 부족사회의 지배층에는 중앙으로 진출하여 귀족이 되는 길과 지방에 머물러 村主가 되는 길이 있었다. 토착세력은 신라 말기에 이르러 유력한 촌주가 주변의 群小村主들을 지배하면서 호족으로까지 성장하였다. 그 밖의 호족으로는 중앙에서 밀려나 지방으로 낙향한 진골 및 6두품 출신도 있다. 이들은 형식상으로는 후삼국의 세 정권 중 어느 한편에 귀속하고 있어서, 그것이 후삼국 각국의 영역을 결정하는 결과가 되었지만, 실제로는 언제든지 다른 정권으로 소속을 바꿀 수도 있는 半獨立的 상태였다. 그리고 이들은 필요하면 어느 때나 그 지배권내의 농민을 징발할 수 있고, 또 직업적인 병사 내지 무사들인 私兵을 바탕으로 한 군사력을 가지고, 각기 본거지에 城을 쌓고 주인으로 自任하였으므로 '城主' 혹은 '○○州(府)將軍'이라고도 하였다. 이러한 호족이 지위는 자력으로 쌓아올린 것이므로 그 지위는 자손에게 자동적으로 세습되었다. 이렇게 되자 중앙정부로부터 地方官이 파견된다는 것은 차츰 불가능하게 되었다.[7]

---

7) 이기백, 1977, 「후삼국시대의 호족」『한국사의 재조명』, 독서신문사, 223~230쪽의 내용을 요약 정리하였다.

후삼국시대는 이러한 호족의 시기였던 만큼 호족들의 지지를 가장 광범위하게 얻은 자가 정국을 주도하고 혼란을 수습할 수 있었다. 결국 弓裔와 甄萱은 실패한 반면에 태조는 호족의 지지를 얻어서 마침내 후삼국을 통일하는데 성공하였다고 보겠다.

그러면 태조가 이들 호족들로부터 지지를 받기 위해 실시한 대호족 정책은 어떠한 것인지를 살펴보자.

918년 태조는 국호를 高麗, 연호를 天授라 하고 王氏王朝를 세웠다. 그러나 즉위 초인 그에게는 왕권의 강화를 위하여 척결해야 할 많은 어려움이 있었다. 그 중에서도 가장 시급하고 중요한 문제는 각 지역에 산재하고 있는 호족세력의 포섭이었다. 이들 호족은 태조의 즉위를 계기로 동요가 일어났고, 혹은 태조의 세력에 대하여 도전까지 하였다. 바로 918년(태조 원년) 6월에 있었던 馬軍將軍 桓宣吉의 난과[8] 馬軍大將軍 伊昕巖의 모반이[9] 그 대표적인 것이다. 그리고 이외에도 아직까지 미약한 왕권에 대하여 도전하는 세력들이 존재하였다.

이에 대하여 태조가 할 수 있었던 것은 안으로는 기존 정치세력의 의견을 존중하여 그들의 협력을 구하고, 밖으로는 극진한 태도로 지방 호족들을 회유하는 것이었다.

그리하여 태조는 즉위한 직후인 6월에 일어난 桓宣吉과 伊昕巖의 반역사건을 진압한 뒤, 7월에는 조세를 경감하여 민심을 무마하면서,[10] 또 호족들의 협조를 얻으려 노력하였다. 이것은 태조 원년에 한 말에

---

8) "桓宣吉與其弟香寔 … 遂陰結兵士欲同隙爲變 馬軍將卜智謙知之 密告太祖"(『고려사』 권127, 桓宣吉傳).

9) "伊昕巖業弓馬 無他才識 見利躁求 事弓裔以鉤距 得見任用 弓裔末年 將兵襲取熊州 因鎭之 聞太祖卽位 潛懷心 不沼自至 士卒多亡 熊州復爲百濟所有"(『고려사』 권127, 伊昕巖傳).

10) 『고려사절요』 권1, 太祖 元年 秋七月.

서도 알 수 있다.

> A. 8월 己酉 群臣에게 諭示하여 말하기를 "朕은 諸道의 도독들이 짐의 처음
> 즉위함을 듣고 혹시 변방에서 환란을 기도할까 염려하여 수행원이 없는 單
> 使를 나누어 보내어 幣帛을 후하게 하고 言辭를 낮추어 惠和의 뜻을 보였
> 더니 귀부하는 자가 과연 많았으나 홀로 甄萱만은 交聘하려 하지 않는다."
> 고 하였다.[11]

여기에서 '幣帛을 후하게 하고 言辭를 낮춤(重幣卑辭)"의 자세한 내용
은 알 수 없으나, 아마 주종관계로서가 아니라 대등한 관계로서의 교
섭이었던 것으로 보인다.[12] 이러한 태조의 저자세외교는 큰 성과를 거
두어 많은 호족세력의 동조를 얻게 되었다.

그러나 그 뒤에도 반대세력의 도전은 여전하여 같은해 9월 徇軍吏
林春吉 等의 謀叛과[13] 겨울 10월 靑州帥 波珍湌 陳瑄의 謀叛이[14] 있었
다. 그런가하면 이전에는 弓裔에게 동조했거나 또는 중립적인 입장에
서 정세의 변동을 관망하고 있던 호족세력들이 태조에게 반대하고 후
백제로 기울기도하여 金行濤를 '東南道招討使 知牙州諸軍事'로 삼아

---

11) "八月己酉 諭群臣曰 朕慮諸道寇賊 聞朕初卽位 或構邊患 分遣單使 重幣卑辭
    以示惠和之意 歸附者果衆 獨甄萱不肯交聘"(『고려사』 권1, 太祖 元年).

12) 하현강, 1981, 「고려왕조의 성립과 호족연합정권」『한국사』 4, 국사편찬위원
    회, 30쪽. 아울러 태조의 호족정책에 대해서는 신호철, 1993, 「후삼국시대
    호족연합정책」「한국사상의 정치형태」, 일조각 ; 정지영, 1996, 「고려
    태조의 호족정책」, 홍승기 편, 「고려 태조의 국가경영」, 서울대학교출판
    부를 참조바란다.

13) "九月己酉 徇軍吏林春吉等 謀叛伏誅"(『고려사』 권1, 太祖 元年).

14) "冬十月辛酉 靑州帥波珍湌陳瑄 與其弟宣長謀叛伏誅"(『고려사』 권1, 太祖 元年).

이에 대비하게 하였다.[15] 이처럼 태조에게는 즉위초부터 후삼국을 완전히 통일할 때까지 이와 같은 반대세력의 모반·이탈을 비롯하여 여러가지 면에서 어려운 점이 많았다.

그리하여 태조는 호족세력의 이탈을 방지하고 고려왕실의 세력기반을 강화할 필요성을 절실히 느끼게 되어, 여기에 대응하는 여러 가지조치와 정책을 시행하였다.

그 중에서도 가장 중요한 것의 하나가 왕실의 혼인정책이었다. 태조에게는 '后'와 '夫人'이 무려 29명이나 있었다. 이렇게 많은 后妃를 두게 된 것은 무엇보다도 호족과의 정략결혼에 그 원인이 있었다.[16] 그는黃州·忠州·羅州·平山의 호족 출신, 그리고 慶州의 신라 귀족 출신을포함하여 지금의 전라남도 順天 지역까지 거의 전국의 유력한 호족 및신라 귀족의 딸을 후비로 娶하였다.

[표 1] 태조 후비 일람표

순서	후비명	성씨	향지명	여지승람명	부직위	부명
1	神惠王后	柳氏	貞州	豊德	三重大匡	天弓
2	莊和王后	吳氏	羅州	羅州	?	多憐君
3	神明順成王太后	劉氏	忠州	忠州	太師內史令	兢達
4	神靜王太后	皇甫氏	黃州	黃州	太尉三重大匡	悌恭
5	神成王太后	金氏	慶州	慶州	匝干	億廉
6	貞德王后	柳氏	貞州	豊德	侍中	德英
7	獻穆大夫人	平氏	慶州	慶州	佐尹	俊
8	貞穆夫人	王氏	溟州	江陵	太師三重大匡	景

---

15) "癸亥 以熊運等十餘州縣 叛附百濟 命前侍中金行濤 爲東南道招討使知牙州諸軍事"(『고려사』 권1, 太祖 元年 8월).

16) 하현강, 1968, 「고려전기의 왕실혼인에 대하여」『이대사원』 7 ; 정용숙, 1984, 「고려 초기 혼인정책의 추이와 왕실족내혼의 성립」『한국학보』 37 ; 최규성, 2005, 『고려 태조 왕건 연구』, 주류성.

순서	후비명	성씨	향지명	여지승람명	부직위	부명
9	東陽院夫人	庚氏	平州	平山	太師三重大匡	黔弼
10	肅穆夫人	?	鎭州	鎭川	大匡	名必
11	天安府院夫人	林氏	慶州	慶州	太守	彦
12	興福夫人	洪氏	洪州	洪州	三重大匡	規
13	大良院夫人	李氏	陜州	陜川	大匡	元
14	大溟州院夫人	王氏	溟州	江陵	內史令	乂
15	廣州院夫人	王氏	廣州	廣州	大匡	規
16	小廣州院夫人	王氏	廣州	廣州	大匡	規
17	東山院夫人	朴氏	昇州	順天	三重大匡	英規
18	禮和夫人	王氏	春州	春川	大匡	柔
19	大西院夫人	金氏	洞州	瑞興	大匡	行波
20	小西院夫人	金氏	洞州	瑞興	大匡	行波
21	西殿院夫人	?	?	?	?	?
22	信州院夫人	康氏	信州	信川	阿飡	起珠
23	月華院夫人	?	?	?	大匡	英章
24	小黃州院夫人	?	?	?	元甫	順行
25	聖茂夫人	朴氏	平州	平山	三重大匡	智胤
26	義城府院夫人	洪氏	義城	義城	太師三重大匡	儒
27	月鏡院夫人	朴氏	平州	平山	太師三重大匡	守文
28	夢良院夫人	朴氏	平州	平山	太師三重大匡	守卿
29	海良院夫人	?	海平	善山	大匡	宣必

　　그러면서 한편으로는 호족들에게 자신의 성인 王氏를 주는 賜姓政策으로 한 집안과 같은 관계를 맺어서 유력한 호족들과 擬制家族的 관계를 맺음으로써 유대를 강화하려고 하였다.

　　그리고 婚姻政策 및 賜姓政策과 함께 실시한 호족에 대한 정책으로서 事審官制度와 其人制度가 있었다.

　　먼저 사심관제도는 936년(태조 18) 신라의 敬順王 金傅를 事審官에 임명한 것을[17] 시작으로 하여 다른 공신들에게도 각각 그 출신 지방의 사심관으로 삼게 되면서 전국적으로 시행되기에 이르렀다. 당시 중앙 행정력이 지방에까지 미칠 수 없었으므로 開京에 거주하는 호족 출신의 지배계층을 매개로 하여 간접적인 지방통제를 꾀하게 되었다. 그리하여 중앙으로 진출한 호족과 그 출신 지방과의 밀접한 관련성 속에서 호족세력을 무마하고 통제하려 하였다.[18]

또 其人制度가 있다. 당시는 건국초였기 때문에 아직 지방에 外官을 파견하지 못하였고, 지방 호족이 중앙의 통제력 아래 들어오지 않고 있었다. 이에 태조는 지방 호족의 子弟들을 뽑아 人質로 삼아 開城에 머물게 하는 기인제도를 실시하였다.[19]

이상의 婚姻政策, 賜姓制, 事審官制, 其人制는 결국 태조가 일방적으로 호족세력을 통제할 수 없는 권력의 한계를 인식하고 그 절충방법에서 채택한 것이었다. 태조로서는 대내문제 중에서 가장 중대하고 긴급한 과제는 한정된 왕권으로 어떻게 강대한 호족세력을 큰 반발 없이 회유하고 포섭하여 새 왕조의 기반을 굳혀 나가느냐하는 것이었다.

한편, 태조는 이러한 호족정책과 아울러 고려왕실의 독자적인 세력기반을 마련코자 하였다. 그 방법의 하나로서 태조는 즉위초부터 고구려의 舊都인 平壤에 주목하고 이곳을 경영하여 여러 호족세력을 견제하는 동시에 왕권을 안정시키기 위한 새로운 자신의 세력기반으로 만들어 갔다. 태조의 西京(평양) 경영은 본래는 국방상 필요에 의하여 시

17) "太祖十八年 新羅王金傅來降 除新羅國爲慶州 使傅爲本州事審"(『고려사』 권 75, 選擧志3, 事審官).

18) 旗田巍, 1972, 「高麗朝の事審官に就いて」『朝鮮中世社會史の硏究』, 法政大 出版部, 134쪽.

19) 김성준, 1958·1959, 「기인의 성격에 관한 고찰」『역사학보』10·11 ; 한우근, 1961, 「여대의 기인선상규제」『역사학보』14 ; 김명진, 2020, 「고대 질자·상 수리와 고려 태조 질자·기인」『복현사림』38.

작한 것이지만 점차 국내 정치상, 또 다른 필요성을 느끼고 이곳에 자신의 지지세력을 부식시키려 행하였다. 그리하여 922년(태조 5)에는 西京 徙民과 함께 새로운 시책을 행하였다.

> B. 이 해에 大丞 質榮·行波 등의 父兄子弟 및 여러 郡縣의 良家의 子弟를 옮겨 西京을 채웠다. 西京에 행차하여 새로이 官府와 員吏를 두고 비로소 在城을 쌓았다.[20]

이처럼 태조는 건국 초에 단조로웠던 왕실세력을 뒷받침하는 새로운 기반을 서경에 형성함으로써 국내정치에 있어서 강대하였던 호족의 세력을 견제하고 왕권을 안정시켜 나갈 수 있는 계기를 마련하였다.[21]
이상에서 살펴보았듯이, 태조는 재위기간 동안 여러 가지 방법으로 호족통합과 자기세력의 확보를 위하여 노력하고 있었다.

2. 북방정책

태조 왕건은 즉위초부터 북방지역에 대하여 적극적인 관심을 보였다.
아직 남쪽으로 후백제와의 전투를 계속하고 있고, 또 신라와의 관계도 해결되지 아니한 상황에서, 북방지역에 대해 적극적인 관심을 가진 것은 이 지역의 경영이 바로 국가의 경영과 밀접한 관계가 있었기 때문이다.[22]

---

20) "是歲 徙大丞質榮行波等父兄子弟 及諸郡縣良家子弟 以實西京 幸西京 新置官府員吏 始築在城"(『고려사』 권1, 태조 5년).

21) 하현강, 1985, 「태조의 서경경영」『고려왕조 성립기의 제문제』, 연세대학교 박사학위논문, 131쪽 ; 채상훈, 1996, 「고려 태조의 서경정책」, 홍승기 편, 『고려태조의 국가경영』, 서울대학교출판부.

22) 이병도, 1948, 『고려시대의 연구』을유문화사, 54쪽에서 태조가 西京을 중시한 이유는 평양의 지리, 특히 그 水德이 평탄 순조한 것을 중시하는 지리

C. 3월 北界의 鶻岩鎭이 자주 북방 오랑캐에게 침략을 당하므로 여러 장수를
모아 말하기를 "지금 남방의 흉도가 멸망되지 않았고 북방 오랑캐가 걱정
스러우니 朕이 자나깨나 근심이 된다. 庾黔弼을 보내어 방어코자 하는데
어떠한가."하였다.[23]

태조가 북방대책을 논의하면서 이렇게 말한 것은 당시 형편이 북방
이 안정되어야만 안심하고 남쪽의 후백제와 전쟁을 수행할 수 있었던
때문이다.[24] 그리고 북방이 안정될 때 평양을 중심으로 한 자기 세력
의 성장에도 어려움이 없어지게 된다.

앞서 궁예가 고구려의 부흥을 표방하여 군대를 일으키자 浿西地方
을 중심으로 한 고구려계의 많은 遺民과 그 부근의 호족들이 來附하여
왔다. 그리하여 그는 국호를 後高句麗라 칭하고 首都를 松岳으로 정하
여 고구려의 부흥을 내세웠다.[25] 그리고 당시 사람들에게는 고구려 고
토의 수복에 대한 열망이 팽배하여 있었다.[26]

태조 왕건은 신라의 영토 내에서 일어났고 또 그 문화적 기반은 이
어 받았으나, 항상 고구려의 계승자임을 자처하였다. 원래 태조가 출
발한 정치적 기반은 궁예의 泰封이었다. 그러므로 태조는 궁예의 新羅

도참설에 의한 것이라고 설명하였다. 후에 하현강·이태진·이혜옥·채상훈
등의 고려 초기 서경세력에 대한 일련의 연구가 있다.

23) "三月 以北界鶻岩鎭 數爲北狄所侵 會諸將曰 今南凶未滅 北狄可懼 朕寤寐憂
懼. 欲以黔弼往禦如何"(『고려사절요』권1, 태조 3년).

24) 이태진, 1977, 「김치양난의 성격」『한국사연구』17, 75쪽에서 후백제와의 쟁
패전과 관련하여 남으로는 강력한 후백제와 대립상태에 있었고 북으로는 女
眞人의 침략에 대비해야하는 불리한 위치에서 개성이 불안하므로 보다 안정
한 평양을 전략적인 요지로 중시하게 되었다고 하였다.

25) 이에 대해서는『삼국사기』권50, 弓裔傳에 자세하게 기록되어 있다.

26) 김용국, 1967, 「나말려초의 고구려고강수복운동」『백산학보』3.

觀 내지 舊三國觀의 영향을 많이 받았을 것이다. 그러나 신라에 대해서는 훨씬 관용적이었다.

원래 고구려 유민으로서 성장하였고, 또 고구려 고토에 생활 기반을 둔 松岳 출신의 태조 세력이 고구려의 유민의식과 고구려의 후계정신을 가졌던 것은 당연한 것이며, 또 그것은 그들 자체의 발전을 위한 기본방향이기도 하였다. 그리고 이러한 태조의 고구려 고토 수복을 위한 북진정책은 후삼국통일 이후에도 역대 왕에게 꾸준히 계승되었다.

이와 같은 태조의 북진정책을 李齊賢은 높이 평가하였다.

D. 우리 태조께서는 즉위한 뒤에 아직 金傅가 복종하지 않고 甄萱이 포로가 되기 전인데도 자주 西郊에 행차하여 친히 북방의 邊地를 巡狩하였다. 그 뜻이 또한 東明의 옛 땅을 내 집에서 쓰던 靑氈같이 생각하고 반드시 席捲하여 이를 차지하려 하였으니, 어찌 다만 鷄林을 취하고 압록강을 칠뿐이었겠는가.[27]

결국 태조는 태봉의 고구려 후계자정신을 이어받아서 북방정책과 고구려 고토를 수복하려는 이상 역시 계승하고 확대하여 나갔다.

그 첫 정책으로 태조는 즉위하던 해에 곧바로 평양 경영에 착수하였다. 평양은 고구려의 수도였던 곳이었으나 고구려가 망한 뒤로 점차 황폐되어 가서 918년(태조 원년) 9월 王式廉을 보내어 大都護府를 설치하고 남쪽 浿西地方의 人戶를 옮겨 채웠다.[28] 그리고 919년(태조 2) 10월

---

27) "我太祖卽位之後 金傅美賓 甄萱未虜 而屢幸西都 親巡北鄙 其意亦以東明舊壤爲吾家靑氈 必席卷而有之 豈止操鷄搏鴨而己哉"(『고려사』권2, 태조 26년 李齊賢贊).

28) "王謂群臣曰 平壤古都 荒廢已久 … 遂分黃鳳海百鹽諸州人戶居之 爲大都護 遣堂弟式廉 廣評侍郎列評守之 仍置參佐四五人"(『고려사절요』권1, 태조 원년 9월).

평양에 城을 쌓고,[29] 921년(태조 4) 10월,[30] 926년(태조 9) 12월,[31] 930년 (태조 13) 여름 5월[32] 및 겨울 12월과[33] 934년(태조 17) 정월에는[34] 태조가 직접 서경(평양)에 거둥하는 등 계속적으로 서경에 대하여 관심을 보였다. 그리고 특히 922년(태조 5)의 官府 설치로 서경은 거의 중앙과 비슷한 행정기구를 갖추어 分司制度를 행하였다.[35] 또 930년(태조 13) 서경에 학교를 창설하고 秀才 廷鶚을 書學博士로 삼아 六部의 生徒를 가르치게 하였다. 뒤에 다시 醫·卜의 2科를 두고 또 곡식 100석을 주고 學寶를 만들어 학교 운영의 기금을 삼게 하였다.[36] 그리하여 서경은 開京에 못지않은 시설과 면목을 갖추게 되었다.

그리고 태조는 서경을 북방정책의 전진기지로 삼아 서북 개척을 추진하였다. 즉 926년(태조 9) 12월 태조는 西京에 行次하여 친히 濟祭를 지내고 州鎮을 巡歷하였으며, 931년(태조 14)에도 북방 개척을 위하여 北界에 巡幸하여 肅川에 通德鎮을, 安州에 安北府를 두었다. 또 929년 (태조 12) 12월 서경에 行幸하여 順安에 安定鎮을, 价川에 安水鎮을, 殷山에 興德鎮을 築造하고, 931년(태조 14) 剛德鎮을 成川에 설치하고,

---

29) "冬十月城平壤"(『고려사』권1, 태조 2년).

30) "壬申幸西京"(『고려사』권1, 태조 4년 10월).

31) "冬十二月癸未 幸西京 親行齊 巡歷州鎮"(『고려사』권1, 태조 9년).

32) "夏五月壬辰 幸西京"(『고려사』권1, 태조 13년).

33) "冬十二月 幸西京"(『고려사절요』권1, 태조 13년).

34) "春正月 甲辰 幸西京 歷巡北鎮"(『고려사』권2, 태조 17년).

35) "幸西京 新置官府員吏 始築在城"(『고려사』권1, 태조 5년). 그리고 서경의 官府와 官員의 명칭 및 조직에 대해서는『고려사』권77, 百官志 外職에 자세히 기록되어 있다.

36) "冬十二月 幸西京 創置學校 先是西京未有學 王命秀才廷鶚留爲書學博士 別創學院 聚六部生徒教授 後王聞其興學賜繪帛觀之 兼置醫卜二業 又賜穀百石 爲學寶"(『고려사절요』권1, 태조 13년).

11월에 다시 西京에 가서 친히 濟祭를 행하고 州鎭을 歷巡하였다. 그리고 934년(태조 17) 정월 西京에 行幸하여 北鎭을 歷巡하였으며, 937년(태조 20) 順州에 築城하고, 939년(태조 22) 殷州城을 쌓아 북방을 개척하였다. 그리고 安州에 安北府를 설치하여 요새로 삼고 북방 개척의 전진기지로 삼았다.[37] 이에 병행하여 태조는 先住民을 驅逐하고 그 대신에 남부 주민을 이주시켜 拓境에 따른 북방 개발과 아울러 그보다 더 중요한 국방 내지 군사상의 목적을 달성하였다.[38] 그리하여 태조 즉위시에 서북면으로 淸川江 어구까지 영토를 확장하게 되었다.

그리고 926년엔 渤海가 契丹에게 멸망당하자 女眞族이 혼란한 상태에 빠졌고, 또 이들로 인해 북경지대는 자못 어수선 하였다. 이에 태조는 평양을 중심으로 하여 여진족을 초무 또는 토벌하였으며, 동북에 있어서는 庾黔弼을 出征시켜 여진족을 경략하여 安邊 이북의 지역을 확보하였다. 또 발해의 멸망으로 내투한 大光顯을 비롯한 수많은 발해 유민을 받아들여 安住케 하였으며, 함께 내투 귀화한 여진족까지도 포섭하였다.

그러나 거란에 대해서는 단호한 입장을 취하였다.

E. 겨울 10월 契丹이 使臣을 보내와 駱駝 50匹을 선사함에 왕은 거란이 일찍이 발해와 화목하게 지내오다가 별안간 의심을 내어 맹약을 어기고 멸망을 시켰으니 심히 無道한지라. 멀리 화친을 맺어 이웃을 삼을 것이 되지 못한다 하여 드디어 交聘을 거절하고 그 사신 30인을 海島에 유배하고 낙타를 萬夫橋 밑에 매어놓아 굶어 죽게 하였다.[39]

---

37) 北進 설치를 통한 북방개척은 [표 2]를 참조하기 바란다.

38) 이수건, 1970, 「고려시대 북방이민에 대하여」『서정덕교수화갑기념학술논총』.

39) "冬十月 契丹遣使來 遣歸駱駝五十匹 王以契丹嘗與渤海連和 忽生疑貳背盟殄滅 此甚無道 不足遠結爲隣 遂絶交聘流其使三十八于海島 繫駱駝萬夫橋下皆

이처럼 태조는 발해를 멸망시킨 거란은 '無道한 나라'이므로 국교를 맺을 수 없다하여 이른바 '萬夫橋事件'을 일으켰다.

거란에 대한 태조의 생각은 확고하여, 심지어는 죽을 무렵에 후손에게 남긴 「훈요십조」에서 거란을 '禽獸의 나라'라 칭하고 야만 적대시하여 상종하지 말 것을 경고하였다.

F. 그 4조는 우리 동방은 예로부터 唐의 풍속을 본받아 문물예악이 다 그 제도를 준수하여 왔으나 殊方異土는 인성이 각기 다르니 반드시 구차하게 같이 하려 하지 말라. 거란은 禽獸와 같은 나라인지라 풍속이 같지 않고 언어도 다르니 의관제도를 조심하여 본받지 말지어다.[40]

이러한 태조의 북쪽 변방에 대한 관심으로 행하여진 북방정책의 결과로 고려의 영토는 서북으로 淸川江 유역의 安州 지방까지, 동북으로는 永興 지방까지 북진하여, 태조의 고구려 고토 수복에 대한 이상은 어느 정도 실현되었다.

Ⅲ. 패서 호족에 대한 정책

1. 패서 호족의 성장

신라 하대의 혼란은 지방세력이 성장할 수 있는 좋은 기회가 되었

餓死"(『고려사』권2, 태조 25년).

40) "其四曰 惟我東方 舊慕唐豊 文物禮樂悉遵其制 殊方異土 人性各異 不必苟同 契丹 是禽獸之國 風俗不同 言語亦異 衣冠制度 愼勿效焉"(『고려사』권2, 태조 26년 訓要 중).

다. 신라말 고려초의 이러한 지방세력을 학술용어로 호족이라 한다.[41]

호족은 모두 일정한 지역을 단위로 하여 독자적인 세력을 가진 존재였으나, 점차 자신의 세력보다 더 크고 강한 호족 – 특히 태봉, 고려, 후백제 – 에게 귀부하여 복속되었다. 다시 말하면 신라말에 정치기강이 문란해지자 각 지방의 세력가들은 스스로 무단하여 호령하면서 '城主' 또는 '將軍'이라 칭하였다. 그리하여 그들은 어떤 강력자가 나타나면 그에게 歸附하기도 하고, 혹은 대치하기도 하였다. 태조는 후삼국 통일 과정에서 이들을 굴복시키거나 또는 귀부를 받아들여 귀부자에게는 그들 본래의 領有地와 세력기반을 인정하여 주는 한편, 그에 상당하는 그들의 종래의 독자적인 존재를 국가체계 속에 흡수하여 갔던 것이다.

이들 호족 가운데서도 패서지방의 호족들은 이미 왕건의 선대부터 왕건가와 깊은 관계를 맺어 태조의 후삼국통일에 매우 중요한 역할을 담당한 것으로 알려져 있다.[42]

신라말 고려초의 패서 호족에 대하여 살펴보면 다음과 같다.

(1) 平州(平山) 豆恩坫: 패서지방의 호족으로 사료상 가장 먼저 등장하는 인물은 왕건의 선대설화에 보이는 豆恩坫이다. 왕건의 祖父 作帝建은 開城·貞州·延安·白川·江華 등지에 세력기반을 형성하고 있었던 것 같다. 그의 처인 龍女는 李齊賢이 인용한 『聖源錄』에서 平州人 豆恩坫 角干의 딸이라고 하였으니,[43] 용녀는 平州 지방의 유력한 해상세력

---

41) 이에 대해서는 II장의 1절에서 그 대강을 설명하였다.

42) 이기동, 1976, 「신라하대의 패강진」『한국학보』 4 ; 1980, 『신라골품제사회와 화랑도』, 한국연구원, 225~231쪽) ; 이성제, 1996, 「고려 태조대 패서인의 동향」, 홍승기 편, 『고려 태조의 국가경영』, 서울대학교출판부.

43) "聖源錄云 昕康大王 卽懿祖之妻 龍女者 平州人 豆恩坫角干之女子也"(『고려사』 高麗世系).

의 딸이었으며, 豆恩岾은 평주지방의 호족이다.[44] 그리고 용녀는 平山에 위치한 浿江鎭의 武將 가문에서 출생한 順之를 후원하여 자신의 세력범위인 長湍의 五冠山에 住持케 하고 있다. 이처럼 두은점은 패강진의 무장세력과도 깊은 관계가 있었다.[45]

(2) 白州(白川) 劉相晞: 왕건의 조부 作帝建이 西海龍女를 취하여 돌아올 때 劉相晞는 白州正朝로서 開城·貞州·延安·白州·江華의 여러 邑民을 동원하여 作帝建을 위하여 永安城을 쌓고 宮室을 지어 주었다.[46] 이때의 劉相晞는 '正朝'의 鄕職을 가진 白川 지방의 호족으로 白川의 土姓인 白川 劉氏일 것이다.[47]

(3) 長湍 韓氏家: 태조의 어머니인 威肅王后 韓氏의 집안도 당시에 있어 장단 지방의 강력한 호족이었을 것이다. 李齊賢의 史論에 인용된 金寬毅의 『編年通錄』에 의하면 威肅王后는 韓氏라고 하였다.

> G. 온 곳을 알지 못하므로 세상에서 이름을 夢夫人이라 하였으며, 혹은 이르기를 그 여인이 三韓의 어머니가 되었으므로 드디어 姓을 韓氏라 하였다.[48]

이때 韓氏는 長湍 韓氏이다. 그리고 長湍에는 五冠山이 있는데, 이

---

44) 이수건, 1984, 「고려전기 지배세력과 토성」『한국중세사회사연구』, 일조각, 140쪽.

45) 최병헌, 1978, 「신라 하대사회의 동요」『한국사』 3, 국사편찬위원회, 481쪽.

46) "白州正朝劉相晞等 聞日 作帝建娶西海龍女來實大慶也 率開貞鹽白四州江華 喬洞河陰三縣 築永安城 營宮室"(『고려사』 高麗世系所引 金寬毅編年通錄).

47) 이수건, 1984, 앞의 논문, 140쪽.

48) "… 不知所從來 故世號夢夫人 或云 以其爲三韓之母 遂姓韓氏"(『고려사』 高麗世系, 李濟賢史論).

곳은 왕건의 선대와 깊은 관계가 있는 摩訶岬,[49] 興聖寺,[50] 聖燈庵이[51] 있었다. 결국 韓氏家는 장단 지방의 호족으로서 왕건가와 일찍부터 연결되었으며, 또 태조가 즉위한 후에도 많은 인물들이 태조의 측근으로서 활동하고 있다.

(4) 貞州 柳天弓: 貞州(豊德) 지방에는 태조가 등장할 무렵에 이미 柳天弓이 土豪로서 이 지방을 장악하고 있었다.

> H. 神惠王后 柳氏는 貞州 三重大匡 (柳)天弓의 딸이다. (柳)天弓은 큰 부자로서 고을사람들이 長子라고 불렀다.[52]

당시에 柳天弓은 이처럼 가세가 富豪하여 고을사람들이 그를 '長子'라 불렀고, 태조가 궁예의 부하로서 군사를 거느리고 貞州를 지날 때 그의 딸이 왕건을 侍寢한 결과 마침내 제1비가 되었다. 그리고 柳天弓과 同族인 柳憲英의 딸도 태조의 제6비 貞德王后가 되었다.

결국 貞州 호족 柳天弓家는 태조의 왕비 2명이나 낳았으며, 후삼국 시대 해상세력과 연결된 개경 근처의 大豪族이었다.

(5) 平州(平山) 朴守卿: 신라말 고려초에 있어 평주 지방에는 朴守卿과 朴守文 형제의 호족이 있었다.

---

49) "摩訶岬 聖骨將軍 子康忠 居摩訶岬 康忠子寶育爲 居士 仍構庵而居"(『신증동국여지승람』권12, 京畿道 長湍都護府)

50) "興聖寺:在五冠山 貞和公主之考 曰寶育 實居之 我太祖之曾祖作帝建之外大父也 太祖化爲國 捨家爲寺"(『신증동국여지승람』권12, 京畿道 長湍都護府).

51) "聖燈庵: 五冠山聖燈庵 盖自前朝太祖王氏始置"(『신증동국여지승람』권12, 京畿道 長湍都護府).

52) "神惠王后柳氏 貞州人三重大匡天弓之女 天弓家大富 邑人稱爲長子"(『고려사』권88, 后妃1).

I - ① 朴守卿은 平州 사람으로 아버지는 大匡(大 또는 太)尉 遲胤이다.[53]

② (朴景仁의) 선대인 北京都尉 赤烏는 신라로부터 竹州에 들어가 察山侯가 되었다가, 다시 平州에 들어가 十谷城 등 13성을 설치하고, 弓裔에게 귀부하였다. 그 후 자손들이 번창하여 우리 태조가 후삼국 통일시로부터 지금에 이르기까지 끊임없이 후사를 이어오고 있다.[54]

③ 朴氏의 선조는 鷄林人으로 대개 신라의 시조 赫居世의 후예이다. 신라 말에 그 후손인 察山侯 積古의 아들 直胤 大毛達이 옮겨 살아 平州 관할 八心戶의 邑長이 되었다. 그리하여 直胤으로부터 그 후손은 平州人이 되었다. 직윤의 아들은 三韓功臣三重大匡 遲胤이고, 지윤의 아들은 三韓功臣大尉兼侍中 守卿이다. 수경의 아들은 三韓功臣 承位이며, 公(朴景山)은 바로 승위의 4대손이다.[55]

　인용문 I-①·②·③의 내용을 종합하면 平山 朴氏의 선대는 신라에서 변방으로 이주하여 赤烏(赤古) 혹은 智胤(直胤)代에 竹州로 옮겨 '察山侯'가 되었고, 다시 平州로 옮겨 十谷城 등을 쌓고 궁예에게 귀부한 후부터 자손이 번창하였다. 그리고 朴守卿家는 선대부터 신라 말기의 官名에서는 찾아볼 수 없는 '北京都尉'·'察山侯'·'大毛達'·'邑長' 등을 스스로 칭하는 軍鎭勢力의 대호족으로 성장하여 있었다. 후에 태조를 도와 朴遲胤과 그의 아들 朴守文·朴守卿은 고려 개국 및 三韓功臣이 됨과 동시에 최고관직에 올랐고, 또 이들의 딸이 각각 태조의 부인이 되었다.

---

53) "朴守卿 平州人 父大匡尉遲胤"(『고려사』 권92, 朴守卿傳). 그러나 권88, 후비1 太祖夫人 聖茂夫人 朴氏條에는 智胤으로 되어 있다. 또 "大" 또는 "太"의 삽입은 李樹健의 추측에 따른 것이다(앞의 책, 154쪽 주54)

54) 『조선금석총람』 상, 303쪽, 朴景仁墓誌.

55) 『한국금석문추보』, 李蘭暎編, 1968, 143쪽, 朴景山墓誌.

朴守卿은 태조의 제28비 夢良院夫人 朴氏의 아버지인데, 元尹으로 있다가 925년(태조 8) 전공으로 元甫가 되었고, 936년(태조 19) 태조와 통일전쟁에 참가하였다. 그리고 定宗이 처음 즉위하여 內難을 削平하자, 그는 공이 컸으므로 大匡으로 전임되었다.[56] 아마 태조가 죽은 후 定宗과 제휴하여 정종의 배후세력이 된 것 같다. 그리고 그는 北鎭을 쌓기도 하였다.[57] 그러나 王式廉이 죽은 뒤에 그는 王弟 王昭(光宗)와 외척 劉氏의 세력에 가담하여 오히려 定宗을 제거하고 光宗을 옹립하는데 협조하여 大匡으로서 國初에 공역이 있었던 사람의 등급을 攷定하는 일을 맡았다.[58] 이처럼 박수경은 건국 초의 정치에 대단한 영향력을 발휘하였다.

朴守文은 태조의 제27비 月鏡院夫人 朴氏의 아버지로서 박수경의 형이다. 그는 元尹으로 있다가, 925년(태조 8) 동생 박수경의 전공의 덕을 입어 元甫가 되었으며, 926년(태조 9) 박수경과 함께 大相이 되었다.[59] 또 태조 임종시에는 북계 경략에 큰 활약을 한 廉湘, 그리고 定宗 원년에 난을 일으킨 王規와 함께 顧命宰相이 되었다. 그리고 이듬해에는 북방정책에 참여하여 북방에 여러 성을 축성하였다.[60]

또 평산 지방에는 박수경가와 같은 계통으로 보이는 朴順之家가 있다. 그의 집안은 祖考代부터 대대로 패강진의 무장으로서 호족이 되었다.[61]

---

56) "定宗初 卽位 削平內難 守卿功居多 尋轉大匡"(『고려사』권92, 朴守卿傳).

57) "秋 遣大匡朴守卿 城德成鎭"(『고려사절요』권2, 定宗 2년).

58) "秋八月 命大匡朴守卿等 定國初有功役者"(『고려사』권2, 光宗 卽位年).

59) 황운룡, 1978, 『고려벌족에 관한 연구』, 친학사, 55~56쪽.

60) "春 遣大匡朴守文 城德昌鎭 又築西京王城 及鐵甕博陵 三陵通德等鎭"(『고려사절요』권2, 定宗 2년).

61) "順之俗姓朴氏 浿江人也 祖考竝家業雄豪 世爲邊將 忠勤之譽遺慶在卿"(『祖堂

그리고 신라 말기에 대두한 禪宗九山門의 하나인 師子山派의 開祖 道允은 그의 俗姓이 朴氏였으며 鳳山 지방의 호족으로서 祖考가 仕宦 하고 있었다. 또 제2조 折中도 그 俗姓은 碑文의 결락으로 알 수 없으나 그 아버지가 武藝로 등장하여 鳳山 지방의 郡族으로 칭하여지던 호족이었다. 그러므로 이들은 모두 패강진이나 그 예하 부대의 무장 출신이었으며, 그리고 모두 평산 박씨와 같은 계통이었던 것으로 추측된다.[62]

이들과 더불어 922년(태조 5) 洞州 호족 金行波와 함께 서경에 이주한 朴質榮도[63] 평산 박씨로 박수경과 동족일 것이다.

이들은 비록 신라에서 옮겨 왔지만 과거 고구려 지역에서 생활을 하고, 세력 기반도 이곳에 두고 있기 때문에 이들은 고구려 지향적이어서 西京 徙民의 대상이 되었다. 그리고 서경이 북진정책의 전진기지가 되었듯이 이들의 후손들도 그 전통을 계승한 것으로 보인다.

(6) 平州(平山) 庾黔弼: 평산 지방의 가장 큰 호족 중의 하나로서 庾黔弼이 있다. 그는 태조의 제9비 東陽院夫人 庾氏의 아버지로서[64] 925년 (태조 8)에 征西大將軍이라는 軍職을 가지고 출전하였다. 931년(태조 14)에는 그의 공로와 위세를 시기하는 반대파의 讒言으로 鵠島에 유배를 당하였다가, 934년(태조 17) 運州(洪城)戰鬪에서 큰 공을 세워 후삼국통일의 기틀을 마련하여 태조의 측근으로서 능력을 발휘하였다. 그리고 935년(태조 18) 장군으로서 羅州에서 甄萱을 맞아왔으며, 936년 (태조 19) 大相으로서 통일전쟁에 참가하였다. 그리고 941년(태조 24)

集」 권20).

62) 최병헌, 1975, 「나말려초 선종의 사회적 성격」『사학연구』 25, 1975.

63) 주20 참조.

64) "東陽院夫人庾氏 平州人太師三重大匡黔弼之女 生孝穆太子義孝隱太子"(『고려사』 권88, 后妃1).

죽자 三重大匡에 封贈되고 太祖廟庭에 배향되어 태조 6대공신의 한 사람이 되었다.[65]

이처럼 평산 지방에는 유검필을 중심으로 하는 호족세력이 있어 왕건과 아주 밀접하게 연결되어 있었다.

(7) 黃州 皇甫悌恭: 浿西 지역 重鎭의 하나인 黃州 지방에는 대호족 皇甫悌恭이 있었다. 그는 태조의 제4비 神靜王太后 皇甫氏의 아버지로서, 926년(태조 9) 大相이 되었다가, 930년(태조 13) 大丞이 되었고, 933년(태조 16) 大匡이 되어 勳戚大臣으로서 고려의 건국과 통일과정에 큰 활약을 하였다. 그의 딸 신정왕태후는 戴宗과 大穆王后를 낳았다. 또 대종은 成宗을 낳았고, 대종의 딸은 景宗의 王妃(獻哀王太后)가 되어 穆宗을 낳았고,[66] 대종의 다른 1녀는 景宗의 왕비가 되었다가 나중에 安宗(王旭)과 私通하여 顯宗을 낳았다. 그리하여 黃州 皇甫氏의 세력은 호족으로서 태조, 광종, 경종, 성종, 목종, 현종 등 여러 왕의 처가와 외가가 되어 위세를 떨쳤다.

그리고 제24비 小黃州院夫人은 順行의 딸로서, 姓氏는 명확치 않으나[67] 어쩌면 黃州 지방의 皇甫氏인 듯하다.[68]

(8) 中和 金鐵: 中和 지방에는 927년(태조 10) 公山 桐藪戰鬪에서 申崇謙과 함께 전사한 金樂의 동생인 金鐵의 세력이 있었다.

J – ① 10년 태조가 견훤과 公山 桐藪에서 싸웠는데 불리하게 되어 견훤의 군사가 태조를 포위하여 심히 위급하였다. 申崇謙이 이때 大將이 되어

---

65) 庾黔弼에 대해서는 『고려사』 권92에 列傳이 있다.
66) "神靜王太后皇甫氏 黃州人太尉三重大匡忠義公悌恭之女 生戴宗及大穆王后 初封明福宮夫人 成宗二年 七月 薨"(『고려사』 권88, 后妃1).
67) "小黃州院夫人 元甫順行之女 史失姓氏"(『고려사』 권88, 后妃1).
68) 崔柄憲, 1978, 「新羅 下代社會의 動搖」『한국사』 3, 국사편찬위원회, 483쪽.

元甫 金樂과 함께 힘을 다해 싸우다가 죽으니, 태조가 매우 애통하여 莊節이라 시호하고, 그 아우 能吉과 아들 甫, 樂의 아우 鐵을 모두 元尹으로 삼았으며, 智妙寺를 지어서 冥福을 돕게 하였다.[69]

② 太祖·金鐵·洪儒·朴守卿과 元甫 連珠, 元尹 萱良 등으로 馬軍 1만을 거느리게 하였다.[70]

③ (中和는) 충숙왕 9년에 太祖統合功臣인 金樂과 金鐵의 內鄕이므로 郡으로 승격시켰다.[71]

이것에서 볼 때 김철은 형 金樂의 功으로 元尹이 되었다. 그리고 926년(태조 19) 후삼국통일전쟁 때 大相으로서 洪儒, 朴守卿 등과 함께 참가하였다. 그리하여 김철은 형 김낙이 일찍이 전사하고 자손이 없었으므로 그 후광을 입어 통합공신이 된 듯하다.

(9) 洞州(瑞興) 金行波: 동주 지방에는 후삼국시대 패서지방의 대표적 호족의 하나인 金行波 세력이 있었다. 그는 태조의 제19비인 大西院夫人 金氏와 제20비 小西院夫人 金氏의 아버지이다.

K. 大西院夫人 金氏는 洞州人으로 大匡 行波의 딸이다. 小西院夫人 金氏도 역시 행파의 딸이다. 행파는 활쏘고 말타기를 잘하였으므로 태조가 金이라 賜姓하였다. 태조가 서경에 행차하매 행파가 사냥하는 무리를 거느리고 길에서 찾아뵙고 청하여 그의 집에 이르러 이틀 밤을 머물게 하고 두 딸로서

---

69) "十年 太祖與甄萱戰於公山桐藪 不利萱兵圍 太祖甚急 崇謙時爲大將 與元甫 金樂力戰死之 太祖甚哀之 諡壯節 以其弟能吉子甫 樂弟鐵 竝爲元甫 創智妙寺 以資冥福"(『고려사』권92, 洪儒傳附申崇謙傳).

70) "大相金鐵洪儒朴守卿 元甫連珠 元甫萱良 令馬軍一萬"(『고려사』권2, 태조 19년 秋9월).

71) "忠肅王九年 以太祖統合功臣金樂金哲內鄕 陞爲郡"(『고려사』권59, 지리지 北界 中和縣).

각각 하룻밤씩 모시게 하였다.[72]

　김행파의 행적은 貞州 지방의 호족 柳天弓의 경우와 비슷하다. 그는 武藝에 능하여 태조가 서경에 行幸할 때 마중을 나가 자기 집으로 모시고 두 딸을 侍寢케 함으로써 그와 밀착되었고, 또 김씨를 사성받아 동주 지방 최고의 세력이 되었다.
　그리고 922년(태조 5)에 西京으로 徙民되었다.

　L. 이 해에 大丞 質榮·行波 등의 父兄子弟 및 여러 郡縣의 良家의 子弟를 옮
　　 김으로써 西京을 채웠다.[73]

　태조의 서경에 대한 정책으로 大丞 朴質榮과 함께 여러 군현의 良家 子弟를 이끌고 西京으로 이주한 것이다.
　이처럼 金行波는 동주 지방의 호족으로서 평산 지방 최고의 호족인 朴守卿系의 朴質榮과 함께 서경 사민의 대상으로 선택되었다.
　(10) 信州(信川) 康起珠: 신주 지방엔 태조의 제22비 信州院夫人 康氏의 아버지인 康起珠가 있다.[74] 그는 信州 康氏일 것이며, 신주 강씨는 왕건의 선대와 깊은 관계를 가지고 있었다.[75] 또 麗嚴의 탑비문에 '知基州諸軍事'로 나오고, 927년(태조 10) 9월 侍中이었던 康公萱도 이

---

72) "大西院夫人金氏 洞州人大匡行波之女 小西院夫人金氏 亦行波之女 行波善
　　射御 太祖賜姓金 太祖幸西京 行波率獵 徒道謁請至 家留信宿 以二女各侍一
　　夜"(『고려사』 권88, 后妃).

73) 주20 참고.

74) "信州院夫人康氏 信州人阿湌起珠之女"(『고려사』 권88, 后妃1).

75) 信川康氏의 始祖는 高麗世系에 나오는 康忠이라는 기록이 있다(『大東韻府群
　　玉』 권6, 信川康氏. "世傳新羅阿干康忠之後 未詳是否").

집안 출신이었다.[76] 이처럼 신주 지방에는 康起珠를 대표로 하는 信州康氏의 호족세력이 있었다.

(11) 海州 崔氏家·吳氏家: 금석문을 살펴보면, 당시 해주 지방에는 大禪師 祖膺의 七代祖 崔貞獻과[77] 吳元卿,[78] 吳闉獻의[79] 선대가 지방세력으로 존재했었다.

(12) 文化 柳車達: 문화 지방엔 柳車達이 있었다. 그는 태조가 후백제를 정벌할 때 많은 수레로 군량을 운반하였다. 그리하여 전쟁을 무사히 치르게 한 공로로 大丞에 임명되고 三韓功臣이 된 큰 경제력을 가진 호족이었다.[80]

(13) 遂安 李堅雄: 당시 수안 지방엔 李仁榮의 선조 三重大匡 李堅雄이 있었다.[81]

(14) 鹽州(延安) 尹瑄: 염주 지방에는 鶻岩城(安邊)을 중심으로 세력을 떨쳤던 尹瑄이 있다. 윤선은 자신의 출신지 염주가 아닌 골암성에서 그의 무리를 기반으로 2,000여명의 군사력을 모아 세력을 떨쳤다. 또 나아가서 黑水蕃兵까지 포섭하여 오랫 동안 변방의 해가 되었는데, 태조가 즉위하자 무리를 이끌고 귀부해 왔다.[82]

(15) 그리고 이들 외에도 平山의 申崇謙이 있었다(J-①). 그는 원래

---

76) 최병헌, 앞의 논문, 482쪽.

77) 『조선금석총람』상, 410쪽, 醴泉龍門寺重修碑.

78) 『韓國金石文追補』, 172쪽, 吳元卿墓誌銘.

79) 『조선금석총람』상, 584쪽, 吳闉獻墓誌.

80) "柳車達 太祖南征時 車達多出車乘 以粮道 以功拜爲大丞"(『신증동국여지승람』권42, 文化縣).

81) 『조선금석총람』상, 385쪽, 李仁榮墓誌.

82) "尹瑄鹽州人 … 遂率其黨 走北邊聚衆至 二千餘人 居鶻岩城 召黑水蕃衆 久爲邊郡害 及太祖卽位 率衆來附 北邊以安"(『고려사』권92, 王順式傳附尹瑄傳).

全羅道의 谷城縣 출신으로 후에 光海州(春川)에 寓居한 바 있다가 나중에 태조가 平州에 賜貫함으로서 平山 申氏의 시조가 되었다.[83]

다만 鹽州의 柳矜順과[84] 平壤城將軍 黔用이[85] 있었으나, 이들은 이미 일찍이 궁예에게 복속되었으므로, 여기에서는 모두 論外로 해도 무방할 것같다.

이상에서 살펴본 바와 같이 浿西 지방에는 신라말 고려초에 있어 많은 호족이 있었다. 패서 지방은 唐 세력의 후퇴로 748년(경덕왕 7)부터 신라 軍鎭이 점차적으로 설치됨으로써 개발되어 갔다. 이때에 패서 지방의 군진세력들은 신라 하대의 정치적 혼란을 틈타 패강진 예하의 토착민에까지 미치는 강력한 군사적 지배·지휘체계 조직을 통하여 보다 군사적 성격이 강한 신흥 토호세력으로 성장하였다. 그리고 패서 지방의 호족들은 그 지역의 패강진 예하의 일괄된 군사적 편제를 통하여 패강진이 있던 平州 지방의 대토호를 중심으로 상호간에 밀접한 연결을 맺고 있었다.[86]

또 平山의 朴守卿을 중심으로 한 貞州·鹽州·白州·江華·黃州·海州·洞州 등의 여러 호족은 西海의 禮成江을 중심으로 한 해상세력인 동시에 군진세력으로 성장하여 松岳의 왕건세력과 군사적으로는 물론, 상호 혼인을 통하여 의제가족적인 관계와 유사하게 연결되어 있었다.

---

83) 李樹健, 1984, 「後三國時代 支配勢力과 土姓」『韓國中世社會史研究』, 125쪽.

84) "泰評鹽州人 … 初爲其州賊帥柳矜順記室 弓裔破矜順 評乃降"(『고려사』 권 92, 王順式傳附泰評傳)

85) 黔用을 김광수, 1977, 「고려건국기의 패서호족과 대여진관계」『사총』 21·22 합집, 145쪽에서는 平山의 庾黔弼과 金의 始祖 今俊이 모두 同族이라 하였으나 믿기 어렵다.

86) 김광수, 앞의 논문.

2. 패서 지방과 왕건가

고려을 건국한 왕건은 선대부터 西海의 해상세력으로 성장하여[87] 후삼국을 통일한 것은 너무나 잘 아는 사실이다. 그는 浿江鎭을 중심으로 하는 패서 지방의 군진세력과 밀접한 관계를 가지고, 그들을 고려의 건국과 후삼국의 통일과정에 있어서 상당히 이용하고 협조를 받았다.[88]

왕건가가 이들 패서 호족과 연결된 것은 우선 왕건의 선대설화를 살펴보면 잘 나타나 있다. 비록 이 설화가 비합리적이고 논리상 맞지 않는 곳이 많기는 하지만[89] 태조의 성장 배경과 과정을 이해하는데 꼭 필요하므로『고려사』高麗世系에 보이는 내용을 요약하면 다음과 같다.

M. 왕건의 선대는 스스로 聖骨將軍이라 칭한 虎景이 白頭山으로부터 扶蘇山
    左谷에 이르러 혼인하고 左谷女와의 사이에서 康忠을 낳았다. 또 康忠은
    西江 永安村 富者의 딸인 具置義와 혼인하였다. 이때 扶蘇郡을 산의 남쪽
    으로 옮기고 소나무를 심으면 三韓을 통합할 자가 태어나리라는 풍수설에
    따라 松岳郡이라 이름을 바꾸고 그 군의 上沙粲이 되었다. 그리고 康忠은
    伊帝建과 損乎述(寶育)이라는 두 아들을 두었고, 寶育에게는 두 딸이 있었
    는데 때마침 潛邸時의 唐 肅宗(혹은 宣宗)이 바다를 건너 이곳에 왔다가 언
    니의 꿈을 산 차녀 辰義와 인연을 맺어 作帝建을 낳았다. 그 후 作帝建이
    성장하여 아버지를 만나고자 商船을 타고 가던 중에 西海龍王을 괴롭히는

---

87) 박한설, 1965,「왕건세계의 무역활동에 대하여」『사총』10.

88) 패강진·평산세력과 고려왕실의 관계는 이기백, 1968,「고려경군고」『고려병
   제사연구』, 일조각에서, 그리고 패서지방과 왕건가의 관련성에 대해서는 이
   기동, 1976,「신라 하대의 패강진」『한국학보』4에서 면밀한 검토가 있었다.

89) 王建先代說話는 기존 居陀知說話와 金庾信 누이 文姬說話 등을 합하여 造作
   된 듯하다.

늙은 여우를 처치해 주고, 그의 딸 龍女와 결혼하여 되돌아오니 白州 正朝
인 劉相晞 등이 소식을 듣고 開州·貞州·鹽州·白州와 江華·喬洞·河陰
등 三縣의 사람들을 거느리고 이들을 위해 永安城을 쌓고 궁실을 지어 주
었다. 龍建(隆)은 이들 사이에서 장남으로 태어나 나중에 꿈에서 본 夢夫
人을 만나 결혼하여 태조 왕건을 낳았다.[90]

이상의 설화 내용은 대부분이 해상세력임을 말해 주는 요소인 바다
와 강으로 연결되어 있다. 이처럼 왕건의 선대는 예성강과 강화 일대를
중심으로 하여 해상무역을 하여 점차 경제력을 축적하고 세력을 배양하
여 '上村主' 혹은 '第二村主'가 사용하는 '上沙粲'을 칭하는[91] 松岳郡의
호족으로 성장하였다. 또 왕건의 선대는 開州와 貞州·江華·喬洞·江陰
등의 황해도 일부와 강화도 및 한강 하류 지역까지 세력을 폈다.
    사실 왕건의 선대는 패서지방과 특히 밀접한 관계가 있었다. 위의
설화에서 康忠이 西江의 永安村女와 결혼을 했다는 것과 고려세계에
인용된『樗翁稗說』所引의『聖源錄』에 懿祖의 아내가 平州人 豆恩坫 角
干의 딸이라 한 것은 태조의 조모인 元昌王后가 평주 출신임을 말해
준다. 또 원창왕후는 평주 출신인 禪僧 順之가 住持로 있던 長湍의 瑞
雲寺와도 깊은 관계를 맺고 있었다.[92] 이것은 패서호족의 중심세력이
라 할 수 있는 평산의 박씨가 - 朴順之·朴守卿 - 와 평주인 원창왕
후, 또 왕건가와 서로 깊은 관계가 있었음을 말해주는 것임에 틀림없

---

90) 박용운, 1985,『고려시대사』상, 일지사, 42~43쪽에 고려세계를 간략하게
    정리해 놓은 것을 재인용하였다.

91) 이기동, 앞의 논문, 228쪽.

92) "乾符初 松岳郡女檀越元昌王后 乃子威武大王 施五冠山龍嚴寺便住居焉 今改
    瑞雲寺"(『祖堂集』권20). 이에 대한 연구논문으로는 김두진, 1975,「요오선
    사 순지의 선사상」『역사학보』65가 있다.

다. 그리고 당시에 평주를 중심으로 하는 패서지방엔 많은 유력한 호
족들이 존재하였으며, 태조 왕건 및 그의 선대와 서로 깊은 관계로 연
결되어 있었다.

한편 태조 왕건은 특별히 鹽州·白州를 중심으로 한 패서지방을 중
요하게 여겼다. 海美의 「普願寺法印國師寶乘塔碑」에 다음과 같은 내용
이 있다.

N. 天福 7年(태조 25) 7월에 鹽州·白州 두 지역에 뽕나무벌레와 벼메뚜기가
   농작물을 해쳤다. 이에 大師가 法主가 되어 大般若經을 강연함에 한 소리
   로 법회를 행하자 모든 벌레가 재앙이 되지 못하였다. 이 해에 풍년이 들고
   만물이 바뀌어 태평스러워 졌다.[93]

이에서 태조는 말년까지도 鹽州와 白州地域에 대해 각별한 관심을
가지고 있어, 이 지역의 풍년으로 세상만물이 태평스러워졌다고 한다.
곧 태조의 세력기반이 말년까지도 두 지역에 크게 의존하였던 것을 짐
작할 수 있다.

이렇게 패강진이 중심이 되어 연결된 예성강 일대의 패서지방은 왕
건가와 해상활동 및 혼인을 통하여 끊을 수 없는 관계를 맺고 있었다.
그리고 왕건가는 이 지역을 근거지로 하여 성장하였고, 이 지역 호족
들의 힘을 바탕으로 고려를 건국하게 되었고, 또한 신왕조의 기반을
굳혀갔다. 그러한 것은 西京 徙民의 주대상자가 패서호족이었고, 또
후백제와의 통일전쟁의 수행에 있어서 해군력의 근거지가 貞州·白州·
鹽州 등지의 예성강 일대였음에서 더욱 그러하다.

---

93) "普賢寺法印國師寶乘塔碑. "天福七年七月 鹽白二州地界 蝵蝗害稼 大師爲法
    主 講大般若經 一音纔演法 百螣不爲灾 時歲卽致年豊 麵成物泰"(『조선금석
    총람』상, 223쪽).

3. 태조의 통일정책과 패서 호족

태조 왕건은 국호를 高麗라고 하면서 高句麗의 후계자로서 고구려 故疆 수복에 힘을 기우렸다. 태조는 신라 하대부터 개척되기 시작한 패서 지역을 중심으로 하여 북진정책을 추진하였다.

먼저 태조가 북방정책의 한 가지 방법으로 행한 北鎭의 설치 과정을 살펴보면 [표 2]와 같다.

[표 2] 태조 연간 여러 北鎭 설치 과정

번호	설치시기 (태조대)	위치		축성자	鎭頭	전거
		당시	현재			
1	2년 10월	平壤	平壤			고려사절요 권1
2	2년 10월	龍岡縣	龍岡			고려사절요 권1
3	3년 3월	鶻岩鎭	安邊지방	庚黔弼		고려사 권82 병지2, 고려사절요 권1
4	3년 9월	咸從縣	江西郡 咸從面			고려사 권82 병지2, 고려사절요 권1
5	3년 9월	安北	安州			고려사절요 권1
6	4년	雲南縣	寧邊근처			고려사절요 권1
7	5년	西京 在城	平壤			고려사절요 권1
8	5년	牙善城	江西郡 咸從面			고려사 권1, 권82 병지2, 고려사절요권1
9	8년	成州	成川			고려사 권1, 고려사절요 권1
10	11년 2월	安北府	安州	廉卿, 能康	朴權	고려사 권82 병지2, 고려사절요 권1
11	11년	通德鎭	肅川		忠仁	고려사 권82 병지2, 고려사절요 권1
12	12년 3월	安定鎭	順安	廉相	彦守考	고려사 권82 병지2, 고려사절요 권1

번호	설치시기 (태조대)	위치		축성자	鎭頭	전거
		당시	현재			
13	12년 3월	永淸縣	平原郡 永米豆 山城			고려사 권82 병지2, 고려사절요 권1
14	12년 9월	安水鎭	价川	王式廉	昕平	고려사 권82 병지2, 고려사절요 권1
15	12년 9월	興德鎭	順川	王式廉	阿次城	고려사 권82 병지2, 고려사절요 권1
16	13년	馬山城	价川	廉相	昕幸	고려사 권82 병지2, 고려사절요 권1
17	13년	安北府	安州			고려사 권82 병지2
18	13년	朝陽鎭	价川			고려사 권82 병지2
19	14년	安北府	安州			고려사절요 권1
20	14년	岡德鎭	成川		平喚	고려사절요 권1
21	17년	通海鎭	平原	廉相	才萱	고려사 권82 병지2, 고려사절요 권1
22	18년	伊勿	淮陽			고려사절요 권1
23	18년	肅州	肅川			고려사절요 권1
24	20년	靜戎鎭	順川			고려사 권82 병지2, 고려사절요 권1
25	21년 7월	永靑縣	平原郡 永柔面			고려사 권82 병지2, 고려사절요 권1
26	21년	陽岩	陽德			고려사절요 권1
27	21년	西京羅城	平壤			고려사절요 권1
28	21년	龍岡	龍岡			고려사절요 권1
29	21년	平原	平原			고려사절요 권1
30	22년	肅州	肅川			고려사절요 권1
31	22년	大安	順川			고려사 권82 병지2, 고려사절요 권1
32	23년	殷州城	順川郡 殷山面			고려사 권82 병지2

태조는 [표 2]와 같이 여러 차례에 걸쳐 北鎭을 설치한 다음, 남쪽에서 사민하여 民戶를 채웠다. 이때 사민정책에 의하여 鎭城에 옮겨진 거주민은 곧 북진에 주둔하는 군인인 동시에 농경에 종사하는 농민으로 屯田兵的인 성격을 지니고 있었다. 그러므로 이때의 사민은 영토의 확장·방어라는 국방적 의미와 농토의 획득이라는 농민들의 의욕이 결합되어 이루어 졌다.[94] 그리고 928년(태조 11)에서 931년(태조 14)에 걸쳐 7개 진을 서둘러 설치하였는데, 이것은 발해의 멸망과 북방의 거란 세력에 대비한 자기세력 범위의 조속한 확정과 북방세력에 대한 방어의 건설을 위한 것이었다.[95]

태조는 서경을 북진기지로 삼아 淸川江을 경계로 하는 이남 지역을 개척, 확장하였다. 그리고 이때에 특이한 것은, [표 2]에서 보이듯이, 평산 호족 庾黔弼과 태조의 堂弟인 王式廉, 그리고 廉相이 북진 설치에 큰 역할을 하고 있다.

태조는 북진을 설치함과 아울러 서경 경영에도 노력하였다. 태조는 즉위한 지 얼마 되지 않아서 918년(태조 원년) 9월 왕식렴을 보내어 서경에 대한 특별조치를 하였다.[96] 이 시기는 즉위 초였기 때문에 아직까지 태조 자기세력이 확보되지도 못한 상황이었다. 그럼에도 이렇게 서경 경영에 착수한 것은 이로부터 4개월 뒤에 행하여진 松岳 遷都에 대비하여 북방 민족의 위험에서 벗어나기 위한 것이었고, 또 平壤 古都와 그 이북의 고구려 고토에 대한 관심을 실현하기 위한 것이었다.

즉, 이 시기 사민의 대상자를 살펴보면 당시 강력한 호족들의 근거지인 黃州·鳳州·海州·白州·鹽州 등의 人戶들이었다. 이 지역은 앞에서

---

94) 이기백, 1980, 「고려의 북진정책과 진성」『군사』창간호, 국방부전사편찬위원회, 56쪽.

95) 윤무병, 「고려북계지리고」상, 『역사학보』4, 1953.

96) 주 28 참고.

살펴보았듯이 劉相晞, 皇甫悌弓, 尹瑄 등의 막강한 호족이 존재한 패서 지역으로, 이곳의 인호를 평양에 사민시켰다는 것은 중요한 의미가 있다.

그리고 922년(태조 5)의 서경 사민에서도 大丞 朴質榮과 金行波 등의 패서 호족을 중심으로 행하여졌다.[97]

이때의 朴質榮과 金行波에 대하여 살펴보면 다음과 같다. 먼저 박질영은 918년(태조 원년)에 侍中에 임명된 자이다.[98] 그의 가계는 확실하지 않으나 浿江鎭의 朴順之나 朴守卿과 같은 계열로 생각된다.[99] 그리고 김행파는 洞州 土豪로서 후삼국시대 패서지방의 대표적인 호족이다. 또 태조 즉위시 廣評侍中이었던 金行濤와 동일인이거나 혹은 같은 行列의 일족일 것이다.[100] 金行濤는 918년(태조 원년)에 東南道招討使에 임명되어 충남 일대의 公州·洪城 등 10여 주현의 배반을 회유하였다. 이러한 패서 호족 박질영과 김행파의 가문을 서경 사민의 대상으로 선택한 것은 당시 그 가문이 서경 일대에 차지하고 있던 그 세력을 이용하고자 하는 태조의 정치적 배려가 있었다.

이상에서 주목되는 것은 태조가 북방정책의 한 방법으로서 실시한 918년(태조 원년)과 922년(태조 5)의 서경 사민에서 모두 패서 호족을 그 대상으로 한 점이다. 이는 당시의 정치적 주체 세력의 변화와도 깊은 관계가 있는 것으로 태조의 호족정책의 성격도 동시에 포함하고 있다. 즉 태조는 開京에서의 호족들의 대립을 막고 반대세력을 서경에

---

97) 주 20 참고.

98) "以朴質榮爲侍中"(『고려사절요』 권1, 태조 원년 6월).

99) 이 글 Ⅲ장 1절의 (5)항 참고.

100) 行波와 行濤의 관계에 대해서 변태섭, 1981, 「고려초기의 정치제도」『한우근박사정년기념 사학논총』, 65쪽에서는 同一人으로 보는 반면에, 이수건, 1984, 「후삼국시대 지배세력과 토성」『한국중세사회사연구』, 일조각, 128쪽에서는 同行列의 一族으로 보고 있다. 그러나 양자를 함께 洞州人으로 보는 것에는 의견이 같다.

이주시킴으로써 그들을 무마하는 동시에, 오히려 이들을 자신의 지지세력으로 변화시켜 다른 호족들을 견제하기 위한 세력 기반을 부각시켜 나가고자 하였고, 또 패서 호족들은 서경 경영이 자기세력의 정치적 신장에 좋은 기회가 된다고 판단하여 서경 사민에 적극 호응하였다.[101] 그리고 태조는 남쪽의 후백제와의 대치상태에서 전략적 요지 확보를 위한 목적과 아울러 북방정책 수행을 위하여 서경을 중요시하였다. 그리하여 신라 하대부터 군사력을 갖추고 있는 패서 호족을 이용하려는 목적에서 이들을 서경으로 사민시켰다.

또 태조는 서경에 대한 관심이 점차 호족정책의 일환으로서 다른 호족을 견제하기 위한 자신의 근거지 세력 확보의 목적이 첨가되면서 패서호족을 정치적으로 이용하여 자신의 정권을 유지하였다. 결국 태조는 패서지역을 호족통합과 북방정책에 이용하였다.

Ⅳ. 발해 유민에 대한 정책

1. 발해 유민의 내투

고려 건국 초기에 가장 중요한 과제는 대내적으로는 호족통합에 있었고, 대외적으로는 남쪽의 후백제·신라의 문제와 아울러 북방정책에 있었다. 그러나 이것들은 앞에서 살펴보았듯이, 개별적으로 해결되는 것이 아니었고 상호 관련을 가진 복합적인 문제였다. 그런데 여기에 새로운 변수가 등장하였다. 그것은 바로 발해의 멸망과 이에 따른 발해 유민의 고려로의 來投였다.

고구려의 유민이 중심이 된 발해는 唐의 聖歷 연간(698~700)에 자

---

101) 이혜옥, 1982, 「고려초기 서경세력에 대한 일고찰」『한국학보』26, 111쪽.

립하여 高王 大祚榮으로부터 末王 大諲譔에 이르기까지 15대 약 230년
간의 사직을 유지하여 한때는 '海東盛國'으로 불리어지기도 했지만 926년
거란에게 순식간에 멸망하였다.

이러한 발해의 멸망에서 당시 고려에게 중요한 것은 수많은 발해유
민의 來投·歸化이다. 이 글에서 필요한 고려 태조대 발해유민의 내
투·귀화 사례를 정리하면 [표 3]과 같다.

[표 3] 태조 연간 귀화 발해인 사례

시기	성분	성명	인원
태조 8년(925) 9월 6일	將軍	申 德	500인
태조 8년(925) 9월 10일	禮部卿	大和鈞	100호
	禮部卿	均老	
	政堂省司政	大元鈞	
	工部卿	大幅謨	
	左右衛將軍	大審理	
태조 8년(925) 12월 29일	左首衛小將	冒豆干	1,000호
	檢校開國男	朴漁	
태조 10년(927) 3월 3일	工部卿	吳興	50인
	僧	載雄	60인
태조 11년(928) 3월 2일	渤海人	金神	60호
태조 11년(928) 7월 8일	渤海人	大儒範	率民?
태조 11년(928) 9월 25일	渤海人	隱繼宗	?
태조 12년(929) 6월 23일	渤海人	洪見	배 20척
태조 12년(929) 9월 10일	渤海	正近	300여인
태조 17년(934) 7월	渤海國世子	大光顯	수만
태조 17년(934) 12월	渤海	陳林	160인
태조 21년(938)	渤海人	朴昇	3,000여호

위의 [표 3]에서 보듯이, 925년(태조 8)부터 여러 차례에 걸쳐 많은

발해유민이 고려로 내투하여 왔다. 이에 태조는 이들을 받아들이면서
이용하는 정책을 폈다.

2. 발해 유민과 왕건가

태조는 고구려의 후계자임을 자처하면서 고구려 고토 수복을 내세
워 북방정책을 수행하였다. 그러나 그 이면에는 고려의 건국을 정당화
하고, 자신의 정권유지를 위하여 또 북방의 안정을 꾀한 다음 후백제
를 견제하는 목적을 갖고 있었다.

이러한 여러 가지 목적에서 북방정책을 행하는 과정에서 새로운 변
수가 나타났다. 그것은 바로 발해의 멸망과 그 유민의 내투이다. 그리
하여 북방정책의 최고 담당자인 태조는 이들을 이용하여 당시 자기가
추구하는 것들을 좀더 수월하게 이룰 수 있었다.

우선 태조의 발해 유민에 대한 개인적 배려부터 살펴보자.

> ○ - ① 初에 고려 왕건이 軍兵으로 이웃 나라를 빼앗아 자못 강대하였다. 胡
> 僧 襪囉로 하여금 高祖에게 말하기를 "발해는 나의 혼인한 나라이다.
> …"고 하였다.[102]
>
> ② 宋白이 말하기를 晉의 天福 연간에 西域의 중 襪囉가 來朝하였는데
> 불점을 잘 쳤다. 잠시 高祖에게 아뢰어 고려에 여행하기를 청하여 갔
> 다. 이에 왕건이 매우 예우해 주었다. 이때 거란이 발해의 땅을 빼앗은
> 지가 여러 해가 되었다. 왕건은 襪囉에게 조용히 말하기를 "발해는 본
> 래 나의 친척의 나라이다. …"고 하였다 한다.[103]

---

102) "初高麗王建 用兵吞滅隣國頗彊大 因胡僧襪囉言於高祖曰 渤海我昏姻
也"(『資治通鑑』권285, 後晉紀6, 齊王下 開運 2년 冬10월).

103) "宋白曰 晉天福中 西域僧襪囉來朝 善火卜 俄辭高祖請遊高麗 王建甚禮之
時契丹倂渤海之地有年矣 建因從容謂襪囉曰 渤海本吾親戚之國"(『資治通鑑』

고려 태조는 발해를 '친척의 나라', '혼인한 나라' 등으로 말하고 있다. 이것은 태조가 발해와 혈연적 관계가 있음을 뜻하는 것이다.[104]

그러나 왕건의 선대는 물론 왕건 자신이 발해인과 결혼하였다는 직접적인 기록은 찾아볼 수가 없다. 그럼에도 高麗世系에 인용된 金寬毅의 『編年通錄』에 아래와 같은 기록이 있다.

P. 이름을 虎景이라는 자가 있어 스스로 聖骨將軍이라 칭하였다. 白頭山으로부터 내려와 扶蘇山 左谷에 이르러 장가를 들었다.[105]

이 기록에 의하여 추측해 보면, 태조의 선대인 虎景은 大祚榮이 고구려 유민을 중심으로 발해를 건국하여 국가적 기반을 닦기 시작한 직후에 白頭山 근처에서 남쪽으로 내려와 살게 된 것을 알 수 있다. 虎景은 아마 '聖骨將軍'이라 칭하듯이 보통 평민이 아닌 고구려 왕실의 후예였을 것이다.[106] 그렇다면 발해 왕실과 고려 왕실이 고구려를 계승한 동족이라는 국계의식을 같이한 것이다.

이처럼 왕건가와 발해, 그리고 발해 유민은 서로 특별한 의식과 관계가 있었기에 태조가 발해 유민에 대하여 갖는 관심 또한 특별하였을 것이며, 그들을 포섭·정착시키는데 적극적일 수 밖에 없었다.

결국 발해는 고려 건국초에 거란에 의하여 멸망되고, 그 유민은 고려로 내투하여 왔다. 이때에 왕건은 고구려의 후계자를 자처하면서 고

권285, 後晉紀6, 齊王下 開運 2年 11月 戊戌, 宋白註).

104) 박한설, 1977, 「고려왕실의 기원」 『사총』 21·22합집에서, 이것은 "부모의 나라" 또는 "同族의 나라"로 해석해야 한다고 하였다.

105) 有名虎景者 自號聖骨將軍 自白頭山遊歷 至扶蘇山左谷 娶妻家焉(『고려사』 高麗世系).

106) 박한설, 앞의 논문.

려를 건국한 직후로서 이들 발해 유민을 왕건 자신과 같은 고구려의 후손 내지는 姻戚으로 여겨 따뜻하게 맞이하고 살 곳을 제공하는 한편 발해를 멸망시킨 거란을 원수의 나라로 여겼다. 그리고 당시의 현실적 문제와 연결된 북방정책에 발해 유민을 이용하여 남북 양면의 대외문제와 대내문제를 동시에 효과적으로 해결하려 하였다.

3. 태조의 통일정책과 발해 유민

태조의 재위기에 있어 즉위초부터 실시한 북방정책의 결과 서북면은 淸川江, 동북면은 德源·永興까지 영토의 확장을 보게 되었다.

이 지역에 대한 영토적 확장은 처음에 鎭城를 개척하고 徙民하여 民戶를 채웠을 것이고, 그들은 현지에서 경제생활이 가능한 일종의 屯田兵이었던 것이다. 즉 영토의 확장과정에서 가장 중요한 문제는 인적 자원의 확보이다. 처음에는 '開定軍'이라는 중앙군을 파견하기도 하였지만, 935년(태조 18)까지는 여전히 남쪽에 후백제와 신라가 鼎立하던 시기였고, 태조가 거느린 중앙군은 후백제보다 열세한 실정이어서 북방에 여러 진을 설치하고 중앙군을 계속 파견할 수 없는 형편이었다. 그리하여 처음에는 남쪽의 패강진 지역을 중심으로 하는 패서 호족을 西京으로 사민시켰고, 서경이 북방정책의 전진기지화 됨에 따라 다시 이들 이주민을 여러 北鎭에 사민시켰다.

그러나 평양 이북에서 청천강 이남의 신개척지대를 충실화하기에는 패서 호족의 사민만으로는 부족하였다. 그렇다고 후백제와 대치하면서 전투를 하고 있는 처지에 남쪽의 州縣民을 사민시킬 수는 없었다.[107] 이러한 처지에 그 신개척지대를 채워준 사람들은 누구였을까? 그것은

---

107) 실제 태조 재위기간에 있어 태조 5년의 西京徙民 이후에 또다른 남쪽에서 북방으로 사민을 하였다는 기록은 보이지 않는다.

바로 내투한 발해 유민과 귀화한 女眞人이었다.

특히 태조는 발해를 멸망시킨 거란을 '禽獸之國'이나 '無道之國'이라[108] 하면서 멸시하는 반면, 발해에 대해서는 대단히 동정적인 입장을 보였다. 이러한 태조의 태도는 거란에 대하여 원한을 가진 발해 유민을 포섭하여 고려에 정착시켜 북방정책에 이용하려는 것이었다. 이것을 태조는 발해 유민이 친척 내지 동족의식으로 표현하였다.

태조가 발해 유민을 북방정책에 이용한 직접적인 기록은 찾아볼 수 없지만 來附한 발해인은 대체로 北界 개척지역, 즉 발해 고토에 배치하여 充戶케 한 것으로 보인다.[109] 더욱이 거란이 발해를 멸망시키고 滿洲에 진출하였을 뿐만 아니라 후백제 견훤이 거란과 연결하여 고려를 배후로부터 위협하는 세력을 형성하려고 하였으므로,[110] 태조가 발해 유민을 포섭하여 북방 개척지에 정착시켜 북방정책에 이용하였을 것은 당연하다.

V. 패서 호족과 발해 유민

고려 왕실인 王建家는 선대부터 예성강을 중심으로 하는 패서지방과 깊은 관계가 있었음은 이미 잘 알려진 사실이다. 또 앞에서 살펴보

---

108) 주39와 주40 참고.

109) 이종명, 1968, 「고려에 내투한 발해인고」『백산학보』 4. 그리고 김광석, 1986, 「고려태조의 신료제」『백산학보』 33에서는 이 지역에 來投人을 安置한 것은 이들을 契丹에 대한 적개심을 이용하여 서북지역의 군사력으로 이용되었고, 또 村落 農民의 과중한 力役收取 부담을 덜어 주는데 도움이 되었다고 하였다.

110) 김철준, 1964, 「후삼국시대의 지배세력의 성격」『이상백박사회갑기념논총』: 1975, 『한국고대사회사연구』, 지식산업사, 257쪽.

앉듯이, 왕건가는 발해 및 발해 유민과도 특별한 관계성을 갖고 있다.

그렇다면 패서 지방과 발해 유민의 관계는 어떠하였을까를 생각해 볼 필요가 있다.

Q. 가을 7월 발해국의 世子 大光顯이 무리 수만인을 거느리고 내투함에 王繼 라는 이름을 주고 宗籍에 올려 주었다. 특별히 元甫를 除授하고 白州를 지 키게 하여 그 제사를 받들게 하고, 僚佐에게는 爵을, 軍士에게는 田宅을 주되 차등 있게 하였다.[111]

이처럼 다른 발해 유민의 내투 기사와는 달리 大光顯은 그의 정착지 가 밝혀져 있다. 발해 유민과 패서 지방이 관련된 것은 퍽 흥미로운 기 록이다.

그러나 그의 내투시기에 대한 기록이 史書마다 다르게 되어있으므 로 우선 살펴볼 필요가 있다.

R - ① 태조 8년 거란이 발해국을 멸함에 世子 大光顯이 내투하였다.[112]

② (태조 8년) 12월 거란이 발해를 멸망시켰다. … (발해의) 世子 大光顯과 將軍 申德 … 등이 도망하여 왔다. 왕은 이들을 매우 후하게 대접하 며, 大光顯에게는 王繼라는 이름을 주고 宗室의 籍에 붙여서 제사를 받들게 하고, 僚佐들에게 모두 爵을 주었다.[113]

---

111) "渤海國世子大光顯 率衆數萬來投 賜姓名王繼 附之宗籍 特授元甫 守白州 以 奉其祀 賜僚佐爵軍士田宅有差"(『고려사』 권2, 태조 17년).

112) "太祖八年 契丹滅渤海國 世子大光顯來投"(『고려사』 권86, 年表).

113) "十二月 契丹滅渤海 … 其世子大光顯及將軍申德 … 王待之甚厚 賜光顯姓名 王繼 附之宗籍 賜奉其祀 僚佐皆爵"(『고려사』 권86, 年表)

③ 태조 9년 봄 거란이 발해를 멸망시켰다. …(뒷 부분은 사료②와 같다)[114]

④ 태조 17년 추 7月 발해국의 世子 大光顯이 무리 수 만을 거느리고 내
투함에 王繼라는 이름을 주고 宗籍에 올려 주었다.[115]

인용문 R에서 보듯이, 대광현의 내투 시기가 태조 8년(925), 8년
12월, 9년(926) 春, 17년(934) 7월 등으로 각기 다르게 기록되어 있다.
이러한 차이는 大光顯이 내투한 것은 925년(태조 8) 12월이고, 王繼라는
이름을 하사받고 종적에 附籍한 것은 934년(태조 17) 7월이었음을 말
해주는 것이다.[116] 그러나 내투하여 白州를 지키게 될 때까지 8년 7개
월 동안의 대광현의 활동에 대해서는 기록이 없어 알 수가 없다.

그러면 태조가 대광현에게 왕계라는 이름을 하사하고 元甫의 벼슬
을 주어 白州를 수비케 한 것은 무슨 이유였을까? 우선 발해국의 世子
라는 특별한 신분으로 인해 開京에서 가까운 白州에 살게 한 것으로
여겨지나, 이외에도 또다른 배려가 있었을 것이다. 당시 白州와 貞州
를 중심으로 하는 예성강 일대는 태조 왕건의 주된 군사력인 해상세력
의 근거지였다. 특히 후백제와의 전투 과정에서 중요한 기지로서 역할
을 하였던 곳이다.

S - ① 다시 태조로 하여금 戰艦을 貞州에서 수리하게 하였다.[117]

② 甲戌 弓裔가 또 말하기를 '수군 장수가 미천하여 능히 적을 위압할 수

---

114) 『東國通鑑』 권12, 경애왕 3년.

115) 주111 참고.

116) 김광석, 1983, 「고려태조의 역사인식(Ⅰ)」『백산학보』 27, 158~163쪽 ; 한
규철, 1985, 「후삼국시대 고려와 거란관계」『부산사학』 1, 경성대학교, 30쪽
주55.

117) "又使太祖修戰艦于貞州"(『고려사』 권1, 太祖世家 後梁開平 3年).

없다.' 하고 태조의 侍中 직을 해임시켜 다시 수군을 거느리게 하니, 貞州浦口에 나아가서 戰艦 70여 척을 정비하였다.[118]

③ 9월 甄萱이 一吉粲 相貴를 보내어 수군을 거느리고 예성강에 침입하여 鹽·白·貞 3州의 船舶 100척을 불사르고 猪山島의 牧馬 300필을 빼앗아 가지고 갔다.[119]

④ 왕이 기뻐하여 눈물을 흘리며 말하기를 '경이 만약 명을 받든다면 어찌 이보다 더 기쁨이 있으랴.'하고 黔弼을 都統大將軍을 삼아 예성강까지 전송하고 御船을 주어 보내었다. 黔弼이 羅州에 가서 경략하고 돌아오니 왕이 또 예성강까지 행차하여 맞아 위로하였다.[120]

예성강 일대는 전력상 매우 중요한 곳으로, 태조는 이미 자신이 궁예의 부하 장군으로 활약할 때부터 이곳에 해군기지를 건설하고 후백제와의 전쟁을 치루었다.

예성강 일대가 태조에게 중요한 곳인만큼 이에 대비하여 후백제 견훤에게는 공격의 대상지였다. 특히 932년(태조 15)에는 후백제 一吉粲 相貴가 침입하여 전함 100여 척을 불태운 사건이 있었다. 이에 태조는 이곳을 보강하고 방어해야 할 필요를 느끼게 되었다. 더구나 이 지역의 둔전병적 역할을 담당하던 패서 호족의 일부가 많은 民戶를 이끌고 西京으로 이주해 간 이후라, 이곳을 방어하는 군사력이 상당히 약화되었기에, 후백제의 침입을 받게 되자 심각한 문제가 되었다. 그렇다고 서경으로 이주해간 여러 호족을 이곳으로 再徙民시킬 수도 없고, 또

---

118) "甲戌 裔又謂水軍將帥賤 不足以威敵乃解太祖侍中 使復領水軍 就貞州浦口理戰七十餘艘"(『고려사』 권1, 太祖世家 乾化 4年條).

119) "九月 甄萱遣一吉粲相貴 以舟師 入侵禮成江焚鹽白貞三州船一百艘 取猪山島牧馬三百匹而歸"(『고려사』 권2, 태조 14년).

120) 『고려사절요』 권1, 태조 18년 夏4월.

중앙군을 이곳에 파견하여 주둔시킬 형편은 더욱 아니었다. 이에 태조
는 大光顯이 거느리고 온 僚佐에게 관작을 주고 軍士에게 田宅을 나누
어 주고서, 발해 유민을 이곳에 보내어 후백제의 침입에 대비하였
다.[121] 이렇게 조치한 후 이듬해에는 庾黔弼을 예성강에서 출발시켜
나주를 정벌하게 하였다.

한편 기록에 의하면 "(발해의) 남자는 다른 나라 사람보다 꾀와 용기
가 많아 3인이면 충분히 범 한 마리를 이겨낸다는 말이 있다."[122] 하
니, 당시 어려운 사정에 있던 태조가 이러한 능력을 가진 발해인을 간
과하지는 않았을 것이다. 당연히 이들을 이용하였을 것이다. 그것은
이때 白州를 중심으로 하는 패서 지방에 발해 유민을 사민시켜 정주하
게 하였을 것이다.

이러한 추측은 후대에 이 지역의 여러 곳을 本貫으로 삼은 太氏가
존재한 것에서도 충분히 가능하다. 즉, 발해 유민은 처음에 大氏를 姓
으로 사용하다가, 고려 고종대 이후부터는 永順 太氏가 생기면서 太氏
를 칭하였다.[123] 또 이들 중에는 황해도의 平山, 白川, 牛峰을 本貫으
로 하는 太氏가 있었는데,[124] 이들 太氏는 935년(태조 17) 大光顯을 중

---

121) 최규성, 1981, 「고려초기 여진문제의 발생과 북방경영」 『백산학보』 26,
    144~145쪽. 그리고 김인규, 1996, 「고려 태조대의 대외정책」, 홍승기 편,
    『고려 태조의 국가경영』, 서울대학교출판부도 참고가 된다.

122) "(渤海)男子多智謀驍勇 出他國右 至三人渤海當一虎之言"(『海東繹史』권11,
    世紀11 所引 宋漠記聞).

123) ① "大金就:渤海王世子大光顯裔孫 高宗時大將 伐蒙古有功 封永順君 遂爲
    英順大氏一族之祖 其後人改稱永順太氏"(『渤海國志長編』권13, 遺裔列傳) ;
    ② "一云渤海 始祖太集成 高麗時永順部曲村民姓太者 捕敵有功陞部曲爲土
    姓 世傳 其先渤海王之姓"(『朝鮮名臣錄』권2, 永順太氏).

124) 이종명, 앞의 논문에 의하면, 1930년 10월 1일 "朝鮮總督府國勢調查"에 나
    타난 본관별 분포 상황에서 太氏의 총 23본관 중에서 黃海道에 平山太氏,
    白川太氏, 牛峰太氏가 있다고 하였다.

심으로 한 발해 유민이 패서 지방으로 옮겨 살면서 차츰 퍼져, 후손들에 의해 생활 근거지를 중심으로 本貫이 생성되어 土着姓이 되었을 것이다.

예컨대 예성강을 중심으로 하는 패서 지역은 군사상 대단히 중요한 곳이었다. 그럼에도 고려 초기의 서경 사민으로 인구가 감소하여서 이곳의 자체적 수비력은 상당히 약화되어 있었다.

T. 여름 4월 왕이 여러 장수에게 이르기를, 나주의 40여 郡이 우리의 울타리가 되어 오랫동안 풍속의 교화에 복종하고 있었는데, 근년에 후백제에게 침략되어 6년 동안이나 바닷길이 통하지 않았으니 누가 능히 나를 위하여 이곳을 진무하겠는가? 하니, 公卿들이 庾黔弼을 천거하였다.[125]

여기서 6년 동안이라고 한 것은 아마 929년(태조 12) 12월과 930년(태조 13) 정월의 古昌郡 싸움 무렵부터인 것같다. 이전까지 내륙에는 고려 태조의 세력이 후백제 견훤의 세력보다 열세하다가 이 싸움을 계기로 반전되어 우세하게 되었다. 이것은 고려가 그만큼 한정된 중앙 군사력을 내륙전에 치중한 결과였으며, 반면에 해상에서는 열세하게 되는 반비례 현상이 나타난 듯하다.

그러나 당시 상황에서 해상에서의 열세를 만회하기 위해 중앙군을 파견할 수도 없었고, 그렇다고 다른 지역 호족의 군사력을 이곳에 투입시킬 수도 없었다. 그리하여 934년(태조 17) 7월에 大光顯을 중심으로 하는 발해 유민을 사민시켜 이곳을 충실하게 하였던 것이다. 그리고 이듬해(935) 여름 4월에 庾黔弼을 보내어 羅州를 경략하게 함으로

---

125) "夏四月 王謂諸將曰 羅州四十餘郡爲我藩籬 久服風化 近爲百濟劫掠 六年之間 海路不通 誰能爲我撫之 公卿薦庾黔弼"(『고려사절요』 권1, 태조 18년).

써[126) 후백제를 완전 포위·고립시킬 수 있게 되었다. 그리고 이때 사민의 결과로 패서 지방을 本貫으로 한 太氏姓이 생겨났다고 보겠다.

Ⅵ. 맺음말

고려를 건국한 태조 왕건은 당시의 시대적 상황에서 완전한 후삼국의 통일과 민족적 융합을 위하여 여러 가지로 고민을 겪어야만 하였다.

대내적으로는 전국 각지에 흩어져 있는 호족을 지지 세력으로 만들어 포섭해야 하였고, 대외적으로는 남쪽의 후백제 세력과 전투를 하면서 동시에 북쪽의 여러 종족과의 북방정책을 수행하여야 하였다.

이러한 과정에서 태조는 즉위 초부터 서경 사민을 실시하였다. 그것은 지리도참적인 이유를 표방하였지만, 실질상으로는 호족정책과 북방정책 및 후백제와의 전쟁상 중요 전략지 확보 등 여러 가지 목적을 성취하기 위한 것이었다. 이때 서경 사민의 대상은 당시 패서 지역의 유력한 호족세력들이었다. 특히 패서 지역은 왕건가와 깊은 관계를 맺고 있는 곳으로, 태조는 이 지역을 배경으로 출발·성장하였다. 또 왕건의 선대와 자신은 이곳의 여러 호족들과 혼인을 맺어 아주 밀접한 관계를 유지하였다. 패서 호족의 사민은 이들을 북방정책에 이용하는 동시에 남쪽 후백제와의 전투를 수행하기 위한 군사력 배후 세력을 양성하고, 한편으로는 다른 호족들의 반발에 대비하여 태조 자신의 세력 기반을 부식시키기 위한 것이었다.

또 태조는 발해의 멸망을 기하여 많은 발해 유민이 내투·귀화하여 오자, 이들을 또한 북방정책과 후백제정책에 이용하였다. 특히 이들을

---

126) 주120과 같다.

새로 개척한 북방 지역에 정착시켜 북방정책에 이용하면서, 한편 수만 호가 내투한 大光顯의 집단을 白川 지방에 사민하여 앞서 서경 사민으로 줄어든 패서 지역의 民戶를 보충하였고, 그리하여 후백제의 침입으로부터 예성강 일대의 해상기지를 수비케 하여 계속적인 고려의 해상 활동을 가능케 하였다.

그리고 태조는 발해를 '친척의 나라', '혼인한 나라'라 하면서 특별한 관심을 갖고 있었다. 또 발해 유민이 패서 지역으로 옮겨 살게 한 결과 후대 白川 太氏, 平山 太氏, 牛峰 太氏가 생겨났다.

결국 고려 건국초 - 태조 연간에 행하여진 대내·대외정책은 동시적으로 서로 연계성 속에서 행하여 졌다. 호족정책, 북방정책, 후백제정책과 발해 유민의 포섭은 서로 불가분의 관계에서 이루어진 것이다. 그리고 태조가 이러한 일련의 정책을 성공적으로 수행하였기에 고려는 통일국가를 이룰 수 있었다.

2부
신라말 고려초 사회와 성씨

1장

신라 인명의 항렬자 사용과 의미

Ⅰ. 머리말

『삼국사기』에는 김유신의 출생과 이름을 짓는 과정에 대한 기록이
있다.

A. 舒玄은 경진일 밤에 화성과 토성 두 별이 자신에게 내려오는 꿈을 꾸었고,
萬明도 역시 辛丑일 밤에 동자가 금으로 만든 갑옷을 입고 구름을 타고 집안
으로 들어오는 꿈을 꾸었다. 그로부터 얼마 지나지 않아 아이를 잉태하여 스
무 달 만에 유신을 낳았다. 이때가 진평왕 建福 12년, 隋 文帝 開皇 15년 乙卯
였다. 아이의 이름을 지으려 할 때 부인에게 말하기를 "내가 경진일 밤에 좋은
꿈을 꾸어 이 아이를 얻었다. 그러므로 마땅히 이 날짜로 이름을 지어야 할 것
이다. 그러나 禮에는 해와 달로 이름을 짓지 않는다[然禮不以日月爲名]고 하
였다. 지금 庚은 庾와 글자가 서로 비슷하고, 辰은 信과 발음이 서로 비슷하
다. 더구나 옛날 현인 중에 유신이라는 이름을 가진 사람이 있었으니, 어찌 이
를 이름으로 삼지 않으리오." 하고, 드디어 이름을 庾信이라 하였다(『삼국사기』
권41, 김유신 上).

이 내용에는 설화적인 요소가 가미되어 있다. 그럼에도 김유신의 이름을 짓은 과정에서 언급한 '禮不以日月爲名'이란 구절은『禮記』曲禮 上의 이름 짓는 법[取名之法]에 國名, 日月名, 隱疾名, 山川名으로 이름을 짓지 않는 규정을[1] 말하는 것으로 보겠다. 그렇다면 김유신이 태어난 595년(진평왕 17) 당시 신라 상류층 지식인들은 상당한 수준의 유교적 소양과 함께, 이처럼『禮記』曲禮편을 통하여 중국식 作名觀 내지 姓名法에 대한 지식을 가지고 있었던 것을 알 수 있다.[2]

사실, 한국인의 이름은 원래는 순수 우리말식 이름을 사용하다가 중국의 姓名文化를 수용하고 영향을 받아 한자식으로 변화하였다.『說文解字』에는 이름[名]에 대해 "어두워 서로 볼 수 없기에, 입으로 스스로 부르는 것이다[冥不相見故以口自名]"라고 하였다. 중국인의 이름은 각 시대별로 다른 특징과 추이가 있다.[3]

商代에는 이름을 지을 때, 질박함을 중시하여 그 생일을 이름으로 정한 사례가 상당히 많다. 商代 帝王들의 이름을 살펴보면, 단순히 干支로써 이름을 명명하였다.[4] 그리고『좌전』에 보면, 魯 桓公이 申繻에게 이름에 대해 물으니 "이름은 다섯 가지인데, 信·義·象·假·類이다. 태어날 때 특징으로 하는 것은 信이고, 덕으로서 하는 것은 義이고, 유

---

1) 이기동, 1987,『한국학기초자료선집』-고대편-, 한국정신문화연구원, 86쪽 주석10.

2)『禮記』는『史記』와 함께 신라 중고기 진흥왕대 이미 수용이 이루어졌을 것이다(노용필, 1996,『신라 진흥왕 순수비 연구』, 일조각, 70~71쪽 : 2017,『한국고대인문학발달사연구(1)』, 한국사학, 189쪽).

3) 이하 내용은 민재홍, 2009,「중국인의 성씨(姓氏)와 시대별 이름 짓기(命名)의 특징」『중국문화연구』15, 578~583쪽을 참조하였다.

4) 湯王에서 紂王까지를 보면, 大丁, 外丙, 仲壬, 太甲, 太康, 小甲, 太戊, 仲丁, 祖乙, 祖丁, 盤庚, 小辛, 小乙, 武丁, 祖庚, 祖甲, 廩辛, 庚丁, 武乙, 帝乙 등 17代 31王이 天干으로 이름을 정하였다.

사한 것으로 하는 것은 象이고, 물건에서 그 뜻을 취하는 것은 假이고, 아버지와 관련 있는 것을 하는 것은 類이다. 國·官·山川·隱疾·畜牲·器幣로는 이름을 짓지 않는다.”고[5] 대답하여, 5法과 6不可가 있다고 했다.

春秋戰國時代는 이름 짓기[命名]가 크게 변하였다. 귀족층은 구습을 따르지 않았고, 평민계층들은 새로운 방식으로 이름을 지었다. 이 시기의 특징은 천하고 추한 이름을 짓는 것이었다.[6] 또 성과 이름 사이에 조사 ‘之’·‘施’·‘設’·‘不’ 등을 넣은 이름도 많았는데, 이 조사는 아무런 의미를 갖지 않는다.[7]

西漢과 三國時代는 유교 숭상과 복고사상의 분위기에서, 우아하고 문학적인 이름이 유행하였다. 특히 王莽이 新을 세웠을 당시에는 두 글자 이름 사용을 금지하고 한 글자 이름을 쓰도록 하였다. 이 영향으로 한 글자 이름 사용의 풍습은 이후 약 300여 년 동안 이어졌다. 漢代 이후에는 황제권이 강화되면서 일반인들은 황실에서 주로 사용하는 ‘龍’·‘天’·‘君’·‘王’·‘帝’·‘上’·‘聖’·‘皇’ 등 글자를 넣은 이름을 짓지 못하였다.

魏晉南北朝時代(220~589)는 玄學이 유행하면서 이름에 사용되는 글자를 고르는 것을 중요시하였다. 당시에 가장 유행하던 것은 이름에

---

5) 『左傳』 桓公 6年 9月 丁卯. “公問名於申繻 對曰 名有五 有信有義有象有假有類 以名生爲信 以德命爲義 以類命爲象 取於物爲假 取於父爲類 不以國 不以官 不以山川 不以隱疾 不以畜牲, 不以器幣”

6) 晉 惠公은 아들의 이름은 ‘圉’로, 딸은 ‘妾’으로 지었다. 또한 추한 이름을 짓기도 하였는데, 魯 文公은 아들 이름을 ‘惡’으로 지었고, 齊 田桓子는 아들 이름을 ‘乞’로 지었다. 또한 질병과 관련된 단어를 이름에 넣는 경우도 많았는데, ‘公叔痤’, ‘雍渠’ 등과 楚 公子 ‘棄疾’, 鄭 穆公의 아들 ‘去疾’ 등을 들 수 있다.

7) 虞公之斯, 孟之反, 燭之武, 孟施舍, 鱄設諸, 申不害, 蕭不疑 등이 그러하다.

'之'자를 사용하는 것이다.[8] 이와 더불어 두 글자 이름 사용이 다시 성행하기 시작하였다. 한편 南北朝時代는 불교의 영향을 받은 이름들이 많이 생겨났는데, 특히 '僧'자를 넣은 이름이 유행하였다. 烏丸 王氏에는 '僧辯'·'僧智'·'僧修' 등, 河東 柳氏에는 '僧習'·'僧珍'·'僧景' 등, 淸河 崔氏에는 '僧護'·'僧佑'·'僧深' 등의 이름이 있고, 그리고 '周法僧'·'殷梵童'·'劉護法'·'蕭摩訶' 등 이름도 있었다. 唐末五代는 남자 이름에 '彦'(뛰어난 남자, 남자의 美稱)자를 사용한 사례가 많다.

宋代는 성리학의 영향을 받아 敬老思想이 유행하였던 시대적 분위기가 반영되어 사람의 이름에 '老'·'叟'·'翁'·'父(甫)' 등 敬老와 관련된 글자들이 많이 사용되었다. 흥미로운 것은 이 시대는 道學의 성행으로 五行(金·水·木·火·土)에 의해 작명하는 풍조가 유행하여, 부계 후손들이 五行의 순서에 따라 이름을 지었다.[9] 그리고 족보 편찬시 이후 각세대들이 이름에 사용할 항렬자를 미리 정해 놓는, 이른바 族譜行列에 의해 이름 짓는 풍조는 唐·宋代에 서서히 생겨나기 시작해서, 明·淸代에 전성기를 이루었다.

이러한 항렬에 의한 이름은 유가사상의 도덕관념을 반영하는 것이고, 남존여비와 남녀유별이라는 형태로 전개되었다. 여자는 태어나도, 부모와 아주 가까운 친족들만 사용하는 兒名을 가질 뿐 本名은 없었다. 또 시집을 가면서도 일반적으로 성씨만 있을 뿐 이름은 없었다.

사람과 사람의 관계는 혈연과 혼인으로 맺어진 家族과 親戚 그리고 姻戚이라는 親族을 기본으로 한다. 그러므로 친족제도의 이해는 당시

---

8) 王羲之 일가는 모두 '之'자를 사용하였는데, '王羲之'의 아들 '王獻之', 손자 '王楨之, 王靜之' 모두 '之'자를 사용한 특징이 보인다.

9) 예를 들면 송대 朱熹의 아버지는 朱松(木변)이었고, 朱熹(火변), 주희의 아들은 朱塾(土변), 손자는 金변이 보이지 않지만, 증손자는 朱淏(水변)이었다. 이처럼 5代가 五行의 순서에 따라 이름을 지었다.

사회의 구성과 조직을 파악하는 기초적 작업의 하나이다.[10] 신라시대 친족제도에 관한 많은 연구가 있었으며, 부계친의 존재여부에 대한 문제는 중요한 논의의 하나이다. 크게 구분하면 신라사회에 부계혈연집단이 존재했다는 주장과 존재하지 않았다는 주장이다. 후자의 근거로 사용되는 것은, 崔在錫의 견해에 따르면 신라시대 왕위계승에는 아들과 사위를 차별하지 않고 친손과 외손을 거의 차별하지 않았으므로 아들과 친손만의 집단인 부계혈연집단은 존재하지 않았고, 신라에는 行列字 사용이 제도화되지 않았으며, 入養에 의한 성원의 충원도 행하여지지 않았다고 주장하고 있다. 이 중에서 항렬자가 사용되지 않았다는 것은 昭穆의 원리가 작용하지 않았다는 것과 일맥상통하는 것이며, 그렇기 때문에 아들이 없는 경우 昭穆之序에 적합한 부계의 근친남자를 입양시켜 그에게 왕위를 계승하게 하지 않고 사위·손자·동생 또는 외손으로 왕위를 계승시켰으므로, 신라시대에는 부계혈연집단이 존재하지 않았다는 것이다.[11]

한국인의 전형적인 官名(戶籍名)은 성씨 한 자에 이름 두 자를 기본으로 한다. 그러므로 이름을 짓는다는 것은 姓을 제외한 두 글자의 선택을 뜻한다고 할 수 있다. 그러나 두 글자 중 한 글자는 그 종족에서 世代數를 표시하는 이른바 行列字이다. 이렇게 성명에 성씨가 사용된 것은 곧 부계친족집단을 표현한 것이다. 姓은 특정 인물이 속한 집단

10) 친족집단을 분류할 때 출계규칙에 따라 單系出系集團과 단계가 아닌 출계집단으로 나누기도 한다. 이때 출계규칙은 대체로 集團成員權의 전달방식 또는 집단형성의 규칙을 말하는 것으로, 단계에는 父系·母系·二重出系가 포함된다는 것이 다수 의견이다. 그러나 '단계가 아닌' 것에 대해서는 명칭이나 포함 내용에 있어 학자마다 견해 차이를 보이고 있다.

11) 최재석, 1983, 「신라왕실의 친족구조」『동방학지』35. 그리고 양측적 친족조직이라는 견해가 있다(노명호, 1987, 「고려시대 친족조직의 연구상황」『중앙사론』5).

의 명칭으로 이는 곧 부계친족집단을 표시이고, 名(이름)은 그 개인을 나타내는 용어이다. 나아가 부계친족을 나타내는 방법으로써 같은 성씨집단에 속하는 인물의 이름에 돌림자를 사용하였다.

더 자세히 살펴보면[12] 전통적인 친족제도에서는 계보상 거리에 의해서 일정한 부계친족관계가 결정되었으며, 친족집단의 질서와 통합을 위해서는 친족관계를 명확하게 하는 것이 대단히 중요하였다. 그런데 계보상 거리는 공동의 祖先에 대한 세대관계를 통해서 결정되기에, 공동의 祖先에 대한 세대관계가 친족관계를 규정하는 1차적 기준이 된다. 그래서 전통적 부계친족제도에서는 항렬을 특별히 강조하고, 동일 부계친 내에서 각 세대마다 일정 순서에 맞추어 이름 글자 중 한 자(行列字)를 공통으로 함께 사용하여서 서로 간의 세대관계를 알 수 있다. 그러므로 항렬의 사용은 같은 부계친을 표시하는 수단이다. 결국 성명에 성씨와 함께 항렬자가 사용된 것은 그 인물이 생존한 시기에 부계친족제와 의식이 공유되었음을 보여주는 증좌이다.[13]

바꾸어 말하면 東洋人의 성명에서 行列字 사용의 제도화는 父系親만의 집단 내지 조직의 하나의 지표가 되는 것으로, 가족보다 넓은 범위의 父系血緣親이 지속적으로 공통의 行列字를 사용하였다면 부계친의 집단이나 조직이 존재하였다고 보는 것이다.[14]

---

12) 최홍기, 1991, 「항렬」『한국민족문화대백과사전』 25, 한국정신문화연구원.

13) 한국인의 이름에서 항렬자로 사용되고 있는 글자는 五常(仁·義·禮·智·信), 五行(金·水·木·火·土), 十干(甲·乙·丙·丁·戊·己·庚·辛·壬·癸), 數(一·二·三·四·五·六·七·八·九) 등을 포함하거나 상징적으로 의미하는 글자도 사용된다. 이름자를 한 글자로 하는 친족집단에서는 이 원리에 따라 이름자의 일부만을 같이 사용함으로써 항렬자를 대신하고, 또 두 글자로 하는 친족집단에서는 한 세대씩 항렬자의 위치를 앞과 뒤로 바꾸어가면서 교대로 사용하는 것이 일반적이다.

14) 최재석, 1983, 『한국가족제도사연구』, 일지사, 193쪽.

이 글에서는 신라시대 부계친족집단의 존재 여부를 확인하는데 중요한 기준의 하나로 이용되고 있는 이름의 항렬자 사용과 그 실체를 살펴보고자 한다.[15] 우선 신라시대 인명에 항렬자가 사용되었음을 확인하고,[16] 또 그 사용 시기와 변화의 추이를 알아보고, 그것이 갖는 정치사회적 의미를 검토하겠다. 이를 통해 신라시대에 부계친이 존재하였음을 구명하고, 인명에 항렬자 사용의 확대는 姓氏制와 함께 유교적 부계친 중심 사회의 확립에 기능하였음을 이야기하고자 한다.

그러나 현전하는 당시의 인명 표기는 同音異寫 내지 同音異記한 경우가 있는 등 복잡하여,[17] 이 글에서 필자가 의도하는 전체를 밝히기에

15) 필자는 신라시대 최상층에서는 항렬자가 사용되었을 가능성에 대해 언급한 바가 있다(김창겸, 1994, 「신라 하대 왕위찬탈형 반역에 대한 일고찰」『한국상고사학보』17, 256쪽 ; 김창겸, 2003, 『신라 하대 왕위계승 연구』, 경인문화사, 320쪽 ; 김창겸. 2018, 『신라 하대의 국왕과 정치사』, 온샘, 12쪽 주33). 고대 한국 인명의 항렬에 대한 전문적 연구는 없다. 다만 '고려 말기에서부터 형제간에 항렬자를 사용하게 되었다.'는 주장과(최재석, 1983, 「조선시대의 문중의식」『한국학보』32, 1983), 고려말보다 빠른 10세기 초반 신라 왕족부터 사용하기 시작하여, 10세기 중반을 전후하여 고려 귀족들은 형제간에 항렬자를 사용하기 시작했다는 견해가 있다(권익기·김만태, 2017, 「성명의 항렬자에 관한 고찰」『정신문화연구』149, 239~241쪽). 한편 후대의 항렬에 대해서는 윤병준, 1987, 『한국씨족항렬고』, 회상사 ; 우인섭, 1975, 「항렬자고」『국어교육』23~25 합병호 ; 박동근, 2012, 「한국의 사람 이름 연구사」『한말연구』31 ; 배해수, 1992, 「어버이 항렬 친척명칭에 대한 연구」『민족문화연구』25 ; 이복규, 2007, 「한국인의 이름에 대하여」『온지논총』187 ; 김태혁, 2015, 「이름의 항렬자(돌림자) 사용법」『한민족 성씨의 역사』, 보문서원 등이 참고가 된다.

16) 그러나 중국에서도 五行에 의한 항렬자 사용은 宋代였고, 게다가 족보항렬을 사용한 작명은 唐·宋代 서서히 나타나 明·淸代 유행하였듯이, 중국의 제도를 모방한 한국인의 이름에서 우리가 전형적인 항렬 및 족보항렬이라고 하는 것은 고려시대를 거쳐 조선시대에 일반화된 것이라 하겠다. 그러므로 신라시대에는 아직 이러한 것은 온전히 적용되지 않은 초보적인 모습이다.

17) 홍덕왕 이름 秀昇과 秀宗, 희강왕 이름 悌凌·悌隆·悌顒, 헌안왕 이름 誼靖·義正, 혜공왕 이름 乾運·天雲을 비롯하여, 良順과 亮詢, 金元泰와 金元大,

는 여러 제약과 한계가 있기에,[18] 選言的 試論에 머물 여지도 있다.

Ⅱ. 신라 중고기 인명과 불교식 돌림자 도입

『신당서』에서 말하기를 "신라왕의 성은 金氏이고, 貴人의 성은 朴氏이며, 백성들은 성이 없고 이름만 있다."고 하였다. 이처럼 신라시대에는 일반 백성들에게는 성씨가 없었고, 이름만 있었다. 심지어 왕과 귀족에게도 신라 상고기에는 姓이 없었다. 그리하여 왕도 이름만 적어오다가, 『梁書』에서 법흥왕을 '(姓)募名秦'이라 하여 성은 募고 이름은 秦이라 하였고,[19] 『北齊書』에서 진흥왕을 '金眞興'이라 표기함으로써[20] 처음으로 신라왕의 姓이 金氏이고 이름은 眞興이라고 하였다. 이에서 보

弓福과 弓巴 등이 그러하다.

18) 고대 한국 인명 연구는 이홍직, 1954, 「백제인명고」『논문집』 인문사회과학 1, 서울대 ; 김영하, 1986, 「신라여인명」『역사교육논집』 8 ; 장세경, 1987, 「삼국사기 인명중 동일인명의 이표기에 대한 연구」『인문논총』 14 ; 장세경, 1988, 「삼국유사 인명중 동일인명의 이표기에 대한 연구」『인문논총』 15 ; 장세경, 1991, 「백제 인명 표기자 연구」『동방학지』 71·72합집 ; 도수희, 1992·1996, 「백제의 왕명·인명에 관한 연구 1·2」『백제논총』 3·5 ; 박윤선, 2017, 「백제인명의 이해시론」『백제학보』 21 ; 박윤선, 2018, 「백제의 중국식 이름문화 수용과정의 고찰」『백제학보』 25 ; 이성호, 2015, 「포항 중성리 신라비 판독과 인명표기」『백제학보』 15 ; 이관식, 2001, 『한국 고대 인명어 연구』, 보고사 등이 있다.

19) 신라 法興王을 『梁書』 권54, 열전48, 諸夷에서 "王募名秦"으로 기록하였는데, 『南史』 권79, 열전 69, 夷貊 下 新羅에서 "王姓募名秦", 『太平御覽』 권781, 四夷部2, 東夷에서는 "史日 … 姓募名秦", 한편 『三國史記』 법흥왕 즉위조에는 "法興王立 諱原宗『册府元龜』姓募 名秦"라고 하였다. 즉 신라왕의 성을 募씨로 표시하였으나, 이것은 울진봉평신라비에 법흥왕을 牟卽智라 한 바와 같이, 牟·募는 성이 아니라 이름의 앞 글자로 同音異寫한 것이다.

20) 『北齊書』 권7, 武成河淸 4년 2월.

건대 상고기는 왕과 일부 귀족만이 성씨를 사용하였고, 나머지 대부분은 성씨를 사용하지 않았던 것을 짐작할 수 있다.[21]

신라 중대에 이르러 중국 문화와 접촉과 수용이 본격적으로 이루어졌다. 신라의 使節과 유학생들이 중국 唐에 드나들게 되고, 그들을 통하여 중국의 문물이 신라에 유입되었다. 따라서 관부와 관직 명칭, 地名과 함께 人名도 중국식으로 짓는 것이 점차 확대되어 갔다. 중국 왕조와의 외교상 중국 漢字式 人名이 필요해졌다. 앞에서 언급했듯이, 중국 한자식 인명이란 이름의 꼴만 아니라 성씨를 합쳐 이루는 것으로, 이름은 하나 내지 두 글자를 표기하는 것을 기본으로 한다. 그리하여 왕은 성씨 사용과 함께 즉위전에 불었던 신라식 이름을 즉위후에는 한자식으로 고쳤다. 智大路·智度路·智哲老는 智證, 牟卽智·另卽智는 法興, 彡麥宗·彡麥夫는 金眞興, 舍輪·金輪은 (金)眞智, 白淨은 金眞平, 德曼은 善德, 勝曼은 眞德으로 바꾸었던 것이다. 『삼국사기』 등에는 이것을 諱라고, 여기에 王자를 더해 최고 권력자의 尊號로, 그리고 죽은 뒤에는 諡號라고 기록한 것이다. 그리고 신라 중고기 말에 이르면 최상층에 속하는 사람들은 출생시 첫 이름부터 부계 성씨 표기와 함께 漢字로 표기하는 형식으로 바꾸어 갔다. 金春秋, 金法敏, 金仁問, 金庾信 등이 그러하다.

한국인의 이름에 돌림자를 쓴 시점이 분명하지는 않다.[22] 그럼에도 6~7세기, 즉 삼국시대 후반기에 그 단초라고 할 몇몇 흔적을 찾을 수

---

21) 『삼국사기』에는 유리왕 9년(A.D. 30) 사로 6촌이 6부로 개편될 때 6성이 주어진 것으로 기록되어 있으나, 실제는 훨씬 후대의 사실이다(이기백, 1971, 「신라육두품연구」『성곡논총』2 : 1974, 『신라정치사회사연구』, 일조각, 56쪽).

22) 고구려 인명 解夫婁, 解愛婁, 厭矢婁에서 婁와 백제 인명 優壽, 優頭, 優福 등에서 優는 중복 쓰인 형태소로 혹 돌림자가 아니었나 하고 보는 견해도 있다(도수희, 1999, 「한국 성명의 생성 발달」『새국어생활』9권4호, 150쪽).

있다. 고구려에서는 이미 태조왕의 원자는 莫勤이고 차자는 莫德이란 이름을 가졌고, 고구려 말에는 淵蓋蘇文의 아들 이름을 男生·男建·男産이라고 하여 '男'자를 돌림자로, 또 보장왕의 아들 이름을 福男·德男이라 하여 '男'자를 돌림자로 표기하였다.[23] 한편 백제 말에는 義慈王과 義直에서[24] '義'자, 그리고 의자왕의 아들 扶餘忠志·扶餘忠勝과 신라로부터 일길찬을 받은 佐平 忠常의 이름에서 '忠'자, 大奈麻를 받은 恩率 武守와 仁守의 이름에[25] '守'자가 공통 돌림자로 사용되었다. 이처럼 고구려와 백제의 왕족과 최고 귀족들은 이름에 돌림자를 표기하여 서로가 같은 세대의 형제임을 나타내고 있다. 이들이 사용한 돌림자는 부계친간에 동일 세대를 나타내는 항렬자로 사용된 것을 알 수있다. 그러므로 이것은 돌림자뿐만 아니라 동일부계친의 항렬표시로서의미를 지닌 것이라고 보겠다.

그리고 신라의 중고기 이후에는 형제들이 같은 글자를 써서 이름을지은 것을 볼 수 있다. 다만 남자 이름에서 '智' 혹은 '知'·'只'와 여자이름에서 '里'자 등이 쓰인 것을 흔히 볼 수 있지만,[26] 이것들은 남자와여자에 대한 단순한 인칭접미사이거나 존칭접미사라 하겠다. 그리고

---

23) 김태식, 2002, 『화랑세기, 또 하나의 신라』, 김영사, 291쪽.

24) 김영관, 2015, 「백제 말기 중앙 귀족의 변천과 왕권」『한국고대사탐구』19, 146~147쪽.

25) 『삼국사기』 권5, 태종무열왕 7년 11월 20일.

26) 남자 이름은 문헌 기록의 '闕智' 등을 비롯하여, 울주천전리서석의 另卽知, 영일냉수리신라비의 斯夫智·乃智·斯德智·子宿智·尒夫智·只心智·頭腹智·暮斯智, 울진봉평비의 牟卽智·徒夫智·吉先智·一毒夫智·勿力智·一夫智·一小智·牟心智·十斯智·悉尒智, 진흥왕대 건립된 단양신라적성비의 伊史夫智·西夫叱智·比次夫智·武力智 등과 창녕신라진흥왕척경비의 屈珎智·武力智·小里夫智·都設智·伐夫智·忽利智 등이 그러하다. 그리고 신라 여자 이름은 720년(성덕왕 19) 제작된 감산사석조아미타불입상조상기의 古路里·古寶里·阿好里 등이 보인다.

彡麥夫, 異斯夫·伊史夫, 居柒夫라 하여 남자 이름에 많이 사용된 '夫' 자 역시 한자식이 아닌 사내(남자)를 나타내는 순수한 우리말식 이름의 '父·甫·巴·福' 등과 같은 것이며, 이것을 漢字를 빌어 각각 原宗·彡麥 宗·立宗·荅宗·荒宗이라 하여 '宗'으로 표기하면서 돌림자처럼 기재된 것에 불과하다.[27] 이러한 까닭에 신라시대에는 인명에 항렬을 사용하지 않았다고 보는 것이 종래의 견해이다.

한편 돌림자는 항렬을 표시하는 것만이 아니라 같은 부계친족을 나타내는 방법으로써 직계 존비속간에도 이름에 같은 글자를 돌림으로 사용한 경우가 허다하다. 이러한 용례는 고려 초까지도 지속되었다.[28] 하지만 이와 같이 세대를 달리하는 직계 존속들이 대를 이어 사용한 같은 돌림자는 항렬자가 아니다. 항렬자란 '같은 혈족의 직계에서 갈라져 나간 계통 사이의 세대수 관계를 나타내는 것'이다. 그러므로 형제자매 관계는 같은 항렬이며, 이것을 같은 글자를 써서 나타내는 것이다. 그렇지만 이러한 돌림자가 비록 같은 세대간에 사용한 것이 아니라 하여도 이것의 사용자체가 또한 동일한 부계친이라는 사실을 보여주는 증거임에는 틀림이 없다.

신라 인명에서 중국 한자식 이름을 적용한 돌림자와 항렬자의 흔적은 중고기부터 보인다. 중고기 왕과 왕실은 불교를 이용해 위상을 높이고 신성화하는 작업을 진행하였다. 중고기 왕실은 불교의 영향을 받아 자신들을 釋迦族과 같은 眞宗(刹利帝宗)이라는 의식, 이른바 眞種說

---

27) 경덕왕대에 와서 地名과 人名·官名 등을 漢字式으로 대폭 바꾼 것을 고려하면 신라 상대의 이름은 당연히 순수한 우리말이 많았을 것이며, 중고기 이후 중국과의 교류가 활발해지면서 점차적으로 그 영향을 받아 중국식 항렬자가 사용되어 갔을 것으로 추측해 볼 수 있다.

28) 고려 태조 왕건의 경우를 보면 作帝建－龍建－王建 등 '建'자를 三代가 같이 상용하였으며, 이는 후대에 三世가 같은 이름이므로 왕건이 반드시 三韓의 왕이 된 하나의 배경으로까지 이야기되었을 정도이다(『고려사』권1, 고려세가).

을 바탕으로 王名에 眞興王·眞智王·眞平王·眞德王의 '眞'자와[29] 善德王·眞德王의 '德'자를 공동 돌림자로 사용하였다. 이것은 불교적 상징성을 이용해 중고기 왕족이 동일한 부계친임을 표현한 것이라 하겠다. 기록상 '金眞興'이라 하여 한자식 성씨가 처음으로 사용된 이후, 그의 아들들 이름은 舍輪(金輪 : 진지왕)·銅輪이라 하여 '輪'을 공동으로 사용하였다. 그리고 동륜의 아들은 國飯·伯飯이라 하여 '飯'을 공동으로 사용하였으며, 더욱이 이들을 높인 眞安葛文王·眞正葛文王·眞平王에서 '眞'자 역시 항렬적 요소가 있다. 또 4촌 자매간인 선덕여왕의 이름 德曼과 진덕여왕의 이름 勝曼에서 '曼'자가 동일한 부계친의 항렬자로 사용된 것이 보인다. 이러한 사실은 불교 공인 후 신라왕실이 신앙심에서 釋迦牟尼의 집안을 흉내 내면서 돌림자의 의미를 생각하고 작명한 것으로, 모두가 동일한 가계라는 동질감과 부계친족이라는 관념을 가지고, 모방한 것이다.

이상에서 살펴보았듯이, 신라 중고기의 김씨 왕실에서는 불교식 이름과 더불어 돌림자와 항렬자를 사용한 것이 확인된다. 그 시점은 늦어도 신라에서 불교가 공인되고 본격적으로 확산되는 법흥왕 이래 쓰기 시작했을 것으로 짐작된다. 신라에 불교가 유입되면서 사회제도가 점차 中國化되어 갔으며, 그 사례의 하나가 인명에서 중국식의 돌림자와 항렬이 사용되기 시작한 것이라 보겠다.[30] 다만 그 사용의 범위는

---

29) 신라 중고기에 왕족은 釋迦族 후예라는 眞宗意識을 빌려 배타적 聖族 관념을 고양시켜 나갔다(金哲埈, 1952, 「신라 상대사회의 Dual Organization(상)」『역사학보』2 : 김두진, 1988, 「신라 진평왕대의 석가불신앙」『한국학논총』10). 한편 백제 성왕의 '聖'자 사용도 성왕의 轉輪聖王으로 자처하여 法華經에 나오는 전륜성왕의 아들인 大通佛에 비견하여 大通寺를 짓고 전륜성왕－대통불－석가모니불의 계보를 백제 왕실계보에 접목시킨 사례라고 한다(조경철, 2015, 『백제불교사연구』, 지식산업사, 125쪽).

30) 이러한 경향은 중국 남북조시대에 상층에서 불교식 이름이 유행했던 것과

돌림자의 경우는 동일한 친족 내에서 사용되었으며, 항렬자는 아버지를 중심으로 한 親兄弟와 4촌 이내의 부계친이었던 것으로 확인된다.[31]

이와 같이 삼국시대 고구려의 왕족과 귀족은 이름에 사내를 나타내는 글자인 男을, 백제의 왕족과 귀족은 義·忠·守 등 유교적 성격의 글자를 사용한 것과는 달리, 신라 중고기 성골 신분의 왕과 왕족들은 眞·輪·飯·曼 등 불교적인 글자를 돌림으로 사용한 것을 볼 수 있다.

Ⅲ. 신라 중대 인명과 유교식 항렬자 수용

한편 金庾信·金后稷[32]·金春秋처럼, 신라 중고기 진골 신분의 최상층에서는 姓과 함께 유교식 인명이 사용되기 시작하였다. 이러한 현상은 점차 확대되었고, 중대에는 인명에 보다 유교적 성격이 강한 돌림자와 항렬자 사용의 많은 사례가 보인다. 왕족과 귀족들의 성명이 그러하다. 이것은 신라 중고기에 상류지배층과 지식인들이 使行과 留學 등 공적사적 왕래를 통해 중국의 유교 서적과 문화를 가장 일찍 접촉하고 수용한 결과이며, 그리하여 중국식 姓氏의 모방과 더불어 유교식 이름에 돌림자를 사용한 것으로 보인다. 특히 중대 무열왕계 왕족과

상통한다고 보겠다.

31) 한편 형제자매간 항렬자의 경우 같은 아버지, 같은 어머니가 낳은 형제자매로 국한되며, 어머니가 다른 경우에는 다른 돌림자를 썼고, 4촌과 그 이상으로 확대되지 않았다는 견해도 있다(김태식, 앞의 책, 293쪽).

32) 김후직은 지증왕의 후손으로 580년(진평왕 2) 兵部令에 임명되었고, 『書經』과 노자 『道德經』을 인용하여 왕의 사냥을 만류하는 간언을 하는 등 유학에 조예가 깊었으며(『삼국사기』 권45, 김후직전), 고대 중국의 賢人으로 農耕神이자 五穀의 神인 后稷과 이름이 같다.

일부 진골귀족의 이름에 적용된 것을 볼 수 있다.

1. 무열왕계 왕족의 항렬자

1) 무열왕의 자식들

신라에서 유교식 성격이 강한 돌림자와 항렬자의 사용은 중대 왕실에서 시작되었다. 중대 왕통의 개창자인 金春秋의 후손들은 대부분 유교식 항렬자를 사용하였다.

먼저 무열왕의 아들인 金仁門·金仁泰라는 이름에서 보듯이 '仁'자를 가지고 있다. 이것은 형제간, 즉 동일세대간에 유교에서 중요시하는 五常의 하나인 仁자를 항렬로 사용한 것이다.[33] 이것은 신라가 중국에서 유교경전이 전래되어 수용한 것과 밀접한 관련이 있다. 金春秋 역시 오경의 하나인『春秋』에서 따온 것이 분명하다. 그리고『孟子』와『中庸』에서 "仁은 人이다."라고 하여, 仁을 인간의 고유한 특성으로 본 것을 본떠 김춘추는 자식들 이름에 '仁'자를 항렬자로 사용하였다.[34]

김춘추는 당으로부터 선진문물의 수용과 모방에 대단히 적극적이었다. 김춘추는 648년(진덕여왕 2) 唐의 國學을 참관하고, 당 태종에게서 서적을 받는 등을 통해 당에서 유교에 바탕을 둔 선진문물을 견학하고, 신라로 귀국한 후에는 적극적으로 당 문물을 채용하는 정책을 펼

---

33) 다만 金法敏의 경우는 해석이 다르다. "신라시대 왕족 중에 형제간에 돌림자를 쓴 경우로 김법민이 있다."고 한 견해와는(김은숙, 1991,「8세기의 신라와 일본의 관계」『국사관논총』29, 123쪽 주70) 달리, 김춘추의 아들 法敏·文王·老且·智鏡·豈元 등은 항렬자를 사용하지 않은 것으로 보고, 이를 통해 김춘추·김유신시대 신라인의 항렬자 사용이 다소 유동적이었음을, 즉 쓰기도 하고 안 쓴 경우도 있음을 확인하게 된다고 하면서, '하지만 중요한 것은 형제자매까지 항렬자를 쓰기도 했다는 사실이다.'는 주장도 있다(김태식, 앞의 책, 290쪽).

34) 전남 담양에 있는 868년(경문왕 8) 건립된 開仙寺石燈에는 '金中庸'이 새겨져 있는데, 이는『中庸』을 차용한 이름으로 보인다.

쳤다. 649년(진덕여왕 3) 1월 신라는 당의 衣冠을 사용하였고, 650년 (진덕여왕 3) 4월 眞骨로 爵位를 소지한 자는 牙笏을 가지게 하였고, 드디어 당의 年號를 사용하였으며, 651년(진덕여왕 5) 國學의 전신이 되는 大舍 2인을 두었다. 이처럼 김춘추 일파는 당의 문물제도를 수용하여 국왕 중심의 중앙집권체제를 확고히 하려는 의도를 가지고 있는 가운데, 진평왕대의 불교적 직계가족 신성화를 대체할 수 있는 유교적 종묘제사에 주목하였다.[35] 그리하여 이 무렵부터 김춘추를 비롯한 신라의 왕족과 귀족들 사이에는 중국 유교식의 작명법이 도입된 듯하다.

결국 신라 왕족의 인명에 돌림자와 항렬자의 사용은 중고기에 불교식 이름을 모방하면서 시작되었고, 중고기 후반에 김춘추 일파가 주도하여 중국 유교문화를 적극 수용하였고, 중대에는 중국과 문화적 접촉이 매우 빈번해지면서 당 문화의 영향을 받아 유교식 인명과 돌림자 사용으로 변화해 갔다고 보겠다.

2) 무열왕의 후손들

성덕왕대를 전후하여 최고위직인 상대등을 역임한 인물 중에 金思恭과 金思仁이 있다. 金思恭은 718년(성덕왕 17) 1월 波珍湌으로 中侍에 임명되어 720년 7월까지 약 2년 6개월간에 걸쳐 재직하였다. 이후 728년 7월에는 伊湌으로 上大等에 임명되었고, 732년 12월 角干으로 貞宗·允忠·思仁 등과 將軍에 임명되어 성덕왕을 보좌하였다.

한편 伊湌 金思仁은 태종무열왕의 4세손으로, 732년(성덕왕 31) 12월 角干 思恭 및 伊湌 貞宗·允忠 등과 함께 將軍에 임명되었으며, 736년 (성덕왕 35) 1월 伊湌 允忠·英述 등과 함께 왕명을 받들어 平壤과 牛頭

---

35) 나희라, 2003, 『신라의 국가제사』, 지식산업사, 186쪽.

州의 地勢를 檢察하였다. 741년(효성왕 5) 4월 大臣으로 貞宗과[36] 함께 弩兵을 검열하였고, 755년(경덕왕 14) 정월에 상대등이 되었다. 재임중인 756년(경덕왕15) 2월에는 이해에 災異가 여러번 나타남에 上疏를 올려 時政의 득실을 극론하기도 하였으며, 757년(경덕왕 16) 정월에 병으로 퇴임하였다.

이상에서 보건대, 732년(성덕왕 31) 12월 이찬 김사인과 각간 김사공은 같이 將軍에 임명되었고, 더욱이 두 사람은 다같이 상대등에 임명된 신분이었다. 신라시대 상대등에 임명된 인물 중에는 왕의 가까운 친척 또는 弟,[37] 즉 재위중인 왕과 지근친의 관계에 있는 인물들이 임명되어 王政을 협찬하였다.[38] 김사인은 태종무열왕의 4세손이다. 그렇다면 김사인은 태종무열왕-문무왕-신문왕-성덕왕-경덕왕으로 이어지는 무열왕계에서 성덕왕과 같은 세대에 속하는 왕족이었다. 그러므로 김사인은 무열왕을 기점으로 하여 성덕왕과 같은 세대에 속하는 왕족으로, 성덕왕의 父系 6寸(再從)兄弟로, 또 경덕왕의 7寸叔(再從叔)으로서 상대등에 올랐다. 이러한 것을 고려하면, 앞서 성덕왕대에 상대등을 역임한 김사공 역시 성덕왕과 가까운 친족이었을 것이며, 무열왕계의 왕족일 가능성이 크다.

결국 金思恭과 金思仁은 태종무열왕의 4세손으로 동일 부계친족집단에 속하였고, 같은 세대의 형제관계로서 이름에 '思'를 항렬자로 사용한 것이다.

---

36) 貞宗은 효성왕대에 상대등을 역임하였고, 『속일본기』에는 그를 효성왕대의 大夫라고 표현할 정도로 효성왕대에도 원로귀족으로서 왕권을 보좌하였다 (濱田耕策, 1979, 「新羅聖德王代の政治と外交」 『朝鮮歷史論集』 上卷, 龍溪書舍 : 2002, 『新羅國史の研究』, 吉川弘文館, 136쪽).

37) 이기백, 1962, 「상대등고」 『역사학보』 19 : 앞의 책, 114쪽.

38) 김창겸, 2002, 「신라 하대 왕위계승과 상대등」 『백산학보』 63 : 2018, 『신라하대 국왕과 정치사』, 온샘, 289쪽.

름을 피휘하고, 내부적으로는 관부 명칭을 개칭하는 등 신라 국왕의 이름을 피휘하여 존엄을 드러내었다.

2. 중대 진골귀족의 항렬자

1) 김유신가의 항렬자

삼국통일전쟁기 이후 신라 사회에서 대표적인 귀족가문의 하나로 金庾信家를 들 수 있다. 金庾信의 가계에서 보다 확실한 항렬자 사용을 볼 수 있다. 金官加耶의 멸망후 신라로 귀화한 仇衡王의 후손들은 世宗·武力·武得이라 하여 '武'자를 항렬로 사용하였다[42]. 무력의 아들은 舒玄이고, 손자(서현의 아들)인 金庾信의 이름은 중국의 유명한 인물에서 따온 것이다.[43] 심지어 김유신의 누이인 寶姬와 文姬는 여자임에도 형제라는 사실을 나타내어 '姬'를 돌림자를 사용하였다.

그리고 김유신의 아들들은 이름을 三光·元述·元貞·長耳·元望이라 하여, 智炤夫人의 아들들은 '元'자를 항렬자로 사용한 흔적이 보인다.[44]

더욱이 김유신의 손자인 允中·允文 형제가 있다.

> D. 開元 21년(성덕왕 32) 당이 使臣을 보내 말하길 " … 듣기에 옛 장군 金庾信
> 의 孫子 允中이 있다 하니, 이 사람을 임명하여 장수를 삼으라." 하면서 允

---

42) 『삼국유사』에는 茂得과 茂力으로 표기되어 있으나, 이는 고려 혜종 이름인 武를 避諱한 것이다.

43) 金庾信은 중국 梁~北周末에 활동한 학자로 『春秋左氏傳』에 정통한 문장가이다(『周書』권41, 庾信傳).

44) 軍勝은 庶子라고 하였듯이(『삼국사기』권43, 김유신 下. "妻智炤夫人 太宗大王第三女也 生子五人 長曰三光伊飡 次元述蘇判 次元貞海干 次長耳大阿飡 次元望大阿飡 女子四人 又庶子軍勝阿飡 失其母姓氏"), 이름에 元자가 없는 아들은 어머니가 다른 듯하다(김태식, 앞의 책, 149~155쪽).

中에게 金帛 약간을 주었다. 이에 대왕은 允中과 아우 允文 등 4인 將軍을 명하여 군사를 거느리고 당나라 군대와 만나 합하여 발해를 치게 하였다 (『삼국사기』 권43, 김유신전 하).

인용문 D에서 보듯이, 允中·允文은 김유신의 손자로서 형제이다. 두 사람은 733년(성덕왕 32) 다른 2명과 함께 장군에 임명되어 4명 장군이 군사를 거느리고 발해를 치라는 명을 받았다. 이처럼 允中과 允文 형제는 김씨 성을 가진 동일부계친으로, 김유신의 손자라는 같은 세대로, 이름에 '允'를 항렬자로 사용한 것이다.

한편 같은 시기에 활동한 允忠이란 인물이 있다. 允忠은 725년(성덕왕 24) 3월 宣宗의 뒤를 이어 伊湌으로서 집사부 중시가 되었고, 윤중·윤문 형제보다 1년 앞서 732년(성덕왕 31) 12월 角干 思恭, 이찬 貞宗 및 思仁과 더불어 장군으로 임명되었으며, 736년 11월 伊湌 思仁·英述과 함께 왕명으로 平壤州와 牛頭州의 지세를 살펴보았다. 이러한 활동을 한 允忠 역시 윤중·윤문 형제와 같은 부계친이었을 듯하다.[45]

이상에서 보건대, 가야계 출신의 진골귀족인 김유신가는 그의 조부대에는 '武'자, 김유신의 아들대에는 '元'자, 그리고 손자대에는 '允'자를 이름에 돌림자로 사용해 여러 명이 서로 동일 부계친임을 표현하였다.

2) 김씨 진골귀족의 항렬자
(1) 眞珠와 眞欽, 眞福, 眞功

신라 통일전쟁기에 활동한 중요 인물 중에 眞福, 眞功, 眞珠, 眞欽이 있는데, 이들의 이름 또한 친족적 관계를 나타내고 있는 것 같다.

---

45) 비록 允忠을 允中과 동일인으로 보려는 견해가 있지만(이기백, 앞의 책, 163~164쪽) 확정하기는 어렵기에, 김유신의 손자 항렬에 속하는 또 하나의 인물로 보겠다.

먼저 진주와 진흠은 같은 항렬을 사용한 부계친으로 보인다.

E. 大幢摠管 眞珠와 南川州摠管 眞欽이 병을 핑계하여 태만하고 방치하여 나랏일을 시행하지 아니함에, 드디어 그들을 죽이고 그 가족을 멸하였다 (『삼국사기』 권6, 문무왕 2년 8월).

진주와 진흠은 대체로 진골귀족에게 주어졌던 관직인 摠管으로 재임하였으나, 국사를 등한히 한 이유로 662년(문무왕 2) 8월에 함께 처형되었다.

『삼국사기』 신라본기에서 성씨 표기가 없이 이름만 기록된 자로서 上大等과 侍中, 兵部令 등 고위관직을 역임한 경우는 대부분이 김씨 왕족 내지는 김씨 진골귀족이었던 것을 고려하면 진주와 진흠 역시 그러하다고 보겠다. 그러면서 이들이 이름에 '眞'자를 공유하였고, 정치적 입장마저 같이하여, 결국 그 일족이 함께 처형되었다는 사실을 고려하면 이들은 형제이거나 가까운 친족관계에 있었을 것으로 보인다. 그러므로 이들은 '眞'자를 항렬자로 사용한 동일부계친이었을 것이다.

그리고 眞福이란 인물이 있다. 661년(문무왕 1) 6월 당 고종이 고구려를 치기 위해 신라에게 군대 파견을 요청하매, 신라가 7월 17일 군대를 발동하였을 때 진복은 誓幢摠管에 임명되어 출정하였다. 또 진복은 12월 10일 副將軍으로서 仁問·良圖 등 9명 장군과 함께 군사를 거느리고 양곡을 싣고 가 662년 1월 23일 七重河에 이르러서 당의 蘇定方에게 전해주었다. 665년 2월 伊湌 진복은 中侍에 임명되어 668년 3월까지 재임하였고, 6월 21일에는 迊湌으로 大幢摠管에 임명되어 고구려 정벌에 참여하여 그 공으로 관등 1급을 더하였다. 681년(신문왕 1) 8월 舒佛邯으로 상대등에 임명되어 694년(효소왕 3)까지 약 12년 동안 재임한 듯하다. 이처럼 진복이 보임한 관등과 관직으로 볼 때, 그는 유력한 진골 신분이라고 보겠다.

한편 668년(문무왕 8) 6월 22일 熊津府城의 留鎭將 劉仁願이 貴干未肹을 보내어 고구려의 大谷城·漢城 등 2郡 12城을 항복받았다고 보고하자, 一吉飡 眞功이 파견되어 하례를 하였다. 671년 정월 당군이 백제부흥군을 도우려 한다는 소식을 듣고 大阿飡 眞功은 군사를 이끌고 甕浦를 지켰다. 681년(신문왕 1) 8월 金欽突의 반란에 동조하였다가 죽임을 당하였다.[46] 이러한 경력에서 보건대 진공은 진골귀족으로서 당시 중요한 인물 중 한명이었다.

이상에서 살펴보았듯이, 眞珠와 眞欽, 그리고 眞福과 眞功은 활동시기와 활약상에서 짐작컨대 서로 밀접한 관계에 있었던 듯하며, 어쩌면 이들 이름의 '眞'자는 동일부계친의 항렬자로 볼 여지도 있겠다. 그러나 정치적 입장은 진주와 진흠은 같이 하였으나, 진복과 진공은 金欽突을 사이에 두고 입장을 달리하였다.

(2) 義官, 達官, 天官, 軍官

670년(문무왕 10) 7월 문무왕은 백제 유민들이 배반할 것을 걱정하여 백제를 공격하여 큰 성과를 거두었다.

F. 군사를 동원하여 백제를 공격했다. 品日·文忠·衆臣·義官·天官 등이 63개 성을 공격하여 빼앗고, 그 곳 사람들을 내지로 옮겨 살게 하였다. 天存·竹旨 등은 성 7개를 빼앗고 적의 머리 2,000를 베었으며, 軍官·文穎이 12개 城을 빼앗고 적병을 공격하여 7000명을 목 베고, 빼앗은 말과 병기가 매우 많았다. 왕이 돌아와 衆臣·義官·達官·興元 등은 ○○寺 군영에서 퇴각하였으므로 마땅히 사형에 처해야 할 것이나 용서하여 면직만 시켰다(『삼국사

---

46) 『삼국사기』 권8, 신문왕 1년 8월.

기』 권6, 문무왕 10년).

이 전투에 참전한 장군 중에는 義官과 達官, 天官, 軍官이란 이름을
가진 인물들이 있다. 이들의 성씨가 무엇인지는 표기되어 있지 않다.
하지만 『삼국사기』의 중대 이후 기록에서 고위관직을 역임한 인물로서
성씨가 표기되지 않은 경우는 왕족이거나 대부분 김씨이다. 이런 관례
를 고려하면 골품제 규정에서 진골만이 임명되는 장군직을 지녔던 것
으로 보아, 이들도 진골귀족이며 김씨라고 보겠다.

그렇다면 이들은 같은 김씨이고 서로 가까운 동일부계친족 사이였
을 것이며, 아마 형제 항렬로서 이름에 '官'자를 다같이 사용한 것으로
보인다. 함께 면직 당한 의관과 달관은 더욱 그러하다.

(3) 幢元, 仙元과 金順元

阿湌 仙元은 690년(신문왕 10) 2월 中侍에 임명되어, 다시 大阿湌 元
宣이 시중에 임명된 692년(효소왕 1) 8월까지 재임하였다. 그리고 원선
이 695년(효소왕 4) 10월에 퇴임함에 伊湌 幢元이 696년(효소왕 5) 1월
중시에 임명되어 재임하다가 698년 2월에 늙었음을 이유로 사직하
였다.

이에 후임으로 大阿湌 金順元이 698년(효소왕 7) 2월에 시중에 임명
되었으나, 伊湌 慶永의 모반에 연좌되어 700년(효소왕 9) 5월에 파면되
었다. 그러나 김순원은 720년(성덕왕 19) 딸 炤德을 성덕왕의 후비로
들어 보냈으며, 또 739년 딸 惠明을 외손자인 효성왕에게 시집보냈다.
이렇게 김순원은 성덕왕 및 효성왕과의 이중혼인관계를 맺어 매우 유
력한 정치세력가로 활동하였다.[47]

---

47) 김수태, 1985, 「신라 성덕왕·효성왕대 김순원의 정치적 활동」『동아연구』6.

결국 비슷한 시기에 시중직을 차례로 역임한 선원과 당원, 순원은 김씨 진골귀족의 유력정치가로서, 서로가 이름에 '元'자를 같이 사용한 것으로 미루어 생각건대 친형제이거나 가까운 부계친으로 추정하겠다.

(4) 元泰, 元文, 金元良

성덕왕대 활동한 인물 金元泰, 金元文, 金元良은 친족적으로 밀접한 관계성이 있는 듯하다.

먼저 김원태는 성덕왕의 前妃인 成貞王后(嚴貞王后)의 아버지이다. 阿湌 元泰는 685년(신문왕 5) 西原小京의 仕臣이 되었고, 704년(성덕왕 3) 5월 蘇判 乘府令으로서 자신의 딸을 성덕왕의 왕비로 들여보냈다.[48] 하지만 성정왕후는 716년(성덕왕 15) 出宮당했다.

이 시기에 활동한 元文은 703년(성덕왕 2) 7월 시중에 임명되었고, 705년 1월에 죽었다. 이 역시 비록 성을 직접 표기하지 않았지만 시중을 역임할 정도의 인물이었기에 김씨 진골귀족으로 金元文으로 보겠다.[49] 그렇다면 성덕왕의 장인과 시중의 지위를 가졌던 김원태와 김원문은 어쩌면 형제 또는 형제 항렬의 부계친족일 가능성이 크다.

그리고 성덕왕대 무렵에 활동한 유력한 인물 중에 金元良이 있다. 「大崇福寺碑」에 의하면, 波珍湌 金元良은 元聖王의 어머니인 昭文太后

---

48) 『삼국유사』에 阿干 元大의 딸로 陪昭王后(시호 嚴貞)라 기록되어 있으나, 元大는 元泰와 같은 인물이다.

49) 한편 元大와 元文를 동일인으로 보기도 하나(이기백, 앞의 책, 167쪽 주42) 아닌 듯하다. 성정왕후가 납비될 때인 704년 5월 元大(元泰)는 乘府令이었고, 반면에 元文은 당시 中侍로 관직이 달랐다. 더구나 원문은 705년(성덕왕 4) 정월 죽었으므로, 716년(성덕왕 15) 성정왕후의 출궁 이유가 귀족간의 분쟁에서 김원태 일족이 정치적으로 패배하였기 때문에 일어난 것으로 보인가. 그러므로 원태와 이보다 앞서 죽은 원문이 동일인이라는 설명은 맞지 않게 된다.

의 元舅이면서 아울러 원성왕비 淑貞王后의 外祖父으로서 鵠寺를 창건하였다고 한다. 다시 말해 김원량의 누이가 원성왕의 외조부 昌近 伊干과 결혼하였고, 또 김원량의 딸이 金神述과 결혼하여 낳은 딸 숙정부인이 원성왕과 혼인하여 왕비가 되었다. 그러므로 김원량은 원성왕과는 王母와 王妃를 통하여 이중 인척관계를 맺었던, 그러면서 개인이 鵠寺를 창건할 정도의 정치경제적 위상을 가진 유력한 가계였다.

그렇다면 金元良과 元泰, 元文은 모두가 성덕왕대에 유력한 정치적 위상을 가진 인물들로서 아마 친형제이거나, 비록 아닐지라도 김씨 진골귀족 신분의 동일 부계친으로, 서로 이름에 '元'자를 항렬로 사용한 것으로 보겠다.

(5) 金順貞, 金孝貞, 金相貞과 金序貞

8세기 전반기에 활동한 정치적 유력자 중에는 金順貞과 孝貞, 金相貞 및 金序貞이 있다.

金順貞은 경덕왕의 장인이다. 그의 딸이 성덕왕의 아들 憲英(경덕왕)과 혼인하였다. 그리고 『續日本紀』에 의하면, 726년(성덕왕 25) 5월 일본에 도착했던 신라 사신 薩湌 金奏勳이 2개월간 머물고, 7월에 귀국할 때 일본은 지난해 6월 30일에 죽은 김순정을 애도하는 국서와 함께 黃絁와 綿 등을 부의로 주었다. 또 774년(혜공왕 10) 3월 일본에 온 신라사신 沙湌 金三玄이 大宰府에서 일본 관리들에게 지난날 上宰였던 金順貞이 일본에 대하여 친선과 우호의 태도를 취한 것과 지금 집정관 金邕이 김순정의 손자라고 말하였다고 한다. 그러므로 김순정은 성덕왕 때 정치적으로 중요한 지위에 있었고, 왕실과 혼인을 맺은 대단히 유력한 가문이었다.[50]

---

50) 鈴木靖民, 1967, 「金順貞·金邕論─新羅政治史の一考察─」『朝鮮學報』45.

孝貞은 714년(성덕왕 13) 정월 伊飡으로 中侍가 되어 718년(성덕왕 17) 정월까지 역임하였다. 그렇다면 당시 신라 사회에서 인명을 표기할 때 김씨 왕족과 김씨 진골귀족들의 경우 성씨를 표기하지 않은 것이 상례였음을 고려하면 효정 역시 김씨로 보아도 무방하겠다. 더구나 효정은 754년(경덕왕 13) 황룡사종을 주조할 때 경덕왕의 왕비 三毛夫人과 함께 시주가 되었다. 이로써 볼 때 김순정의 딸인 三毛夫人과 효정은 가까운 관계였던 것으로 추정된다.[51]

이처럼 김순정과 김효정이 같은 시기에 활동한 인물이며,[52] 당시 신라 정치권에서 고위직을 역임한 진골귀족 신분이었다. 더구나 김순정은 삼모부인의 아버지이고, 김효정 또한 삼모부인과 가까운 친족이었음을 고려하면, 두 사람은 친형제 내지는 매우 가까운 부계친족으로 추정된다.[53]

한편 金相貞은 734년(성덕왕 33)말 일본에 사신으로 파견되어, 이듬해 2월에 입경하여 신라가 '王城國'이라 칭하여 일본측을 불쾌하게 하였다. 그리고 金序貞은 743년(경덕왕 2) 薩飡의 관등으로 일본에 사신

---

51) 효정과 삼모부인을 형제로 보는 견해도 있다(주보돈, 2010, 「한국 고대사 속 여성의 지위」 『계명사학』 21).

52) 이주희, 2014, 「수로부인의 가족」 『신라문화』 44, 181쪽.

53) 한편 순정과 효정을 동일인이고, 또 김순정과 김순원이 형제지간이라는 견해도 있고(김흥삼, 1995, 「성덕왕의 명주지방 통치와 제의적 역할에 관한 고찰」, 강원대학교 석사학위논문, 17~18쪽 ; 최완수, 「우리문화 바로보기 17. 중국풍을 배제한 신라 고유미 상원사 동종」 『동아일보』 2006.8.8.), 김순원과 김순정이 적어도 혈연적인 관계 내지는 이에 상응하는 관계 정도일 것이란 견해도 있다(신형식, 1990, 「신라중대 전제왕권의 전개과정」 『통일신라사연구』, 삼지원, 136쪽). 어쨌든 이것이 사실이라면 두 사람은 동일한 부계친족으로 이름에 順자를 같이 사용한 것이 된다. 한편 김순원을 신문왕의 동생으로 추정하기도 한다(주보돈, 1994, 「남북국시대의 지배체제와 정치」 『한국사』 3, 한길사, 323쪽 주33).

으로 갔다.[54]

어째든 金順貞은 신라의 왕실과 가까운 인물로서, 일본에 사신으로 파견되었다. 그리고 얼마 뒤에는 金相貞이, 또 金序貞이 또한 일본에 사신으로 파견되었다. 신라시대에는 외교상 외국에 가는 사신의 대표는 대체로 왕실과 가까운 왕족으로서, 심지어는 이들 왕족을 假王子로 꾸며 파견한 경우가 빈번했다. 이러한 점을 고려하면 일본에 파견된 신라사신의 대표자인 김순정이나 김효정, 그리고 김상정과 김서정은 모두 왕과 가까운 친족들이었을 것이다. 그렇다면 이들은 신라 중대 무열왕계라는 동일 부계친족으로서 이름에 '貞'자를 돌림으로 사용한 형제항렬이라 볼 수도 있겠다.

이와 같이 신라 중대에 무열왕계 왕과 왕족들은 형제는 물론 그 보다 더 넓은 범주의 부계친들도 이름에 항렬자를 사용하였던 것이 확인된다.

(6) 金體信과 體貞

경상남도 사천 선진리에서 발견된 신라고비에 '躰貞'이라는 이름이 보인다. 판독자에 따라 躰眞이라고 볼 여지도 있다. 이 비는 혜공왕대에 제작된 것으로, 비문에서 神述이 『삼국사기』의 金神述과 동일인이다. 그리고 신라시대 인명표기에서 관등과 관직이 함께 표기되면서 한 자식 이름만 기재된 경우에는 신라왕족의 성인 '金'이 생략된 경우가 많다. 여기서도 金姓을 부기하여 金體貞(眞)이라고 보아도 무리는 없을 것 같다.[55]

---

54) 『續日本記』 권15, 聖武天皇 天平 15년 乙巳.

55) 김창겸, 2005, 「최근 발견 사천선진리신라비 검토」 『금석문을 통한 신라사 연구』, 한국학중앙연구원, 111쪽.

그런데 金體信이란 인물이 있다. 級湌 金體信은 763년(경덕왕 22) 218인 사절단을 이끌고 遣日使로 일본에 파견되었다. 또 771년(혜공왕 7) 성덕대왕신종 주조시에 阿湌 金體信은 執事侍郎으로 副使을 맡아, 檢校使 金邕과 김양상을 도왔다.[56] 그 뒤 783년(선덕왕 4) 大谷鎭 軍主에 임명되었다.

같은 시기에 활동한 體貞과 金體信은[57] 김씨로서 형제간이거나 또는 가까운 친족이었을 것으로 추측된다. 그렇다면 단언하기는 어려우나 金體貞은 金體信과 '體'를 항렬자로 사용한 부계친일 가능성이 있다.

지금까지 살펴보았듯이, 신라 중대에는 무열왕계 왕실과 후손들을 비롯하여, 최고 귀족 가문의 하나인 김유신가와 후손들, 그리고 진골 귀족 김씨들의 남자 이름은 물론 여자의 이름도 한 글자를 돌림자로 사용하여 형제 항렬임을 나타난 경우가 있다. 이것은 친형제간 뿐만 아니라 그 이상의 친족간에도 사용되었다. 더욱이 당과의 외교상 피휘제가 도입되어 국왕의 이름을 스스로 또는 당의 요구에 의하여 개명하였으며, 또 신라 국왕의 이름을 피휘하여 관부의 명칭을 개칭하기 했다.

이러한 분위기는 경덕왕대 漢化政策에 의해 신라 고유식 官名과 地

---

56) "檢校使 肅政臺令 兼 修城府令 檢校 感恩寺使 角干 臣 金良相 副使 執事部 侍郎 阿湌 金體信"(성덕대왕신종명). 이것에 근거하여 김체신의 정치활동이 김양상(신덕왕)과 관련이 깊었고, 그래서 신라 중대의 전제주의에 반대하던 인물로서, 즉 김양상과의 관계로 보아 당 대신 일본에 접근하려는 反景德王派의 의도와 관련이 있다는 추측도 있다(이기백, 19958, 「신라 혜공왕대의 정치적 변혁」『사회과학』 2 ; 이기동, 1976, 「신라 하대의 패강진」『한국학보』 4 ; 김수태, 1983, 「통일신라기 전제왕권의 붕괴와 김옹」『역사학보』 99·100합집 : 1996, 『신라중대정치사연구』, 일조각, 108쪽).

57) 만약에 體貞이 體信과 동일인이라면, 그의 신분은 眞骨貴族으로 생각된다. 비록 체신이 역임한 관직인 집사시랑에 대한 기록만을 기준으로 하여 6두품으로 본 견해도 있으나(김수태, 앞의 책, 107쪽), 사실은 그가 중대에서 하대로의 전환기에 중요한 정치적 활동을 한 인물이라는 점에서 왕실과 가까운 진골귀족이었다고 보는 것이 타당하겠다.

名 등을 한자식으로 개칭함과 궤를 같이하여 지배층에서는 人名을 한자식이고 유교적으로 작명하는 추세로 변화하였을 것이다. 결국 중대의 왕족과 일부 진골귀족, 지식인층에서는 姓氏의 표기와 더불어 유교적 한자 이름에다가 항렬자 사용이 도입되었다. 이에서 동일 부계친족 집단이 존재한 것을 확인할 수 있다.

Ⅳ. 신라 하대 인명과 항렬자 사용 확산

1. 원성왕계 왕족들의 항렬자

신라 하대에 이르면 신라 왕족과 진골귀족층에서는 유교식의 한자 이름이 일반화되어가고 항렬자의 사용이 확산되는 현상을 보였다.

원성왕의 후손들은 이름에 항렬자를 사용하였다. 원성왕의 아들들은 이름이 仁謙·義英·禮英으로, 이름에 ‘英’자를 사용하면서, 동시에 仁·義·禮라는 유교의 五常을 차례로 적용하여 형제의 순서를 나타냈다. 그럼에도 謙자과 英자로 항렬자를 구분하여, 어쩌면 서로간에 어머니가 다르다는 母系를 구분한 것으로 보인다.

원성왕의 손자들도 항렬자를 사용하였다. 仁謙의 아들인 彦昇(헌덕왕)과 秀昇(흥덕왕) 형제는 ‘昇’자를, 또 이들의 아우인 金忠恭과 金仲恭은[58] ‘恭’자를 항렬자로 사용하였다. 그리고 원성왕의 또 다른 아들인 禮英의 자식, 즉 원성왕의 손자인 均貞과 憲貞 형제들은 ‘貞’자를 항렬자로 사용하였다.

또 원성왕의 증손자들도 그렇다.

---

58) 이 두 사람을 동일인으로 보는 견해도 있으나(이기백, 앞의 책, 115쪽 주 40), 확실하지 않다. 그리고 아마 이들은 헌덕왕·흥덕왕과는 어머니가 달랐던 듯하다.

G - ① 애장왕이 왕위에 올랐다. 이름은 淸明이며, 소성왕의 태자이다(『삼국사기』 권10, 애장왕 원년).

② 왕의 숙부 彦昇이 아우 伊飡 悌邕과 함께 군사를 이끌고 궁중에 들어가 반란을 일으켜 왕을 죽였다. 왕의 아우 體明이 왕을 시위하고 있다가 함께 살해당했다(『삼국사기』 권10, 애장왕 10년 7월).

③ 민애왕이 왕위에 올랐다. 그의 성은 김씨이고, 이름은 明이다. 그는 원성대왕의 증손이며, 大阿飡 忠恭의 아들이다(『삼국사기』 권10, 민애왕 즉위조).

이처럼 원성왕-仁謙-소성왕-(원성왕의 증손자)淸明(애장왕)과 體明(애장왕의 아우),[59] 또 인겸의 다른 아들인 忠恭의 아들 金明(민애왕)은 다 같이 이름에 '明'자를 사용하여, 4촌 형제간에 같은 항렬자를 사용하였다.

그리고 원성왕-예영-균정의 아들, 즉 또다른 원성왕의 증손자에 해당하는 祐徵(신무왕)과 禮徵 또한 같은 항렬의 형제로 추정된다. 흥덕왕이 죽자 그의 堂弟 均貞과 堂姪 悌隆이 서로 임금이 되고자 하였다. 시중 김명과 아찬 利弘·裵萱伯 등은 제륭(희강왕)을 받들었고, 아찬 祐徵은 조카 禮徵 및 金陽과 함께 그의 아버지 균정을 받들어 한꺼번에 궁궐로 들어가 서로 싸웠다. 김양이 화살에 맞아 우징 등과 함께 도망해 달아나고 균정은 살해되었다. 결국 예징은 균정을 왕으로 옹립하는데 실패하였다.[60] 뒷날 장보고의 도움으로 민애왕(金明)을 시해하고 839년 우징(神武王)이 즉위할 때 禮徵은 궁중을 깨끗이 하고 예를 갖추어 그를 맞아 왕위에 오르게 하였다.[61] 예징은 흥덕왕의 姪이므

---

59) 『신당서』 권220, 동이전 신라에는 '添明'으로 표기되어 있다.

60) 『삼국사기』 권10, 희강왕 즉위조.

61) 『삼국사기』 권10, 신무왕 즉위조.

로,[62] 흥덕왕의 堂弟인 균정의 아들, 즉 흥덕왕의 堂姪에 해당하는 우징과는 再從兄弟 사이의 부계친이다. 결국 金祐徵과 金禮徵은 동일 세대의 부계친족집단에 속하는 재종간에 형제항렬로서 '徵'자를 돌림자로 사용한 것을 알 수 있다.

특히 하대 후반기에 이르면 경문왕의 아들은 헌강왕(晸), 정강왕(晃), 진성여왕(曼, 혹은 坦)으로서 모두 '日'변을 이름자에 사용하고 있다.[63]

신라 말의 왕족 중에 金英雄과 金咸雄이란 인물이 있다. 「낭혜화상비」에 보면 "菩薩戒弟子 武州都督蘇判鎰 執事侍郎寬柔 浿江都護咸雄 全州別駕英雄 皆王孫也"이라 하였다. 鎰과 寬柔와 咸雄, 英雄이 모두 王族이다. 여기서 왕족이라 함은 원성왕계 김씨를 의미하는 것으로, 咸雄과 英雄은 金咸雄과 金英雄인 것이다. 이에서 추측컨대 두 사람은 김씨왕족이었고, '雄'자를 돌림자로 사용한 동일한 부계친이었음을 알 수 있다.

또 「지증대사비」에는 원성왕의 昆孫으로 헌강왕 때 建功鄕令이었던 金立言이란 이름이, 「낭혜화상비」에는 金立之이란 인물이 보인다. 잘 알다시피 立言과 立之는 유교 경전에 보이는 용어이다.[64] 김입지는 825년(헌강왕 17) 入朝使 金昕을 따라 渡唐한 12명 宿衛學生 중 한명이었으며, 뒷날 855년 翰林郎으로 秋城郡太守에 임명되었고, 「無垢淨塔

62) 정구복 외, 2005, 『역주삼국사기』 3.주석편 상, 332쪽 주194. 한편 예징을 김우징의 조카로 보는 견해(이기백, 앞의 책, 115쪽 주42)도 있으나 잘못이다.

63) 이것은 조선 숙종의 아들 昀(경종), 昑(영조), 昍(연령군)이'日'변으로 항렬를 표기한 것과 같은 용례이다.

64) 立言은 『左傳』 襄公 24년조에 不朽한 세 가지 사항인 立德·立功·立言에서 취한 것으로, 왕실가족이 불교식 이름을 쓰던 중고시대와는 판이한 시대적 분위기를 느낄 수 있다(이기동, 1996, 『한국사』 11, 국사편찬위원회, 39~40쪽 주7).

願記」와 「聖住寺 朗慧和尚碑文」을 制撰하는 등 9세기 중엽 문한계통에서 크게 활약하였다.[65]

이처럼 원성왕계 왕족들은 英, 貞, 明 등을 항렬자로 각각 사용하였고, 또 유교의 人·義·禮라는 五常을 형제의 서열자로 적용한 것을 볼 수 있다. 이에서 추측컨대, 신라 중대부터 왕족과 진골 귀족들 사이에 사용되기 시작한 유교식 항렬자는 하대에 이르면 본격적으로 사용한 것을 알 수 있다.

그리고 하대의 왕과 왕족들은 改名을 하면서 항렬자를 적용하였다. 물론 국왕의 개명은 중대에도 있었다. 성덕왕이 이름 隆基를 興光으로 개명을 비롯하여, 혜공왕의 天雲을 乾運으로,[66] 이어 하대에 애장왕도 즉위 직후에 이름을 淸明에서 重熙로 개명하였다.[67] 애장왕의 당초 이름 淸明은 아우 體明과 '明'자를 항렬자로 표기하였으나, 즉위 후에 重熙라 고침으로써 국왕의 휘는 항렬자를 벗어나 초월적 존재로 격상한 듯하다.

한편 왕족들은 初名을 고치어 항렬자를 적용한 이름으로 개명하였다. 禮英의 초명은 孝眞인데 예영으로 개명하여[68] 仁謙·義英이란 이름의 형제들과 五常의 순서인 '仁·義·禮'와 '英'자를 항렬로 하였다. 그리

---

65) 이기동, 1978, 「나말려초 근시기구와 문한기구의 확장」『역사학보』 77.

66) 사천 선진리 신라비에는 혜공왕의 이름은 天雲이라 하였으나,『삼국사기』와 『삼국유사』에는 乾運이라고 기록되어 있어, 아마도 천운과 훈과 음이 같은 건운으로 개명한 것으로 추측된다.

67) 『삼국사기』권10, 애장왕 즉위조. "哀莊王立 諱淸明 昭聖王太子也 … 秋七月 王更名重熙".

68) 『삼국사기』권10, 신무왕 즉위조. "神武王立 諱祐徵 元聖大王孫均貞上大等 之子 僖康王之從弟也 禮徵等旣淸宮禁 備禮迎之 卽位 追尊祖伊湌禮英一云孝 眞爲惠康大王 考爲成德大王".

고 憲貞의 초명은 草奴인데 헌정으로 개명하여[69] 형제인 均貞과 '貞'자
를 항렬로 하였던 것으로 추측된다.

2. 진골귀족과 입당신라인 및 지방 관인의 항렬자

768년(혜공왕 4) 一吉飡 大恭은 아우인 阿飡 大廉과 함께 모반하여
군사를 거느리고 왕궁을 30여일이나 에워쌌다. 그러나 결국 진압당하
고 九族이 멸망당하고 재산과 보물들도 몰수당하여 왕궁으로 옮겨졌
다. 대렴과 대공은 형제로서 많은 재산을 소유하고 반란을 일으켜 왕
궁을 포위할 정도의 사병을 거느린 강력한 정치세력이었다. 그렇다면
『삼국사기』 신라본기에서 인명 표기의 관례로 볼 때, 그리고 형제가 각
각 일길찬과 아찬의 관등을 가졌던 것에서, 이들은 김씨로서 아마 방
계 왕족이었을 것으로 추측된다. 결국 대공과 대렴 형제는 김씨진골귀
족의 신분으로 이름에 '大'를 항렬자로 사용하였다. 특히 이들의 九族
을 처벌하였다는 기록에서, 당시 신라사회에는 單系親族制가 있어 9족
의 법적 범위가 규정되었던 것으로 확인된다.

그리고 흥덕왕의 사후 치열했던 왕위쟁탈전에서 중요한 역할을 했
던 金陽과 金昕은 金周元의 아들인 金宗基의 손자, 즉 김주원의 증손
자에 해당하는 무열왕계의 인물로 서로 從兄弟간이다.[70] 그런데 김양
의 자는 魏昕이고, 김흔의 다른 이름은 大昕이다.[71] 그렇다면 이들은
동일부계친으로 종형제간에 이름에 '日'변, 또 字에서도 '昕'자를 공유
한 것을 알 수 있다.

한편 최근에 소개된 「大唐故金氏夫人墓誌銘」에서 흥미로운 사실을

---

69) 『삼국사기』 권10, 희강왕 즉위조. "僖康王立 諱悌隆一云悌顒 元聖大王孫伊
  飡憲貞一云草奴之子也".
70) 『삼국사기』 권44, 金陽傳, 金昕傳.
71) 문경현, 1992, 「神武王의 登極과 金昕」 『조항래교수화갑기념 한국사학논총』.

확인할 수 있다. 묘지명의 주인공 김씨부인은 신라 출신이고, 그녀의 아버지인 翰林待詔 將作監丞 內作判官을 역임한 金公亮은 기계 제작에 소질이 있어 820년(원화 15) 指南車에 記里鼓를 부착한 수레를 다시 고쳐 만들었고, 이 공로로 827년 당 문종으로부터 비색 관복과 牙笏 그리고 비단 30필을 받았다. 같은 시기에 신라인 典作官 金公立은 지남거 기리고를 새로 만들어 당 헌종으로부터 비색 관복과 銀章 및 말 1필을 상으로 받았다고 한다. 이처럼 김공립과 김공량은 생존 시기와 업적이 유사한 점으로 보아 형제간이었던 것 같다. 이 묘지명에서 말한 김씨부인의 아버지는 김공량이고, 親叔은 金公立일 가능성이 높다.[72] 김공립은 신라 왕실로부터 탁월한 기술력을 인정받고 초빙되어, 871년 (경문왕 11) 황룡사9층목탑의 중수공사에 참여하였다.[73]

이처럼 당으로 이주해간 신라 왕족 또는 귀족과 그 후예들은 여전히 신라 출신임을 자긍하는 김씨 성을 사용하면서 당 사회의 작명법인 항렬자를 활용하여 이름을 지었다. 그리고 이들 중 특정 인물들은 어떠한 배경과 이유로 귀국하여 다시 신라에서 생활하게 되었고, 이들의 이러한 삶의 궤적에서 당의 문물을 신라로 전래시키는 역할을 담당하였다. 여기에서 당의 작명법을 신라사회로 전파하고 확산시키는 전래자의 역할을 수행하였을 것이다.

이 무렵 신라사회에서는 성명에 보다 체계화된 항렬자의 사례가 확인된다.

868년(경문왕 8) 모반을 꾀하다가 주살된 伊湌 金鉉과 金銳의 이름이 그러하다.[74] 이때 반란의 주동자인 김예와 김현은 같은 부계친이었

---

72) 권덕영, 2005, 『재당 신라인사회 연구』, 일조각, 135쪽.
73) 권덕영, 2009, 「大唐故金氏夫人墓銘과 관련한 몇 가지 문제」『한국고대사연구』 54, 410~411쪽.
74) 『삼국사기』 권11, 경문왕 8년 정월.

다고 보겠다. 두 사람의 성이 김씨로 동일한데다가, 金銳와 金鉉이라 하여 나란히 외자 이름을 가졌고, 더구나 '金'변을 같이 사용한 것은, 이들이 형제이거나 적어도 종형제 범위안의 부계친일 가능성이 대단히 큰 것으로 추측된다. 855년(문성왕 17) 4월 건립된 「창림사무구정탑원기」를 보면, 김예는 문성왕의 從弟라고 하는데, 이들이 당시 왕권과 체제를 강화하고 있던 경문왕에 대항하는 태도를 보였다는 것은 양자의 정치적 입지가 동일했다는 것을 의미한다. 결국 김예와 김현은 동일한 부계친에 속하는 인물들이었고, 같은 항렬자를 사용한 것이다.

이 시기 진골귀족의 항렬 사용은 세대를 이어가는 양상이 나타났다. 866년(경문왕 6) 모반을 꾀하다 발각되어 일족이 죽음을 당한 允興 형제의 이름에서는 항렬자 사용의 확실한 사례가 확인된다.

H. 10월 伊湌 允興이 그 아우 叔興·季興과 더불어 모반하다가 일이 발각되어 岱山郡으로 달아났다. 왕이 명하여 그들을 追捕케 하여 목을 베고 그 一族 을 멸하였다(『삼국사기』 권11, 경문왕 6년).

반란의 주동자 允興은 이찬 관등을 가진 진골귀족이고 함께 공모한 아우의 이름은 叔興과 季興이다. 여기서 흥미로운 사실은 이들의 이름이 유교에서 형제의 서열을 나타내는 伯·仲·叔·季를 취하여 允·叔·季를 순서로 적용하면서, 아울러 다같이 '興'자를 사용하여, 같은 세대의 형제로서 동일부계친임을 나타내고 있는 것을 볼 수 있다.

한편 맏이인 윤흥과 관련하여 다음과 같은 기록이 있다.

I. 신라왕이 琴道가 끊어질까 근심하여 伊湌 允興에게 일러 어떤 방법으로든 지 그 音律을 전해 얻게 하라 하고 南原의 公事를 위임하였다. 允興이 赴任 하여 총명한 소년 두 사람을 뽑으니 이름이 安長과 淸長이었다. 安長은 그

아들 克相·克宗에게 전하고 克宗은 일곱 曲을 지었다(『삼국사기』 권32, 잡지 32 악지).

인용문 I에서 보면, 尹興이 南原公事를 맡아 총명한 소년 安長과 淸長을 뽑아 음악을 배우게 하였고, 또 安長은 아들 克相과 克宗에게 음악을 전했다고 한다.

여기서 염두에 둘 것은 安長과 淸長은 물론, 안장의 아들인 克相과 克宗도 비록 성은 표기되지 않았으나 모두 김씨일 것이다. 안장과 청장은 이름에 '長'자를 나란히 사용하였다. 그리고 안장의 아들 역시 극종과 극상으로 '克'자를 나란히 돌림자를 사용하였다. 이것은 세대를 이어서 이름에 항렬자를 사용하여 동일부계친으로서 각각 동일한 세대의 형제라는 것을 나타낸 것이다. 그러면서 항렬자의 위치를 앞 세대가 이름의 뒤 글자를 長, 아래 세대는 이름의 앞 글자를 克이라 하여, 앞뒤로 위치를 바꾸어 가면서 사용하는 현상을 보이고 있다.

결국 윤흥을 통해서 보건대, 8세기 중반에 신라 중앙의 진골귀족층에서는 형제간에 서열에 의한 유교식 이름으로 작명하면서 항렬자를 사용하였고, 더구나 지방의 유력자들도 돌림자의 사용은 물론이고 보다 발전된 성명법인 부계의 전후세대가 대를 이어서 항렬자를 활용하는 방법으로 돌림자 위치를 앞뒤로 교대하여 적용한 것이 확인된다.

이 무렵 신라의 지방에서 항렬자를 사용한 사례는 공주지역에서도 보인다. 공주 舟尾寺址에서 출토된 비편에서 아래와 같은 기록이 판독되었다.[75]

---

75) 김창석, 2015, 「공주 舟尾寺址와 '阿尼' 명문석편에 관한 고찰」『목간과 문자』 15, 115쪽. 다만, 주미사의 창건연대는 알 수 없지만, 이 비편은 신라 하대의 것으로 짐작한다.

J. 金良武奈… / 阿尼仁(김)娘(生) … / (金)奉昌大舍… / 阿尼正(孥)娘(生) … /
(金)永昌大舍生口 … (「舟尾寺址 비편」)

선행 연구에 위하면, 비편에 보이는 5인의 관계를 김양무는 아버지
이고, 김봉창과 김영창은 아들로서 형제이며, 仁김娘은 이들의 어머니
로서 김양무의 부인이고, 正孥娘은 김봉창의 부인이라고 한다. 그렇다
면 金奉昌과 金永昌 형제는 이름에 '昌'자를 항렬자로 사용한 것이 확
인된다.

이에서 보건대, 앞에서 언급한 남원지역의 安長과 淸長, 安長의 아
들 克相과 克宗이 항렬자를 사용하였듯이, 공주지역의 김봉창과 김영
창 형제도 항렬자를 사용하고 있다.

결국 신라 하대에 이르면 중앙에서 진골귀족들은 물론 당에서 귀국
한 신라 귀족, 그리고 지방의 지배층들도 유교식 이름과 함께 각 세대
별 항렬자를 표기하였다.

이것은 신라의 姓氏制와 本貫制가 그러했듯이, 姓名制도 중앙의 진
골귀족과 6두품, 5두품의 관리들이 지방으로 파견되었거나 낙향한 지
식인층에 의해 이식된 것이다. 다른 한편으로는 지방인이 어떤 경우와
방법으로 중국의 성명문화를 직접 수용한 경우도 있었을 것이다.

3. 유학지식인의 항렬자

신라 하대에 이르면 왕족과 김씨 진골귀족은 물론, 특히 유학지식인
층에서 이름에 항렬자의 사용이 확산되었다. 입당유학생 출신으로 신
라 하대 가장 대표적인 유학자인 崔致遠의 이름에서 항렬을 사용한 것
을 보다 분명하게 보인다. 그의 저서 『桂苑筆耕』 권20, 「謝賜弟棲遠錢
狀」에는 "從弟 崔棲遠"이라는 기록이 있다. 그러므로 최치원과 최서원
은 종형제 사이로 서로의 이름에 '遠'자를 항렬로 사용한 것이 확인된

다. 이에서 보건대 신라 하대 후반기에 이르면 왕족이나 진골귀족이 아닌 지배층, 흔히 6두품이라고 불리는 신분의 유학지식인들도 형제를 넘어 종형제 사이에도 동일부계친임을 나타내는 항렬자를 사용한 것을 알 수 있다.

그리고 입당유학자 출신의 유명한 문장가인 朴仁範도 이름에 항렬 자를 사용한 것으로 보인다. 박인범은 당에 유학하여 당 懿宗 咸通 연 간(860~873)에 國學에서 공부하고,[76] 876년 당의 賓貢科에 급제하였 다.[77] 그는 신라로 귀국한 뒤 員外郎에 임명되었으며, 당시 黃巢의 난 을 겪고 있던 唐 내부의 실정을 알아보는 임무를 띠고 다시 입당하기 도 하였다. 그런데 고려 王建의 즉위 직후 白書省卿에 임명된 朴仁遠 은 朴仁範과 관련이 있다. 선행연구에 의하면 朴仁範은 신라말 대표적 인 유학자였고, 또 朴仁遠이 문한직인 白書省卿에 임명된 이력이 있으 며, 이에 더하여 두 사람이 같은 성관으로 보아 신라(경주) 박씨로 추정 된다.[78] 이를 인정한다면 박인범과 박인원은 친형제 또는 같은 부계의 형제 항렬로서 '仁'자를 이름에 사용하였음을 알 수 있다.

이상에서 살펴보았듯이, 신라 하대가 되면 신라 왕족과 진골귀족, 입당신라인, 유학지식인, 지방 관인과 유력자들 사이에는 유교식 이름 의 작명이 상당히 확대되었다. 또 이들은 이름에 항렬자를 사용하였으 며, 심지어 일부 지방 유력자 중에는 전후 세대가 이름에 항렬자를 앞 글자와 뒤 글자로 교대로 적용하는 등 발전된 형태를 보여주고 있다. 그리고 이들은 형제뿐만 아니라, 종형제 내지는 그보다 더 먼 동일부 계친의 인명에도 항렬자를 적용하였던 것을 알 수 있다.

---

76) 『동문선』 권12, 「送儼上人歸乾竺國」의 마지막 구절에 "年號咸通手自題"라 한 것이 보인다.
77) 『동문선』 권47, 「新羅王與唐江西高大夫湘狀」.
78) 이수건, 1984, 『한국중세사회사연구』, 일조각, 128쪽.

V. 맺음말

　신라시대 인명에서 항렬의 사용과 추이를 살펴보고, 그 의미를 알아보았다. 그 내용을 간단하게 요약 정리함과 함께 신라시대 이후, 즉 후삼국기와 고려 초기에 인명에 항렬자 사용의 의미를 성씨제와 연계하여 언급하는 것으로, 이 글을 마무리하겠다.

　신라는 중국과의 교류과정에서 성씨문화를 수용하여 왕족과 일부 최고 귀족층에서 사용하면서 신라사회에 부계친족제가 확립되어 나갔는데, 이 과정에서 순수식 이름이 중국 한자식 성명으로 변화함과 더불어, 점차 인명에 항렬자도 사용되기 시작하였다.

　신라시대 인명에 항렬자 사용은 성씨가 표기되기 시작한 중고기 이후에 이르러서야 나타난 듯하다. 중고기 신라 왕실에서 신성화와 왕권강화의 방법으로 남자는 물론 여자에게도 불교식 인명으로 항렬자와 돌림자 사용하였다.

　이후에 金春秋가 주도적으로 친당정책을 적극 시행하면서 중대에는 유교식 이름과 항렬자가 왕족과 김씨진골귀족 사이에 사용되었다. 하대에는 왕족과 진골귀족·유학지식인들이 부계친의 형제를 넘어 從兄弟 범위로 확대하여 적용하였으며, 이들 중의 일부가 왕경에서 지방으로 이주함으로써 지방에서도 항렬자 표기가 전파되었다. 그리고 이 시기에 이르면 지방의 상층 신분에서는 동일 직계 내에서 각 세대별로 인명에 항렬자의 위치를 앞뒤로 교대하여 달리 사용하는 현상을 보이고 있다.

　한편 신라인들은 이름을 유교식으로 변화하면서, 또다른 이름의 형식인 '字'를 중국에서 수용하여 사용하였다. 字 역시 유교식 특성을 가진 것으로 그 자체에 부계친의 의미를 내포하고 있다. 그런데 이름(名)

과 字는 매우 밀접한 관련성을 갖는 특성이 있다.[79] 이미 신라 중대에 왕과 왕족 및 6두품 지식인들이 자를 사용하였고, 점차 확대되어 하대에는 왕족, 진골귀족과 6두품 신분의 유학인, 심지어 지방인도 자를 사용하였다.[80]

결국 신라 하대에는 왕족과 진골귀족은 물론 6두품 중심의 유교지식인, 그리고 지방 세력가들 사이에는 인명에 항렬자 사용이 확산되고, 유교적 부계친족제는 강화되어 갔다. 특히, 도당유학생들은 주도적으로 唐의 성씨를 모방하여 취하고 아울러 유교식 한자 이름을 택하였다. 그 결과 신라 하대에 중앙 정계의 文翰 분야에서 활동했던 인물들은 다양한 새로운 성씨와 항렬자를 포함한 한자 인명을 사용하게 되었고, 이들의 문화적 영향으로 도당 경험이 없는 인물들까지 새롭게 稱姓과 作名하였을 것이다.

이러한 문화적 분위기는 점차적으로 중앙뿐만 아니라 지방에도 전파되었다.[81] 하대의 지방사회에서 성씨의 확산은 중앙에서 有姓者가 지방으로 이주함에 의한 것도 있지만, 또 한편으로는 지방에서 성씨가 없던 세력가와 지식인들은[82] 여기에 영향과 자극을 받아, 그리고 이것

---

79) 字에 대해서 "幼名冠字"(『禮記』), "男女異長 男子二十 冠而字 父前子名 君前臣名 女子許嫁 笄而字"(『禮記』 曲禮 上), "冠而字之 敬其名也 君父之前稱名 他人則稱字也"(『儀禮』『士冠禮』)라 하였다.

80) 神文王(政明)은 日炤, 金仁問은 仁壽, 薛聰은 聰智, 金陽은 魏昕, 金陽의 從父兄 金昕은 泰, 崔致遠은 孤雲 혹은 海雲, 熊川州 板籍鄉人 向德의 아버지 善은 潘吉이라는 字가 있었다.

81) 김창겸, 2015, 「신라말 고려초 평택임씨의 등장」『신라사학보』 34, 136~137쪽.

82) 한국 성씨제는 중국의 것을 수용하여 발전하였고, 신라가 삼국을 통일하면서 신라에서 출자한 성씨가 9州 5小京을 중심으로 전국에 확산되었다. 그러한 추세는 후삼국시대 지배계층인 지방세력가(豪族)에 미쳐 賜姓·冒姓·自稱姓 등의 수단을 통하여 성씨를 취득하게 되었고, 고려 초기 태조 王建에

을 혈연과 세력집단을 표현하는 요소로 인식하고,[83] 스스로 稱姓과 함께 한자식에다가 항렬자를 가진 이름을 사용하였던 것이다. 그러므로 성씨의 확산과 유교식 이름의 항렬자 사용은 궤를 같이하며 부계친족제를 강고화해 나갔다고 보겠다.

결국 신라시대 인명에 行列이 존재하였다. 비록 그것이 후대, 즉 고려와 조선시대에 사용된 전후세대간에 걸친 전형적인 항렬형식과 족보 항렬처럼 체계적이고 제도화되지 못했을지라도, 이것은 부계친족집단 존재했음을 보여주는 것이다.

한편 인명의 항렬자 사용은 신라말, 후삼국기와 고려 초기에는 더욱 확대되었다. 이러한 사실은 태봉의 왕인 弓裔가 아들의 이름을 神光菩薩과 靑光菩薩이라 하여 '光'자를, 또 후백제왕 甄萱이 아들의 이름을 神劍·良劍·龍劍이라 하여 '劍'을 항렬자로 사용하고 있음에서도 알 수 있다.

이와 더불어 고려 건국공신인 申崇謙의 초명은 能山이고 아우는 能吉이라 하여 '能'자를 돌림자로 하였다.[84] 또 洞州 출신의 세력가 金行濤와 金行波는 같은 항렬의 一族으로[85] '行'자를 항렬자로 사용하였다. 이 무렵 패서 지역의 호족으로 유명한 朴守卿과 朴守文 형제는[86] '守'자를, 박수경의 아들 朴承位·朴承景·朴承禮 등은[87] '承'자를 항렬로 사

의하여 전국 군현별로 각각 土姓이 分定되면서부터 성씨체계가 비로소 확립되었다(이수건, 2003, 『한국의 성씨와 족보』, 서울대학교출판부).

83) 나말여초에 지방호족과 이들 집단은 자신의 성씨를 타집단과 구별되는 세력과 지위의 표상으로 생각했다(이종서, 1997, 「나말려초 성씨 사용의 확대와 그 배경」『한국사론』37, 서울대학교, 87쪽).

84) 『고려사』권92, 신숭겸전.

85) 이수건, 1984, 앞의 책, 128쪽 및 164쪽.

86) 『고려사』권92, 朴守卿傳.

87) 이난영 편, 1979, 「박경산묘지」『한국금석문추보』, 143쪽.

용하였다. 또 박승위의 증손자인 朴寅亮(?~1096)의 아들들은 이름을 朴景仁·朴景伯·朴景山으로 '景'자를, 박경인의 아들 朴孝廉·朴孝先과 박경산의 아들 朴孝至·朴孝晉은 '孝'자를 항렬자로 하였다. 이처럼 고려 초기에 이르면 本貫姓氏制의 성립과 더불어 명문가에서는 세대를 이어가면서 항렬자를 사용하여 동일부계친의 형제임을 나타내는 것이 관례로 되어갔다고 하겠다.

특히, 고려 초기 항렬자의 사용은 유학자 崔彦撝(868~944)의 가문에서는 보다 체계적이고 분명하게 보인다. 최언위의 아들 형제는 이름을 崔光胤·崔行歸·崔光遠·崔行宗이라[88] 하여 '光'자와 '行'자 두 가지를 사용하였다. 이것은 신라 사회와 마찬가지로, 아버지를 같이하는 동일 부계친의 자식들임에도 어머니를 달리하는 이복형제이기에 그것을 표시하기 위한 방법으로 형제간에도 항렬자를 나누어 사용한 것이라고 보겠다. 다시 말해, 비록 동일부계친이라도 어머니가 다른 경우에는 항렬자를 달리하여 모계를 아울러 표기하였다.

결국 고려 초기 지배층에서는 본관성씨제의 확립과 함께 人名에 行列字 사용도 확대되고, 그리하여 부계친족제가 보다 강화되어 간 것이라 하겠다.

---

88) 이수건, 1984, 앞의 책, 200쪽.

2장

고려 태조대 성관 사여와 의미

I. 머리말

고려 태조는 새로운 왕조의 건국과 후삼국통일 과정에서 지방의 세력가인 이른바 호족들을 회유·결합하기 위하여 여러 가지로 노력하였다.

지금까지의 연구에 의하면, 그 방법은 대호족세력에게 '王'씨를 비롯한 여러 성씨를 하사하여 擬制家族的 관계를 맺거나 신분적인 특혜를 주었으며, 호족들의 딸과 결혼을 하였으며, 또 중앙으로 올라온 호족들에게 관작을 주거나 事審官에 임명하여 출신지의 통제를 위임해 주는 한편, 호족들의 자제를 중앙에 인질로 잡아두는 其人制를 실시한 것으로 이해되고 있다. 이러한 정책은 지방제도의 개편과 더불어 당시 전국 곳곳에 존재하던 호족들을 자신의 지지세력으로 포섭·연합하려는 의도에서 행하여진 것이다

우리 성씨를 보면 고려 태조 때부터 賜姓을 널리 하였다.[1] 사실상 태조는 고려의 건국과 후삼국통일 과정에서 개국공신·관료 및 귀순 호족

---

1) 신석호, 1971, 「한국성씨의 개설」 『한국성씨대관』, 창조사, 25~26쪽.

들에 대한 賜姓을 여러 차례에 걸쳐 광범위하게 실시하였다. 그런데 여기서의 사성을 대체로 지방세력가 개인을 대상으로 한 것으로 이해되고 있다. 그러나 성씨는 반드시 혈연관계를 바탕으로 형성된 것만은 아니다. 즉 동성동본이라고 해도 모두가 혈연적 관계를 가졌다고 할 수는 없다. 이러한 현상은 우리 성씨의 변천사에서 고려 초가 성과 본관의 체제가 정착되는 시기라면, 여말선초는 행정구역의 개편에 따라 본관의 생성·소멸과 분화·발전이 활발하게 전개되었고,[2] 특히 1894년 갑오개혁으로 신분제가 폐지되고, 1909년 민적법이 시행되어 모든 사람이 성과 본을 갖게 되면서 전혀 혈연적 연관성을 갖지 않은 사람들이 동성동본을 갖는 경우가 많아졌기에 더욱 그러하다.

그러나 필자는 우리나라 성과 본관의 생성단계에서부터 동성동본이라고 해서 반드시 동일부계친이었던 것만은 아니라고 생각한다. 특히 賜姓과 賜貫에 의한 경우는 더욱 그러하다고 본다. 이러한 이유는 비록 태조의 사성이 지방세력가를 매체로 하였다는 점은 수긍하나, 그 대상이 지방세력가 개인만이 아니었을 것이라고 생각하기 때문이다. 다시 말해 당시 지방세력은 호족으로 지칭되는 同一親族集團만으로 구성된 것이 아니라 여러 친족이 혼재되어 연합체를 형성하고 있었다. 그러므로 그 집단이 태조에게 협조해 오면 사성을 하였는데, 이는 집단의 대표자 개인에게 준 것만이 아니라, 경우에 따라서 집단 전체를 대상으로 준 것이라 보겠다.[3]

---

2) 정진영, 2000, 「한국:성과 본관」『역사비평』53, 180~181쪽.

3) 이에 대하여 성씨집단은 인민 장악을 위한 정치적 성격이 강하기 때문에 바로 혈연집단이라고는 할 수 없을 것이라는 지적도 있으며(浜中昇, 1984, 「高麗の歷史的位置について」『朝鮮史硏究會論文集』21, 57~58쪽), 또 고려초에 있어 豪富層이나 국가에 공이 있던 세력에게 土姓이 分定된다면 그 예하에서 본래 父系血緣的으로 연결되지 않더라도 家父長制的으로 편성되어 있던 家戶들도 동일한 성씨를 갖게 되었을 것이라는 추측도 있다(채웅석, 1986, 「고

필자는 이러한 관점에서 고려 태조의 사성과 본관 사여의 의미를 살펴보고자 한다.

Ⅱ. 성씨와 사성

우선 우리의 성씨에 대해 개관해 보면 다음과 같다.[4]

성씨의 취득에는 여러 가지 방법이 있었다. 중국에서 유래한 성씨는 처음에는 사물의 이름을 쓰기도 하였지만, 후대에는 대부분 나라 이름이나 군현의 명칭을 성으로 사용하였다. 물론 스스로 사용하는 경우도 있었지만, 황제로부터 성을 하사받는, 이른바 賜姓의 경우가 일반적이었다.

중국은『左傳』권1, 隱公 8년조에, 黃帝 이래 帝王이 封侯建國함에 있어 '因生以錫姓' 하고 '胙之土而命之氏'한 것에서 보듯이,[5] 성씨는 계속 분화하여 같은 조상이면서 姓을 달리하기도 하며, 同姓이면서 조상을 달리하기도 하였다. 또는 父의 성을 따르기도 하고 또는 母의 성을 따르는가 하면, 또는 혈연적인 관계가 전혀 없는 冒姓을 하거나 變姓·賜姓·自稱姓하기도 하였다.[6]

우리나라에서 중국식 한자성의 수용과정은 왕실에서부터 시작해서

려전기 사회구조와 본관제」『고려사의 제문제』, 삼영사, 370쪽).

4) 이수건, 2003,『한국의 성씨와 족보』, 서울대학교출판부의 내용을 참조하였다.

5) "無駭卒 羽父請諡與族 公問族於衆仲 衆仲對曰 天子建德 因生以賜姓 胙之土而命之氏 諸侯以字爲諡 因以爲族 官有世功 則有官族 邑亦如之 公命以字爲展氏"(楊伯峻 編著, 1981,『春秋左傳注』修訂本, 北京 中華書局).

6) 이수건, 1984,『한국중세사회사연구』, 일조각, 37쪽.

귀족·관료·양민 및 천민 순으로 보급되어 갔다. 그리고 한식 성씨의 수용 및 보급 과정을 시기별로 살펴보면, ① 왕실과 중앙 귀족층에게 수용된 시기는 삼국 말기부터 신라 하대까지이며, ② 지배층 일반에게 성씨가 보급되어 성과 본관체계가 확립된 시기는 고려 초기이며, ③ 양민층에게 확대된 시기는 고려 일대에 걸쳐 진행되었다. 즉 우리 역사에서 중국식 성씨제도는 벌써 삼국시대부터 왕실, 귀족 순으로 수용되어 왔지만 한국적 성씨체계가 본격적으로 정착되는 시기는 고려 초기였다.[7]

이러한 후삼국시대 지방 호족의 성씨 취득은 지방사회 자체 내에서 성장과 신라 중앙 문화의 지방으로 확산이라는 두 가지 사회적 배경과 신라 하대 중앙 통제력의 점진적인 약화라는 정치적 배경 속에서 이루어졌다. 이 시기의 격심한 사회적 변동에 따른 신분제의 재편성 과정에서 태조 왕건은 후삼국을 통일한 후 당대의 실질적인 지배세력을 대표했던 전국의 豪族을 각 출신 지역별로 세력관계를 고려하여 지역적 신분적 재편성을 단행한 성씨체계가 뒷날 『세종실록지리지』의 성씨로 나타났다고 한다.[8]

우리나라 성씨체계 가운데 큰 특징을 이루는 것은 본관제도이다. 성은 같아도 본관이 다르면 異族이요 반드시 성과 본관이 같아야만 同族이 된다. 그러나 이것은 원칙론이지 실제로는 예외가 많아 상당히 복잡하다. 씨족의 연원을 같이하면서도 성 또는 본관을 달리하는 성씨가

---

7) 조선 후기의 실학자인 李重煥은 그의 저서『擇里誌』總論에서 "고려가 후삼국을 통일하자 비로소 중국식 성씨제도를 전국에 반포함으로써 사람들은 모두 성을 갖게 되었다."고 하면서, 漢姓의 보급과정을 ㉠ 고려초 錫姓 이전의 姓氏(三國의 宗姓, 駕洛國姓), ㉡ 중국에서 東來한 성씨, ㉢ 고려초 錫姓 등 셋으로 나누면서 ㉠과 ㉡을 제하면 나머지는 모두 ㉢에 해당한다고 하였다(이수건, 1984, 앞의 책, 58쪽 및 135쪽 참조).

8) 이수건, 1984, 앞의 책, 58쪽.

많은가하면, 반대로 異族이면서도 성과 본관을 같이하는 경우가 많다. 즉 同族의 同姓同本과 同姓異本, 同族의 異姓同本과 異姓異本, 異族의 同姓同本과 同姓異本, 異族의 異姓同本과 異姓異本 등 8가지 경우가 있다.

본관의 연원을 추적해 보면 다음과 같다. 첫째, 성을 사용하기 전인 7세기 이전에는 그 사람의 출신지(거주지)가 신분의 표시로서 성의 구실을 하였다. 둘째, 본관이란 始祖의 출신지 또는 그 씨족이 대대로 살아온 고장을 가리킨 것이다. 셋째, 신라말 고려 초 이후 성이 일반화되는 과정에서 혈족계통을 달리하는 동성이 많이 생겨남으로써 이족의 동성과 구별하기 위하여 동족의 표시로서 널리 쓰이게 되었다.

성의 분화과정에서 성만으로는 동족을 구별할 수가 없으므로 조상의 출신지 또는 씨족의 거주지를 성 앞에 붙여서 사용하게 되었다. 처음에는 본관이 곧 신분의 표시이기도 하였으므로 주로 지배층에 사용되었다가, 후대로 내려오면서 성이 널리 보급됨에 따라 신분질서의 유지와 효과적인 징세조역의 필요상 일반 주민에게까지도 호적에 본관을 기재하게 되었다. 본관은 시조의 발상지 외에 封君地, 賜貫地, 또는 그 後孫의 一派가 이주한 곳이 새 본관이 되었다.

고대 중국의 경우, 성은 天子가 내리는 것이며(사성), 諸侯의 경우 그 출생에 연유하여 성을 주고 그 封地(采邑)에 연유하여 씨를 주는 것이라 하였다.[9] 그리고 제후는 사성할 수 없으므로 그 支族인 公孫들은 그 王父의 字로써 씨를 삼았다 한다. 또 官職者나 治邑者는 世功이 있을 때 그 관직명이나 고을 이름으로 씨를 삼게 하였다고 한다. 따라서 초기의 姓氏 賜與는 우선 국왕의 지배를 전제로 그 영역내의 인민을

---

9) 『左傳』에서는 得姓의 배경을 '賜姓受氏' 외에 '以字·謚·官·邑爲氏' 등 다섯 가지를 열거한 데 이어, 鄭樵의 『通志略』 氏族조에서는 무릇 得姓受氏한 연원으로 32가지를 들고 있다(이수건, 1984, 앞의 책, 10쪽).

출생의 지연에 따라 성별을 나누되 다시 일족을 이룰만한 지배세력에 게는 씨를 명함으로써 그 族系를 분명히 하였다.

Ⅲ. 사성과 호족

후대에는 혈연집단 간에 동일한 본관과 성씨를 사용하면서도 시조를 달리하는 경우가 종종 나타나게 되었다.

그 이유는 기존의 연구에 의하면 '대체로 조선 전기에 족보를 발간했거나 草案해 놓았던 가문은 일단 중간적인 정리단계를 거쳤기 때문에 후기에도 내용이 충실한 족보를 남길 수 있었지만, 이에 반해 중간의 정리단계를 거치지 않은 채 조선 후기 내지는 韓末에 와서 비로소 족보를 편찬하려고 했던 가문은, 즉 신흥 兩班들에 의해 작성된 家乘이나 족보는 자의적인 조작과 수식이 가해졌을 것이고, 그 결과 18세기 이후에 처음 나온 족보들은 대체로 자기 先祖가 신라 내지 고려시대부터 명문 출신이었고 또 家門의 유래가 오래되었다는 사실을 강조한 데서 世系가 상당히 소급되었는가 하면 족보상에 기재된 선조의 관직도 과장되어 있다. 또 同姓은 당초에는 同本이었을 것이라는 생각에서 후대에 내려올수록 大同譜的 성격을 띤 족보가 많이 나오게 되었으며, 그래서 실제 혈연적으로 전혀 다른 姓貫이 同姓同本으로 오인되는 예가 많았다'고[10] 한다.

물론 실제 혈연적으로 다른 성관이 동성동본으로 표기된 것은 시간적으로 차이를 두고 후대에 또다른 혈연집단이 같은 성씨를 칭한 까닭에 표현된 현상이다. 그 대표적인 예가 首露王을 시조로 하는 이른바

---

10) 이수건, 1984, 앞의 책, 32쪽.

駕洛 金氏와 조선 후기에 이르러 慶州 金氏에서 분파된 金寧 金氏, 일본 귀화인 金忠善을 시조로 하는 이른바 後金海 金氏가 있다. 그리고 구안동 김씨와 신안동 김씨도 이에 해당하며, 唐洪과 土洪으로 구분되는 南陽 洪氏도 있다.

이처럼 실제 시간적 차이를 두고 성립된 혈연적으로 전혀 다른 성씨가 후대에 동성동본으로 오인된 경우가 많기도 하다. 그러나 이와는 달리, 성립된 시기가 거의 비슷하고 본관이 같아 각자 성이 성립될 시초부터 동성동본이기는 하나 그 시조를 달리하여 성립된 성씨가 후대에 동성동본으로 인식된 경우도 더러 있었던 것같다.

이것은 고려 태조의 賜姓과 賜貫에서부터 유래된 것도 있는 듯하다.

성씨제도의 하나인 사성은 중국과 마찬가지로 왕실과 국가에 공로가 있는 사람이거나 귀화인에게 주는 경우가 많았다. 사성의 성격은 유덕한 자를 표창하는 일종의 영전으로 사용되기도 하며, 귀순한 호족 대우의 표준으로 사용되기도 하였다. 후삼국시대 호족들은 왕건과의 연결과정에서 고위 관료와 개국공신 또는 통일공신이 되고, 각기 姓과 本貫을 分定 또는 下賜받기도 하였다.

지금부터 고려 태조에 의한 사성에 대해 살펴보자.

고려왕조의 성립과 통일과정에서 왕건의 휘하 장상을 위시하여 城主·將軍·村主 등 귀순 호족에 대한 사성이 대대적으로 실시되었다. 배현경·신숭겸·복지겸 등 개국공신들에 대한 사성, 지방의 재지 호족에게 대한 사성도 있었고, 이미 漢姓을 갖고 있는 자에게는 은급의 형식으로 새로운 성을 하사하는 경우가 있었다.[11]

특히 태조는 자신의 성인 王氏를 賜姓한 경우가 많았다.

---

11) 이수건, 1984, 앞의 책, 59쪽.

A – ① 王儒는 본디 성명은 朴儒이고 字는 文行이며 光海州 사람이다. … 드
디어 王이란 성을 내렸다(『고려사』 권92, 왕유전).

② 渤海國 世子 大光顯이 무리 수 만명을 거느리고 來投함에 王繼라는
이름을 내리고 宗籍에 올려주었다(『고려사』 권2, 태조 17년 7월).

위의 사례에서 보듯이 고려 태조는 지방 세력가와 내투자에게 왕씨
를 사성하였다. 王儒의 경우는 춘천 지역의 박씨였는데 왕씨를 사성받
았다.[12] 발해국의 세자 大光顯의 경우도 王氏를 사성받아 이름이 王繼
가 되었다.

이외에도 왕씨를 사성한 것으로 여겨지는 사례는 더 있다. 예를 들
면 皇甫能長의 경우는 본래는 皇甫氏였으나 왕씨를 사성받아 王能長이
라 표기되었다.[13] 그리고 廣州 지역 호족인 王規 역시 왕씨를 사성받았
다.[14] 또 韓申一도 본래는 韓氏였으나 왕씨를 사성받아 王申一이 되었
다.[15] 이렇게 고려 태조가 자신의 성씨인 '王'성을 하사한 것은 피사성
자를 자신의 일가친척으로 의식케 함으로써 일종의 擬制家族的인 관계

---

12) 王儒는 王仲儒라고도 하였다(문경현, 1987, 『고려태조의 후삼국통일연구』,
형설출판사, 190쪽). 또 태조의 禮和夫人의 아버지인 王柔와 동일인이라는
견해도 있다(이종서, 2018, 「고려시대 성씨 확산의 동인과 성씨의 기능」『역
사와 현실』 108, 313쪽).

13) 皇甫能長이 「진공대사탑비문」에는 '王能長'이라 표기되어 있다(『조선금석총
람』상, 1919).

14) 왕규는 본래는 廣州李氏일 가능성이 있는데 태조에게 귀부하면서 왕씨를 사
성받은 것이란 추측과(이수건, 1984, 앞의 책, 131쪽), 왕규는 『신증동국여
지승람』에 보이는 본래 咸規인데(강희웅, 1977, 「고려 혜종조 왕위계승의
신해석」『한국학보』 7, 81쪽) 왕씨를 하사받은 것이란 견해도 있다(김갑동,
1990, 『나말려초의 호족과 사회변동연구』, 고려대학교출판부, 224쪽).

15) 『高麗史』 태조세가에 韓申一과 王申一 두 이름이 동시에 나온다. 한편 王逢
規 역시 태조에게 귀부후 왕씨를 사성하였을 가능성이 크다.

를 성립시켰다.

그런데 강릉 왕씨의 경우를 살펴보면, 이들이 태조로부터 왕씨를 사성받기는 하였으나, 강릉 왕씨가 하나의 동일한 친족원이 아니었던 것을 볼 수 있다.

고려 초의 溟州將軍 順式에게 王姓이 주어졌다. 명주의 강력한 지방세력가인 順式은 태조가 궁예를 몰아내고 즉위한 뒤에도 태조에게 불복한 독립된 세력을 형성하고 있었다. 이에 태조는 이 세력의 포섭에 고민하고 있었다. 마침 侍郎 權說의 건의에 의해 內院에 승려로 있던 순식의 아버지 許越을 파견하여 간곡하게 설득한 결과 순식은 태조에게 복속키로 하고, 922년(태조 5) 7월 20일 長子 守元을 보내어 귀순하였다. 이에 태조는 守元에게 王姓과 田宅을 하사하였다.[16] 그리하자 이에 감복한 순식은 아들 長命을 精兵 600명을 거느리고 開城에 보내어 宿衛케 하였다. 그리고 928년(태조 11) 정월 25일 명주장군 순식은 직접 부하들을 인솔하고 入朝하자 태조는 기뻐하여 순식에게 王氏를 사성하고 大匡에 임명하고, 그의 아들 장명에게는 廉이란 이름을 하사하고 元甫에 임명하였다.[17] 그리하여 왕순식을 시조로 하는 강릉 김씨가 성립되었다. 그런데 특이한 것은 922년 아들 수원에게 왕씨를 하사한 뒤, 928년 순식에게 왕씨를 하사하고 있다. 다시 말해 이 경우는 태조가 지방세력가의 친족원 모두에게 왕씨를 하사한 것이 아니었다. 아들 수원과 아버지 순식에게 따로따로 왕씨 성을 하사하고 있다.

그리고 순식을 따라 태조에게 함께 歸附한 그의 小將 官景에게도 동시에 王姓을 하사하였다.[18] 즉 王景은 순식의 소장으로서 왕씨를 사성

---

16) 『고려사』권1, 태조 5년 6월.
17) 『고려사』권1, 태조 11년 정월, 권92, 왕순식전 참조.
18) 『고려사절요』권1, 태조 11년. 그리고 官景의 딸은 태조의 貞穆夫人이 되었다 (『고려사』권88, 후비1).

받았다. 관경은 순식과는 직접 혈연적인 관계는 없고 단지 순식의 군단을 지휘하는 무장이었던 것 같다. 좀더 자세히 말하자면 관경은 순식과는 상하관계로 연결된 명주 세력의 한 구성원이었다. 여기서 관경은 순식과는 부계 혈연을 달리하면서 그도 이때 왕씨를 사성받았던 것이다. 그리하여 그 또한 강릉 왕씨의 일원이 된 것이다. 그리고 그의 후손들은 순식의 후손들과 한가지로 강릉을 본으로 하는 왕씨로 계승되어 졌다. 이처럼 왕순식가와 왕경가는 서로 따로 왕씨를 사성받은 것이다.

그리고 왕순식이나 왕경과는 가계를 달리하는 또 하나의 강릉 왕씨가 있다.

B. 王伯은 처음 이름은 汝舟였다. 강릉인으로 본래 성은 金인데, 신라 太宗의 5세손 周元의 후손이다. 遠祖 乂는 태조를 도와 공로가 있어 관직이 內史令이 되었다. 태조가 그 딸을 맞아 비로 삼고 王姓을 주었다(『고려사』권109, 趙廉傳附王伯傳).

이처럼 王乂 역시 김주원의 후손으로 태조에 의하여 왕성을 하사받았다. 그리고 그의 딸은 태조의 大溟州院夫人이 되었다. 이는 앞에서 살펴본 왕경의 경우처럼 왕예 역시 순식의 집단이 사성될 때 그 일원으로서 왕성을 하사받은 듯하다.

그리하여 태조에 의하여 사성된 같은 江陵 王氏이면서도 왕순식과 왕렴처럼 부자간에도 각각 왕씨를 사성하였고, 그리하여 강릉 왕씨라는 같은 성씨임에도 불구하고 그 시조를 王順式, 王景, 王乂로 각각 달리하게 되었다.

이러한 사실은 태조에 의해 행하여진 사성은 어느 특정인을 대상으로 한 경우도 있겠지만, 강릉 지역의 인물들에게 왕씨를 사성한 것에서 보듯이, 이 집단에 속한 경우는 모두가 왕씨를 사성하였고 이들은 모두 강릉 왕씨가 된 것이다.[19] 이처럼 태조의 사성은 어느 지역의 집단 전체를 대상으로 한 것으로 볼 수도 있겠다.

한편 고려 태조는 하사한 성에는 왕씨 뿐만 아니라 종래 신라왕조의 왕성인 金도 있었고, 名望姓인 張이나 權 또는 裵, 柳, 李, 洪, 康도 있었다.[20]

C - ① 權幸은 본래 성은 金인데 ··· 마침내 고려에 항복함에 태조가 기뻐 말하길 幸은 기미를 알고 권도에 밝다고 하고 權을 성으로 내려주었다 (『신증동국여지승람』권24, 安東府 人物).

② 大小西院夫人 金氏는 行波의 딸이다. 행파는 활쏘기와 말타기를 잘했다. 태조가 金을 성으로 내려주었다(『고려사』권88, 后妃1).

이처럼 洞州 호족인 行波는 金氏를 사성받았다. 특히 고창군 전투에서 태조를 도와 공을 세운 이른바 안동의 三太師에게는 權·金·張의 3성이 사성되었다고 한다.

그리고 태조의 개국공신 洪術은 洪氏를(홍유), 白玉三은 裵氏를(배현경), 能山은 申氏를(신숭겸), 卜沙貴는 卜氏를(복지겸) 사성받았다. 또 權說은 劉氏를 사성하여 劉權說,[21] 公萱은 康氏를 사성하여 康公萱이 된듯하다.[22]

---

19) 강릉 왕씨는 본래 그 지방 호족인 순식 또는 본성 김씨인에게 고려 태조가 은급의 형식으로 사성한데서 비롯된 것이다(이수건, 1984, 앞의 책, 139쪽).

20) 혹은 새로운 姓을 주는 경우와는 달리 이미 스스로 사용하고 있는 성을 그대로 인정해 주어 사용하게 하는 경우도 많았을 것이다.

21) 權說(『고려사절요』권1, 태조 5년 7월)과 劉權說(「淨土寺法鏡大師塔碑」『朝鮮金石總覽』上).

22) 公萱(『고려사절요』권1, 태조 12년 12월)과 康公萱(「菩提寺大鏡大師塔碑」『朝鮮金石總覽』上).

이밖에도 기록에 동일인이면서 성이 다르게 표기되어 있는 曲衿會
(『고려사』태조세가)와 李衿會(『고려사』태조세가), 柳陟良(『고려사』태조세
가)과 李陟良(『조선금석총람』상), 金律熙(『조선금석총람』상)와 蘇律熙(『조
선금석총람』상), 仇足達(『조선금석총람』상)과 具足達(『조선금석총람』상)
등의 기록이 있다. 이들의 인명은 뒤에 본래 사용하던 것과는 다른 새
로운 성씨로 표기된 것으로, 이 새로운 성씨는 아마 태조의 사성으로
생겨난 것으로 추측된다. 그리고 貞州柳氏 柳天弓의 경우도 柳氏를 사
성받은 듯하다.[23]

또 賜姓만 한 것이 아니라 이름을 하사한 賜名의 경우도 있었다. 앞
에서 살펴본 대광현이 王繼, 김순식의 아들 장명이 王廉이 된 바가 있
고, 특히 術이 洪儒가 되고,[24] 能山이 申崇謙이[25] 되고, 沙貴가 卜智謙
이 되었으며,[26] 白玉衫(또는 白玉三)이 裴玄慶이[27] 된 경우 그러하다.
그리고 지방세력가들이 이미 사용하는 성을 인정하면서 이름만 새로
준 경우도 있다. 예를 들면 李棹이나[28] 金宣弓의[29] 경우가 그러하다.
그리하여 洪儒는 義城 洪氏, 申崇謙은 平山 申氏, 卜智謙은 沔川 卜氏,
裴玄慶은 慶州 裴氏의 시조가 되었다. 그리고 이들 성씨와 洞州 金氏,

---

23) 金行波가 두 딸을 侍寢시켜 金氏를 하사받았듯이, 貞州 柳氏도 그랬을 것
    이다(이수건, 1984, 앞의 책, 143쪽 주18 참조).

24) 『고려사』권92, 洪儒傳, 그리고 弘術 또는 洪術이었다.

25) 『고려사』권92, 洪儒傳附申崇謙傳;『신증동국여지승람』권41, 황해도 평산;
    권46, 강원도 춘천; 권39, 전라도 곡성.

26) 『고려사』권92, 洪儒傳附卜智謙傳.

27) 『고려사』권92, 洪儒傳附裴玄慶傳.

28) 李棹: 太祖南征 至錦江水漲 棹護涉有功 賜名棹 官至太師三重大匡(『신증동국
    여지승람』권18, 全義縣 人物).

29) 金宣弓: 太祖征百濟 至崇善募從軍者 宣弓以吏應募 太祖喜 賜所御弓 因賜名
    焉(『신증동국여지승람』권29, 善山府 人物).

義城 金氏, 文化 柳氏, 安東 權氏, 安東 金氏, 安東 張氏, 全義 李氏, 善山 金氏 등은 태조의 사성으로 출현한 성씨이다.

　이처럼 태조는 개국공신 및 고위 관료와 귀순 호족들에게 왕족의 성을 비롯한 새로운 성을 주거나 또는 이미 그들이 사용하고 있는 성을 인정해주는 賜姓을 하면서, 때로는 이름을 주는 賜名을 하였다.

　한편 사성의 대상은 집단의 유력자 뿐만은 아니라 집단에 속한 일반민까지도 포함하였다.

　D. 俗說에 전하기를 고려 태조가 나라를 세운 뒤에 木州 사람이 여러 번 배반한 것을 미워하여 그 고을에 성을 내렸는데 모두 짐승 이름이었다(賜其邑姓皆以畜獸). 뒤에 牛는 于로 고치고 象은 尙으로 고치고 豚은 頓으로 고치고 場은 張으로 고쳤다(『신증동국여지승람』 권46, 木川縣 姓氏).

　위 문장에서 '賜其邑姓'을 '그 읍성', '그 읍의 성', '그 읍 사람의 성' 등으로 해석해 볼 수가 있다.

　태조가 木州人에게 邑姓을 주었다는 것은 당시 목천 지역내에 존재하던 유력한 세력집단들에게 각각 여섯 가지의 동물 이름을 나타내는 성씨를 내렸다는[30] 것이다. 이렇게 함으로써 이들 동물성을 가진 자들은 다른 지역으로 이주하더라도 구별이 되게 하는 일종의 이주 제한을 위한 조치였다. 그러나 이 지역의 세력 대표자 개인에게만 이들 동물성씨를 내렸고, 그들 개인의 거주지를 한정하여 이주를 제한했다고 보기는 그 의미가 너무 축소적이고 약하다. 거주 제한의 대상은 여섯 동물성을 받은 각각의 집단들이었을 것이다.

---

30) 『세종실록지리지』 충청도 목천현 성씨조에 "土姓六:牛馬象豚場申 諺傳 改牛爲于 改象爲尙 改豚爲頓 改場爲張"이라는 기록이 있다.

그러므로 여기서 사성의 대상은 세력집단의 구성원 전체, 즉 세력의 대표자는 물론 그 친족들과 심지어 그 휘하의 일반민들 모두가 해당하였을 것이다. 다만 수취대상에서 제외된 노비는 제외되었다고 보겠다. 그러므로 이때 사성은 일반민에게도 행해졌음을 알 수 있다.

결국 고려 태조에 의한 사성은 왕순식 부자의 경우처럼 특정한 호족 개인에게 주어지는 경우도 있었지만, 목천의 여섯 가지 동물성 사여한 경우에서 보듯이 개인보다는 친족 구성원을 포함한 그 집단에 포함된 일정지역에 거주하는 모든 양민에게 주어진 것이었다.

Ⅳ. 사관 및 성적과 거주 제한

1. 賜貫

우리나라 성씨가 중국과 다른 특징은 본관이 있다는 점이다. 한국의 성씨제도란 바로 성과 본관으로 구성된 성관체제를 말한다. 그래서 우리의 성씨는 본관을 중심으로 구성되어 있어서, 성보다는 오히려 본관이 더 중요한 의미를 가진다.

태조 왕건은 투항해 온 자들뿐만 아니라 후삼국 통일전쟁이 종식된 후에는 전국의 여러 호족들에게 각 출신지·거주지별로 그곳을 본관으로 하는 토성을 分定하였다.

즉 고려 태조로부터 賜姓이 있은 뒤 곧 本貫을 부여하였다.

E - ① 申은 谷城에서 나왔는데, 고려 태조가 平山을 本籍으로 주었다(『朝鮮金石總覽』下, 申崇謙忠烈碑).

② 세상에 전하기를 태조 때 夢熊驛吏로 韓이란 성을 가진 사람이 큰 공을 세웠기에 大匡 호칭을 주고 高丘縣 땅을 떼어서 縣을 설치하고 그

의 貫鄕으로 하였다(『고려사』 권56, 지리1, 貞海縣).

③ 琴儀는 본래 奉化縣 사람인데, 뒷날 金浦를 본적으로 받았다(『東國李相國集』 권36, 琴儀墓誌 ;『高麗史』 권102, 琴儀傳).

위의 자료에서 보듯이 태조는 본관을 정하여 주고 있다.

『고려사』에는 신숭겸은 초명이 能山이며, 光海州人이라고 기재되어 있으나, 그는 본래 곡성현 출신이었으며 뒤에 춘천에 우거한 바 있다가 나중에 태조가 그를 다시 평산에 사관함으로써 마침내 평산 신씨의 시조가 되었다.[31] 즉 신숭겸의 가문은 태조대에 평산을 사관하였다.[32]

본관이란 사용자들이 스스로 칭함으로써 비롯된 것이 아니라 국가에 의하여 받게 됨으로써 본관을 사용하게 되었다.[33] 고려시대에 본관을 사용한 자들은 양수척과 같은 특수한 천인을 비롯하여 노비와 외한인 등 일정한 본관의 공동체에 소속되어 있지 않고 국가의 부역도 부담하지 않은 계층을 제외한[34] 광범위한 계층의 사람들이 모두 가지고 있었다.

그런데 이때의 本貫이란 인용문 E-①과 ③에서 보듯이 본관을 가질 수 있는 사람이 적을 붙여 등록한 지역의 행정구역을 지칭한 것이었

---

31) 이수건, 1984, 앞의 책, 125쪽.

32) 특히 평산 지역은 고려 건국기에 태조를 도운 여러 호족세력이 있었고, 이들에게도 朴守卿家의 평산 박씨, 庚黔弼家의 평산 유씨를 사관하였다.

33) 김수태, 1981, 「고려 본관제도의 성립」『진단학보』 52, 41~64쪽. 그러나 이와 달리 신라말 고려초의 유력자들이 스스로 칭하였다는 설도 있다(김수태, 앞의 논문 ; 박은경, 1990, 「고려시대 향촌사회구조와 본관」, 인하대학교 박사학위논문, 47~48쪽 참조).

34) 채웅석, 앞의 논문, 366쪽. 한편 김수태, 앞의 논문, 51쪽에서 奴婢도 本貫을 가졌다고 하였지만, 이는 고려의 지방통치체제가 완성된 뒤의 양상이었을 것이므로, 여기서는 따르지 않는다.

다. 이러한 본관제도의 성립 배경은 신라말 고려초에 전국으로 광범위하게 발생한 인구이동 현상에 대처해 나가기 위한 것이었다. 즉 백성들로 하여금 더 이상 流離할 수 없도록 하는 장치, 백성들의 호구상태를 파악하고 또한 백성들을 통제할 수 있는 수단으로써 본관제도가 성립된 것이다.[35]

신라와 후백제의 멸망으로 후삼국통일을 완성한 뒤 태조는 본격적으로 대내문제에 전력할 수 있게 되었다. 대내문제 가운데서 가장 기본적인 것으로는 민생의 안정을 통한 왕권의 강화를 도모하는 일이었다. 민생의 안정은 곧 바로 국가통치에 필요한 인적 기반을 확고히 하는 것이기에 더욱 그러했다. 이에 민생안정을 위하여 당시 사회문제였던 유이민의 안착을 위한 여러 가지 방법을 취해 왔다.[36] 특히 그 중에서도 즉위초부터 개별적으로 행해오던 지방제도의 개편은 드디어 940년(태조 23)에 전국적으로 州府郡縣의 명칭 개편을 행하였다.

이와 동시에 各邑의 土姓을 分定하였다.[37] 토성분정시에는 신라의 진골·6두품 계층이나 성주·촌주로서 이미 漢姓을 가진 姓團은 그 성씨를 가진 채 각기 출신 군현의 토성이 되었고, 아직 한성을 갖지 못한 세력은 사성과 동시에 토성으로 책정되는 두 가지 경우가 있었다.[38]

그리고 곧 고려 건국 초부터 유력세력들에게 賜姓과 함께 賜貫함으로써 종전부터 점진적으로 취해오던 본관제도를 확대 실시하였다. 그 이유는 사성을 하고 또 본관을 부여하여 일정한 지역에서 특정한 본관

---

35) 김수태, 앞의 논문, 63쪽.

36) 김창겸, 1992,「고려 태조대 대유이민정책의 성격」『국사관논총』35.

37) 이수건, 1984, 앞의 책, 60~69쪽.

38) 이수건, 1984, 앞의 책, 55~56쪽.

을 가진 성씨의 집단을 정착시키려는 의도였다.[39]

다시 말해, 고려 태조는 통일사업을 완수한 뒤 공신들과 고급 관료 및 후삼국 통일사업에 협조했던 호족들에게 그들 출신지를 본관으로 하는 성씨를 내리는 한편, 지방 군현을 개편하여 각 구획에 토착하고 있던 유력층에게 그곳을 본관으로 하는 성을 나누어 주는 土姓分定을 시작하였다.

2. 成籍

앞에서 보았듯이, 본관은 특정한 행정구역에 적을 올림으로써 성립되었다. 곧 이것이 호적이다.

고려 태조는 본관을 분정한 후에 호적사업을 하였다. 물론 이전에도 호적은 있었다.[40] 그러나 신라말 고려초의 정치·경제·사회적인 여러 원인에 의하여 유이민 현상이 만연되면서 籍이 매우 혼란해 졌다. 이에 후삼국을 통일한 태조는 혼란한 사회상황을 재편성할 필요에서 우선 940년(태조 23)에 郡縣의 명칭 변경과 아울러 土姓을 분정하고 본관을 부여하면서 지방사회를 재편성해 나갔다. 재편성의 실질적인 작업은 戶籍의 작업으로 이루어져 나갔는데, 그 시기는 아마 943년(태조 26) 무렵이었을 것으로 추측된다.

F - ① 淸道郡司籍을 살펴보면 天福 8년 癸酉, 태조 즉위 제26년 정월 일 淸

---

39) 그러나 본관제에 의한 편제가 전국적으로 일시에 실시된 것이 아니라 지역에 따라 단계적으로 실시되었을 것이다는 추측도 있다(채웅석, 앞의 논문, 135쪽).

40) 「新羅村落文書」와 같은 것을 들 수 있다. 그리고 『祖堂集』 권17에 의하면 "道允姓朴 漢州鵂巖人也 累世豪族 祖考仕宦 郡譜詳之"라는 말에서 郡譜가 있었음을 알 수 있다.

道郡界 里審使 順英과 大乃末 水文 등의 柱貼公文에 "雲門山 禪院의 長生은 남쪽 阿尼貼이고 동쪽은 嘉西峴이다." 하였고, "同藪 三剛典의 典主人은 寶壤和尙이고 院主는 玄會長老, 貞座는 玄兩上座, 直歲는 信元禪師이다."고 하였다. 右公文은 淸道田帳에 기재되어 있는데 확실하다(『삼국유사』권4, 寶壤梨木).

② 이러한 일들을 영영 끊어지지 않도록 天福 8년 癸卯 10월에 依板 成籍하였다(伽倻山海印寺古籍, 『朝鮮寺刹史料』上, 1911, 朝鮮總督府).

위의 인용문 F-①에서 보듯이, 이처럼 943년(태조 26)에는 사원의 적이 작성되었다. 그 작성자는 里審使라는 직책을 띤 중앙에서 파견된 인물이다.

이때 조사하여 작성한 내용은 F-①에서 보면 사원의 경계 그리고 사원 내의 住持를 비롯한 책임 관리층의 승려명이다. 그리고 인용문 F-②에서 보면 사원의 내력 등이었다. 여기서 적이란 호적의 준말이며, 또한 주첩은 고문서로서 역시 호적을 의미하는 것이다.[41]

그런데 당시 里審使를 맡았던 자는 今有·租藏들로서, 이들은 流民의 安集 혹은 租稅와 賦役의 독촉·감독 그리고 각 지방 촌락의 田丁·戶口·寺院田 등을 조사하였다고 한다. 그렇다면 이때 작성된 寺院籍에는 사원이 소유하고 있는 호구 및 사원전도 함께 조사 수록되었을 것이다. 그리하여 태조는 사원을 고려 개국초 지방통제의 한 방법으로 통제 관리하였다

943년(태조 26) 무렵에 호적이 작성되었음은 앞에서 언급한 寺院의 戶籍 작성기록과 더불어 『고려사』의 軍籍 작성기록을 참조하면 더욱

---

41) 김영하·허흥식, 1978, 「한국중세의 호적에 미친 당송 호적제도의 영향」『한국사연구』19, 41쪽.

분명해진다.

G. (왕이) '武班으로서 나이가 많고 자손이 없는 자로 癸卯年(태조 26)부터 軍籍에
　　등록된 자는 모두 鄕里로 放還시키라. … '하였다(『고려사』 권3, 성종 7년 10월).

이들 자료에 의하면, 우연의 일치인지는 몰라도 940년(태조 26), 天
福 8년 癸卯에 사원은 물론 군인에 대한 호적의 작성이 있었음을 알
수 있다.
　이때 일반 민들에 대한 호적의 작성도 이루어졌음을[42] 짐작할 수 있
다. 그렇다면 당시 적의 작성에는 토지와 호구가 함께 기록되었을 것
이고, 이에서 미루어 본다면 공동체의 사회경제적 내용이 파악되었을
것이다. 그러므로 이것은 곧 그 지역이 본관제에 의한 지배질서 속에
서 편재된 것으로 보아야 한다. 그리고 적의 작성은 생활의 불안정에
서 발생하는 民의 流離 및 私民化의 방지에 효과를 얻을 수 있었다.
　이러한 사성과 본관의 부여 및 호적의 작성은 바로 국가의 구성상
필수요건인 백성들에 대한 파악을 전제로 하면서 당시 사회적 현상의
하나였던 유이민 문제의 해결을 위한 노력의 결과로[43] 나타났다. 즉
이미 발생한 유이민을 특정 지역에 새로 정착시켜 생업에 종사케 하면
서 이들의 거주 이전을 제한하여 또다른 유이민의 발생을 억제한 것이
다. 그리고 유이민의 정착은 지역내에 인구의 재편제를 낳아 국토의

---

42) 호적의 작성시기에 대해서는 태조 26년 외에도 ① 광종대의 노비안검법
　　의 실시와 함께, ② 성종대의 지방제도의 정비 및 지방관의 파견과 더불어,
　　③ 정종 원년 주현군현의 공부세액을 정할 때 등의 몇 시기로 나누어 생각
　　할 수 있지만, 籍의 재정리 작업을 통하여 백성들에게 본관을 준 시기는 빠
　　르면 태조 말년이나 늦어도 정종대에 가능했을 것으로 본 견해도 있다(김수
　　태, 앞의 논문, 61~63쪽).
43) 김수태, 앞의 논문, 59~60쪽.

균형적인 발전을 가져왔다.[44]

그리고 이러한 본관제에 의한 편제가 이루어진 뒤, 지역공동체의 결속을 강화하기 위하여 태조에게 협조한 공이 있는 성씨의 시조를 일정한 지역단위에 城隍神[45]·山神으로 섬겨 본관을 鎭守하는 守護神으로 인정하여 공동제사를 행하게[46] 하였다. 그런데 이러한 행사는 이 인물을 특정 지역의 공동 시조로 인정하거나 공동 수호신으로 받들어지는

---

44) 김창겸, 앞의 논문. 그리고 그 결과는 종래의 경주 중심에서 이제 고려의 수도인 개경 중심의 인구 편재에 의하여 국토의 개발이 진행되었으며 여기에는 풍수지리설이 크게 작용하였으리라 짐작할 수 있다.

45) 선행 연구에서는 성황신앙이 중국으로부터 우리나라에 전해진 시기는 후삼국기 인물이 거의 죽고 宋과의 외교관계가 성립되는 光宗代 무렵으로, 그리고 城隍祠의 건립주체는 국가가 아니라 조상을 성황신으로 배향함으로써 그 지역의 지배세력으로서 오랫동안 존속하기 위한 지방세력들로 파악하였다(김갑동, 1991, 「고려시대의 성황신앙과 지방통치」『한국사연구』74). 그러나 필자는 이와 생각을 달리한다. 성황신앙은 이미 大興郡에 蘇定方이 성황신으로 배향되었으므로(『신증동국여지승람』권20) 唐의 영향을 받았던 신라시대부터 성황당이 있었을 것이고(정승모, 1991, 「성황사의 민간화와 향촌사회의 변동」『태동고전연구』7, 4쪽), 또 904년 궁예가 여러 관부를 설치할 때 성황의 수리를 담당할 障善府를 설치한 바 있으므로(『삼국사기』권50, 궁예전), 성황사의 설치는 고려 태조의 후삼국통일 이전부터 있어온 것이다. 그리고 성황사의 건립은 국가가 의도적으로 행한 것으로 보인다. 특히 고려에 의하여 멸망한 후백제의 옛 영토 내에서 고려에 협조한 申崇謙, 朴英規와 그의 두 아들, 朴蘭鳳 등의 후손들이 중심이 된 토착세력이 자발적으로 자신의 조상을 성황신·산신으로 배향하여 신성성을 부여하는 것은 지역주민들의 고려에 대한 악감정상 용인되지 못했을 것이다. 그리고 그 목적은 국가가 지방통제, 즉 지역공동체의 내부 결속을 강고히 하기 위하여 고려 건국과 후삼국통일에 협조한 자를 내세워 이들을 매개로 하는 공동제사를 행하도록 이끌어간 것으로 보인다. 더욱이 최근에 부여의 庾黔弼을 모신 성황사에 대해 고려의 통일과정에서 후백제 극복이라는 정치적 측면에서 이 지역에 성황신으로 모셔졌다는 견해가 제기되었다(김효경, 2008, 「부여 임천군 성황사와 유금필」『역사민속학』26, 289~319쪽 ; 김갑동, 2009, 「고려 태조 왕건과 유금필장군」『인문과학논문집』46, 대전대학교).

46) 채웅석, 앞의 논문, 349쪽.

것을 인정함이 전제되어야 가능했을 것이다. 그리하여 지역 단위의 공동체 의식을 고취시킴으로써 수호신의 비호 아래 지역민이 안정을 도모함과 공동체 의식 속에서 이탈하여 유리하는 현상을 방지하고자 노력한 것이다.

결국 필자는 고려 태조가 사성과 본관 부여 이후에 곧 바로 성적사업을 하였는데, 그 시기를 943년(태조 26, 혜종 1)으로 보았다. 그리고 이러한 시책과 함께 해당 지역의 유력한 성씨의 시조를 모시는 공동제사를 통한 지역 공동체의식 고취 등은 유이민정책 중에서 사회적인 제제조치의 성격을 갖는 것이다. 그리고 나아가서는 국토에 편재된 인구가 다시 유이민화되는 것을 방지하기 위한 노력의 표현이다.

V. 맺음말

지금까지 고려 태조대의 사성에 대하여 살펴보았다. 그 내용을 간단히 요약하여 맺음말에 대신하면 다음과 같다.

우리 성씨는 실제 혈연적으로 전혀 동일 직계는 물론 친족도 아니면서 동성동본으로 오인된 경우가 있다. 그 연유는 여러 가지가 있지만, 그 중에서도 처음부터 고려 태조의 賜姓과 賜貫에서부터 유래된 것도 더러 있다.

태조의 사성은 특정한 호족 개인에게만 주어지는 경우도 있었지만, 때로는 그의 친족 구성원과 그 집단에 포함된 일정 지역의 모든 양민에게 주어진 것이다. 그리고 본관제도를 확대 실시하였다. 즉 고려 태조는 후삼국통일을 완수한 뒤 공신들과 고급 관료 및 통일사업에 협조한 호족들에게 출신지를 본관으로 하는 성씨를 내렸다.

그리고 940년(태조 23)에 전국 군현을 개편하여 명칭을 변경함과 더불어 각 지역에 토착하고 있던 유력층에게 토성을 분정하고 본관을 부여하면서 지방사회를 재편성해 나갔다. 그 실질적인 작업은 호적의 정리 작성으로 이루어졌는데, 그 시기는 아마 943년(태조 26) 무렵이었을 것으로 추측된다.

이러한 사성과 본관의 부여 및 호적의 작성은 곧 국가의 구성상 필수요건인 백성들에 대한 파악을 전제로 하면서 당시 사회적 현상의 하나였던 유이민 문제의 해결을 위한 노력의 결과로 나타났다. 유이민을 특정 지역에 새로 정착시켜 생업에 종사케 하면서 이들의 거주 이전을 제한하여 또다른 유이민의 발생을 억제한 것이다.

그리고 지역 공동체의 결속을 강화하기 위하여 성씨의 시조를 일정한 지역 단위에 본관의 수호신으로 인정하여 공동 시조 내지는 공동 수호신으로 제사를 행함으로써, 지역 단위의 공동체 의식을 고취시켜 주민의 안정을 도모함과 여기에서 이탈하여 유리하는 것을 방지하고자 하였다.

결국 사성과 본관 부여, 호적의 작성, 그리고 공동체 의식 고취 등은 토지에 긴박시켜 인민의 거주 이전에 대한 통제 조치의 성격을 갖는 것이다. 그리고 국토에 편재된 인구가 다시 유이민화되는 것을 방지하기 위한 노력의 표현이다.

3장

신라말 고려초 평택 임씨의 등장

Ⅰ. 머리말

대한민국 국민에게는 누구나 성씨가 있다. 현행 「민법」의 "제781조 (자의 성과 본) ① 자는 부의 성과 본을 따른다. 다만, 부모가 혼인신고 시 모의 성과 본을 따르기로 협의한 경우에는 모의 성과 본을 따른 다.(전문개정 2005.3.31, 시행일 2008.1.1.)"고 하여 부계 혈통을 따르는 것을 원칙으로 하면서 양계 혈통을 허용하고 있다.[1]

전통적으로 한국에서 姓은 부계 혈통의 표시로 인식되어 왔다. 한국

---

[1] 이어서 "② 부가 외국인인 경우에는 자는 모의 성과 본을 따를 수 있다. ③ 부를 알 수 없는 자는 모의 성과 본을 따른다. ④ 부모를 알 수 없는 자 는 법원의 허가를 받아 성과 본을 창설한다. 다만, 성과 본을 창설한 후 부 또는 모를 알게 된 때에는 부 또는 모의 성과 본을 따를 수 있다. ⑤ 혼인외 의 출생자가 인지된 경우 자는 부모의 협의에 따라 종전의 성과 본을 계속 사용할 수 있다. 다만, 부모가 협의할 수 없거나 협의가 이루어지지 아니한 경우에는 자는 법원의 허가를 받아 종전의 성과 본을 계속 사용할 수 있다. ⑥ 자의 복리를 위하여 자의 성과 본을 변경할 필요가 있을 때에는 부, 모 또는 자의 청구에 의하여 법원의 허가를 받아 이를 변경할 수 있다. 다만, 자가 미성년자이고 법정대리인이 청구할 수 없는 경우에는 제777조의 규정 에 따른 친족 또는 검사가 청구할 수 있다."고 하였다.

의 성과 본관제도는 중국의 한식 성씨제도를 수입 모방한데서 시작되었지만, 그것이 본격적으로 정착된 시기는 신라말 고려 초기라 하겠다.[2] 그리하여 조선 후기에 李重煥이 지은 『擇里志』에서 말하기를, 우리나라에서 중국식 성씨의 시작은 신라 말 무렵이라 하였고,[3] 또 성씨의 보급과정을 크게는 ① 고려초 賜姓 이전의 성씨(삼국 및 가락국의 왕실), ② 중국에서 東來한 성, ③ 고려 초 賜姓 등 셋으로 나누었다. 즉, 중국의 성씨제도를 수용한 한국의 성씨는 보다 일찍부터 사용된 소수의 특정 성씨를 제외하면 대부분이 신라 말에서 고려 전기에 이르는 기간에 비롯되어 확산되었다. 이런 까닭에 많은 성씨의 시조는 신라말 고려초와 그 이후의 인물로 알려져 있는데, 특히 이들 성씨 중에는 시조가 중국에서 왔다고 한 경우가 제법 많다.

이 글에서는 오늘날 大姓名族의 하나인 平澤 林氏의 시조로 전하는 林八及에 대해서 살펴보고자 한다. 우선 현전하는 평택 임씨의 유래와 시조 임팔급에 대해 소개할 것이다. 그리고 평택 임씨처럼 그 시조가 이른바 '八學士'로서 중국에서 한반도로 건너와 정착한 성씨에 대해 검토하고, 또 평택 지역에 本貫을 가진 姓氏들에 대해 알아보겠다. 마지막으로는 신라말 고려초 지방세력(豪族)의 稱姓과 평택 임씨가 대두하는 과정을 살펴보겠다.

그리하여 평택 임씨가 한국 성씨와 평택 지역에서 가지는 역사문화적 의의에 대해 이야기하겠다. 그러나 워낙 관련한 직접 자료가 영성하여 부득이 추측성을 띤 내용이 있을 것이다. 이에 해량이 있기를 부탁드린다.

---

2) 이수건, 2003, 『한국의 성씨와 족보』, 서울대학교출판부, 81쪽.

3) "自新羅末 通中國 而始姓氏 然只仕宦士族 略有之 民庶則皆無有也 至高麗混一三韓 而始倣中國氏族 頒姓於八路 而人皆有姓".

II. 평택 임씨의 유래와 林八及

한국에는 해당 성씨의 족보와 역사 기록에서 시조가 중국 등 주변지역에서 옮겨왔다고 하는 성씨가 제법 많다. 2000년 인구조사에 의하면 한국의 성씨는 286개인데, 이 중에서 146개 姓과 516개 本貫 씨족이 외부에서 들어 왔다는 것으로 보고되어, 무려 전체 성씨의 50%에 해당한다. 그런데 이 통계에는 귀화 뒤 새로 본관을 창설한 성씨를 포함해 집계하지 않은 것이므로, 실제로 외래 성씨의 후손은 전체 인구의 30%를 넘을 것이라 한다.[4]

물론 이 통계수치와 주장을 그대로 사실이라 믿기는 힘들다. 그렇지만 한국 성씨 중에는 족보류 문헌 등을 통해서 스스로 중국 등에서 이주해왔다고 한 경우가 있고 또 그들은 그렇게 믿고 있다. 그러기에 그것이 사실이 아니라거나 그 믿음이 잘못이라거나 또는 잘못 알고 있는 것이라고만 말할 수는 없다.

한편 이들 외래 성씨 중에서 현대사회에 새로이 칭성칭관한 경우와 또는 전통시대에 극히 일부의 특정한 지역에서 유입된 몇몇 성씨와 본관을 제외하고는, 거의 대부분이 중국에서 유입된 성씨라고 스스로 이야기하고 있다.[5] 그러면서 이들 외래계 성씨의 시조가 우리의 생활 터전이랄까 한국의 역사와 문화 속으로 들어온 시기는 이미 고조선시대로부터 근래에 이르기까지 아주 오랜 세월이라고 한다.

기존 연구에 의하면, 외국에서 한국으로 옮겨온 씨족은 상고시대 귀화성씨는 18성 63본관, 삼국 이전 귀화성씨는 4성 18본관, 삼국시대

---

4) 김정호, 2005,『한국의 귀화 성씨』, 지식산업사, 136~137쪽.

5) 이들의 시조라는 사람의 옮겨오기 이전 지역, 즉 출신지를 크게 구분하면 중국계, 몽골계, 여진계, 위구르계, 아랍계, 베트남계, 일본계 등으로 분류할 수 있다.

귀화성씨는 6성 11본관, 통일신라시대 귀화성씨는 19성 125본관, 당 8학사 귀화성씨 18성 27본관, 고려시대 귀화성씨 50성, 84본관, 몽고간섭기 귀화성씨 9성 9본관, 원 공주 배종 귀화성씨 20성 40본관, 기타 외국 귀화성씨 8성 10본관, 조선시대 귀화성씨 31성 60본관, 시기 미상 귀화성씨 21성 29본관이라고 한다.[6]

　사실상 이들 성씨의 시조가 된 인물과 집단이 중국에서 한반도로 도래한 것은 유이민 현상의 하나로써 당시 인구이동이 낳은 결과이다.

　한편 이들이 이주한 동기는 몇 가지 나눌 수 있다. 1) 정치적 사회적 이유로 망명한 경우이다. 2) 문화적 이유로서 우리나라에서 요청하거나 국가적 차원에서 중국 왕조 스스로 자신들의 선진문화의 우월감에 학자를 파견하거나(藝學 傳授), 또는 자발적으로 들어와 조정에서 관직을 받고 정착한 경우 등이 있다. 3) 외교적 이유로서는 사신으로 왕래하던 중 바다에서 표류하여 정착한 경우와 상급자를 배종하여 따라온 경우이다. 4) 군사적 이유로서 전쟁과 전란시 파견되어 정착한 경우 등이 있었다.[7] 좀더 구체적으로 이야기하자면, 자발적인 경우에는 정치적 망명, 범죄자 도망, 전란 피난, 구법과 선교, 투항, 무역 등이고,[8] 타의반 자의반인 경우에는 귀양, 표착, 파병, 사신, 시종, 강제사민 등을 들 수 있다.

　이 성씨들의 유입 시기는 중국에서 변란과 왕조교체기였다. 우선 고대부터 고려 초까지만 살펴보아도, 殷 紂王의 폭정과 殷周의 交替期에 箕子의 東來와 그를 따라 왔다는 성씨들, 秦이 망하고 漢이 재통일하는

---

6) 김정호, 2003, 앞의 책, 219~229쪽.

7) 최양규, 2005, 「고려-조선시대 중국 귀화성씨의 정착」『백산학보』 73, 226~228쪽.

8) 김창겸, 1992, 「고려 태조대 대유이민정책의 성격」『국사관논총』 35.

교체기에 건너온 秦의 유이민,[9] 後漢 말기 黃巾賊의 난으로 인한 혼란기,[10] 4세기 漢郡縣 퇴출기 樂浪·帶方지역에서의 유이민,[11] 唐 말기 전쟁을 피해오거나, 5代16國의 혼란기에 건너온 성씨 등이 그러하다.

여기서 살펴보고자 하는 평택 임씨도 중국에서 이주해 온 것으로 전해오는 성씨로 알려진 그 대표적 사례의 하나이다. 현전하는 중국 林氏의 유래에 대해서는 몇 가지 다른 이야기가 있다. 먼저 神人說은 약 5,000년 전인 중국 堯임금 시기에 神人 한 사람이 冀州 太原縣의 두 나무 아래로 내려왔는데, 그 용모가 매우 훌륭하고 재주와 지혜가 남보다 뛰어남에 임금이 林이란 성을 내려주었다는 이야기이다. 그리고 比干說은 약 3,000년 전인 중국 殷 말기 太丁大王의 둘째 아들로, 箕子·微子와 함께 이른바 3仁으로 불렸던 比干이 조카 紂王에게 暴政을 만류하는 直言을 하다가 죽음을 당했으며, 비간의 正夫人 陳氏가 임신 중에 長林山으로 피신하여 아들을 낳으니 이름을 泉이라 하였다. 殷이 망하고 周 武王이 泉을 찾아 성 林과 이름 堅을 주었다는 이야기이다. 이외에도 孔子의 제자 林放 후손설, 주 평왕의 아들 林開 자손설 등 있다.

한국의 임씨들도 출자를 중국 임씨의 유래설과 연계하여 이야기하고 있다. 먼저『증보문헌비고』에 다음과 같은 기록이 있다.

A. 林氏: 比干의 아들 堅이 長林山에 隱居하였으므로 곧 林氏가 되었다. ○
   本譜(林氏族譜)에 이르기를, "中朝의 翰林學士 林八及이 참소를 받아 유배

---

9) "前此 中國之人 苦秦亂 東來者衆 多處馬韓東 與辰韓雜居"(『삼국사기』권1, 박혁거세거서간 38년).

10) 김영관, 2014, 「백제유민 진법자묘지명 연구」『백제문화』50, 11쪽.

11) 이홍직, 1987, 「백제인명고」『한국고대사의 연구』, 신구문화사 ; 윤용구, 2007, 「중국계 관료와 그 활동」『백제의 대외교섭』, 충청남도역사문화연구원 ; 정재윤, 2012, 「중국계 백제관료에 대한 고찰」『사총』77.

가다가 그 배가 우리나라의 平澤 龍浦里에 닿았는데, 신라 敬順王 때 吏部 尚書가 되었으며, 시호는 忠節公이었다. 자손들이 그대로 거기에 머물러 살았다." 한다. 우리나라의 林氏는 여기에서 分派한 것이다.[12]

이처럼『증보문헌비고』에는 중국 임씨유래설 중 비간설을 언급하였다.

한편『예천임씨세보』의 '林氏 淵源'에서는 "得姓說 吾林得姓之源有二 說 一唐堯初神人降于冀州太原縣雙木下 容狀甚偉才智過人 因以賜姓林 氏云 一殷王子比干之子諱堅 隱於長林山 故以林字爲姓云"이라 하여[13] 신인설과 비간설을 나란히 수록하였다.

『平澤林氏壬戌譜序』에는 "我林東方舊族 鼻祖學士公諱八及 自中國始 居平澤之龍珠坊仍受貫"[14]라고 한 바와 같이, 자연히 한국 임씨의 시원 을 중국 임씨에서 찾고, 또 중국 임씨가 한반도로 동래해 한국 임씨의

---

12) "林氏 比干之子堅隱於長林山仍爲林氏 ○ 本譜云中朝翰林學士林八及被讒鼠 逐來泊于本國平澤龍浦里 新羅敬順王時 吏部尚書忠節公 子孫仍居焉我東之 林自此分派(『증보문헌비고』권50, 제계고11, 부록 씨족5 임씨조). 그리고 이 어서 "平澤林氏 始祖 林彦修(三重大匡이며 平城府院君에 봉해졌고 시호는 忠定公이다. ○ 본래 利安林氏였다. 곧 지금의 安陰인데, 자손들이 혹 칭하 기를 平城이라고도 하고, 平澤이라고도 하고, 또 坪城이라고도 한다. 領三 司事 林禧의 후손들이다) 아들 林堅味(벼슬이 侍中이며, 平原府院君에 봉해 졌다) 林成味(벼슬이 三司右使였고, 시호는 忠簡公이다) 林先味(太學生이었 는데, 忠祠에 배향되었다. ○ 이들은 林堅味의 형제들인 듯한데, 행적은 상 고할 수 없다) 林成味 6세손 林亨秀(문과 출신으로 벼슬이 濟州牧使였으며, 湖堂에 뽑혔고 書院에 배향되었다) 林亨秀의 조카 林檜(문과 출신으로 벼슬 이 廣州牧使였고 忠祠에 배향되었다) 林亨秀의 종손 林得義(무과 출신이며 공신으로 平城君에 봉해졌다) 林德躋(문과 출신으로 벼슬이 正言이고 시호 는 忠獻公이다)"라고 하였다.

13)『醴泉林氏世譜』권1 상계, 1986, 1쪽.

14)『平澤林氏壬戌譜序』, 鄭炳浣編著, 1987,『韓國族譜舊譜序集』, 亞細亞文化 社, 172쪽.

시조가 되었다고 하여 연계시켰다.

또 『평택임씨족보』에는 鼻祖로 모시는 林八及의 東渡說에 대해서 "1802년 始刊된 壬戌譜 序文에 周 武王 元年 箕子 27년에 동쪽 나라 朝鮮에 聖君으로 있을 때 八及公께서 殷의 太保로서 原職을 충실히 수행한 공훈으로 彭城에 봉함을 받은 후 이를 본관으로 하였다고 함"이라 인용하였다. 그리고 이어서 "本譜의 判斷에는 殷 말에 太保公께서 중국으로부터 나오시어서 平澤 龍珠坊에 거주하심으로부터 평택 임씨의 시조가 되었다 함."이라 하면서, 아울러 "恭惠公 墓表文에는 鼻祖 八及公께서는 唐 翰林學士로 東渡하여 仕 新羅 吏部尙書를 지냈다고 되어 있다."고 하였다.[15]

더구나 『大東韻府群玉』의 [林] '성씨'조에 '平澤 羅末 林八及 自中原 出來 事敬順王 爲吏部尙書 居平澤因以貫"이라[16] 하였다.

이처럼 평택 임씨를 비롯한 한국의 대부분 임씨들은 중국 임씨에 그 시원을 두고 있으며, 또 중국에서 동래했다는 임팔급이란 인물을 시조로 받들고 있다.

그러나 임팔급의 동래시기에 대해서는 설이 동일하지 않다. 그 중에서 대표적인 것을 소개하면 다음과 같다.

첫째, 箕子從來說이다. 즉, 평택 임씨의 시조 林八及이 周 武王代 箕子를 따라왔다는 설이다. 즉 주 무왕 원년(B.C. 1122)에 箕子가 東來할 때 따라와[17] 임씨성의 시조가 되었다는 설이다.

둘째, 唐末東渡說이다. 평택 임씨의 시조인 임팔급이 당 文宗代 (827~840) 나이 18세로 벼슬하여 翰林學士가 되었는데, 간신배의 모

---

15) 『平澤林氏典客令公系大同譜世譜』 권1, 문헌편 15쪽.

16) 『大東韻府群玉』 권8, 下平聲 十二侵 林.

17) 또 함열 南宮氏, 태인 景氏, 봉화 琴氏, 충주 强氏, 밀양 魯氏, 토산 弓氏, 문화 柳氏, 평양 趙氏, 白川 趙氏 등도 기자를 따라온 성씨라는 설이 있다.

함을 받고 동료 7인(이른바 8學士)과 함께 복건성 팽성을 출발하여 바다를 건너 동쪽으로 와 지금 평택지역인 彭城 龍珠坊에 정착하였다는 설이다.

셋째, 後唐東來說이다. 임팔급이 後唐 明宗代(926~933), 즉 신라 경순왕대에 왔다는 설이다.

그런데 임팔급을 도시조로 하는 여러 임씨들의 족보에서는 그가 신라시대에 동래한 것으로 기록되어 있다.

먼저 『兆陽林氏大同譜』와 『醴泉林氏世譜』에는 다음과 같이 기록하고 있다.

B. 임팔급은 당 조정에 벼슬하여 18세에 翰林學士가 되었다. 당에서 讒訴를 입고 쫓겨남에 같은 덕이 있는 7賢과 함께 바다를 건너와 彭城 龍珠坊에 도착하였다. 신라 조정에서 관직이 吏部尙書에 이르고, 이때 적병이 변방을 침입함에 公이 힘써 물리쳐 忠節 諡號를 받았다. 配匹 福州夫人 金氏의 아버지는 侍御史 允福이고 묘는 平澤 龍珠坊 雲岩洞 酉坐 혹은 妙香山 雲岩洞 酉坐에 있다고 하나 그 상세한 것은 알지 못한다고 한다.[18]

한편 『扶安林氏大同譜』에는 보다 구체적으로 이야기하고 있다.

---

18) "林八及 仕於唐廟 年十八爲翰林學士 自唐被讒見逐與同德七賢浮海來泊彭城龍洙坊 新羅朝官至吏部尙書時賊兵侵邊 公奮討諡忠節 配福州金氏父侍御史允福 苗平澤龍洙坊雲岩洞酉坐 或云在妙香山雲岩洞酉坐云 未知其詳"(『兆陽林氏大同譜』 권1, 문헌편, 2006, 627쪽). 또 『醴泉林氏世譜』 권1, 上系 '始祖'에는 "諱 八伋: 仕於唐朝年十八爲翰林學士 自唐被讒見逐與同德七賢浮海來泊彭城龍珠坊 ○新羅朝宮(官 오자?)至吏部尙書時賊兵侵邊公奮討 ○諡忠節 配福州金氏父侍御史允福 ○苗平澤龍珠坊雲岩洞酉坐 或云在妙香山雲岩洞酉坐云未知其詳"(『醴泉林氏世譜』, 1986, 1쪽)이라 하여 같은 내용이다.

C - ① 忠節公 林八及 事蹟: 唐에서 당년 18세로 登科하여 翰林學士를 거쳐
兵部侍郎 禮部尚書를 역임하다가 唐 末期에 奸臣들의 참소를 입고
八學士 즉 林八及 薛仁敬 許董 劉筌 宋奎 崔沍 權之奇 孔德狩 등 八
賢이 唐의 福建省 東鈴의 彭城에서 바다를 건너오시어 學士公께서는
당시 彭城 龍珠坊 현 평택시 팽성에 정착하시었다. 九一六年(新羅 神
德王 五年 丙子에 吏部尚書)에 오르시고 적병이 변방을 침입함으로 공
이 분연히 토벌하였다는 記錄이 있으며 或은 927년에서 935년 敬順
王 때 吏部尚書를 지내고 변방의 적병을 분연히 토벌하였다는 기록이
있다. 配位는 福州金氏로 侍御史 允福의 女인데 墓所는 平澤 龍珠坊
雲岩洞 酉坐로 전하고 또는 平澤 龍珠坊 卯坐 辛坐로 전한다. 平安
道 德川 表忠祠에 配享되었다는 記錄도 있다.[19]

② 당 한림학사로서 薛仁敬, 許董, 劉筌, 宋奎, 崔沍, 權之奇, 孔德狩 등
7인과 함께 간신들이 침소를 입고 마침내 바다를 건너 팽성 용포리에
정거하니 동방의 임성이 이로부터 비롯되었다. 위란을 평정한 공훈으
로 팽성군에 봉하고 충절공으로 시호를 받았다. 배위는 복주김씨로 시
어사 윤복의 딸이다. 묘소는 평택 용주방 묘좌이다. 일설에는 殷 太保
로서 箕子를 따라 東來한 공훈으로 錦城君에 봉해졌다. 혹은 18세로
당에서 벼슬하여 翰林學士되었으며 東來하였다. 新羅 敬順王 때 吏
部尚書가 되었다고 하나 명확한 증거가 없어 자세한 것은 알 수 없
다.[20]

---

19) 『扶安林氏大同譜』 권1, (2) 人物事蹟, 2002, 93쪽.

20) "扶安譜曰 唐朝翰林學士 與薛仁敬許董劉筌宋奎崔沍權之奇孔德狩等七人
共被群讒逐渡海而定居 彭城龍浦里 東方之林姓 自比始焉定 危亂之勳封 彭
城君 諡忠節公 配福州金氏侍御史允福 苗平澤龍珠坊卯坐 一之殷之太保從
箕子東來以元勳封 錦城君 或云年十八仕於大唐 爲翰林學士 東來 新羅 敬
順王朝 爲吏部尚書 與譜皆無明證不可詳也"(扶安林氏族譜).

이처럼 편찬 시기와 문종에 따라 기록마다 구체적인 내용, 즉 임팔급의 동래 시기와 활동 등에서는 조금씩 다르게 이야기하고 있다. 그럼에도 임씨들은 대체로 임팔급이 신라시대 동래하였다고 한다. 그리하여 평택 임씨를 비롯한 여러 임씨들은 최근 임팔급을 도시조로 받들고 다음과 같이 정리하였다.

> D. 870년경 중국 福建省 東鈴 彭城에서 7學士와 함께 당 말기의 혼란을 피해 지금의 평택시 팽성읍에 동도하였다. 당에서 18세에 翰林學士로 시작하여 신라국에서는 吏部尚書의 높은 벼슬에 이르고 변방 외적의 침입을 막은 큰 공으로 諡號 忠節公이며, 묘소는 팽성 안정리에 있으며 配位는 貞敬夫人 福州 金氏이다. 墓碣銘은 증손 忠肅公이 썼다.[21]

인용문 D의 구성 요소는 1) 동래시기, 2) 동래시 신분, 3) 동래 이유, 4) 동래 지점, 5) 동래 이후의 활동 등이다. 이것을 좀더 구체적으로 분석하여 임팔급의 일생을 정리하면 다음과 같다.

㉮ 평택 임씨의 시조 임팔급은 중국 당나라 사람으로,
㉯ 18세 나이에 한림학사를 하였으며 당 8학사의 한사람이다.
㉰ 그는 당 말기에 혼란을 피해 한반도로 이주하였다.
㉱ 그는 중국 복건성 동령 팽성을 출발하여 7학사와 함께 지금 평택시 팽성읍에 정착하였다.
㉲ 신라에서 (경순왕 때) 이부상서에 올랐다.
㉳ 그리고 변방 외적의 침입을 막은 큰 공으로 충절공의 시호를 받았다.

---

21) 전국임씨중앙회, 2013, 『林氏上系譜略史』, 기창, 31쪽.

㉔ 묘소는 팽성 안정리에 있다.

㉕ 配位는 貞敬夫人 福州 金氏이다.

    그러면 위의 내용을 기본 자료로 하여 임팔급과 평택 임씨에 대하여 검토 분석해 보겠다. 논의의 전개를 위한 편의상 임팔급의 동래 시기에 대한 언급을 먼저 하겠다.

    필자가 앞에서 언급하였고, 또 C-②에도 기록된 것처럼 종전에 임씨들은 기자종래설을 펴기도 했다. 그러나 우리가 잘 알듯이 기자가 고조선에 왔다는 설은 역사적으로 허구적인 이야기이다. 게다가 중국에서 비간이 주 무왕으로부터 임씨성을 받은 시기와 기자의 동래시기(周 武王 원년, B.C. 1122)가 서로 시간적 선후가 맞지 않아 성립할 수 없다. 그리하여 임씨들은 오늘날에는 고려 무신정권기에 활약한 유명한 문인 林椿의 『西河先生集』에 실린 주장을 받아들여, 당말동래설, 즉 당이 망하기 직전인 850년대 또는 그 이후에 동래한 것으로 보고 있다.

    결국 임씨들은 당말에 이르러 8學士가 함께 東渡하여 평택의 農城을 쌓고 공동생활을 하다가, 7學士들은 각자 삶의 터전을 찾아 떠나고, 八及公만이 남아 정착한 것으로 전하여지고 있다고 한다.[22]

Ⅲ. 신라말 당에서 도래한 '八學士' 성씨들

    앞의 내용에서 ② 임팔급이 18세 나이에 한림학사 벼슬을 하였으며 당 8학사의 한사람으로, 당 말기에 혼란을 피해 한반도로 이주하였다고 한 것에 대해 검토해 보겠다.

---

22) 전국임씨중앙회, 2013, 앞의 책, 28쪽.

비록 임팔급이 당 말기에 혼란을 피해 왔다고 하지만, 훨씬 앞선 시기의 자료에는 간신배의 참소를 입어 쫓겨났다고(인용문 A '林八及被讒鼠逐', B '自唐被讒見逐', C-② '共被群讒逐渡海') 기록되어 있다. 그러므로 혼란을 피해서 왔다는 표현이 포괄적이기는 하나, 좀더 구체적으로는 전쟁이나 전란으로부터 피신한 것이 아니라 정치적으로 쫓겨나 다른 7명과 함께 정치적 망명의 길을 떠났다는 것이며, 그리고 한반도로 향하여 온 결과 팽성에 이르렀다는 이야기로 이해하겠다.

그러면 임팔급을 포함하여 함께 동래했다는 당의 8학사는 누구이고, 이들을 시조로 하는 성씨는 어떤 것이 있는지를 살펴보자. 우선 앞의 인용문 C에 기록된 8학사의 명단을 보면 林八及, 薛仁敬, 許董, 劉筌, 宋奎, 崔沆, 權之奇, 孔德狩 등이다.

한편 한국의 성씨 가운데는 중국 당의 8학사로 고구려 또는 신라에 귀화했다는 성씨는 상당수가 있다. 우선 여러 자료에서 8학사의 후손이라고 한 성씨들을 검출하여 간단하게 살펴보면 다음과 같다.[23]

1) 原州 元氏: 『文獻備考』에는 중국 偉 종실 元暄의 후손으로, 즉 634년 고구려에서 초청한 8학사의 한 사람 元慶의 후손이라고 한다.
2) 長興 魏氏: 『文獻備考』에는 중국 晉 때 周 文王의 자손 畢萬이 魏國의 제후가 된 뒤로 성씨를 魏라 하였고 그 자손이 왔다고 하였으며, 위씨족보에는 신라가 道藝之士를 청했을 때 당 太宗이 파견한 8학사의 한 사람인 魏鏡이 남양으로 들어왔다고 하였다.
3) 南陽 洪氏: 『고려사』 홍복원전에는 "홍씨의 선조는 당성에서 살았다. 당에서 才子 8인을 고려(고구려)에 보냈는데, 홍씨는 그 중 하

---

23) 여기서 예로 든 성씨는 김정호, 앞의 책, 2005, 168~174쪽에 정리된 것을 참조하였다.

나이다."『文獻備考』에는 "貞觀 연간(627~649) 고구려가 당나라
에게 예문에 통달한 학사를 보내줄 것을 요청하여 8명을 왔는데,
홍씨는 그 중 하나이며, 唐城에 살았고 당성이 南陽府에 있어 남
양을 본관으로 하였다. 시조 洪殷悅은 그 후손이지만 몇 대인지
알 수 없다."고 하였다. 또 경기도 화성시 서실면 상안리의 唐城
밑에는 최근에 세운 당성사적비가 있는데, 8학사 도착지라고 기
록되어 있다.[24]

4) 南陽 房氏:『문헌비고』에는 "중국의 房氏는 堯임금의 아들 丹朱가
방후에 봉해져 방을 성씨로 하였으며, 南陽 房氏의 시조 房李弘
은 三韓壁上功臣으로, 벼슬이 三重大匡輔國公이었다. 唐 梁公 房
玄齡의 7세손으로, 高句麗의 奏請으로 우리나라에 와서 南陽을
賜籍받았다."고 하였다.

5) 南陽 徐氏: 시조 徐趄은 중국 宋에서 고려로 동래한 8學士의 중
한 명이며, 唐城에 정착했는데 벼슬이 太師에 올랐고 南陽君에
봉해졌다.

6) 晉州 邢氏: 시조 邢顒은 634년(영류왕 17) 고구려 영류왕의 요청
으로 당 태종이 파견한 8學士 중의 한 명으로 고구려에 들어와
三重大匡을 지냈으며 南陽의 官籍을 하사받았다.

7) 溫陽 方氏:『문헌비고』에는 선조는 중국 산동 사람인데, 삼한 때

---

24) ① "공의 성은 洪氏, 휘는 進, 자는 希古, 본관은 南陽이며, 自號는 訒齋
이고 또다른 호는 退村이다. 唐 말기에 皇帝가 八學士를 보내서 東方의
사람을 가르치게 하였는데, 홍씨가 그 중 한 사람이었으므로 唐城이란 관
향을 하사받았다"(『동계집』권4, 碑銘 唐興府院君 洪公 신도비명 并序). ;
② "공의 선조는 上國 출신이다. 唐 말엽에 八學士를 우리나라에 내보내
교육시키도록 하였는데, 洪氏도 그 가운데 하나로서, 南陽을 貫鄕으로 하
사받았으며 邑號는 唐城이라 하였다."(『澤堂先生集』권10, 墓誌 唐興府院
君洪公墓誌銘 병서)

학사 方智가 처음 동쪽으로 왔다고 했으며, 씨족보에는 669년 당
사절로 신라에 와서 온양에 정착했다고 한다.

8) 草溪 卞氏: 중국 당의 卞源이 743년 8학사의 한명으로 신라에
   왔다.

9) 金浦 公氏: 당 현종(755~763) 때 安祿山의 난을 피해 김포에 와
   정착하였다. 18학사 가운데 한명이다.[25]

10) 南陽 諸葛氏: 諸葛亮의 아버지 諸葛珪의 20세손이 되는 諸葛巡
    이 신라 진흥왕 때 남양에 정착했다고 한다.

11) 平澤 林氏: 시조 임팔급은 당 문종대(827~840) 8학사로 신라에
    와서 평택에 자리 잡았다고도 하고, 참소를 받아 유배되던 배가
    평택 용포리에 닿아 정착했다는 설화도 있다.[26]

12) 幸州 殷氏: 당의 殷洪悅이 신라 문성왕 때인 850년 8학사의 한
    사람으로 신라에 왔으며 그 후손들이 행주에 정착했다.

13) 孝令 司空氏: 司空圖가 당 희종 때 예부시랑을 지내다가 897년
    에 8학사의 한사람으로 경북 군위군 효령에 정착했다.

14) 南陽 宋氏: 당의 한림학사로 간신의 참소를 입고 후당 명종 때인
    926년 한림 8학사인 宋圭가 남양 송주동에 정착했다고 한다.

15) 沃川 陸氏: 절강성에 시조 陸普가 927년 당 명종이 보낸 8학사
    의 한사람으로 신라에 와서 경순왕의 부마가 되었다고 한다.

16) 宜寧 玉氏: 고구려의 요청으로 당에서 파견된 8재사의 한 사람
    인 玉珍瑞가 신라에 왔다.

17) 海平 吉氏: 당 8학사의 한사람인 吉塘이 신라에 귀화했다.

---

25) 이때 18학사란 중국 당 태종이 秦王府에 18學士를 두었던 것을 의미하는
    것 같다.
26) 문종 때 왔다면 완도 청해진 장보고 시대 상인집단이었을 것이란 추측도
    있다(김정호, 2003, 앞의 책, 172쪽).

18) 江陵 劉氏: 시조 劉筌은 중국 宋 사람으로 한림학사와 병부상서를 지낸 뒤, 王安石이 제정한 靑苗取息法이 부당하다고 극간하다가 고려 문종 36년(1082)에 우리나라로 건너와 영일군에 살았다.[27]

위에 나열된 성씨와 본관에서 볼 수 있듯이 중국에서 온 8학사의 후손이라고 하는 한국 성씨는 본관 8개가 아니라 훨씬 더 많다. 그리고 8학사로 언급된 인물들도 다르다. 우선 평택 임씨를 비롯한 여러 성씨들의 자료에는 林八及과 함께 동래한 8학사는 林八及, 薛仁敬, 許董, 劉筌, 宋奎, 崔沍, 權之奇, 孔德狩라고 하였다. 그러나 남양홍씨와 관련한 자료에는 그 시조를 포함한 8학사가 함께 唐城으로 들어 왔다고 하였으며, 심지어 남양을 본관으로 하는 성씨가 무려 38개에 이른다. 그밖에도 여러 인물이 8학사로 거론되어져 있다.

더구나 이른바 중국 8학사라고 하는 이들의 한반도로 이주 시기를 정리하면, 당에서 온 8학사는 고구려시대, 고구려 영양왕대(634년), 신라시대, 669년, 743년, 850년, 897년, 926년, 927년, 그리고 송에서 온 8학사는 고려시대라고 하는 등 매우 다양하다. 즉 이것들을 크게 구분하면 8학사의 동래 시기를 고구려, 신라, 고려로 나눌 수 있다.

이들 성씨 중에서 고구려시대에 동래한 성씨는 南陽 洪氏, 南陽 房氏, 宜寧 玉氏, 晉州 邢氏, 原州 元氏이고, 신라시대에 이주해 왔다는 성씨는 長興 魏氏, 溫陽 方氏, 草溪 卞氏, 平澤 林氏, 幸州 殷氏, 孝令 司空氏, 南陽 宋氏, 金浦 公氏, 南陽 諸葛氏, 沃川 陸氏, 海平 吉氏 등이며, 고려시대 이주해 왔다는 성씨는 南陽 徐氏, 江陵 劉氏 등이다.[28]

---

27) 중앙일보사, 2005, 『성씨의 고향』, 1270쪽.

28) 또 학사로 신라시대 이주해 왔다는 성씨는 광산(광주) 노씨·면천 복씨·함

이처럼 이들 8학사의 후손을 칭하는 가문들은 고구려시대와 신라시대 또는 고려시대 남양(당성)이나 평택 그리고 다른 여러 지역으로 들어왔다고 하면서도, 또 구체적인 동래 시기와 8학사의 구성원에서는 달리하고 있어, 매우 혼란스럽다.

이런 이유로 현재로서 당에서 이주한 8학사의 실체에 대해 그 무엇이라고 확언하기가 어려우며, 후손이라는 주장도 좀더 연구해 보아야 한다.

예를 들면 평택 임씨와 같이 동래한 8학사의 후손이라고 하는 성씨 중의 하나인 강릉 유씨를 살펴보자. 『증보문헌비고』권52, 제계고 13, 부록 씨족7 유씨조의 "江陵 劉氏: 시조 劉筌은 唐 조정에서 翰林 벼슬을 지냈으며, 우리나라에 귀양 와서 居昌縣에 살다가 中世에 강릉으로 옮겼다."고 하였다. 게다가 강릉 유씨 문중에서는 劉筌이 宋 王安石의 청묘취식법을 반대하다가 고려 문종 36년(1082)에 임팔급 등 8학사와 함께 동래하였다고 한다. 이것은 『평택임씨족보』에 시조 임팔급이 劉筌을 포함한 8학사가 신라시대 평택에 함께 도착하였다고 한 것과는 상당히 차이가 있다.

한편 남양 송씨의 경우는 『증보문헌비고』권50, 제계고1, 부록 씨족5 송씨조에서 "南陽 宋氏는 시조가 宋進인데 戶長으로 中尹이었다."고 되어 있음에 비하여, 인터넷 포털사이트 '네이버 지식백과'와 '위키백과'에는 "南陽 宋氏는 당 翰林學士로 신라에 와 吏部尙書를 역임한 宋奎를 시조로 하고 있다. 그는 신라가 망하자 南陽 宋主洞으로 와서 여생을 마쳤고, 이로써 남양을 본관으로 삼게 되었다고 한다."고 하였다. 그런데 『평택임씨족보』에서 임팔급과 함께 동래한 8학사 중 한명이 남

_____

양 여씨이며, 고려시대 왔다는 성씨는 해주 오씨·경주 섭씨·달성 하씨·개성 방씨·안음 서문씨·청주 좌씨·파릉 호씨 등이 있다.

양 송씨의 시조인 宋奎이다. 여기서 흥미로운 것은 묘하게도 송규의 관력이 임팔급의 경우와 당에서 관직과 신라에서 관직이 똑같다는 점이다. 하지만 송규는 신라 중앙의 관직에서 물러난 뒤에 남양에 이주하여 이곳을 본관으로 했다고 하여 큰 차이가 있다.

또 앞에서 열거한 8학사의 후손이라 한 성씨 중 하나인 남양 방씨의 경우를 보자. 『문헌비고』에서 "南陽 房氏의 시조 房李弘은 三韓壁上功臣으로, 벼슬이 三重大匡輔國公이었다. 唐 梁公 房玄齡의 7세손으로, 高句麗의 奏請으로 우리나라에 와서 南陽을 賜籍받았다."고 하였다. 그러나 방현령의 생존 시기는 578~648년이다. 그러므로 그의 7세손이라면 한세대를 약 30년으로 계산해도 7세대×30년=210년 이후이므로, 7세손 房李弘이 우리나라에 온 것은 210+(578~648)으로, 대충 850년 전후가 될 것이다. 하지만 668년에 이미 멸망한 고구려의 요청으로 왔다고 하여 서로 시간적으로 맞지 않는다.[29]

이처럼 각 성씨에서 말하는 8학사의 동래시기가 서로 다르다. 오직 남양 송씨의 시조인 宋奎는 평택 임씨와 같지만, 그마저도 관력이 임팔급과 서로 동일하여 어쩌면 후대에 부회한 느낌이 든다. 더구나 평택임씨족보와 강릉유씨족보에서 다같이 임팔급과 동행했다는 劉筌의 경우는 각자가 동래한 시기와 지점이 크게 달라서, 임씨의 시조 임팔급이 8학사가 함께 평택 팽성에 도착하여 생활하였다는 것과는 매우 다르다.

이런 이유로 당 8학사의 실체가 불분명함으로 8학사는 물론 임팔급

---

29) 이런 이유로 남양 방씨들은 중국의 房氏는 堯의 아들 丹朱가 방후에 봉해져 방을 성씨로 하였으며, 房玄齡의 둘째 아들 房俊이 634년(정관 8, 영류왕 17) 고구려의 奏請으로 당 8학사 중 한 사람으로 동래하여 唐城에 정착해 살게 되면서 南陽 房氏 기원이 되었고, 房俊의 9세손 房季弘이 고려 개국에 공을 세웠다고 한다.

의 동래설도 좀더 신중하게 재고해 볼 여지가 있다.

Ⅳ. 평택지역 본관의 성씨들

한편 인용문 C에서 말하듯이 임팔급은 설인경, 허동, 유전, 송규, 최호, 전지기, 공덕수 등 7인과 함께 간신들이 참소를 입고 바다를 건너와 팽성 용포리에 정거하니 동방의 임성이 이로부터 비롯되었다고 하였다. 즉 ㉭ 그는 '중국 복건성 동령 팽성을 출발하여 다른 7학사와 함께 지금의 평택시 팽성읍에 정착하여' 살다가 흩어졌다고 한다.

그러면 이른바 8학사가 과연 평택 지역에 정착하였고, 이들의 후손들이 임팔급의 경우처럼 평택 지역을 本貫으로 하였는가를 살펴보겠다. 『2000년 대한민국 통계청의 본관 및 성씨 관련 조사보고서』에 의하면 평택과 이웃 진위를 본관으로 하는 성씨는 평택 임씨를 비롯하여 모두 16개이다.

平澤을 본관으로 하는 성씨는 평택 임씨, 평택 김씨, 평택 문씨, 평택 방씨, 평택 안씨, 평택 오씨, 평택 이씨, 평택 장씨, 평택 전씨, 평택 정씨, 평택 차씨, 평택 최씨, 평택 황씨로 모두 13개이고, 振威를 본관으로 하는 성씨는 진위 김씨, 진위 이씨, 진위 조씨로서 모두 3개이다. 이 중에서 오늘날 가장 인구수가 많아 번성한 성씨는 평택 임씨인데 전국적으로 66,015가구에 210,089명으로 전체 성씨 중 39위에 해당하며, 그리고 평택 지역에서도 가장 번성하여 778가구에 2541명이 거주하고 있다고 한다.[30]

그러면 지금부터는 평택 임씨를 제외하고 평택과 지금 평택에 속하

---

30) 『평택시사』1. 자연·역사·인물, 2014, 평택시사편찬위원회, 448~449쪽.

는 진위를 본관으로 하는 여타 성씨와 그 시조에 대해서 간단하게 살펴보겠다.

우선 『신증동국여지승람』 제19권, 忠淸道 平澤縣의 '성씨'조를 보면 "본현은 李·林·朴·田·孫·全이 있으며, 朴은 村姓이다."고 하였다. 이것을 평택임씨족보에서 8학사라고 언급한 인물의 성씨와 대비하면 오직 임씨만 일치한다. 그러므로 『동국여지승람』 편찬시에 평택을 본관으로 하는 성씨로서 앞에서 든 8학사와 성씨를 같이하는 것은 평택 임씨 하나뿐이라 하겠다.

그리고 오늘날 성씨에서 평택과 진위를 본관으로 하는 대표적인 성씨의 시조와 그 내력을 살펴보면 다음과 같다.

① 平澤 金氏: 시조 金完老는 신라 大輔公 金閼智의 후손으로 大司諫을 지냈다고 한다. 그러나 문헌이 없으므로 世系나 시조에 대해서는 알 수 없다. 다만 후손들이 그를 시조로 평택을 관향으로 삼아 세계를 이어오고 있다.

② 平澤 朴氏: 시조는 朴之永이며, 그 先祖는 신라 景明王의 다섯째 아들 朴彦昌(沙代大君)의 후손이라고 전하나 자세히 알지 못한다. 박지영은 조선시대 平澤縣監을 지내고 그의 아들 朴山이 刑曹參判으로 1456년(세조 2) 慶源으로 유배되어 그곳에 정착하여 살면서 본관을 平澤으로 하였다.[31]

③ 平澤 田氏: 『己巳譜』世德편에 의하면 시조 田光彦은 평택에서 출생하여 관계에 나아간 뒤 戶曹佐郎을 지냈으며, 世祖의 왕위찬탈을 반대하다가 平安道都事로 밀려났는데, 세조가 왕위에 오르자

---

31) 『상산박씨족보』에는 평택 박씨의 관향조 朴之永은 沙伐大君 朴彦昌의 13세손으로 기록되어 있다.

벼슬을 버리고 平壤에 눌러살았다고 한다. 그래서 후손들이 선대의 고향인 평택을 관향으로 삼아 潭陽 田氏에서 分籍하여 代를 잇고 있다고 한다.[32]

④ 振威 金氏: 시조는 金昇景인데, 조선초 果毅校尉行大護軍으로 함경도 端川에 파견된 것이 계기가 되어 정착함으로써 진위 김씨의 시조가 되었다. 김승경은 金元柱의 아들인데 김원주는 경기도 永新, 곧 지금의 평택군 진위현의 屬縣에서 世居한 것으로 丁巳譜에 적혀있다.[33]

⑤ 振威 李氏: 시조 李自英은 경주 이씨의 시조 이거명의 후손이라고 하나 혈연관계를 고증할 수 없다. 그가 고려시대 禮儀判書를 지내면서 공을 세워 진위군에 봉해짐으로써 후손들이 그를 시조로 하고 본관을 진위로 하였다.

이 밖에도 평택 문씨, 평택 방씨, 평택 안씨, 평택 오씨, 평택 이씨, 평택 장씨, 평택 정씨, 평택 차씨, 평택 최씨, 평택 황씨, 진위 조씨 등이 있다고 한다.

앞에서도 여러 차례 언급하였지만, 평택 임씨들이 임팔급과 함께 동래하였다고 하는 8학사는 설인경, 허동, 유전, 송규, 최호, 전지기, 공덕수 등이다. 그러나 이들의 성씨는 평택 김씨, 평택 박씨, 평택 전씨는 물론 평택 문씨, 평택 방씨, 평택 안씨, 평택 오씨, 평택 이씨, 평택 장씨, 평택 정씨, 평택 차씨, 평택 최씨, 평택 황씨, 진위 조씨 등의 성씨와도 상응하지 못함을 볼 수 있다.

그러므로 『동국여지승람』에 기록된 토성과 현전하는 평택을 본관으

---

32)『성씨의 고향』, 2005, 중앙일보사, 1749쪽.
33)『성씨의 고향』, 2005, 중앙일보사, 442쪽.

로 하는 성씨에는 평택 임씨를 제외하고는 앞에서 나열한 唐에서 동래한 8학사와는 성씨가 일치하지 않아서, 이들이 함께 평택에 거주하였다는 것을 확인할 수가 없다.

V. 신라말 고려초 지방세력의 칭성과 시조화

한편 신라에 귀부한 임팔급은 ㉮ '신라에서 吏部尙書에 올랐고', ㉯ '변방 외적의 침입을 막은 큰 공으로 忠節公의 시호를 받았다.'고 하였다. 이 이야기는 임팔급이 신라 중앙 조정에 등용되어 고위 관직에 올랐을 뿐만 아니라 변방을 침입한 외부의 적을 물리쳤음을 주장하는 것이다.

그런데 신라시대에는 이부상서라는 관직이 없다. 잘 알다시피 한국사에서 吏部尙書란 고려시대 尙書 6部의 하나인 吏部의 장관직이다. 이부는 982년(성종 1) 御史六官이 갖추어지면서 選官으로 설치되었다가, 995년 尙書吏部로 개편되었다. 고려 문종 때 관제를 정비해 判事 1인, 尙書(정3품) 1인, 知部事 1인, 侍郞(정4품) 1인, 郞中(정5품) 1인, 員外郞(정6품) 1인으로 구성되었다.[34] 결국 吏部尙書는 상서성의 정3품 관직으로, 995년(성종 14) 이부·병부·호부·형부·예부·공부 등 상서 6부가 정비된 이후, 고려 문종 관제에서 각 부에 정원 1인의 관직으로

---

34) 이후 1275년(충렬왕 1) 원의 내정간섭으로 관제가 개편될 때 예부를 흡수해 典理司로 되었다. 관속들도 상서가 판서로, 시랑이 摠郞으로, 낭중이 정랑으로, 원외랑이 좌랑으로 각각 바뀌었다. 1298년 충선왕이 즉위해 관제를 개혁하면서 예부를 분리시키고 銓曹로 고쳤다. 이때 상서·시랑·낭중·원외랑을 다시 두었으며, 판사와 지사는 폐지하였다.

고정되었다.[35]

이처럼 한국사에서 이부상서라는 관직은 빨라야 고려 성종 14년 (995)에야 설치된 관직이다. 그러므로 임팔급이 이부상서 관직에 실제 보임했다면 신라에서 이 관직에 등용된 것이 아니라 고려 왕조에서 올랐을 것이다. 만약 임팔급이 신라 왕조에서 관직에 등용되었다면 그 실제 관직은 이부상서가 아니라 다른 관직이어야 한다. 설령 임팔급이 신라 중앙정부의 고위직에 등용되었다면 직무수행을 위해서는 王京(경주)에 거주해야 한다. 그렇지 않고 계속하여 평택에 살았다는 것은 곧 신라 중앙 조정에 등용되지 않았음을 뜻한다. 그러므로 임팔급이 신라 시대 이부상서 관직을 역임하였다는 것은 적합하지 않음을 알 수 있다.[36]

그럼에도 임팔급의 출신 성분을 당에서 한림학사를 지냈다고 한 것은 매우 흥미로운 이야기이다. 신라말 고려초에 한반도 내에 토착인이

---

35) 1275년(충렬왕 1) 상서성이 폐지되고, 6부가 典理司·軍簿司·版圖司·典法司 등 4사로 개편되면서 각 사의 判書로 고쳐졌다. 1298년 충선왕이 즉위해 관제를 개혁할 때, 4사가 銓曹·兵曹·民曹·刑曹·儀曹 등 5조로 개편되자 판서도 각 조의 상서로 바뀌었다. 같은해 충선왕이 퇴위하자 다시 4사 체제가 들어서고 상서는 판서로 개칭되었다. 그러다가 1308년 충선왕의 복위와 함께 4사가 選部·民部·讞部로 개편되면서는 각 부의 典書로 되었다. 그 뒤 1327년(충숙왕 14) 다시 4사가 두어지고 전서는 판서로 환원되었다. 1356년(공민왕 5) 반원개혁으로 문종 관제가 복구되면서 상서6부가 부활되고 다시 상서로 고쳐졌다. 그러나 1362년 상서6부가 이전의 4사에 禮儀司와 典工司를 합친 6사로 바뀌었다. 따라서 상서도 판서로 되었다. 이것이 1369년 상서6부의 상서로 다시 고쳐졌다가 1372년 6사로 되면서 판서로 되돌아갔다.

36) 평해 황씨의 경우도 그러하다. 한편 이에 대해 여기서 신라라고 하면서 고려시대에 존치되었던 관직을 보유한 것으로 하여 신라와 고려의 시간적으로 공유한 것은, 여기서 신라는 역사상 신라 왕조를 일컫는 역사로서 신라가 아니라 우리나라의 대명사로서 신라라고 이해하려는 견해도 있다(황운룡, 앞의 논문, 319쪽).

시조로 등장하는 경우에는 대체로 탁월한 무술이나 엄청난 경제력을 가진 지방세력으로서 고려 태조의 개국이나 후삼국통일전쟁을 도운 인물로 이야기되어지고 있다. 물론 간혹 뛰어난 학문이나 예지력을 가진 경우도 있다. 이에서 보건대 임팔급을 學士로 표현한 것은 그것이 사실일 수도 있지만 후대, 특히 조선시대에 이르러 후손들이 조상을 학식과 교양을 겸비한 인물로 상정함으로써 형성된 것이라 하겠다. 특히 동래 이후에 신라 조정에서 이부상서를 보임했다는 이야기는 더욱 그러하다. 지리적으로 가까운 면천 지역에 동래했다는 卜智謙의 선대 卜學士에 관한 이야기도 같은 성격을 가지고 있다.[37]

한편으로는 이 시기에 등장한 성씨의 시조들은 武的 능력이 탁월하여 후삼국기 군웅할거의 상황에서 그 능력을 인정받아 고려 개국공신이 되었거나 특정 지역 수호신으로 받들어진 경우가 많다. 이에 상응하여 임씨들은 자신들의 시조 임팔급에게도 그러한 능력과 업적이 필요하였을 것이다. 이러한 이유로 신라말에 변방에 외적이 쳐들어온 것을 물리쳤다는 무공이 추가되어진 것이라 하겠다.

그것은 시호를 忠節이라는 후대적 용어로 표현한 것에서도 알 수 있다. 충절이란 忠誠과 節義를 합한 말이다. 즉 '충성스러운 절개 또는 의리를 지키는 지조'라는 의미이다. 이것은 특히 유교적 개념으로서 전통시대 왕조와 국왕이 위기에 처했을 때 배신하지 않고 끝까지 절개를

---

37) "고려 卜智謙은 신라 말에 卜學士라 일컫는 자가 당나라로부터 본군으로 와서 살면서 바다 도적을 물리쳐 죽이고, 머물러 남은 백성들을 모아 보전한 적이 있었는데, 지겸은 그의 후손이다. 처음 이름은 砂瑰이며, 裵玄慶과 더불어 太祖를 추대, 開國功臣이 되어 본주의 토지 300頃을 하사받아 자손이 대대로 이를 먹고 살았다. 시호는 武恭이다."(『신증동국여지승람』 권19, 忠淸道 沔川郡 인물). 여기서 복학사는 직명으로, 당에서 한림학사라는 벼슬에 있었을 것이며, 해적들을 소탕하게 된 것도 그러한 그의 명성 때문이었다고 생각한다(김갑동, 2001, 「나말려초의 면천과 복지겸」『한국중세사회의 제문제』, 한국중세사학회, 44~45쪽).

지킨 인물들에게 주어지는 諡號이다. 이러한 점을 고려하면 신라 말에 변방을 침입한 적병을 물리쳐 공훈이 있는 인물에게 주어진 시호가 충절이라는 것은 딱히 매우 합당하지만은 않은 듯하다.[38]

결국 후대인들은 임팔급이 당에서는 학문적 지식을 갖춘 문인이었고, 이에 더하여 무적 능력도 탁월하여 동래 이후에 신라에서는 전투에 공을 세웠다하여 문무겸비한 인물상을 만들었다.[39]

특히 시조동래설은 기존의 신라 고유한 성씨 형태가 중국식으로 바뀌는 과정에서 모든 예지를 총합하여 서사적으로 이야기화한 것이다. 그러면서 어떤 지역에 집단 거주하는 성씨들에게 그 소종래를 밝히기 위하여 시조동래설이 어루어 졌다. 물론 한국의 성씨 중에는 그 시조가 어떤 경로를 통해 중국에서 실제 동래한 경우도 제법 있다. 그럼에도 오늘날 성씨 중에는 조선시대를 거치는 동안 慕華思想의 영향 등으로 東來한 중국인을 遠祖로 冒稱하는 가문들도 상당수 있었다.

그러나 여러 성씨의 東來始祖說을 무조건 부인하는 것은 실증적인 태도라 할 수는 없을 것이다.[40] 사실 평택 지역은 이웃의 唐城 등이 그러했듯이 지리적으로 중국의 교류에 주요한 지역이었기에 당말 혼란기에 동래인들이 이 지역으로 이주하여 정착하였을 가능성도 충분히 있다. 이런 이유로 한국 임씨들이 토박이가 아니고 그들의 주장대로 중

---

38) 현재 기록에서 확인되는 가장 이른 시기에 忠節이란 시호를 받은 인물은 고려 태조대의 庾黔弼이다(『고려사』 권60, 禮志2, 吉禮大祀 太廟 禘祫功臣).

39) 이는 평해 황씨의 시조라고 전하는 黃洛이 漢에서 儒臣이었으나 신라에 동래한 이후에는 스스로 黃將軍이라 하였다는 기록에서도(『증보문헌비고』 권50, 제계고11, 황씨) 보듯이, 신라 말기의 군웅활거 상태의 역사적 잔영이 깃들여 있는 것이다(황운룡, 앞의 논문, 301쪽).

40) 이종일, 1993, 「중국에서 동래한 사람의 성씨와 그 자손의 신분지위」『소헌남도영박사고희기념 역사학논총』, 324쪽.

국에서 왔을 가능성도 열려 있다.[41]

하지만 한국의 성씨제도가 중국의 것을 모방한데서 신라 말이래 우리의 文士들은 得姓 사실과 조상 유래를 중국에서 찾으려는 경향이 강했다. 실제 이미 신라시대부터 왕족과 진골귀족 그리고 지식인들은 칭성을 하였고 그 연원을 중국 上古에 연결시키고 선조의 동래설을 이야기하였다.[42] 이와 함께 고려·조선시대로 내려올수록 姓貫 由來와 祖上世系에 대한 각가지 潤色과 附會·杜撰한 기술이 나오게 되었는데, 여기에는 始祖東來說과 封君分官說이 주류를 이루었다고[43] 하겠다.

이들에게는 사실보다는 사실을 조작해서라도 중국과의 관련을 기술하는 것이 더 의미있는 일이었던 것이다.[44] 특히 조선 후기에 이르러 유교 전통에 근거한 족보 편찬의 대중화가 이루어졌다. 이때 선계가 분명치 않은 일부 씨족들은 당시 사회적으로 만연한 慕華思想, 小中華意識에 입각하여 그 계통을 중국에서 찾았으며, 자신의 가문을 승격시

---

41) 만약 그렇다면 평택 임씨계는 중국 山西省 關北 지방 사람들이었을 것이고, 나주 임씨나 조양 임씨는 중국 江南 泉州 지방에서 바다를 건너온 임씨일 것이라고도 한다(김정호, 2003, 앞의 책, 172쪽).

42) 예를 들면 신라 김씨들이 황제헌훤씨와 소호금천씨의 후손이라 하였을 뿐만 아니라, 신라 하대 승려 郞空大師 行寂(본성 崔)은 선조를 周의 尙父인 姜太公의 먼 후손이며 齊 丁公인 呂伋의 후손이라 하였고, 法鏡大師 玄暉(본성 李)는 선조를 周朝의 柱下史를 지낸 老子의 후손이었다고 하였다.

43) 이수건, 2003, 앞의 책, 47쪽. 그러므로 한국 성씨의 특성을 들자면 후대에 각 문중에서는 가신들이 목적에 맞게 자료를 조작함으로써 성씨의 생성을 '封君分官說', '始祖東來說', 異本이라도 同姓은 당초 같은 조상에서 分官되었다는 '異本同祖說', 또 왕조교체기에 신왕조에 불복함으로써 鄕吏로 격하되었다는 '不服臣罰定鄕吏說' 등과 같은 구실을 내세워 득성수씨한 사실을 부회한 점을 들 수 있다.

44) 이종서, 1997, 「나말여초 성씨 사용의 확대와 그 배경」『한국사론』 37, 서울대학교. 105쪽.

키거나, 다른 성씨와의 차별화를 시도하였다.[45]

한편 한국인의 성씨에서 대부분 건국시조와 성씨시조가 그러하듯이 내용이 상당히 설화적으로 구성되어 가공적이고 비합리적인 성격이 존재한다. 임팔급에 대한 내용도 그러한 면이 강하다. 물론 특정 국가와 민족의 건국설화나 가문의 시조전승 속에서 특정한 절대 연대를 찾아낸다던지, 또는 어느 설이 옳고 어느 설은 그르다는 명확하게 판정을 내릴 수는 없는 문제이고 또한 그래서도 안 된다. 왜냐하면 어떤 설화나 전설은 그것을 낳게 한 배경이나 또는 그 속에 담겨져 있는 잔영은 살필 수 있지만, 그 내용 자체가 곧 역사 사실인양 받아들일 수는 없고 그래서는 아니되기 때문이다.[46]

통일신라시대 도당유학생들이 주도적으로 唐의 성씨를 취하였고, 그 결과 신라 하대 중앙 정계의 文翰 분야에서 활동했던 인물들이 다양한 새로운 성씨를 사용하게 되었다. 그리고 당과 관계하면서 무역에 종사하였던 인물들도 칭성을 하였다. 이들은 아마 당에 건너가 무역이나 통역에 종사했다는 점에서 주로 신라 서남 해안지역 출신이라고 추측된다.[47]

도당유학생들은 당의 성씨를 도입했을 뿐 아니라 이들의 문화적 영향 아래 渡唐 경험이 없는 인물들까지 새롭게 稱姓하였을 것이다. 이러한 문화적 분위기는 중앙은 물론 지방에까지 전파되었다. 신라 하대의 지방사회에서 성씨의 확산은 중앙에서 有姓人이 지방으로 이주함에 의한 것도 있지만, 지방에서 성씨가 없던 세력가(호족)와 지식인들이 이것에 영향과 자극을 받아 혈연과 세력집단을 표현하는 요소로 인식

---

45) 최양규, 앞의 논문, 224쪽.
46) 황운룡, 앞의 논문, 311쪽.
47) 이종서, 앞의 논문, 54쪽.

하고 스스로 칭성한 결과였다.[48]

결국 어쩌면 임씨 시조의 동래설은 후대에 분식된 것이고, 사실은 아마 신라말 또는 고려 초기에 평택지역에 거주했던 토착집단이 지도적 위상을 가진 세력으로서 임씨를 칭성한 것이라 하겠다.[49] 아마 신라말 고려초에 평택지방의 세력가는 중국의 임씨성을 자칭하여 사용하였을 것이다. 어쩌면 이름도 중국 後漢末 혼란기에 이른바 十常侍로 불리었던 환관의 전횡에 대항하다가 희생을 당한(黨錮之禍) 청류파 三君, 八俊, 八顧, 八及, 八廚를 숭상하여 '八及'을 차용한 것으로 볼 수도 있다. 그리고 후손들은 그를 시조로 받들어 모시면서, 당에서 한림학사를 지낸 8학사의 한 사람으로 추숭함으로써 중국 문화에 대한 선망을 가탁하고, 아울러 신라에서 이부상서를 역임했다고 함으로써 신라 정통성을 추가하였을 것이다.

VI. 맺음말

혹자는 성씨의 시조가 과거에 중국에서 동래해 왔다면 그 성씨를 사용하는 씨족은 중국인이라고 주장하는 잘못을 범할 수도 있다. 그러나 그것은 어디까지나 父系만 따져서 그런 것이고, 오늘날 그 성씨를 사용하는 사람의 母系는 아주 오랜 세월 누대에 걸쳐서 한국계 여성과

---

48) 나말여초에 지방 호족과 이들 집단은 자신의 성씨를 타집단과 구별되는 세력과 지위의 표상으로 생각했다(이종서, 1997, 앞의 논문, 87쪽).

49) 임팔급이 동래했다는 시기 및 그 직후에, 즉 신라말 고려초에 이미 임씨 성은 있었다. 918년 고려를 건국한 태조가 곧바로 논공행상할 때 주요 인물 중에는 林明弼, 林曦, 林積璵, 林湘煖, 林寔 등이 보이고. 또 반란자 林春吉도 있었다(『고려사』 권1, 태조 원년).

혼인하여 유전자가 이어졌기에 혈통상으로도 한국인에 완전 동화된 지오래고, 또 스스로가 자신이 중국인이라고 의식하는 사람은 거의 존재하지 않는다.

한국인의 성씨에서 대부분 건국시조와 성씨의 시조가 그러하듯이 그 내용이 설화적 요소로 구성되어 상당히 가공적이고 신비하다. 임씨 시조로 전하는 임팔급 관련 자료의 내용도 그러한 면이 강하다. 그러나 임팔급이 실존 인물이건 설화상 인물이건 그것은 차치하고, 평택임씨를 비롯한 한국 임씨들이 오랜 세월에 걸쳐 그를 실존 인물로 믿고 시조로 받들어 왔다는 것과 한국인들이 그렇게 인지하고 있다는 것 자체가 곧 우리 민족문화에서 충분한 가치가 있는 하나의 중요한 문화유산이요 문화양상인 것이다.

그리고 임팔급이 중국에서 이주해 온 것이 밝혀진다면 한국 임씨의 역사는 더욱 분명해 질 것이다. 그러나 이것이 후대에 분식된 것에 불과하고 사실은 이 지역에 처음부터 자체적 기반을 가진 토착세력집단이었다고 하드라도, 이들이 평택 지역을 시원지로 선택하였고 또 오랜세월을 두고 후손들이 연고를 맺었으며, 그것이 지금도 이어오는 것이 중요하다.

결국 임씨들은 기록과 본관에 따라 시조의 동래 시기와 활동 등에서 조금 차이는 있지만 한결같이 그 인물은 임팔급이며, 도착지가 변함없이 평택이라 한 것이 큰 의미가 있다. 이것만으로도 평택 임씨가 한국의 역사와 본관성씨제에서 보여주는 가치는 충분하다고 하겠다.

3부
고려 초기 왕권과 정치

1장

태조와 「훈요십조」 제3조

Ⅰ. 머리말

후삼국기의 혼란을 틈타 궁예정권 아래에서 세력을 확보해 나가던 왕건은 드디어 918년에 궁예를 몰아내고 즉위하여 새로운 고려왕조를 개창하였다. 그리고 935년에 敬順王의 귀부를 받아 신라를 복속시키고, 936년에 후백제도 討平함으로써 마침내 후삼국통일을 이루었다. 태조는 재위동안에 一統三韓은 물론 건국초 고려왕실의 기초를 튼튼히 하고자 다각적으로 노력하였다. 그러나 한 왕조의 기반을 건국자 당대에 완성하기란 어려운 것이었다. 그래서 태조는 자신의 정치적 이상을 후세의 왕들에게 전하려는 의도에서 「訓要十條」를[1] 親製하여 남겼다.

태조의 訓要는 모두 10조로 되어 있는데,[2] 그 중 제3조는 고려왕실

---

1) 혹은 太祖神聖大王訓要, 聖祖遺訓, 太祖之訓, 神聖垂訓, 太祖之垂訓, 太祖遺訓, 太祖正法 등으로 불리었다(문경현, 1987, 「십훈요」『고려태조의 후삼국통일연구』, 형설출판사, 310쪽).

2) 비록 日本人에 의하여 「훈요십조」의 後代 僞作說이 제기된 적이 있으나(今西龍, 1912, 「新羅僧道詵について」『東洋學報』2-2 ; 今西龍, 1918, 「高麗太祖訓要十條につえて」『東洋學報』8-3), 그러나 국내학자들에 의하여 訓要十條가 眞作임이 이미 증명되었다(이병도, 1980, 「태조와 도참」『고려시대의 연

의 왕위계승원칙에 대한 것이다. 그 내용은 嫡長子繼承을 기본으로 하는 父子繼承原則에 의한 왕위계승을 당부하는 것이다.

결국 태조가 이러한 당부를 남긴 것은 왕조국가를 유지 보존하는 데에는 왕위계승이 가장 중요함을 인식하고, 그에 대한 방법론을 제시하여 문제의 발생을 미리 방지하여 왕실이 千萬代에 지속되기를 바라고 있는 것이다.[3] 비록 태조가 가졌던 왕위의 부자계승의식은 신라시대 중국 당으로부터 『禮記』를 비롯한 儒敎經典과 「唐律」의 전래를 통하여 도입된 宗法意識에[4] 의한 것으로도 볼 수 있지만, 보다 직접적 계기가 된 내재적 배경은 태조 자신의 직접간접 경험을 통하여 형성되었을 것이다.

여기에서는 태조가 왜 왕위계승원칙을 특별히 제시하여 후손들에게 준수하게 하였을까 하는 의문을 풀고, 또 이것이 역사적으로 어떠한 의미를 갖는 것인지를 검토하도록 한다. 먼저 태조가 이 원칙을 제시한 역사적 배경이 무엇인가를 살펴보겠다. 그리고 제3조의 내용 검토를 통하여 이 원칙의 제시로 신라 하대와 고려 건국초에서 왕위계승원

구』, 을유문화사 ; 김상기, 1959, 「고려태조의 건국과 경륜」『국사상의 제문제』 2, 국사편찬위원회 ; 김성준, 1985, 「십훈요와 고려태조의 정치사상」『한국중세정치법제사연구』, 일조각). 더구나 여기에서 검토하고자 하는 제3조는 위작설의 제기자도 문제시하지 않았으므로 사실로 받아들여도 무방한 듯하다. 다만 또다시 위작설을 받아들여 靖宗 12년(1046), 문종 즉위년에 만들어졌다는 설도 있으나(문경현, 1987, 앞의 책, 304~320쪽) 이에 대한 반박도 있다(최근영, 1990, 『통일신라시대의 지방세력연구』, 신서원, 196~197쪽).

3) 태조가 「훈요십조」를 남긴 것은 후대의 君主들이 情慾을 방자히 하여 기강을 무너뜨릴까 크게 근심하기 때문에 남긴 10가지의 유언적인 규범, 즉 카리스마적 권위의 세습화를 위한 訓戒였던 것으로 推察된다(정경현, 1992, 「고려태조의 왕권」『백와허선도생정년기념 한국사학논총』, 121쪽).

4) 신라시대 宗法에 대해서는 김두헌, 1980, 『한국가족제도연구』, 서울대학교 출판부 ; 이영춘, 2002, 「신라사회의 종법적 요소에 관한 시론」『청계사학』 16·17합집에 잘 정리되어 있다.

칙이 어떻게 변화하였는가를 알아보겠다. 그리하여 태조에 의한 왕위의 부자계승 의지가 갖는 의미를 살펴보고자 한다.

Ⅱ. 제3조 성립의 배경

먼저 태조가 제3조를 제시한 역사적 배경에 대하여 살펴보겠다. 일반적으로 어떠한 하나의 사고가 형성되는 데에는 직접간접의 경험에 의한 결과가 중요한 작용을 한다. 태조의「훈요십조」역시 그러하다. 각 조의 내용을 보면 태조 자신의 경험이나 故事를 事例로 들면서 어떠한 지켜야 할 원칙을 제시하였다. 제3조 또한 마찬가지이다.[5] 중국의 堯舜의 왕위계승을 예로 들고, 다음에 고려에서 지켜야할 왕위계승원칙을 제시하였다.

그러면 왜 이러한 왕위계승원칙을 제시하였을까? 진정 그가 堯와 舜의 왕위계승과 같은 이상적 禪讓을 바라서는 아닐 것이다. 또 중국의 유교적 宗法意識에 의한 것만도 그 기본적인 배경은 되지 못하는 것 같다. 이보다 좀더 직접적인 원인은 태조 자신의 경험에 의하여 이루어진 것이라 하겠다. 이것은 후백제의 왕위계승상 분쟁에 따른 국력의 약화와 멸망, 그리고 궁예 정권의 왕위계승자 결정과정에서 분열로 인한 붕괴, 더 나아가서는 신라 하대 왕위계승의 혼란에 따른 쇠퇴로 후삼국이 등장함을 직간접적으로 목격하였다. 이에 태조는 자신이 세운

---

5) 訓要 중 제3·7·9조의 내용은 보기에 따라서는 유교적 정치이념의 범주에 속하는 것이므로, 이러한 말들은 太祖 王建의 주위의 儒士와 儒教經典을 통하여 알게 되었는지 모르지만 - 특히 제10조 "有國有家 儆戒無虞博觀經史 鑑古戒令"이라 하였듯이 - 이보다는 오히려 그의 오랜 정치적 경험에서 터득한 것이라고 봄이 옳을 것이다(김성준, 앞의 책, 35쪽 ; 이기동, 1981,「신라쇠망사관의 개요」『한우근박사정년기념 사학논총』, 145쪽).

고려왕조 또한 왕위계승에 따른 문제의 발생으로 불행한 사태를 맞지 않을까 하는 우려에서 특별히 제3조를 제시한 것이라 하겠다.

그러면 태조가 목격한 신라 하대 및 후삼국기에 있었던 왕위계승상의 문제점이 무엇이었던가를 살펴보도록 한다.

1. 신라 하대 왕위계승의 혼란

신라 하대의 왕위계승을 살펴보면 중대의 그것과는 상당한 차이를 보이고 있다. 우선 王系가 중대 무열왕계에서 이른바 하대 원성왕계로 바뀌었다. 그리고 또다시 하대 내에서 같은 원성왕계이면서도 그 후손의 分枝化에 의하여 여러 小家系간에 왕위가 交替되었다. 그리하여 왕위는 부자계승을 기본으로 하는 父系親 내의 계승이었지만, 여러 차례에 걸친 찬탈과 추대에 의한 왕위계승도 있어서[6] 중대에 엄격히 준수되었던 왕위의 부자계승원칙이 변질되어 왕위계승원칙이 무너졌거나,[7] 있었더라도 非父子繼承이었던[8] 것처럼 보이기도 한다.

신라 하대 20차례의 왕위계승을 정리하면 [표]와 같다.

[표] 신라 하대 왕위계승 일람표[9]

왕명	전왕과 관계	계승방법	왕명	전왕과 관계	계승방법
37. 선덕왕	姑從兄弟	推戴	47. 헌안왕	叔父	遺詔(繼位)
38. 원성왕	(母系從)弟	奪取, 推戴	48. 경문왕	女壻, 再從孫	遺詔(繼位)

---

6) 김창겸, 1994, 「신라 하대 왕위찬탈형 반역에 대한 일고찰」『한국상고사학보』 17 ; 2003, 『신라 하대 왕위계승 연구』, 경인문화사.

7) 이기백, 1974, 「상대등고」『신라정치사회사연구』, 일조각, 1974, 121쪽.

8) 최재석, 1983, 「신라왕실의 왕위계승」『한국가족제도사연구』, 일지사, 99~161쪽.

9) 김창겸, 2003, 앞의 책, 97쪽.

왕명	전왕과 관계	계승방법	왕명	전왕과 관계	계승방법
39. 소성왕	孫子	太子(繼位)	49. 헌강왕	子	太子(繼位)
40. 애장왕	子	太子(繼位)	50. 정강왕	弟	遺詔(繼位)
41. 헌덕왕	叔父	簒奪	51. 진성여왕	妹	遺詔(繼位)
42. 흥덕왕	弟	太子(繼位)	52. 효공왕	姪	太子, 遺詔(禪位)
43. 희강왕	堂姪	簒奪	53. 신덕왕	妹壻, 妻男	推戴
44. 민애왕	再從	簒奪	54. 경명왕	子	太子(繼位)
45. 신무왕	再從	簒奪	55. 경애왕	弟	遺詔(繼位)
46. 문성왕	子	太子(繼位)	56. 경순왕	姨從弟, 表弟	推戴(擁位)

위의 [표]에 의거하여 좀더 세부적으로 살펴보면 다음과 같다.

먼저 왕들의 계승방법을 살펴보면[10] 모두 20명의 왕 중에서 정상적인 계승은 태자책봉과 유조(顧命)에 의한 계위 11차례와 선위 1차례로 모두 12차례이고, 비정상적인 왕위계승은 찬탈 5차례와 추대 3차례로 모두 8차례이다.

한편 왕들의 전왕과의 친족관계를 살펴보면 20명의 왕 가운데 子 4명, 親弟(妹 포함) 4명, 孫子 1명, 叔父 2명. 姪 1명, 女壻 1명으로 3寸 이내의 부계친에 의한 계승이 12차례 있었고, 堂姪 1명, 再從兄弟 2명으로 3寸 밖의 父系親에 의한 계승이 3차례 있었다. 그리고 姑從兄弟 1명 (母系從)弟 1명, 女壻 1명, 妹壻 1명, 姨從弟(異姓族弟·表弟) 1명 등 여자의 혼인으로 맺어진 女系親이 5차례 왕위를 계승하였다.

그리고 왕위계승의 외형적 방법과 전왕과의 친족관계를 아울러 살펴보면 신라 하대 왕위계승 양상을 좀더 자세히 파악할 수 있다. 먼저

---

10) 전통시대 동양에서 왕위계승방법은 禪位와 放伐에 의한 王朝交替와, 동일 왕조 내에서 이루어지는 태자책봉, 선위, 유조 등의 정상적 계승과 추대, 찬탈 등 전왕의 의사와는 관계없이 즉위하는 비정상적 계승이 있다.

11차례의 계위와 1차례의 선위 가운데 태자책봉의 형식을 밟은 경우는 자 4, 제 1, 손자 1, 질 1 등 7차례와 유조를 통한 경우는 제 2, 매 1, 숙부 1, 여서 1 등 5차례로서, 모두 12차례의 정상적인 계승이 이루어졌다. 이와는 달리 찬탈은 숙부 1, 당질 1, 재종형제 2, (모계종)제 1 등 5차례 있었고, 추대는 고종형제 1, 매서·처남 1, 이종제 1 등 3차례로서, 모두 8차례의 비정상적인 왕위계승이 이루어졌다.

이처럼 신라 하대의 왕위계승은 상당히 변질된 양상을 보였다. 이것은 父系血族集團에 의하여 부자계승을 가장 이상적인 것으로 준수하려 하였으나,[11] 특정한 小家系가 왕위계승을 독점하려 하다보니 나타난 결과이다. 혈연적으로 자손의 단절과 정치적으로 왕위를 둘러싼 분쟁 등으로 정상적인 계승조차 弟와 姪이 태자로 책봉되거나,[12] 弟·妹·叔父·女壻도 유조를 통하여 왕위를 계승하는 등 변형적인 양상을 보였다. 그 결과 王統이 여러 차례 변경되면서 결국에는 朴氏王이 등장하여 신라 김씨왕조는 종말을 맞았다.

2. 궁예 정권의 몰락과 왕위계승

궁예 정권의 몰락 원인은 일반적으로 궁예 개인의 성격적인 결함에 있었던 것처럼 이해되고 있다.

A. 善宗이 彌勒佛이라 자칭하여 머리에 금고깔을 쓰고 몸에 方袍를 입었으며 맏아들을 靑光菩薩이라 하고 막내아들을 神光菩薩이라 하였다. 선종이 밖에 나갈 때면 늘 흰말을 타는데 비단으로 갈기와 꼬리를 장식하고 … 貞明 元年 부인 康氏가 왕이 옳지 못한 일을 많이 한다 하여 정색을 하고 이를

---

11) 이종욱, 1988,「신라시대의 혈족집단과 상속」『역사학보』121.

12) 김창겸, 1993,「신라시대 태자제도의 성격」『한국상고사학보』13.

말리자 왕이 미워하며 말하기를 "네가 다른 사람과 간통을 하니 무슨 일이 냐?" 하였다. 강씨가 말하기를 "어찌 그런 일이 있겠는가" 하니, 왕이 "나 는 신을 통하여 보고 있다"고 하면서 뜨거운 불로 쇠공이를 달구어 그의 음부를 쑤시어 죽이고 두 아이를 죽였다. 그 뒤로 그가 의심이 많고 갑자기 성내기를 잘하여 모든 관리·장수로부터 평민에 이르기까지 죄없이 죽음을 당하는 일이 자주 있었으며, 斧壤과 鐵圓 일대의 사람들이 그의 박해를 견 디어 낼 수가 없었다(『삼국사기』 권50, 궁예전).

『고려사』에도 이러한 내용의 기록이 있다. 하지만 궁예를 추출하고 건국된 고려의 사가들이 고려 건국의 정당성과 건국자 태조의 행위에 대한 당위성 부여라는 목적에서 사서를 서술하다보니, 궁예의 몰락에 대한 필연성을 강조하기 위하여 더욱 폄하시켜 놓은 것이기 때문에, 이 내용의 진위에 대해서는 좀더 고려되어야 한다.

그러면 궁예의 성격이 어떠했다는 것은 차치하고, 우선 인용문 A에 서 보면 궁예에게는 康氏夫人이 있고, 또 그녀의 소생으로 두 아들이 있었다. 그런데 915년(정명 원년)에 강씨부인이 궁예에게 옳지 못한 일 을 하지 말라고 간하자, 궁예는 오히려 강씨부인을 죽이고, 또 "兩兒" 로 표현된 두 아들도 죽었다. 문장에 의하면 "양아"란 앞의 청광보살과 신광보살을 지칭하는 것이므로, 궁예에게는 말년에야 겨우 나이 어린 아들 두 명이 있었던 것으로 표현되어 있다. 하지만 궁예는 왕으로 재 위한 인물이고, 특히 즉위전에 在家和尙의 일반적인 형태와 흡사한 隨 院僧徒를 거친 것으로 추측되기도 하기때문에[13] 좀더 일찍부터 부인이 있었을 것이다. 그럼에도 기록에는 말년에야 "兒"로 표현될 정도의 아 들만이 언급되어 있는 것은 좀더 검토할 여지가 있다.

---

13) 이재범, 2007, 『후삼국시대 궁예정권의 연구』, 혜안, 48~49쪽.

현전하는 여러 성씨 중에는 궁예의 후손을 자칭하는 경우가 더러 있다. 예를 들면 光山 李氏와 順天 金氏가 그러하다.[14] 그러면『삼국사기』의 기록이 궁예가 강씨부인과 두 아들을 모두 죽였다고 함에도 불구하고, 후대에 궁예의 후손을 칭하는 성씨가 있다는 것은 무엇을 의미하는가? 강씨부인 외에 다른 부인이 있었고, 그 소생의 아들이 있어서 後裔가 이어졌음을 말해주는 것이라 보아도 무리가 없을 것이다.[15] 이러한 추측이 허용된다면, 그 이름을 알 수 없는 부인은 강씨부인보다 먼저 궁예와 혼인하였을 것이고, 그녀의 아들 역시 청광보살·신광보살보다는 연령이 많았을 것이다.

이러한 사항을 고려하여 915년에 궁예가 강씨부인과 두 아들을 살해한 사건에 대하여 살펴보면, 살해의 배경과 이유는 물론 사건의 성격을 좀더 확연히 알 수 있다.

915년에 이 사건이 있기에 이전부터 弓裔의 王建에 대한 견제는 시작되었다.[16] 그리고 916년에는 궁예가 국가통치와 왕권강화의 의미로 연호를 水德萬世에서 政開로 고친 뒤에 왕건을 百船將軍으로 삼아 수군을 거느리고 羅州에 출진케 하였다. 이와 같은 상황은 이미 왕건의 세력이 상당히 성장하여 궁예가 왕건에 대한 견제를 보였고, 왕건은 자신에게 미칠 위험을 감지하고 外方으로 나가 군사력을 기르고 있었음을 말해주는 것이다.[17] 특히 왕건은 913년 淸州人 阿志泰를 제거하

---

14)『光山李氏世譜』및『順天金氏世譜』참조.

15) 이는 당시 건국자인 王建과 甄萱이 모두 여러 명의 부인을 두고 있었던 기록이 있는 만큼 궁예 또한 마찬가지였을 것은 충분히 가능한 것이다(이재범, 앞의 책, 188~191쪽).

16) 이해 왕건은 波珍湌 兼 侍中에 임명되었으나 곧 자신에게 화가 미칠 것을 두려워하여 外職을 구하였다(『고려사』권1, 태조세가 梁開平 3년).

17) 이에 대해 李在範은 궁예가 국호를 고려에서 摩震으로 바꾸면서 大東方國으

고 세력을 더욱 강화시켰다. 그러자 당시 轅門將校 宗室勳賢 智計儒雅의 무리가 모두 그를 따랐다고 하니,[18] 이미 왕건의 세력은 막강해져 있었음을 알 수 있다.

이때 宗室도 그를 따랐다고 하였는데, 여기서 종실은 어느 가계일까? 궁예는 신라 왕실 출신으로 태어나자마자 곧 죽음을 피하여 도망하였으므로 그의 건국을 도운 父系親은 없었을 것이다. 혹시 母系親이 있었다면 혈연적·정치적 이해관계상 그들이 궁예를 따르지 않고 왕건을 추종할 리가 없다. 결국 이때의 종실은 궁예의 妃系親들이라 보아도 좋을 것 같다.

그러면 이때 왕건을 추종한 비계는 궁예의 부인 가운데 어느 가계일까? 康氏夫人의 가계세력들일 것이다.[19] 그리하여 강씨부인이 어떤 문제를 건의하자 궁예는 강씨부인과 두 아들을 모두 죽이게 된 것이다.[20] 그러나 이들 강씨세력이 처음부터 왕건의 찬탈까지를 동조한 것

로의 통일노선을 취하자 고구려의 부흥을 꾀하던 고구려계 호족들과 마찰이 있었다고 하였으며, 그리고 906년에 이미 왕건은 궁예로부터 이탈하여 독자적 세력을 형성하려고 하였다고 보았다(이재범, 앞의 책, 92~94쪽). 한편 이와 달리 911년 이후부터 궁예와 왕건의 대립이 시작되었다는 견해도 있다(신호철, 1972, 「궁예의 정치적 성격」『한국학보』 29, 45쪽).

18) 『고려사』 권1, 태조세가 乾化 3년.

19) 宗室勳賢은 康氏夫人을 비롯한 궁예의 외척세력, 즉 信川 康氏로서 개성 근처의 호족이다(유경아, 1991, 「왕건의 세력 성장과 대궁예관계」『역사고고학지』 7, 334~338쪽). 더욱이 신천 지역의 호족세력이었던 信川 康氏의 선대가 고려 왕건의 선대인 康忠이라 하여(『大東韻府群玉』 권6) 王建家와 밀접한 관계에 있었으며, 궁예의 왕비 康氏夫人 역시 이 가계의 인물인 듯하다. 그리고 태조의 제22부인 역시 이 가계의 康起珠의 딸이다(이수건, 1984, 『한국중세사회사연구』, 일조각, 171쪽).

20) 한편 이 사건은 당시 궁예의 神政的 專制主義를 康氏夫人이 비판하자 죽였으며, 朴儒가 東宮記室을 지냈다는 것을 근거로 두 왕자 중 한 사람은 이미 태자로 책봉되어 있었다는 추측도 있다(조인성, 2007, 『태봉의 궁예정권』,

은 아니었다. 다만 그들은 왕건의 힘을 빌어 강씨부인의 아들 중 하나로써 궁예의 뒤를 이어 즉위케 하고자 왕건과 협조하였던 것 같다. 하지만 왕건세력의 확대를 견제하던 궁예는 자신이 죽은 뒤에 발생할 왕위다툼을 예방하고자, 또 예상되는 왕건의 정권장악을 방지하고자 강씨부인에게 간통죄를 씌우고 아울러 두 아들도 연좌시켜 모두 죽였을 것이다.[21]

이상에서 살펴보았듯이, 915년 궁예가 강씨부인과 두 아들을 살해한 사건은 왕위계승을 둘러싼 문제였다. 이 또한 형제간의 서열을 무시한 지지세력간의 정치적 갈등에서 발생한 것이었다. 이러한 왕위계승을 둘러싼 궁예와 왕건의 알력은 결국 궁예의 몰락과 왕건의 즉위를 낳았다.

푸른역사).

21) 이 사건은 단순한 궁예의 카리스마적 권위의 손상에서 비롯된 분노에 의한 우발적인 것이라기보다는 다른 정치적 원인이 보다 크게 작용되고 있었던 것 같다. 다른 정치적 원인이란 강씨와 연결되어 있는 세력이 주로 西北系 豪族勢力이며 궁예정부 조직내부의 비판세력이 존재하고 있었던 것이다. 결국 이러한 갈등이 궁예의 觀心法 등을 통한 정적의 숙청으로 연결되고 있었다(전기웅, 1996, 『나말려초의 정치사회와 문인지식층』, 혜안, 96쪽). 한편 이 사건을 궁예가 스스로를 彌勒佛로 두 아들을 靑光菩薩과 神光菩薩로 삼아 專制王權을 추구하면서 미륵불로서의 전지전능한 실체를 들러낸 다음, 이제는 전지전능한 미륵불의 거추장스러운 장식물에 불과한 두 협시보살마저 없애버리고 명실상부한 전제군주로서 발돋움하고 나선 것으로 본 견해도 있으나(홍승기, 1992, 「궁예왕의 전제적 왕권의 추구」『택와허선도선생정년기념 한국사학논총』, 87쪽). 만약에 다른 아들이 없는 상황이라면 왕권의 전제화를 위하여 자신의 왕위를 계승해야 할 두 아들이 없는 상호라면 왕권의 전제화를 위하여 자신의 왕위를 계승해야할 두 아들 모두를 살해했다는 것은 납득하기 어려움이 있다. 그러나 어떻든 궁예의 이러한 행위는 오히려 민심의 이반과 왕건의 쿠테타를 앞당기는 결과를 초래하였다.

3. 후백제의 멸망과 왕위계승

935년 신라가 고려에 귀속된 뒤, 936년에는 후백제 역시 고려와의 전투에서 패하여 멸망하였다.

그런데 후백제의 몰락 원인은 전투에서의 패배가 직접적인 것이지만 보다 더 근본적이고 중요한 것은 내부의 분열을 들 수 있다. 그것은 甄萱의 아들간에 왕위계승을 둘러싼 암투였다.

B. 견훤이 아내를 많이 얻어서 아들 10여명을 두었는데, 넷째 아들 金剛이 키가 크고 지혜가 많으므로 견훤이 특별히 그를 사랑하여 왕위를 그에게 전하고자 하였다. 그의 형 神劍·良劍·龍劍 등이 그것을 알고 걱정과 번민하였다. 이때에 양검이 康州都督, 용검이 武州都督이 되었고, 신검이 견훤의 옆에 있었다. 伊湌 能奐이 사람을 시켜 강주와 무주에 가서 양검 등과 함께 음모를 꾸미고 있다가 淸泰 2년 봄 3월에 이르러 波珍湌 新德·英順 등과 함께 신검에게 권하여 견훤을 金山佛宇에 가두고 사람을 보내어 金剛을 죽였다. 신검이 스스로 大王을 칭하고 나라 안의 죄수를 크게 사면하였다(『삼국사기』 권50, 견훤전).

견훤에게는 여러 명의 부인과 10여명의 아들이 있었는데, 그 중에서 넷째 아들 金剛에게 왕위를 물려주려 하였다. 그러자 이에 대한 반발로 935년 맏아들 신검이 아우 양검·용검과 쿠데타를 일으켜 금강을 죽이고, 아버지 견훤마저도 金山佛宇에 幽閉시키고 스스로 즉위하였다는 내용이다.

그렇다면 신검의 쿠데타는 분명히 왕위계승에 대한 불만에서 비롯된 것이다. 신검은 장자로서 왕위계승에 대한 기대를 가지고 있었으나, 견훤은 이와 달리 넷째 아들 금강에게 왕위를 물려주려는 뜻을 보였다. 왕위계승상의 장자계승이 지켜지지 않으려는 순간이었다.

C. 王業을 거의 부흥하게 되었는데 슬기로운 생각이 갑자기 잘못되어져 어린
  아들이 사랑을 받게 되고 간사한 신하가 권세를 농락하여 大君(견훤)을 晉
  惠帝처럼 昏暗으로 인도하고 慈父를 獻公처럼 미혹함에 빠지게 하여 王位
  를 頑童에게 전하려 하나, 다행히 上帝가 굽어보시고 君子의 허물을 고치
  시어 맏아들인 나에게 한 나라를 맡기시었다(『삼국사기』 권50, 견훤전).

　이것은 신검이 즉위한 직후인 淸泰 2년 10월 17일에 내린 敎書의 일
부이다. 이에 따르면 신검은 자신의 쿠데타를 견훤의 혼미로 인하여
왕위가 나이 어린 아들 금강에게 전해지려는 것을 하늘이 고쳐주어 맏
아들인 자신이 즉위케 되었다고 하면서 정당화시키고 있다. 즉 장자계
승이 가장 정당한 것임을 표현하고 있다.
　그러면 왜 가장 보편적인 嫡長子繼承을 무시하고 나이 어린 넷째 아
들 금강에게 왕위를 계승시키려 하였을까? 앞의 인용문 B에서는 "金
剛이 키가 크고 지혜가 많아(身長而多智)"서 견훤이 특히 사랑하였다고
하였으나, 뒤의 인용문 C에는 "슬기로운 생각이 갑자기 잘못되어 어린
아들이 사랑을 받게 되고 간사한 신하가 권세를 농락하여(智慮忽其一失
幼子鍾愛 姦臣弄權)"라고 하여, 당시 상황을 좀더 구체적으로 설명하고
있다. 후자에 의하면 어린 아들 금강의 배후에는 그를 추대하려는 신
하들이 있어 정권의 주도권을 행세하였던 것 같다. 그리하여 후백제
정치권 내에 신검의 지지세력과 금강의 지지세력이 암투를 보이고 있
었다.[22] 그리고 그 세력은 신검과 금강이 異腹兄弟이기에 이들 각각을
지지하는 외척세력들 - 光州 지방의 호족세력과 全州 지방의 호족세
력 - 이었으며, 이들 간의 정치적 갈등이 표출된 것이 곧 935년의 甄

───────────────

22) 이러한 대립은 이미 930년 이전부터 비롯된 것으로 보인다(신호철, 1989,
　『후백제견훤정권연구』, 서강대학교대학원 박사학위논문, 153쪽).

萱幽閉事件이었다. 그리고 이것은 견훤 정권의 몰락, 나아가서는 후백제 멸망의 가장 결정적 원인이 되었다.[23]

Ⅲ. 제3조와 왕위계승

신라 하대 및 후삼국기 태봉과 후백제의 왕위계승상 혼란과 무원칙으로 인하여 결국 그들이 멸망함을 직접 목격한 태조는, 고려에서는 이러한 현상이 재발하지 않기를 바라는 마음에서 왕위계승원칙을 후손들에게 제시하였다.

그러면 태조의 이러한 역사적 경험에 의하여 親製된 「훈요십조」 제3조에 대하여 살펴보기로 한다. 이 검토를 통하여 태조가 제시한 고려의 왕위계승원칙이 어떤 것인가를 살펴보고, 또 그것이 고려 왕조의 왕위계승에 어떻게 반영되어 현상화되었는지를 밝히도록 한다. 이와 더불어 태조 자신의 왕위를 어떠한 원칙에 의하여 계승시키려 하였는가도 검토하기로 한다. 이러한 작업은 제3조의 내용과 그것을 태조 당대와 고려시대에 준수하였던가에 대한 검토이므로, 제3조의 진위성 여부를 밝히는 하나의 기초 작업이 될 것이다.

---

23) 신호철, 앞의 글, 150~173쪽. 한편 이와는 달리 金剛이 원래 神劍과 동일인이며(박한설, 1973, 「후백제 금강에 대하여」 『대구사학』 7·8합집, 17쪽), 그리고 후백제의 멸망 원인은 왕족간의 왕위쟁탈전에 있었던 것이 아니라 견훤이 고려에 대하여 타협적인 정책으로 변한데 반하여 신검 등이 강경책을 견지하려는 데서 나온 내분에 있었다는 견해도 있다(박한설, 1978, 「후삼국의 성립」 『한국사』 3, 국사편찬위원회 ; 김광석, 1984, 「고려태조의 역사인식 Ⅱ」 『백산학보』 28). 그러나 인용문 C의 신검 즉위교서를 역사적 사실로 인정한다면, 견훤과 신검의 갈등의 보다 근원적인 배경은 왕위계승문제에서 비롯되었고, 그 대상은 '어린 아들'과 '頑童'으로 지칭된 金剛이란 아들이었다.

1. 제3조의 내용

태조가 제시한 왕위계승원칙은 어떠한 것이었는지를 알아보기 위하여 제3조의 내용을 분석하도록 한다.

   D. 其三曰: 嫡子에게 나라를 전하는 것이 비록 常禮라고 말하지만, 그러나 丹朱가 불초하므로 堯가 舜에게 禪讓한 것은 참으로 공명정대한 마음이었다. 만약에 元子가 불초하면 그 次子에게 줄 것이고, 차자 또한 불초하면 그 兄弟의 무리에서 여러 사람의 추대를 받는 자에게 주어 大統을 잇게 하라(『고려사』 권2, 태조 26년 4월).

이에 의하면 태조는 나름대로의 왕위계승원칙을 제시하고 있다. 태조는 ① 嫡子의 계승이 가장 이상적인 것이라 말하여 적자계승원칙을 기본으로 하였다. ② 그러면서도 堯의 아들 丹朱가 불초하여 요가 歷山에서 밭갈이를 하던 舜에게 선양한 고사를 들어, 만약에 元子가[24] 불초하면 次子, ③ 차자 또한 불초하면 그 형제 가운데서 여러 사람의 추대를 받은 아들에게 왕위를 계승케 하라고 부탁하고 있다.[25] 다시 말

---

24) "其三曰 傳國以嫡雖曰常禮 然丹朱不肖堯禪於舜實爲公心 若元子不肖與其次子 又不肖與其兄弟之衆所推戴者 俾承大統." 여기서 "元子"는 정실 소생의 아들이지만 문맥상 곧이어 "次子"라는 지칭이 있는 것으로 보아 長子의 개념으로 봄이 적합하겠다. 결국은 嫡長子를 지칭한다.

25) 이 문구의 해석에 있어서는 좀더 생각해 볼 여지가 있다. 우선 "其兄弟"에서 其가 무엇을 지시하는 것인지, 즉 앞의 "其次子"에서 其가 왕이라면, 여기서 其가 왕인지 아니면 바로 앞의 차자인지 살펴보아야 한다. 일반적으로 후자로 보아 왕의 元子, 次子 그리고 그들의 兄弟로 해석하는 입장과(동아대학교 고전연구실, 1965, 『역주고려사』, 태학사 ; 사회과학원고전연구소, 1962, 『고려사』 ; 이병도, 1991, 「훈요십조」 『한국민족문화대백과사전』 25 ; 김상기, 1985, 『신편고려시대사』, 서울대학교출판부), 이와는 달리 이를 왕의 형제들이 兄弟相續을 하는 것으로 보는 입장도 있다(황운룡, 1978, 『고려벌족에 관한 연구』, 친학사, 44쪽 ; 문경현, 앞의 책, 314쪽). 그러나 전체 문맥상

해, 왕의 적자 중에서 원자를 우선으로 하고, 불초하면 차자, 차자 또한 불초하면 형제 중에서 추대를 받은 아들의 순서로 계승하라고 하였다. 결국 태조는 원자인 嫡長子를 왕위계승의 가장 첫 번째 순위로 하는 부자계승의 적장자계승원칙을 제시하였다.

이것은 앞에서 살펴본 신라 하대, 태봉, 후백제에서의 왕위계승과는 다른 것이다. 특히 신라 하대에는 왕의 弟·女弟·姪·女壻까지도 평화적으로 왕위계승을 한 것에 비하여, 제3조에서는 왕의 子만으로 한정하여 왕위계승이 가능한 친족 범위를 왕의 直系孫으로 국한하였다. 특히 장자계승을 제시하여 후백제의 庶子인 제4자 계승이나 태봉에서 발생한 왕위계승상 문제점 같은 것들이 재현되지 못하게 하였다. 그러나 부득이 한 경우에는 예외를 인정하는데, 그 근거로 堯舜간의 禪讓을 들어서 원자가 불초하면 차자로 하라는 것이다. 결국 장자가 가장 우선의 당연 순위이고, 다만 장자에게 문제가 있으면 차자로 하라는 것이다. 여기서도 형제계승이나 숙부계승은 인정되지 않았고, 오직 直系子繼承만으로 한정하고 있다.

한편 ①·②가 어려운 경우 예외적으로 장자와 차자를 제외한 여러 사람의 추대를 받은 자, 즉 당대의 여건상 왕족과 群臣들로부터 가장 신망을 받은 子가 왕위를 계승하여 다른 세력들의 도전을 피할 수 있도록 하여 왕통을 보존코자 하고 있다. 그러나 여기서도 왕의 아들로 한정하여 형제·숙부·질 등 방계의 계승을 허용하지 않고 오직 직계계승만을 하도록 하였다. 더욱이 왕위의 장자계승제는 전제왕권의 확립과 밀접한 관계를 지닌 것이므로, 건국초의 태조로서는 가장 실현하고 싶었던 것 중의 하나였을 것이다.

이때의 其는 次子를 지시하며, 왕의 장자와 그 아우들을 합쳐 그 兄弟라 표현한 것으로 보는 것이 옳은 듯하여, 전자의 해석에 따른다.

이상에서 볼 때, 고려 태조가 제시한 왕위계승 순위는 ① 長子, ② 次子, ③ 가장 여러 사람의 추대를 받는 아들 순이다. 결국 왕위계승의 혈족 범위는 어떠한 경우라도 子만이지 弟와 叔父·姪은 물론 女의 계승은 인정하지 않았다. 고려 태조가 제시한 이러한 왕위계승원칙은 장자계승이 가장 이상적인 것이고 특별한 경우에는 다른 아들의 계승을 허용하였지만, 반드시 부자계승만을 지킬 것을 규정한 것이다. 이것은 중국에서 전래된 宗法에 따른 것이며,[26] 동시에 태조 자신의 직접간접 경험을 통하여 형성한 정치사상의 실천, 추구였다.

2. 제3조의 준수

태조는 즉위초부터 왕위를 장자에게 계승시키려는 강한 의지를 갖고 있었다. 아직 즉위초인지라 반대세력들의 도전과 독자적인 세력을 보유한 채 왕건과 혼인을 통하여 연결되어 있는 여러 후비들의 배후세력으로부터 위협이 존재하는 상황에서 장자 王武를 太子(正胤)로 책봉하였다.

> E. 惠宗이 일곱 살 때 태조가 세우고자 하였으나 그 어머니 吳氏가 側微한 사람이기 때문에 세우지 못할 것을 두려워하여 낡은 상자에 拓黃袍를 담아 오씨에게 내리니 오씨가 述熙에게 보였다. 술희가 태조의 뜻을 짐작하고 혜종을 세워 正胤을 삼기를 청하니, 正胤은 곧 太子이다(『고려사』 권92, 박술희전).

이 일은 920년(태조 3) 12월 10일에 있었다. 그러므로 태조는 즉위 직후부터 장자에게 왕위를 계승시킬 의사를 가지고 있었음을 알 수 있다. 그러나 장자 王武의 나이가 겨우 7세에 불과하고, 또 그의 어머니

---

26) 신라 중고기 이후 唐과의 빈번한 접촉에 의하여 문화의 발전이 현저하였으며 왕위계승도 점차 봉건적 세습제인 부자계승이 확립, 시행되었다.

吳氏의 측근세력이 다른 여러 后妃에 비하여 미약하였다.[27] 이에 태조는 왕무가 과연 즉위할 수 있을까 염려가 되어, 가만히 그 뜻을 암시하여 당시 세력가의 하나인 박술희를 후견인으로 정하고 921년(태조 4) 王武를 태자로 책봉하였다.[28] 이는 아직 왕위 자체가 불안한 상황이어서 당시에 장자왕위계승의 제도가 지켜질 수 있는 형편이 아니었기에 취한 조치인 것이다.[29]

그런 다음에 正胤 王武를 직접 전투에 데리고 다니며 武將으로서의 용맹과 위엄을 길러주고[30] 太子師傅를 정하여 학문적 소양을 갖추도록 배려하였으며,[31] 왕의 대리자 역할을 하게도 하고,[32] 또 직접 정치에 참여하도록 하여 예비 왕으로서의 실무를 경험케 하였다.[33]

하지만 태조는 생전에 장자가 왕위를 계승하도록 하기 위하여[34] 여

---

27) 하현강, 1968, 「고려 혜종대의 정변」『사학연구』20, 198쪽.

28) 자세한 것은 『고려사』권92, 朴述熙傳을 참조 바람.

29) 태조가 그의 長子를 太子로 삼는다는 것은 중앙 정계에서 활약하던 여러 호족세력들의 반대를 각오한 것으로, 아직 건국 4년에 불과한 상황에서 겨우 7살의 장자를 태자로 책봉하여 앞으로 다가올 아들들 사이의 왕위계승 분란을 막는다는 의미가 있고, 나아가 왕위를 태조의 후손들로 고정시키는 결과도 가져왔다(이종욱, 1981, 「고려초 940년대의 왕위계승과 그 정치적 성격」『고려광종연구』, 일조각, 17~18쪽).

30) 혜종은 後梁 乾和 2년(912) 壬申에 태어났고, 태조 4년(921)에 正胤으로 책봉되었으며, 뒤에 태조를 따라 후백제를 토벌하는 전쟁에서 용감하게 적진에 들어간 功으로 제1등 공신으로 책록되었다(『고려사』권2, 혜종 즉위조).

31) 崔彦撝는 태조가 개국함에 가족을 거느리고 와 태조의 명으로 太子師傅가 되었다(『고려사』권92, 崔彦撝傳).

32) 崔凝이 병들어 누웠을 때 東宮이 태조를 대리하여 문안하고 肉食을 권하였다(『고려사』권92, 崔凝傳).

33) 오랫동안 東宮에 있어 여러번 監務를 겪었다(『고려사』권93, 崔承老傳).

34) 황운룡, 앞의 책, 44~45쪽.

러 가지 예비조치를 취하고도 만약 자신의 사후 이것이 지켜지지 않을 가를 염려하였다. 특히 후백제 멸망과정에서 935년 신검의 정변을 직접간접으로 경험한 바 있고, 또 자신의 혼인정책에 따른 반독자적인 세력을 가진 여러 호족들의 존재함은 상당한 우려가 되는 것이었다. 그래서 그는 죽기 직전에 王武를 정윤으로 삼는데, 즉 태자책봉에 큰 역할을 하였던 박술희를 다시 불러 태자를 잘 보좌하도록 유명을 내렸고,[35] 또 제3조의 왕위계승원칙을 포함한「훈요십조」를 전해 주었다.[36] 그리고 죽으면서도 내외 백관들에게 유언하여 다 東宮의 처분을 받게 하였다.[37] 이러한 태조의 일련의 조치는 바로 장자계승의 실행이었다.

왕위의 부자계승을 확립하고자 하는 태조의 바램은 혜종의 즉위로 실행되었다. 하지만 태조의 재위시 여러 조치에도 불구하고, 혜종 재위시에 왕위를 둘러싼 심각한 정치적 갈등이 있었고, 결국에는 945년 (혜종 2) 9월 혜종이 병으로 죽고 그의 아우 정종이 여러 신하들의 추대를 받아 즉위하였다. 하지만 정종 또한 재위 4년만에 병이 위독하자 미리 아우 광종에게 왕위를 물려주고 죽었다. 이처럼 정종과 광종의 즉위는 형제계승으로 이루어 졌다.[38] 이는 아마 혜종의 아들과[39] 정종

---

35)『고려사』권92, 朴述熙傳.

36) 이는 태조의 遺言을 쓴 글을 어느 특정 왕족이 아니라 다음 왕을 보좌할 인물에게 줌으로써 왕위를 찬탈코자 하는 자가 고의로 소멸시킬 수 있는 가능성에 대비한 것이라 하겠다.

37)『고려사』권2, 태조 26년 5월.

38) 고려초의 왕위계승에 대한 연구로는 다음과 같은 것이 있어 참고가 된다. 池內宏, 1913,「高麗太祖薨後堆に於けろ王位繼承上の一悲劇」『史林』3-2 ; 瀨野馬熊, 1926,「高麗太祖朝の內亂」『史學雜誌』37-10 ; 하현강, 1968, 「고려 혜종대의 정변」『사학연구』20 ; 하현강, 1974,「고려왕조의 성립과 호족연합정권」『한국사』4, 국사편찬위원회 ; 강희웅, 1977,「고려 혜종조 왕위계승난의 신해석」『한국학보』7 ; 김두진, 1979,「고려 광종대의 전제왕

의 아들이 너무 어려 왕위를 계승하기에는 많은 문제점이 있기에 부득이 태조의 부자계승 의지가 반영되지 못하고 형제계승이 행하여졌던 것으로 보겠다. 그러다가 965년(광종 16) 2월 光宗이 아들 王伷를 정윤·왕태자로 책봉하여, 975년 5월 王伷가 즉위하니 바로 경종인데, 이러한 경종의 즉위에 의하여 다시 부자계승이 실행되었다.[40]

그러면 왕위의 부자계승원칙이 과연 고려시대에 준수되었는지를 살펴볼 필요가 있다. 이 원칙이 준수되었다면 그것은 곧 태조에 의하여 제3조가 제시된 것이 사실이고, 또 제3조가 태조에 의하여 제시된 것이 사실이라면 그것은 나아가서 「훈요십조」가 태조의 진작임을 밝히는 한 가지 기초적인 작업이 될 것이다.

먼저 고려시대 역대 왕들의 왕위계승을 방법에 따라 분류하여 정리하면 太子·世子册封에 의한 경우 13차례, 內禪·禪位·傳位·襲位 6차례,[41] 遺詔·遺命·顧命 4차례,[42] 推戴 11차례[43] 등이다. 그리고 전왕과

권과 호족」『한국학보』15 ; 이종욱, 앞의 글 ; 심재석, 2005, 「고려 혜종대 왕규의 광주원군 옹립모의와 정종의 즉위」『역사문화연구』특집호 ; 김명진, 2018, 「고려 혜종의 생애와 박술희」『영남학』65 ; 임영희, 2019, 「고려 혜종의 죽음과 정종의 왕위계승」『역사학연구』75.

39) "唯惠景二宗嗣位 皆自春宮 人無異望 至於兄弟之間 非有分明付托 則爭端必起 惠宗 兩年侵疾而終 有子曰興化郎君而年少 又不能囑後事於諸弟 定宗自被群臣翊戴 以纂大業"(『고려사』권93, 崔承老傳).

40) 황제국 의식이 강했던 고려 태조, 광종, 경종대에는 왕위계승자를 正胤이라 하였다. 고려에 있어 일반적 의미의 태자제가 확립된 것은 1022년(현종 13)이다(『고려사』권77, 백관지2 동궁관). 물론 이전에도 태자는 있었다. 하지만 그때의 태자는 왕의 모든 아들을 다 태자라 칭하여 왕위계승자로서 태자와는 다르다. 오히려 이 시기에는 왕위계승예정자를 正胤·東宮·春宮 등으로 불러 일반 태자와 구분하였다(김창겸, 1993, 「신라시대 태자제도의 성격」『한국상고사학보』13 ; 현종민, 2021, 「고려 초기 정윤과 태자검토」『서강인문논총』62).

41) 제21대 熙宗은 태자로 책봉되고 또 內禪을, 제28대 忠惠王은 世子로서 傳位

의 혈연관계에 근거하여 분류하면 父子繼承 18차례, 兄弟繼承 8차례, 再從兄弟繼承 2차례, 叔父繼承 1차례, 堂姪繼承 1차례, 기타 1차례 등이다.

이처럼 고려시대 왕위계승은 초기 왕권의 불안정, 武臣政權期의 집권자들에 의한 왕의 교체, 蒙古干涉期 元勢力에 의한 왕위 교체 등 제3세력의 개입으로 인한 여러 가지 정치적 요인의 작용으로 비정상적인 계승이 빈번하였음에도 불구하고 장자계승을 주로 한 부자계승이 약 55%를 차지할 정도로 기본이었고 준수되었다.[44] 그러므로 고려의 왕위계승에 있어서 태조가 제시한 「훈요십조」 제3조를 엄수하였음을 알 수 있다.[45] 또 역대 왕들은 이 원칙에 의거하여 왕위를 계승시킬 목적으로 아들을 얻고자 많은 부인을 취하였으며, 이들 소생의 많은 아들

를 받아 즉위하였으나, 여기서는 태자책봉사례로 분류하였다.

42) 제2대 惠宗과 제18대 毅宗은 태자책봉되었고 遺命을 받았으나, 여기서는 태자책봉사례로 분류하였다.

43) 제22대 康宗은 태자로 책봉되었지만 당시 崔忠獻에 의하여 追放되었다가 다시 推戴되어 즉위하였으므로 추대사례로 분류한다.

44) 후대의 柳重敎는 「帝王承統考」(『省齋集』 권47∼48)에서 중국과 우리 역대 왕조에서 왕위계승에 있어서 子가 父를 계승하는 경우가 아닌 비정상적 계승사례들을 역사 기록을 통하여 일일이 고증하고 이에 따른 宗廟에 祭享되는 배치의 位次圖를 제시함으로써 왕통의 계승에 정당성 여부를 확인하였는데, 여기서 고려시대의 왕위계승에 대해서는 弟繼兄(從弟 포함) 10차례, 姪繼叔 1차례, 叔繼姪(從叔 포함) 3차례로 보았다.

45) 한편 여러 차례에 행하여진 형제계승의 사례에 의거하여 고려는 부자계승제보다 형제계승제(최재석, 1982, 「고려조의 상속제와 친족조직」『동방학지』 35, 37쪽)가 더 보편화된 왕위계승제였다고 하면서, 제3조는 형제계승을 합리화·합법화시키는 조항이라고 보는 견해도 있다(문경현, 앞의 책, 314쪽). 그러나 고려시대 형제계승은 건국 초기 외척세력의 개입을 비롯한 왕실 내부의 갈등과 왕통의 유지, 무신정권 하에서 집권자의 실력 행사에 의한 왕의 교체, 원간섭기 元에 의한 고려왕의 교체 등 대체로 혈연적 요인보다는 정치적 요인에 의하여 비상조치로써 나타난 것이다.

과 딸을 두었다.[46)]

왕위의 부자계승원칙에 대한 인식은, 고려사회 내에서 유교적인 예법의 시행과 더불어, 이미 당시 왕실을 비롯한 정치권에서 일반화 내지는 보편화되어 있었다. 그리하여 992년(성종 11) 11월에 소목의 位次를 정하고, 1036년(정종 2) 12월에는 宗廟의 昭穆問題로 심각한 논쟁을 벌이기도 하였으며,[47)] 11세기 중엽에는 적장자계승원칙이 확고하게 되었다.

F - ① 11월 己丑 制하기를 "『書經』에 이르기를 一人(임금)이 훌륭하면 萬邦이 바르게 된다고 하였다. 태자는 국가의 근본인바 후계자를 정함에 있어서 적서의 차별이 있는 것은 나라의 정통을 소중히 여기고 민심을 하나로 하려는 것이다. 무릇 국가를 가진 자는 오로지 이를 긴급히 하여야 한다"(『고려사』권7, 문종 7년 11월)

② 2월 癸卯 勳을 王太子로 책봉하였다. 册文에 이르기를 "백성이 있은 뒤에 임금을 두어 모든 일을 보살피고 다스리게 하고 後嗣를 세우되 반드시 그 아들로 함은 百世를 지나도 변치 않은 원칙이지 사사로운 애정에 연유함이 아닌 것이다. … "(『고려사』권7, 문종 8년 2월)

인용문 F에서 "태자를 정함에 적서의 차별이 있다(定立儲副嫡庶有別).", "종통을 소중히 한다(重宗統)." 또 "후사를 세우되 반드시 아들로

---

46) 고려 역대왕들이 많은 부인을 거느린 것을 고려 사회가 一夫多妻制였다는 근거의 하나로 보는 수도 있으나(최재석, 1983, 『한국가족제도사연구』, 일지사, 223~226쪽), 왕실의 혼인은 王權强化라는 정치적 목적과 깊은 관련을 가지면서 근친혼을 하는 등 일반 혼인제와는 별개의 원리로서 운용된 것이므로 달리 볼 필요가 있다(장병인, 1990, 「고려시대 혼인제에 대한 재검토」『한국사연구』71, 2쪽).

47) 『고려사』권61, 지15 禮3 諸陵.

한다(立嗣必子)." 등의 문구는 고려 왕실의 宗法意識을 보여주는 것으로,[48] 이는 곧 왕위의 적장자계승을 강조하고 있는 것이다.

다시 말하면 비록 고려초에는 여러 가지 정치적 원인에 의하여 왕위의 형제계승이 있었지만, 昭穆論爭을 통하여 왕실의 正統과 傍系에 대한 인식이 새롭게 되었고, 점차 왕위계승에서 형제계승이 지양되고 적장자계승이 다시 강조되고 실천됨을 알 수 있다.

이러한 고려시대의 왕위계승 의식은 12세기 중엽에 유교사관에서 편찬된 『삼국사기』에는 보다 강하게 반영되어 있다.

> G. 論하여 말한다. 내가 들으니 옛날에 女媧氏가 있었으나 그가 바로 天子가 아니라 그는 伏羲를 도와 9州를 다스렸을 뿐이요. 呂雉와 武曌같은 경우는 어린 임금을 맞았으매 조정에 나앉아 임금의 일을 대리하였으나, 역사서에서는 공공연히 임금이라 일컫지 아니하고 다만 高皇后 呂氏, 則天皇后 武氏로만 기록하였다. 하늘을 두고 말한다면 陽은 强하고 陰은 부드러운 것이요 사람을 두고 말한다면 남자는 높고 여자는 낮은 것이다. 어찌 늙은 할머니가 안방으로부터 나와 국가의 정사를 처리하는 것을 허락할 수 있겠는가? 신라는 여자를 세워서 임금자리에 앉게 하였으니 나라가 망하지 아니한 것이 다행이었다. 『詩經』에 이르기를 "암닭이 새벽에 운다." 하였고, 『周易』에 이르기를 "암퇘지가 껑충껑충 뛴다."고 하였으니, 어찌 경계하지 아니할 것인가(『삼국사기』 권5, 선덕왕본기 論)

이것은 『삼국사기』에 실려 있는 신라 선덕여왕에 대한 史論이다. 『삼국사기』는 왕명에 의하여 1145년(인종 23)에 편찬된 것이며, 여기에 기록된 사론은 대부분이 金富軾을 중심으로 한 당시 편찬자들에 의하여

---

48) 이영춘, 1998, 『조선후기 왕위계승 연구』, 집문당, 66쪽.

이루어 졌다. 그리고 이러한 사론은 贊者의 당시, 즉 12세기 고려사회에 보편화되어 있던 시대적 의식과 관념의 표현이었다.[49] 그러므로 이 당시에는 「훈요십조」가 제시한 왕위의 父子繼承原則, 특히 男系繼承原則은 고려사회 내에 중국에서 전래된 『唐律』을 바탕으로 한 宗法意識 등 유교사상의 확산으로 인하여 더욱 불변의 법칙으로 강고화되어 있었음을 알 수 있다.

결국 고려 태조에 의하여 제시된 왕위의 부자계승원칙은 이미 태조 자신에 의하여 적극적인 실천되었으며, 이후 왕들의 왕위계승에서도 준수되었다.[50] 그리고 이것은 통치이념으로서 유교사상(종법의식)이 확산됨에 따라 더욱 강고화되었고, 또 실천하려고 노력하였다.

Ⅳ. 맺음말

이상에서 「훈요십조」 제3조를 중심으로 고려 태조가 왕위계승원칙을 제시한 의미에 대하여 살펴본 결과, 다음과 같은 사실을 확인하였다.

고려 태조가 친제한 「훈요십조」는 그의 오랜 경험에 의한 결과물이다. 그러므로 왕위계승원칙을 제시한 제3조 역시 그러하다. 태조의 경험이란 직접적인 것도 있고 간접적인 것도 있는데, 직접적인 것은 대체로 자신의 일생 동안 습득한 것으로 주로 신라 하대, 태봉, 후백제에서 있었던 역사적 사실과 자신의 재위시에 목격한 사실들이고, 간접적인 것은 書籍과 求言을 통한 것들이었다. 여기에는 물론 신라 하대 및

---

49) 고병익,1969, 「삼국사기에 있어서의 역사서술」 『김재원박사회갑기념논총』, 61~70쪽 ; 신형식, 1981, 『삼국사기연구』, 일조각, 356~357쪽.

50) 오경석, 2021, 「고려전기 왕위계승 인식과 그 성격」 『사림』 76.

태봉과 후백제에서 있었던 왕위계승의 양상도 포함되었다.

신라 하대의 왕위계승은 상당히 변질된 양상을 보였다. 중대에 지켜지던 부자계승원칙이 하대에는 왕족 가운데 특정한 小家系가 왕위계승을 독점하려 하다 보니 자손의 단절과 王位爭奪戰 등으로 인하여 정상적인 계승에 있어서조차 弟·叔父·姪·女壻 심지어 妹까지도 太子冊封이나 遺詔를 통하여 왕위계승을 하는 등 변형적인 양상을 보였다. 그리고 이러한 계승으로 왕통이 변경되면서 드디어 朴氏王이 등장하여 결국에는 신라 金氏王朝는 종말을 맞이하였다.

태봉에 있어서도 궁예의 몰락 역시 왕위계승을 둘러싼 문제가 하나의 중요한 원인이 되었다. 궁예에게는 적어도 2명 이상의 부인과 그녀들의 소생이 있었는데, 그 중에는 강씨부인의 배후 세력과 당시 막강한 세력가였던 왕건이 협조하여 강씨부인과 아들은 죽음을 당하고, 곧이어 궁예 또한 왕건에게 폐출되어 몰락하였다.

후백제의 멸망은 왕위계승을 둘러싼 내부 분열이 가장 큰 원인이었다. 견훤이 장자 신검이 아닌 제4자 금강으로 왕위를 계승케 하려하자, 이에 대하여 신검의 지지세력이 금강을 살해하고 견훤을 金山佛宇에 유폐한 뒤 신검이 즉위함에 후백제의 왕실과 조정은 분열되었고, 마침내는 고려와의 전투에서 패하여 멸망하였다.

고려 태조는 중국의 儒敎經典에서 습득된 종법의식과 더불어 직접간접의 역사적 경험을 바탕으로 고려 왕실의 무궁한 지속을 당부하는 뜻에서 「훈요십조」의 제3조를 통하여 왕위계승원칙을 제시하였다. 그리고 자신이 먼저 장자계승을 실천하기 위하여 노력하였다. 長子 王武의 母系가 寒微하여 당시 여건상 여러 어려움이 있음에도 세력가 朴述熙를 후견인으로 삼아 太子(正胤)로 책봉하여 왕위를 계승하게 하였으며, 죽기 직전에는 박술희에게 「훈요십조」를 親授하고 太子 王武를 잘 보필할 것을 당부하였다. 이러한 태조의 부자계승 실천에 대한 강한 의지의 결과 惠宗이 장자계승으로 즉위하였다.

「훈요십조」 제3조의 내용은 왕위의 적장자계승을 常禮로 하고, 부득이 한 경우 차자계승, 그것 또한 어려울 경우에는 여러 아들 중에서 추대를 받은 자가 계승하라는 것이다. 이는 왕위계승은 장자계승이 가장 이상적인 것이고 만부득이 한 경우라도 부자계승을 하라는 것이니, 결국 왕의 直系男子孫만이 계승할 것이지 叔父·弟·姪 등의 傍系男子孫이나 女系親 또는 女壻에게는 계승치 말라는 것이다. 이것은 신라 하대 및 태봉·후백제의 왕위계승 양상과는 큰 변화와 차이를 보이는 것이며, 아울러 왕위계승의 친족 범위를 축소화시켜 왕위계승을 둘러싼 왕족들간 분쟁의 소지를 대폭 약화시켜 놓은 것이다.

사실 고려 전시기를 통하여 왕위계승에서 장자계승원칙은 대체로 기본적인 것으로 준수되었다. 비록 왕권이 안정되지 못한 상황에서 아들이 어리거나 혹은 제3세력의 간여로 인하여 정치적 요인에 의한 비정상적인 계승도 있었지만 일반적으로 부자계승을 가장 이상적인 기본 원칙으로 행하였다. 또 왕들은 이 원칙을 준수하기 위한 하나의 방법으로써, 많은 아들을 出産하기 위하여 여러 명의 부인을 취하였다.

아울러 「훈요십조」 제3조가 태조 이후 고려의 왕들에 의하여 준수되었다는 것은 이들이 그것을 태조의 眞作으로 신봉하였다는 것을 의미한다. 그리고 제3조를 진작으로 받아들였다는 것은 좀더 크게 보아 「훈요십조」 자체를 태조의 진작으로 믿었다는 것을 대변한다. 그러므로 이는 「훈요십조」가 후대의 僞作이 아니라 태조의 진작임을 나타내는 하나의 證參이라 하겠다.

2장

경종과 황제 호칭
– 하남 교산동 약사불좌상 명문 고찰 –

I. 머리말

경기도 하남시 교산동 55-1번지에 禪法寺가 있다. 이 절의 客山瀑布 옆에는 솟은 높이 3m, 폭 2m 정도의 바위에다 아래쪽에서 약 2m 올라간 위치에 바위를 둥글 편편하게 파고 그 위에다가 조각해 놓은 명문이 있는 약사여래상 1기가 있다. 종전에는 이 지역의 행정지명을 경기도 광주군 동부면 교산리라고 하였던 까닭에 '廣州校山里磨崖藥師佛坐像'이라고 하였으나, 1989년 4월 10일 국가로부터 보물 제981호로 지정되면서 명문에 표기된 태평2년이라는 연호에 따라 '太平二年銘磨崖藥師佛坐像'으로 명명되었다가, 다시 최근에 유적이 소재한 행정구역의 명칭과 맞추어 '하남 교산동 약사불좌상'으로 개칭되었다.

불상이 모셔져 있던 절은 알 수 없으나 근처에 넓은 절터가 있으므로 이와 관련된 사찰일 수도 있고, 지형으로 미루어 보아 『신증동국여지승람』에 보이는 藥井寺일 가능성도 있다. 이 불상은 불교사는 물론 미술사적으로도 중요한 것이지만, 명문이 새겨져 있는 관계로 역사적으로도 그 의미가 특별하다.

이 불상은 결가부좌의 약사여래좌상이며, 모양이 큰 편은 아니지만 광배와 대좌를 모두 갖추고 있다. 무릎에 위로 한 왼쪽 손바닥 위에는 약그릇을 들고 있으며, 오른손은 施無畏의 手印을 하고 있다. 광배는 두광과 신광이 각각 三重圓으로 이루어졌고, 그 주위에 화염문이 둘려져 있다. 대좌는 伏瓣의 仰蓮座를 이중의 대석이 받치고 중대에는 네 개의 모서리기둥(隅柱)이 있으며, 그 아래 다시 이중의 대석과 단판의 覆蓮座가 새겨져 있다. 각 瓣에는 寶相花文이 얹혀 있다. 앞에서 바라보는 두 눈에는 눈동자까지 표현되어 있고, 코는 거의 떨어져 나가 없다. 머리의 肉髻는 작은 편이며, 미소를 띤 얼굴은 약간 통통하고 단정한 모습이다. 체구는 장대하고, 右肩偏袒식으로 걸친 가사는 왼쪽 가슴에서 접혀져 있다. 불상의 전체 높이는 93cm, 앉은 높이 43cm, 무릎 폭 41cm, 어깨 폭 22cm, 광배 높이 435cm이다. 刻線이 치졸하지마는 불상의 균형도 잡히고 특히 面貌는 신라 불상의 여운을 보이는 듯하다.[1] 이것은 경기도 이천시 마장면 장암리에 있는 '이천 장암리 마애보살반가상'(보물 제982호, 옛 명칭 太平興國銘磨崖菩薩坐像)보다[2] 조각이 정교하고 佛身의 비례도 훌륭한 편이다.

하남 교산동 약사불좌상은 전체적인 비례감이나 두부와 안면의 표현, 장대한 체구에서 광주 철불(하남 하사창동 철조석가여래좌상, 보물 제332호)의 형식을 따르고 있다. 다만 착의 형식은 포천 철불(포천 출토 철조불좌상)처럼 대의깃이 왼쪽 어깨에서 반전되었다. 이러한 모습은 경주 석굴암 본존상 유형의 불상 양식이 중부 지역으로 옮겨온 뒤에 인근의 다른 조각 양식과 부분적으로 섞였을 가능성을 보여주는 것이다.[3]

---

1) 이홍직, 1960, 「경기도 광주군 동부면 교리마애불」 『고고미술』 1-2(통권 2호).

2) 이 불상은 미륵바위라는 커다란 화강암에 조각된 것으로, 크기는 높이 3.2m, 어깨 폭 1.2m, 두께 1.47cm인데, 바위 뒷면에 "太平興國 六年 … "이라는 명문이 음각되어 있어, 고려 경종 6년(981)에 조성된 것으로 보인다.

3) 따라서 고려초 중부 지역의 철불과 석불·마애불에서도 석굴암 본존상의 도

이 불상은 왼편에 그 유래를 담은 吏讀文이 섞인 명문이 음각되어 있어 특별히 주목을 받고 있다. 이 명문이 역사적으로 중요한 것은 이 불상의 중수 시기와 그 목적을 알려주고 있다는 점이다. 하지만 기존의 연구는 이 명문의 내용 중에서 유독 '太平二年'과 '今上皇帝'에 대한 이해에서는 큰 차이를 보이고 있는 실정이다.

필자는 이 명문을 역사적 관점에서 고찰해 보고자 한다. 먼저 이 명문을 이해하는데 중요한 관건이 되는 태평 2년이 고려 경종 2년(977)이며, 古石佛과 重修는 이전부터 있던 석불을 다시 수리하였다는 의미이고, 장수의 기원 대상인 금상황제는 고려 경종이었음을 재확인하겠다. 그리하여 이 불상의 중수는 고려 경종의 즉위를 계기로 하여 이 지역 세력들이 945년(혜종 2)에 있었던 王規의 난으로 상실한 정치 사회적 입지를 재기하려는 의지의 일환으로 이루어졌음을 밝히겠다.

II. 명문의 해석

이 불상의 명문은 다음과 같이 판독된다.[4]

太平二年丁丑七月卄九日古石
佛在如賜乙重脩爲今上
皇帝萬歲願

상이 널리 유행하였던 것을 알 수 있다(최성은, 1996, 『고려 초기 광주철불좌상 연구』『불교미술연구』2, 동국대학교, 36쪽).
4) 명문의 '古'자를 혹은 '右'자로, '乙'자를 '以'자로 판독하는 경우도 있으나(오순제, 1995, 『한성백제사』, 집문당, 123쪽), 현재로서는 '古'와 '乙'자가 옳다고 보겠다.

명문은 3행 28자이며, 글자의 크기는 4~5㎝이고, 서체는 楷書인데 拙劣한 편이다.

이것을 李弘稙이 "(年月日略) 古石佛견다슨을 重脩하여 今上皇帝萬歲를 願하니라."라고[5] 해독한 이후 대체로 따르고 있으며, 얼마 전에 南豊鉉이 "태평2년 정축(977년) 7월 29일 고석불이시었던 것을 중수함. 금상황제의 만세를 원함."이라고[6] 해석하였다.

그런데 여기서 역사적으로 중요한 의의를 가지는 것은 이 불상의 중수 시기인 태평 2년과, 그리고 이때 만세에 장수하기를 기원한 대상인 금상황제가 누구인가 하는 것이 될 것 같다.

[사진] 하남 교산동 약사불좌상의 명문 부분

[탁본] 성균관대 박물관(1973년)

---

5) 이홍직, 앞의 논문, 13쪽.
6) 남풍현, 2000, 『이두연구』, 태학사, 539쪽.

1. 太平 2年

이 불상은 태평 2년에 중수되었다고 한다. 태평이라는 연호를 우리 역사상에 사용한 적은 없다. 그러므로 태평은 중국의 연호에서 찾아볼 필요가 있다. 중국에서 사용된 태평 연호는 6차례 있었다. 삼국시대 吳의 會稽王이 사용한 太平(256~258)과, 北燕의 馮跋(재위 409~430)이 사용한 太平(409년 10월~430년), 北魏의 太武帝(재위 423년 10월~452년 3월)가 사용한 太平眞君(440~451), 梁의 敬帝가 사용한 太平(556~557), 宋의 太宗이 사용한 太平興國(976년 12월~984년 11월), 遼의 聖宗(재위 982년 9월~1031년 5월)이 사용한 太平(1021~1031)이 있다.

이 중에서 간지가 丁丑에 해당하는 것으로는 삼국시대 吳의 태평 2년 (257, 백제 고이왕 24년)과 남북조시대 梁의 태평 2년(557, 백제 위덕왕 4년, 신라 진흥왕 18년), 그리고 宋의 연호인 太平興國 2년(977, 고려 경종 2)을 들 수 있다.[7]

가장 오래된 태평 연호는 吳의 會稽王 孫亮(재위 252년 4월~258년 9월)이 建興(252년 4월~253년), 五鳳(254년~256년 9월)에 이어 사용한 것으로, 256년 10월~258년 9월까지 사용되었다. 그러므로 이때의 태평 2년은 서기 257년에 해당한다. 서기 257년은 백제의 고이왕 즉위기로서, 이 무렵의 오늘날 하남지역은 백제의 영토였다. 하지만 백제에 불교가 東쪽으로부터 전래된 것은 384년(침류왕 1)이다. 그러므로 불교가 전래되기도 이전에 이미 불상부터 제작되었다는 것은 있을 수 없다. 그리고 이 시기에는 신라는 물론 고구려에서조차 불교가 공인되지 않은 시기였으므로, 이 불상의 제작 시기를 257년 이전으로 보기는 어렵다.

---

7) 한편 이홍직은 257년, 977년과 더불어 隋末의 연호로 616년이 있다고 하였다. 그러나 616년은 丙子이다. 丁丑은 617년이며, 이때는 隋 煬帝의 大業 13년과 恭帝의 義寧 1년에 해당한다.

그리고 太平이라는 연호는 梁의 敬帝(재위 555년 9월~557년 9월)가 紹泰(555년 10월~556년 8월)에 이어 사용한 연호로서, 556년 9월부터 557년 10월 梁이 陳 武帝에게 망할 때까지 사용되었다. 그러므로 이때의 태평 2년은 557년에 해당한다. 한국사에서는 백제 위덕왕 4년이다. 그러나 위덕왕 4년 무렵에는 지금의 하남지역은 백제 영토가 아니었다. 위덕왕의 아버지는 성왕인데, 그는 551년 백제와 신라가 연합하여 고구려를 공격하였다. 그 결과 백제는 한강 하류 지역을, 신라는 죽령 이북 10군을 점령하였다. 그러나 553년 7월 신라가 백제의 한강 하류 지역을 점령하고 新州의 軍主를 두었다. 이에 백제 성왕은 직접 군대를 이끌고 신라를 공격하다가 오히려 복병을 만나 관산성 전투에서 대패하여 전사하였다. 그 뒤를 이어 즉위한 왕이 위덕왕이다. 그러므로 한강유역은 이미 신라의 영토가 되어 있었다. 하지만 신라가 이 지역을 차지한 직후에 마애불을 중수하여 세웠다고 보기는 어렵다. 그렇다고 이 지역을 신라에 빼앗긴 백제인들이 불상을 중수하였다는 것은 더욱 어려운 일이다.

　　사실 일부 향토사학자들이 이 불상을 백제시대와의 연관 가능성을 염두에 두고 '태평'을 삼국시대 吳의 태평 2년(고이왕 24년, 257)이나 남북조시대 梁의 태평 2년(위덕왕 4년, 진흥왕 18년, 557)이었을 가능성을 제기하기도 하였다.[8] 그렇지만 이것은 앞에서도 언급하였듯이 타당성

---

8) 이장우, 2001, 「고려시대 하남지역의 불교유적」 『하남의 역사와 문화』, 국학자료원, 131쪽. 한편 백제시대로 보는 연구자들은, 선법사 바로 뒤의 언덕에서 주초석과 6각형 기단석 및 축대를 발견하였는데, 이 축대는 왕궁터 쪽을 바라보고 있으며 그곳에서 백제시대의 와편과 토기편이 나오고 있어 백제시대의 사찰지였음을 확인하였고, 더구나 마애불의 발 밑에는 선법사 주지가 공사중에 발견한 八蓮葉의 座臺가 놓여져 있는데 백제시대의 막새와당과 흡사하면서 그 중심에는 5개의 원이 새겨져 있어 五方을 나타내주고 있기 때문이라고 한다(오순제, 앞의 책, 70쪽).

이 없는 것으로 생각되며, 오늘날 하남지역을 백제의 수도였던 하남위
례성과 관련시켜 보려는 입장에서 집착된 논리라고 할 수 있다.

또 하나의 태평은 송나라 태종(재위 976년 10월~997년 2월)이 976년
12월~984년 10월까지 사용한 연호인 '太平興國'의 略稱이다. 이러한
표기의 예는 송나라에서 983년(태종 8, 태평흥국 8)에 편수된 『太平御
覽』등이 있다.

그러므로 이때의 태평 2년은 977년이며, 고려의 경종 2년에 해당한
다. 이 무렵 고려에서는 975년 5월 광종이 죽고 경종이 즉위하였다.
그리고 10월에는 降付해온 신라 金傳(경순왕)에게 尙父 都省令의 관직
과 食邑 1만호를 더 주었으며, 또 6代의 조상에게 尊號를 더하여 높였
다. 976년(경종 1) 6월 黃州院의 2郎君에게 아울러 元服을 加하고 院의
이름을 고쳐 明福宮이라 하였다. 또 같은해 11월에는 宋이 左司禦副率
于延超와 司農寺丞 徐昭文을 보내어 왕을 책봉하여 光祿大夫 檢校太傅
使持節 玄菟州諸軍事 玄菟州都督 大順軍使 食邑 3,000戶로 삼았다.
그리고 경종은 사신을 宋에 보내어 太宗의 즉위를 축하하였으며, 특히
이때에 비로소 田柴科를 정하였다.

이보다 앞서 고려에서는 949년 定宗이 죽고, 새로 즉위한 光宗은 곧
연호를 光德으로 건원하였고, 960년(광종 11) 3월에는 開京을 皇都, 西
京을 西都라 하였고, 또 峻豊으로 건원하였으며, 그러다가 963년(광종
14, 준풍 4) 12월에 송나라의 연호 乾德을 사용하였다. 이 시기는 고려
건국초로서 불교를 국교로 내세우면서 전국에 많은 불교사찰과 탑비가
조영된 시기였다. 특히 史家들은 광종은 "중세 이후로는 참언을 믿어
죽이기를 많이 하였으며 불법을 酷好하고 사치에 절조가 없었다."고
평가하였다.[9] 사실 광종은 惠居를 國師로 坦文을 王師로 받들었고 태

---

9) 『고려사』권2, 광종 26년 5월 ; 『고려사절요』권2, 광종.

조의 願堂으로서 大奉恩寺를 先妣의 명복을 빌기 위하여 佛日寺와 崇善寺를 각기 세운 뒤에 弘化寺, 遊岩寺, 三歸寺 등을 지었고, 968년(광종 19)에 시작한 恩津 灌燭寺의 彌勒石佛을 38년에 걸쳐 이룩되었다. 이처럼 광종 중반 이후에는 국왕 자신이 불교에 특별한 관심을 기울인 상황에서 많은 크고 작은 佛事가 성행하였다. 그러므로 광종의 長子로서 태자로 책봉되었다가 즉위한 경종 역시 초기에는 이러한 분위기를 따랐을 것이다. 그리하여 이 무렵 고려사회 전반의 불교 진흥적 분위기 속에서 '太平二年' 명문이 새겨진 하남 교산동 약사불좌상도 중수된 듯하다.

결국 이 불상명문의 태평 2년 丁丑은 977년(고려 경종 2년)에 비정하는 것이 가장 타당성이 있다.[10]

2. 古石佛과 重修

명문에는 태평 2년, 즉 고려 경종 2년에 불상을 중수하였다고 기록되어 있다. 그러면 중수하였다는 기록은 무엇을 의미하는가? 명문에서는 古石佛이 있었던 것을 중수하였다고 한다. 여기서 고석불이라는 말과 이것을 중수하였다는 표현의 해석을 두고 의견이 분분하다.

李弘稙은 "그런데 명문에 고석불이 있었던 것을 중수하였다는 말은 좀 이상하다. 이 마애불에는 뒤에 손을 댄 것 같은 자취는 없어 보인다. 그 전에 보잘 것 없는 小佛像이 있었던 것을 此際에 다시 이만한 마애불로 만들었단 말인가 未審하다."[11]고 하였다.

한편 崔聖銀은 "어쩌면 이 불상에는 새로 조각을 가한 흔적이 없는

---

10) 이홍직이 太平을 송 태종(976~997)의 연호인 太平興國(976~983)으로 보아 태평 2년을 고려 경종 2년(977)에 해당된다고 보았다. 이후 대체로 이 설을 따르고 있다.

11) 이홍직, 앞의 논문, 13쪽.

것으로 보아, 불감이나 가구 등을 새로 고쳤을 것으로 추측된다."고 하면서, 좀더 구체적으로 "교산동 약사불상은 977년의 중수 명문이 있으나 불상 자체를 보수한 흔적이 없으므로 아마도 경종 2년(977)으로부터 40~50년 전(920~930년대)에 조성한 마애불의 보호각을 개수한 것으로" 보았다.[12] 그럴 개연성은 있지만 현재로서는 좀더 자료와 설명의 보충이 요구된다. 하지만 이 주장을 따르면 불상을 다시 새겼다는 것이 아니라 아마 다시 봉안하였다는 의미가 된다.

이와 달리 南豊鉉은 "고석불이란 중수라는 말이 있는 것으로 보아 중수하기 이전에 있었던 불상을 가리키는 것이 분명하다. 다만 이 시대에 '古'는 단순한 옛 것을 가리키는 것이 아니라 어떤 조형물의 재료를 가리킬 때 쓰이고 있는 용법이 있는 것으로 보아, 이 이전에 있었던 불상은 미미한 존재였을 것이다."고 하여, 977년에 이 불상을 새로 조성한 것으로 보았다.[13]

한편 吳舜濟는 '禪法寺는 백제시대의 사찰지이며, 이 마애불의 명문 가운데에 右石佛이라는 말이 있는데 마애불의 우측 바위에는 정 자국이 남아 있고 깊이 패어 있어 그 곳에 있었던 마애불은 일본인들이 파간 것으로 볼 수 있다.'고[14] 하면서, 이것은 "백제시대의 古石佛을 중수하면서 다시 덧새긴 것으로 추측된다."고 하였다. 그러나 명문을 右石佛로 판독한 것은 잘못된 것이며, 정 자국이 있는 곳에 실제 마애불이 있었고 그것을 일본인들이 파갔다는 정확한 보충 자료가 제시되지 않아 사실인지 알 수가 없다.

그러나 중수라는 의미가 '낡은 것을 새로 고침'이라는 의미이다. 이

---

12) 최성은, 앞의 논문, 37쪽.
13) 남풍현, 앞의 책, 536~537쪽.
14) 오순제, 앞의 책, 123쪽.

것은 종래부터 있던 것을 새로 고쳤다는 것이다. 그러면 종래부터 있었던 것이 무엇인가? 그것은 문장에서 보듯이 고석불이다. 그러므로 이홍직과 남풍현의 추측대로 그 전에 보잘 것 없는 미미한 마애불을 이때에 다시 지금의 것으로 만들었다고 볼 수도 있고, 혹은 최성은의 추측대로 이에 앞서 조성한 마애불의 보호각을 이때에 개수했다는 것이지, 현재로서는 명확하게 단언할 수는 없다.

필자는 이 바위에 새겨져 있던 종래의 마애불이 미미하거나 낡았으므로 태평 2년에 이르러 다시 현재 모양으로 새긴 것이라고 생각한다.[15] 처음에 있었던 고석불이 제작된 시기는 신라말 고려초이었을 것이다. 그 불상을 만든 주체는 廣州 지역에 있었던 王規 집단이었을 것이다. 어쩌면 신라말 고려초에 왕규 집단에 의하여 만들어졌던 불상을 977년(경종 2)에 새로 새긴 것이라고 보겠다. 신라말 고려초의 지방 호족들이 불교사원과 같은 연계성을 가졌듯이, 광주 지역의 왕규 역시 이 지역의 불교세력을 적극 지원하였을 것이다. 여기서 고석불로 표현된 불상의 조성은 왕규와 관련이 있었을 것이다.[16] 그러나 945년 9월 왕규가 왕위를 빼앗으려다가 정종과 광종 형제에게 처형된 뒤에는 이 불상 역시 방치되었거나 크게 훼손당했을 것이다. 그러다가 975년 5월 경종이 즉위하여 왕규 세력에 대한 사면이 행해진 듯하다. 그리하여 이들은 977년 7월 29일 마애불상을 중수하고, 경종에 대한 감사의 표시로 그의 만세 장수를 기원한 것이라 보겠다.

---

15) 큰 바위에 새긴 마애불이라는 점에서, 새로운 석재를 구하여 새로 조성했다기보다는 어쩌면 이전부터 있어온 불상이 낡아서 그것을 깎아내고 다시 새긴 것이 아닐까 생각된다.

16) 최성은, 앞의 논문 참조.

3. 今上皇帝

이 불상의 명문을 이해하는데 가장 중요한 부분은 '今上皇帝萬歲願'이다. 이것은 약사불상을 중수한 발원문이다.

여기서 황제가 누구인가? 이것은 이 불상이 중수되고 발원문이 새겨진 당시 사회를 이해하는데 대단히 중요한 관건이 되는 것이다. 이 불상명문의 금상황제가 누구인가에 따라 당시 고려 국가의 성격이나 국왕의 위상을 달리 이해해야 하기 때문이다.

그러면 여기서의 '금상황제'는 누구를 지칭하는 것일까? 이에 대해서는 우선 다음의 세 가지로 해석할 수 있는 가능성이 있다. 첫째, 금상황제는 宋의 황제인 太宗이다. 둘째, 今上은 고려 경종, 皇帝는 송 태종이다. 셋째, 금상황제는 고려의 국왕인 경종이다.

1) 宋 太宗

이 명문의 금상황제를 중국의 송 태종으로 보는 주장도 있다. 이 주장은 한국 역사에서 대한제국 이전까지는 직접적으로 황제를 칭했다는 기록이 있는 군주는 없고, 오직 대한제국의 고종황제와 순종황제가 있을 뿐이라고 하면서 대한제국 이전의 기록에 보이는 황제는 한국 역사상의 황제가 아니라 중국의 황제를 지칭한다고 보는 것이다. 이러한 입장에서는 977년(태평 2년)에 황제라고 불리어진 군주는 송의 태종으로 보는 것이 타당성이 있을 듯도 하다.

특히 李章雨는 2001년 2월 2일 하남시청 대회의실에서 있었던 하남역사학술회의 발표문에서 이 불상명문의 황제는 宋 太宗이라는 주장을 하였다. 이 글에 서술된 내용을 소개하는 것으로 황제=송 태종설을 살펴보면 다음과 같다.[17]

---

17) 이장우, 앞의 논문, 131~135쪽.

① 이 명문에서 宋의 태평(흥국) 연호를 사용하였기 때문에 뒤의 황제는 고려국왕이 아니라 송 태종이다. 더욱이 萬歲라는 표현은 특히 唐 말엽부터는 오직 天子의 長壽를 기원할 때에만 사용되는 것이다. 거기에다가 975년(광종 26)에 제작되었던 高達寺 元宗大師惠眞塔碑를 보면 광종을 황제가 아니라 上, 개경을 皇都가 아니라 王城으로 표현하고 있다. 따라서 금상황제는 송 태종이라고 보아야 한다.

② 광종대를 전후한 시기에 사용되었던 연호들을 살펴보아도 광종대의 독자적인 광덕·준풍 연호를 제외하고는 일관되게 중국의 연호를 사용하였다. 광종대 광덕·준풍의 연호를 사용할 때에도 중국의 연호를 함께 사용하고 있었다. 그리고 일반적으로 한국사 개설서 등에서 광종이 稱帝建元하였다고 서술하고 있지만, 광종은 建元만 확인할 수 있을 뿐 稱帝는 확인할 수가 없다. 비록 960년(광종 11) 開京을 皇都라고 고쳤지만, 그것이 왕을 황제라 개칭하였다는 근거가 될 수는 없다. 오히려 광종 스스로 황제가 아니라 고려국왕으로 칭하였고, 송에 사신을 파견하여 方物을 진상하였다. 심지어 963년(광종 14)부터는 송의 연호를 공식적으로 사용하기 시작하였다. 만일 광종이 황제의 지위를 가지고 있었다면, 이러한 행위를 하였다고는 믿기 어려울 것이다. 따라서 여기서의 今上皇帝는 송의 태종을 지칭하는 것이다. 그리고 이 불사는 송 황제의 장수를 기원하는 것이다.

③ 하지만 금상황제가 송의 태종을 가리킬 경우에 '今上'을 어떻게 이해할 지에 대한 어려움이 있다. 그리하여 금상황제를 '지금 임금님인 고려 경종과 송의 황제인 태종'이라고 구분하여 볼 수도 있다. 그러나 이를 고려 경종과 송 태종으로 해석할 때에는 송의 황제보다 고려의 국왕이 먼저 나오는 모순이 있다. 그렇다고는

해도 두 해석 가운데 어느 쪽을 받아들이더라도 '皇帝'는 송의 태종을 가리키는 것으로 보았다.

이러한 주장은 상당히 이색적이다. 황제는 오직 중국 왕조에서만 있었을 수 있다는 華夷的 입장을 고집하는 中華的 天下觀에 몰입된 사고에 의한 논리이다. 그러나 이 명문의 금상황제=송 태종설은 좀더 깊이 있게 살펴보면 이해하기에 어려움이 있음을 알 수 있다. 특히 왜 이 시기에 宋 太宗의 장수를 기원하는 마애불상을 고려의 王京인 開京으로부터 멀리 떨어진 오늘날 경기도 하남 지역에 세워야 했는지 납득이 되지 않는다.

2) 高麗 景宗

이 명문의 금상황제는 고려 경종을 지칭하는 것이다. 이 견해는 일찍부터 제시되었다. 그러나 경종이 직접 황제를 칭하였다는 기록은 없다. 그래서 李弘稙은 "光宗 때에는 光德 또는 峻豊이라고 建號하였고, (광종) 11년에는 開京을 皇都라고 하였으므로 그 餘風이 景宗初까지 행하여 '今上皇帝'라고 일반이 사용하였음도 타당성이 있다."고[18] 한 이후, 대체로 이 주장에 따라 今上皇帝를 경종으로 간주하고 있다. 그리고 南東信도 "당시 지방에서는 여전히 광종대의 稱帝建元하던 분위기가 남아 있었음을 짐작할 수 있다."고[19] 하였다. 한편 南豊鉉은 "이 시대에는 민간인들이 황제라는 칭호를 단순히 왕에 대한 극존칭 정도로 생각하고 사용하였던 것이 아닌가."라고[20] 보기도 하였다.

---

18) 이홍직, 앞의 논문, 13쪽.
19) 남동신, 1996, 『광주 교산리 마애약사상』『譯註羅末麗初金石文』下, 395쪽.
20) 남풍현, 앞의 책, 539쪽.

하지만 황제라는 표현을 단순히 왕에 대한 극존칭으로 사용하였다는 것은 납득하기 어렵다. 통치자에 대한 호칭이 황제냐 왕이냐 하는 것은 그 국가의 국제적 위상과 군주의 성격을 결정하는데 아주 큰 차이가 있다. 황제는 천자국의 군주이고, 왕은 제후국의 군주를 나타내는 것이다. 그러므로 당시 최고통치자인 군주는 물론 臣民이 이것을 구분하지 않고 사용할 수는 없는 것이다. 이보다는 이 명문에서의 황제는 고려의 군주(국왕)에 대한 당시 臣民들의 의식이 그대로 담겨있는 것이라고 보아야 할 듯하다.

필자는 지금부터 이 명문의 금상황제가 고려 경종을 지칭하는 것임을 다시 한번 살펴보겠다. 결론부터 말하자면 고려의 군주는 황제(천자)적 위상을 가지고 있었고, 명문의 금상황제가 고려 경종임을 종래 연구자들과는 달리 역사적 관점에서 보증하겠다.

한국 역사에 있어서 이미 삼국시대 고구려와 백제는 물론 신라를 비롯하여, 남북국시대의 신라와 발해에서도 황제적 지위를 가지고 있었으며, 이러한 전통은 고려에도 계승되었다. 고려의 황제국 체제와 의식은 앞 시기에서 그 전통을 이은 것으로 생각된다. 신라에는 황제·황족의 지위와 의식을 가지고 있었다.[21] 기록에 의하면 신라 하대에는 大王과 皇太后, 皇后, 王后, 太子, 聖上 등의 호칭과 崩, 因山, 勅과 詔 등 황제를 상징하는 특수용어가 사용되었던 것이 확인된다. 또 신라의 지방통치는 천자국의 상징인 九州와 五岳 등으로 편재되어 있었고, 지방에는 溟州國·耽羅國 등 변방에 해당하는 제후국이 존재하였으며, 아울러 북쪽의 발해와 남쪽의 일본 등을 蕃國으로 상정한 독자적인 신라 중심의 천하관이 형성되어 있었다. 결국 신라는 대외적으로는 중국 당

---

21) 김창겸, 1999, 「신라 원성왕계 왕의 皇帝·황족적 지위와 골품초월화」 『백산학보』 52 ; 2004, 「신라국왕의 황제적 지위」 『신라사학보』 2 ; 2018, 『신라 하대 국왕과 정치사』, 온샘.

에 대하여 제후국을 취하면서도 국내적으로는 하나의 독립된 황제국의 지위를 가졌던, 이른바 外王內帝라는 이중체제 국가였다.

이와 같은 신라왕들의 황제적 지위와 인식은 신라말까지 이어졌다. 그것은 후삼국기에 후백제의 甄萱과 고려의 王建이 서로 주고받은 서신에서, 이들이 신라 왕실을 중심체계로 인식하는 尊王意識을 가지고 있었던 것에서도 나타나 있다.[22] 게다가 弓裔는 武泰, 聖冊, 水德萬世, 政開 등 나름대로의 독자적인 연호를 세워 비록 직접 황제를 칭했다는 기록은 없으나 황제국의 모습을 보였다. 그리고 통일신라와 태봉에 있었던 황제·황족적 지위와 독자적인 국제질서를 상정한 천하관은 고려 왕조로 이어졌다.[23]

고려는 태조대부터 天子라는 位號와 함께 봉작과 식읍제를 실시하는 등 天子國으로서의 제도와[24] 독자적 연호의 채택을 비롯하여 太子, 大王, 太后, 皇都, 陛下의 용어를 사용하는 등 제도적으로 황제국의 체제였다.

그래서 『고려사』의 纂修 凡例에는 "무릇 宗을 칭하고 陛下·太后·太子·節日·制·詔를 칭한 따위는 비록 참람된 일이라고 하겠으나 이제 당시의 불러졌던 바에 따라 그 사실을 그대로 두었다."고[25] 하였다. 조선 초기에 『고려사』 편찬자들의 이러한 이해는 현전하는 『고려사』에 그대로 반영되어 있어서, 그 용례들이 다수 찾아진다. 이것은 고려가 황

---

22) 『삼국사기』 권50, 甄萱傳.

23) 발해의 의식도 고려에 이어졌다는 견해도 있다(송기호, 1995, 『발해정치사연구』, 일조각, 197쪽).

24) 김기덕, 1997, 「고려의 제왕제와 황제국체제」 『국사관논총』 78 ; 하현강, 1965, 「고려식읍고」 『역사학보』 26 ; 황운룡, 1974, 「고려제왕고」 『정중환선생환력기념논총』.

25) "凡稱宗 稱陛下太后太子節日制詔之類 雖涉僭踰 今從當時所稱 書之 以存其實"(『高麗史』撰修高麗史凡例).

제·천자국의 제도를 사용하였음을 보여주는 것이다.

고려의 국왕들은 천자와 황제로 칭해졌다. 고려시대의 자료에서 군주를 天子와 皇帝·聖皇·帝 등으로 칭한 기록들을 많이 볼 수 있는데, 이것은 고려의 황제가 국내적으로 뿐만 아니라 국제적으로도 인정되는 것이었음을 보여주는 것이다.[26] 예를 들면, 신라 경순왕이 고려에 항복을 청하면서 올린 글에서 태조를 천자라고 불렀으며,[27] 고려 전기에 지어진 것으로 추정되는『風入松』에는 "해동천자이신 지금의 황제에 이르러 … 남만과 북적이 스스로 내조하여 백 가지 보물을 우리 천자 섬돌 아래 드리네. 금 계단 옥 전각에서 만세를 부르니(海東天子當今帝 … 南蠻北狄自來朝 百寶獻我天 金階玉殿呼萬歲)."라[28] 하였고, 또 1209년(고종 5) 李奎報가 고종에게 지어 올린 일종의 시에 의하면 "온 천하가 일가되니 천자의 성스러움이라(四海一家天子聖)."라[29] 하였다. 여기서의 천자와 황제는 고려의 국왕이다. 아울러 중국 唐 이래로 天子만이 사용하는 '萬歲'를 사용하고 있다. 그리고 고려의 왕을 海東天子라고 하여 남만, 북적과 구분하였다. 특히 당시 국제관계에서 金은 고려를 황제국으로 인정하였다.[30]

고려 초기인 960년(광종 11) 3월에 開京을 皇都라 하고 西京을 西都라고 명명한 것은 곧 황제의 수도라고 한 것이며, 드디어 만년에는 황

---

26) 노명호, 1997,『동명왕편과 이규보의 천하관』『진단학보』83 ; 노명호, 1999,『고려시대의 다원적 천하관과 해동천자』『한국사연구』105.

27) "淸泰二年 新羅敬順王 來朝上書略曰 … 幸觀天子之光 願作庭臣之禮"(『補閑集』卷上).

28)『고려사』卷71, 樂志2, 俗樂 風入松.

29)『東國李相國集』卷13, 古律詩 己巳年燈夕 翰林奏呈 燈籠詩.

30) "大金國皇帝寄書于高麗國皇帝 云云"(『帝王韻紀』권上).

제라는 칭호를 사용하였다.[31] 977년(경종 2)에 작성된 高達寺 元宗大師 惠眞塔碑의 裏面에 乾德 9년(광종 22) 10월 21일 "皇帝陛下詔曰"과 "我 皇帝陛下"라는 문구가 있는데, 이것들은 당시 광종이 황제를 칭하였 고, 陛下라 존칭되었음을 말해주는 것이다. 그런데 이 탑비의 문구가 새겨진 시기인 977년(경종 2) 정축은 하남 교산리 약사불상의 명문이 새겨진 때와 같은 해이다. 그러므로 이 약사불상명에 새겨진 황제 또 한 고려의 국왕을 의미하며, 그는 경종을 지칭한다고 하겠다. 결국 여 기서의 '今上皇帝'는 706년(성덕왕 5)에 쓰여진 『皇福寺址出土銅函銘』 에 신라 聖德王을 "今主大王"이라 표현한 것과 같은 의미라 하겠다.

한편 고려 국왕의 아내를 皇后 또는 王后라고 표기한 것은 곳곳에서 보인다. 『고려사』를 비롯한 여러 자료에서는 고려왕의 아내들을 왕후 라고 하였으며, 특히 『삼국유사』 김부대왕조에는 고려 景宗의 王妃를 '憲承皇后'라 한 것을 볼 수 있다. 일반적으로 황제의 정실 아내는 (王) 后라 하고 그 외의 여자는 妃라 하였고, 諸侯의 정실 아내는 (王)妃라 하고 그 외의 여자는 嬪이라 하였다. 그러므로 고려의 왕후가 왕비보 다 격이 높은 지위임을 나타내는 것이며, 이것은 황제국의 제도이다. 특히 예로 든 皇后라는 호칭에서 고려의 국왕이 皇帝의 지위를 가졌던 것을 확인할 수 있다.

그리고 고려 국왕의 어머니를 太后라고 표기하고 있다. 일반적으로 황제의 어머니는 太后라 하고, 제후의 어머니는 大妃라 한다. 그런데 『고려사』를 비롯한 자료에는 고려 국왕의 어머니를 '太后'라 한 경우는 허다하다.

---

31) 이후 동아시아의 여러 종족과 나라에서 稱帝建元의 기풍이 유행하여 1115년 金, 1116년 大渤海(大元), 1123년 遼, 1123년 봄 奚, 1123년 8월 大奚, 1125 년 西遼國, 1127년 大楚, 1130년 大齊가 칭제건원하였다(이병도, 1980, 『고 려시대의 연구』, 아세아문화사, 216쪽 주9).

군주의 아들로서 왕위를 이을 아들을 황제국에서는 太子라 하고 제후국에서는 世子라 칭한다. 고려에서는 왕위계승자를 초기에는 正胤이라고도 하였지만, 고려 말에 원나라의 지배 하에서 격하된 世子로 바꾸기 이전에는, 대체로 (王)太子라고 하였다.[32]

한편 고려에서는 국왕을 聖上 또는 聖上陛下라고 불렀던 기록을 여러 곳에서 볼 수 있는데,[33] 성상은 聖王과 같은 말로써 지덕을 구비한 훌륭한 天子와 帝王에 대한 경칭이다. 아울러 당시에는 고려 국왕의 지위를 황제의 자리인 皇位를 뜻하는 皇極이라고 하였고,[34] 또 경종대의 고려 왕실을 皇家라고 하여 황족의식을 가지고 있었다.[35]

아울러 고려시대 왕들은 황제와 황족의 지위를 상징하는 특수 용어들을 사용하였다.

먼저 황제가 내리는 명령을 나타내는 '詔'와 '勅'이라는 기록도 보인다. '勅'과 '詔'는 황제의 명령을 표현한다. 勅과 詔는 원래 制·策처럼 황제의 명령이고, 令은 皇太子의 명령, 敎는 親王이나 公主의 명령이다.[36] 현전하는 고려시대의 금석문 자료에 의하면 태조와 혜종, 정종, 광종 초기에는 '敎'를 사용하였는데, 958년(광종 9) 이후에는 '勅(勑)'과 '制'를 사용하였고,[37] 현종대에 이르면 '敎'와 '宣'을 사용하였음이 확인

---

32) 다만 고려초에는 왕위계승자 뿐만 아니라 여러 아들을 모두 태자라고 하였다.

33) ①"對日 聖上作民父母 今日欲棄群臣 臣等 痛不自勝耳"(『고려사』 권2, 태조 26년) ; ②"此乃聖上親所見知者也 然景宗亦有足稱美者焉 … 遂於臥內 引見 聖上 執手與言 付囑軍國"(『고려사』 권93, 崔承老傳).

34) "顯德初 光宗大王 立皇極 崇法門"(「居頓寺圓空國師碑」『韓國金石全文』, 463쪽).

35) "唯天安鎭州二郎君 本皇家之枝葉也"(『고려사』 권93, 崔承老傳).

36) 『史記』 권6, 秦始皇 26년 ; 『新唐書』 권46, 百官志1 尙書令조 참조.

37) "崔潤奉勅書兼篆"(흥녕사징요대사오인탑비) ; "金廷彦奉制撰·釋玄可奉制書"(옥룡사동진대사보운탑비) ; "李夢游奉制撰·張端說奉勅書幷篆額"(봉암사정진대사원오탑비) ; "金廷彦奉制撰·張端說奉制書幷篆額"(고달사원종대

된다. 게다가 광종대에는 왕의 명령을 詔라고 하였다. 이는 高達寺 元宗大師惠眞塔碑의 裏面의 "皇帝陛下詔曰"을 비롯하여, 『고려사』에 광종이 "여름 6월에 宮으로 돌아와서 詔하였다"는[38] 기록에서도 볼 수 있는 사실이다.

이상에서 고려의 국왕은 비록 칭제를 하였다는 직접적인 기록은 찾을 수 없지만 현전하는 자료를 통하여 실제는 皇帝陛下였고, 그의 아내는 王后, 어머니는 太后, 아들은 太子로 지칭하는 등 황제의 지위에 있었으며, 국왕의 명령을 詔·勅으로 표현하여 황제를 상징하는 특수 용어가 사용되었음을 확인하였다.

그리고 때로는 독자적인 연호를 사용하기도 하였다. 태조가 天授를, 광종이 光德과 峻豊 연호를 사용한 것이 그 실례이다.

그렇지만 고려시대의 모든 왕들이 독자적인 연호를 사용한 것은 아니다. 사실 전통시대 한국의 왕조들은 중국의 연호를 많이 사용하였다. 내적으로는 독자국의 체제를 가지면서도 연호는 당시 중국의 것을 통용하는 경우가 많았다. 이는 이미 신라 하대에도 그러하였다. 원성왕대에 記文을 새긴 것으로 추정되는 『葛項寺石塔記』에 보면 '天寶'라는 당나라 연호를 쓰면서 원성왕의 어머니를 '照文皇太后'라 하였고,[39] 『開仙寺石塔記』에는 '咸通'이라는 당나라 연호를 쓰면서 '景文大王'과 '文懿皇后主'라고[40] 하였다. 이러한 현상은 고려 초기에도 마찬가지였다.

　　사혜진탑비) ; "金廷彦奉制撰·韓允奉書幷篆額"(경종 3, 보현사법인국사보승탑비).

38) 『고려사』 권2, 광종 14년 6월.

39) "二塔天寶十七年戊戌中立在之 娚姉妹三人業以成在之 娚者零妙寺言寂法師在旀 妹者照文皇太后君妳在旀 妹者敬信大王妳在也"(『葛項寺石塔記』).

40) "景文大王主 文懿皇后主 大娘主"(『開仙寺石燈記』).

당시 금석문에 의하면, 고려 太祖는 後晋 高祖의 연호 天福(砥平 菩提寺大鏡大師玄機塔碑), 定宗은 後晋 出帝의 연호 開運(康津 無爲寺先覺大師遍光塔碑), 光宗은 後周의 연호 顯德(奉化 太子寺朗空大師白月栖雲塔碑)과 宋 太祖의 연호 乾德(聞慶 鳳巖寺靜眞大師圓悟塔碑)과 開寶(驪州 高達寺元宗大師惠眞塔碑), 景宗은 宋 太宗의 연호 太平興國(이천 태평흥국명마애보살좌상명, 海州 普願寺法印國師寶乘塔碑), 成宗은 遼 成宗의 연호 統和(『고려사』권3, 성종 13년 2월, 丹城 斷俗寺東洞口石刻)를 사용하였다.

이처럼 태조는 天授라는 독자 연호를 세웠으면서도 중국 후진의 천복을 사용하였다. 그리고 광종도 원년에 光德이라는 연호를 세워[41] 사용하면서,[42] 951년(광종 2) 12월 처음으로 後周의 연호를 사용하였지만(『고려사』권2, 광종 2년 12월) 한편으로는 '광덕 4년'(『般若波羅蜜多經』寫經 卷首,『遼東行部志』)을 사용하였고, 또 준풍이라는 독자적 연호를 세워 사용하면서(淸州 龍頭寺幢竿記, 靈岩 西院鐘記) 963년(광종 14) 12월에 송의 연호를 사용하였다는(『고려사』권2, 광종 14년 12월) 기록이 있다. 즉 태조대에는 천수와 함께 후진의 천복을, 광종대에는 光德·峻豊과 함께 후주의 현덕과 송의 개보를 사용하였다. 이에서 고려 초기에는 고려의 독자 연호와 중국의 연호를 병용한 것을 알 수 있다.

고려가 대내적으로는 황제국의 체제와 의식을 가지고 있으면서도 중국의 연호를 사용하였다는 것은 일견 부적절한 듯 보이기도 한다. 그러나 이에 대해서는 시각을 달리 하여 이해할 필요가 있다. 연호라는 것은 독자적인 연호를 사용함으로써 독립국의 표시로 삼기도 하지만, 당시 중국의 연호를 통용하는 경우도 있었다. 이는 중국 중심의 세계질서 속에서 합리적인 국제화인 것이다. 이것을 이유로 독자적 지위

---

41)『고려사』권2, 광종 원년 정월.

42) 谷城 大安寺廣慈大師碑.

를 가진 국가와 국왕이 아니었다고 할 수는 없는 것이다. 사실 중국 연호의 사용이 완전한 중국의 제후국으로서 위상을 의미하는 것은 아니다. 당시에 있어서 중국 연호의 사용은 오늘날 우리가 西紀를 사용하듯이, 국제관계에서 보편성을 갖는 수단인 것이다. 전통시대에는 중국의 연호를 사용하여 보다 원활한 외교를 할 수 있었던 것이다.

고려는 나름대로의 독자적인 천하관을 가졌던 사회였다. 사회의 일각에는 중국이 천하의 중심이라는 華夷論的 天下觀의 흐름도 존재했지만, 주류를 이룬 자주적 천하관은 고려가 천하의 중심이라는 인식이었다. 그리고 후자는 다시 크게 나누면, 한 계열에서는 고려만을 유일한 중심으로 보는 自國中心 天下觀과, 다른 한 계열에서는 고려도 중국 등과 병존하는 또 하나의 천하의 중심이라는 多元的 天下觀이 존재하였다.[43]

시기별로 약간의 변동은 있지만 국초 이래로 고려에서는 중국 중심의 천하와 다른 독자적 천하를 설정하고 고려의 군주를 자체적으로 천자·황제라 하며, 국가 제도의 대부분에서 천자국·황제국으로서의 제도를 사용해 오고 있었다. 특히 封爵制와 食邑制는 고려가 제후국으로서의 제도가 아니라 그 형식에 있어서는 물론이고 부분적으로는 실질에 있어서 제도면에서도 황제적 지위를 가지고 황제 통치하의 정치체제를 취하고 있었음을 말해주는 것이며, 아울러 親王制度에 기반을 둔 봉작제를 시행했던 것을 보여주는 것이다. 그러므로 고려의 국왕들은 국내적으로는 황제적 지위를 가진 君主였다.

결국 고려의 국왕들은 비록 외교상으로는 중국 왕조로부터 책봉을 받고 중국의 연호를 사용하는 등 諸侯國의 제도를 표방하여, 당시 중국 宋 중심의 국제질서에 편재되었지만, 국내적으로는 황제국의 군주

---

43) 노명호, 앞의 논문들 참조.

로서의 위치를 유지하면서 독자적인 천하관을 가지고 있었다.

　이상에서 살펴본 바에 의하면, 하남 교산리 약사불좌상의 명문에 쓰여진 금상황제는 이 명문의 작성시에 재위중인 고려의 국왕, 즉 고려 경종을 지칭한 것으로 이해해도 무리가 없을 듯하다. 결국 경종은 물론 고려의 국왕은 二重的인 위상을 가지고 있었다. 이들은 대외적으로 중국에 대해서는 諸侯를, 대내적으로 고려의 臣民들에 대해서는 황제의 위상을 가진 이중적인 성격을 띤 존재였다.

Ⅲ. 중수의 의미

　이상에서 살펴본 銘文에 대한 이해를 바탕으로 하여, 이 불상이 중수된 배경과 그 중수의 주체에 대하여 추론해 보도록 한다. 왜 977년 (경종 2)에 이 불상이 중수되었을까? 佛事와 관련한 명문에는 참여자와 그 목적을 밝히는 것이 일반적인데, 이 불상에는 主管者나 施主者는 물론 참여자에 대한 기록이 전혀 없다. 다만 불상을 중수한 목적이 금상황제인 경종의 장수 만세를 기원함이라고 되어 있다. 그러므로 이 불상의 중수가 갖는 의미는 시간상으로 짐작컨대 바로 직전에 있었던 경종의 즉위와 깊은 관련이 있을 듯하다.

　975년 5월 광종이 죽고 경종이 즉위하였다. 경종은 즉위 직후 대사면을 단행하여 귀양간 사람들을 돌려보내고 죄인을 방면하며 연루자를 씻어주고 현명한 사람을 발탁하며 관작을 회복시켰다.[44] 그리고 欠債를 면제해 주고 租와 調를 감하고 假獄을 헐어 버리고 讒訴한 문서를

---

44) 특히 최승로는 경종을 '嗣位함에 미쳐 積年의 讒毁하는 문서를 불태우고 累世의 무고한 옥을 방면하여 冤憤를 다 제하였다.'고 평하였다(『고려사』 권 93, 崔承老傳).

불살라 버렸다.[45] 이러한 조치는 경종이 광종대의 폭압적인 전제정치로부터 벗어나 보다 온유한 분위기로의 전환을 꾀하여 대화합을 표방한 것이라 하겠다.

경종이 사면한 대상 중에는 혜종에서 정종으로 왕위가 계승되는 과정에서 있었던 王規의 난과 관련된 자들도 해당되었을 것이다.

왕규는 廣州를 기반으로 한 호족 출신으로 태조를 섬겨 大匡까지 되었으며, 아울러 두 딸을 태조의 제15비와 제16비로 들여보냈는데, 제16비는 廣州院君을 낳았다. 그리하여 왕규는 강력한 호족이면서 왕실의 외척으로 태조 만년에는 막강한 세력을 행사하고 있었다. 그는 937년(태조 20) 邢順과 함께 後晋에 사신으로 다녀왔다. 특히 943년(태조 26) 5월 태조가 不豫하여 정사를 직접 돌볼 수 없게 되자, 왕규는 宰臣으로서 廉相·朴守文 등과 함께 국가 중대사를 太子 王武(혜종)와 함께 결정하고 보고하라는 명을 받았다.

그러던 차에 태조가 죽고 혜종이 왕위에 올랐으나 왕권은 극도로 불안정한 형편이었다. 혜종은 태자 때부터 강력한 호족 출신인 朴述熙의 지원을 받고 있었으나, 왕권을 노리는 세력들이 있었다. 그 중의 하나인 王規는 혜종의 후견 세력인 박술희 세력을 제압하고, 자신의 외손자 廣州院君을 즉위시키고자 여러 가지 행동을 하였다. 특히 王規는 혜종의 동생 堯(정종)와 昭(정종)를 참소하여 해치려 하였다. 하지만 혜종이 이것이 誣告임을 알고 오히려 이들 형제에 대한 은총과 대우를 더욱 두텁게 하였다. 또 王規는 혜종을 시해하려 하였지만 뜻을 이루지 못하였다.[46] 그러나 왕규의 세력이 왕권을 압도하고 있었던 상황에서 세력기반이 약한 혜종은 그를 문책하거나 응징하지 못하였다. 당시

---

45) 『고려사』 권2, 경종 즉위년.
46) 『고려사』 권2, 혜종 2년 ; 『고려사절요』 권2, 혜종 2년.

혜종의 후견인이었던 박술희 역시 왕규를 제압하지 못하였다. 혜종은 王規가 반역을 꾸민 뒤로는 의심하고 꺼려하는 바가 많아 항상 甲士로써 자신을 호위하게 하였다. 하지만 혜종은 암살의 피해망상에 시달리다 정상적인 사고와 행동을 하지 못하고 병들어 눕고 말았으며, 드디어는 왕위를 동생 堯에게 부탁하고 34세의 나이로 죽었다.

정종은 즉위하자 곧바로 西京의 王式廉을 開京으로 불러들여 그의 군사력을 이용하여 왕규를 붙들어 甲串에 귀양보낸 뒤 죽여 버렸다. 결국, 왕규의 謀逆은 王堯와 결탁한 王式廉의 개입으로 실패하고 말았다. 왕규가 처형당할 때 그의 무리 300여명도 죽음을 당하였다.

왕규를 제거하고 차례로 왕위에 오른 정종과 광종 형제는 호족 세력을 약화시키고자 여러 가지로 노력하였다. 이들 형제가 재위하는 동안에는 왕규의 연고지인 광주 지역과 관련된 자들은 가장 심하게 핍박당한 대상 중의 하나였을 것이다.

그러다가 경종이 즉위하여 단행한 즉위하여 시행한 대사면은 광주 지역인들에게는 억압의 굴레에서 벗어나는 해방과 같은 것이었다. 당연히 사면에는 왕규와 함께 처형된 300여명과 연계된 인물들도 그 대상이 되었을 것이다. 이와 같은 분위기에서 광주 지역에서는 정치 사회적인 세력과 명예를 회복하기 위하여 경종의 정책에 적극적으로 호응할 필요가 있었다. 이러한 그들의 바램은 佛事의 조영으로 표현된 듯하다.[47] 이는 春宮洞 절터에서 출토된 "辛酉廣州桐寺"와 "興國三年"이라는 銘文瓦를 통해 961년(광종 12)과 978년(경종 3)경에, 즉 광종과 경종대에 이르는 시기에 광주 지역에 대대적인 불사가 있었던 것으로

47) 고려 초기에 조성된 불사는 국가가 주관한 경우가 많았으나 향촌 사회에서 독자적으로 이루어낸 것도 있다(구산우, 2000, 『고려초기 향촌지배층의 사회적 동향』『부산사학』 39, 81쪽).

추측할 수 있다.[48] 그러므로 광주 지역에 있는 경종 즉위초에 중수된 하남 교산리 약사불좌상은 이 지역의 세력과 깊은 관련이 있었던 것으로 보아도 무방하겠다. 왕규 세력이 제거된 이후 광주 지역은 정종과 광종이 재위하는 동안에는 고려 왕실과의 관계는 소원해졌을 것이다. 그러던 차에 광주지역을 핍박하던 광종이 죽고 경종이 즉위하여 대화합의 분위기를 추구하자, 이 지역의 세력가들은 왕규의 난 이후 위축된 정치적 입지를 펴보려는 재기를 위한 노력의 일환으로 불상을 중수하였을 것이다.[49]

결국 하남 교산동 약사불좌상은 975년에 고려 광종이 죽고 경종이 즉위하자 이를 축하드리는 뜻으로 광주(하남)지역에 종래부터 있어온 석불을 977년 7월 중수하여 경종의 만세 장수를 기원함으로써 왕규의 난 이후 위축되었던 이 지역의 정치사회적 세력을 재기하려는 의미를 갖고 있다.

IV. 맺음말

이상에서 하남 교산동 약사불좌상의 명문에 대하여 역사적 관점에서 살펴보았다. 그 결과 다음과 같은 것을 알 수 있었다.

첫째, 명문의 '太平二年'이란 중국 송 태종 2년, 즉 서기 977년, 고

---

48) 정영호, 1984, 「광주춘궁리사지 일고」『남사정재각박사고희기념 동양학논총』, 550~551쪽 ; 문명대, 1991, 「광주지역 사지 발굴의 성과와 의의」『불교미술』 10, 191쪽.

49) 만약 왕규의 세력이 제거된 이후 광주 지역은 고려 왕실이 특별 관리하였다면, 이 불상의 중수는 중앙에서 광주 지역의 불만을 위무하고 경종에게 충성을 하라는 의지의 표현으로 이루어졌을 가능성도 있다.

려 경종 2년에 해당하는 연대이다.

둘째, '古石佛'을 '重修'했다고 하는 것은 이보다 앞선 신라말 고려초에 왕규 집단에 의하여 조성되어 있어온 불상을 없애고 977년에 중수했다는 것이다.

셋째, '今上皇帝'는 고려 경종을 지칭하며, 당시 고려는 황제국 체제의 국가였다.

넷째, 이 불상을 중수는 975년 경종이 즉위하여 대사면을 단행하는 등 화합과 회유로 분위기 전환을 꾀하자, 이에 편승하여 광주 지역의 세력가들이 왕규의 난 이후 위축되었던 자신들의 정치사회적 입지의 재기를 위한 노력의 일환으로 이루어진 것이다.

결국 하남 교산리 약사불좌상은 975년에 고려 광종이 죽고 경종이 즉위하자 이것을 축하드리는 뜻으로 광주(지금의 하남) 지역에 종래부터 있어온 석불을 중수하여 경종의 만세 장수를 기원함으로써 왕규의 난 이후 위축되었던 이 지역의 정치사회적 세력을 재기하려는 의미를 갖고 있다.

3장

현종과 동궁관 설치

Ⅰ. 머리말

고려사에서 현종대가 차지하는 비중은 대단히 크다.[1] 주지하듯이 현종이 취한 일련의 정책은 유교적 관료체제를 완비하여 고려 왕조를 탄탄한 반석 위에 올려놓는 업적이었다.

『고려사』와『고려사절요』의 현종 기사 말미에 실린 현종의 업적을 평한 당시 대학자 崔冲의 史贊에 의하면, 현종은 '周의 成王·康王, 漢의 文帝·景帝에 비하여도 또한 부끄러움이 없을 것'이라고 하였다.[2] 이 말은 현종이 여러 가지 업적면에서 이들과 비견이 된다는 것이다. 이 중에는 漢의 賈誼가 제도개혁안을 제출하여 시행하였고, 특히 태자의 교육에 주력하여 태자는 장래 덕행면에 있어서 臣民의 모범이 되어야 한다고 주장하였고, 문제 때에는 太子家令이 되어 太子 劉啓의 신임을 받았고 태자 劉啓가 즉위하여 景帝가 된 사실을 포함하여 비유한 것이다.

---

1) 특히 고려 귀족사회의 형성과정에서 현종대가 하나의 매듭이 지어지는 시기로 이해할 정도이다(이기백, 1977, 「고려귀족사회의 성립 개요」『한국사』4, 국사편찬위원회, 13쪽).

2) 『고려사』권5, 현종 22년 말미.

현종대에는 崔沆과 崔冲, 崔士威, 劉瑨, 金審言, 崔齊顔, 黃周亮 등 유교적 지식인들이 두터운 관료군을 형성하고 있었다. 그리고 최사위, 황주량, 최제안, 최충 등은 동궁관직을 맡아 앞으로 왕위에 이을 태자의 교육을 담당하였다.[3]

왕조국가에서 왕권 유지를 위해서는 무엇보다도 제도적으로 왕위계승체제가 확립되어야 했다. 그것은 부자계승을 정통으로 삼는 왕위계승 인식을 기본으로 할 필요가 있었다. 일반적으로 왕위계승자로 예정된 아들을 태자라고 하였다. 太子制는 왕위의 부자계승이 확립되면서 대두하였고, 이것은 전제적 왕권의 상징적인 제도의 하나였다. 태자는 일반적으로 父王의 재위중에 책봉의 절차를 거쳤고, 이때부터는 왕위계승자로 확정되었기 때문에 매우 특별한 예우를 받았고, 그의 처소인 東宮에 들어가 王者와 군왕으로서 갖추어야할 덕목을 쌓고 君主의 자질을 함양하였다. 이에 따라 태자의 교육과 신변보호를 위한 관원과 재원을 배속시키는데, 이를 東宮官이라 하였다.

물론 고려 왕조에서도 건국초부터 태자와 그에 관련한 관직이 있었다. 그러나 그것은 하나의 체계적인 기구와 제도로 갖추어진 것이 아니었고 수시로 필요에 의해 설치되었던 것이다. 그러다가 고려의 정식 관제로 설치된 것은 1022년(현종 13)에 이르러서이다.[4]

이 글에서는 현종대에 동궁제의 강화를 의미하는 동궁관을 설치한 배경에 대하여 살펴보겠다. 이것은 특히 현종이 즉위과정에서 경험한 고통, 그리고 즉위 직후에 있었던 거란의 제2차 침입과 이에 대한 항쟁이 성공한 뒤 그가 취한 일련의 개혁정치의 목적과도 부합한다. 이

---

3) 최충의 역할이 마치 한 문제 때 賈誼가 태자 啓의 교육에도 진력하였던 점과 상통하고 있다(이희덕, 1984, 「최충의 사상과 유교정치윤리」『최충연구논총』, 경희대학교 전통문화연구소, 189쪽).

4)『고려사』권5, 현종 13년 6월 ; 권77, 지31, 백관2 동궁관.

러한 동궁관 설치의 성격과 의의에 대한 고찰은 현종대 정치세력의 성격을 파악하는데 도움이 될 것이다. 사실, 하나의 새로운 제도의 성립에는 설립시의 시대적 상황과 위정자를 중심으로 한 정치세력들의 이상과 목적이 투영되었다. 현종대 동궁관의 설치 배경과 목적도 이러한 관점에서 볼 필요가 있기에, 동궁관을 설치한 현종과 동궁관직에 임명된 인물들에 대해서도 살펴보겠다.[5]

Ⅱ. 동궁관 설치의 경위

태자는 왕조시대에 왕위계승권자이다. 그 기원은 왕위의 부자세습이 이루어진 시기라고 할 수 있다. 우리 역사에서 태자 칭호가 보이는 것은 고조선[6], 부여를[7] 비롯해 삼국시대 초이다.[8]

태자는 부왕의 재위기간중에 冊立 또는 冊封의 의식을 거쳐 결정된다. 태자의 자격 조건은 우선 국왕의 장자가 되어야 한다.[9] 태자(세자)가 즉위 전에 죽은 경우에는 여러 아들 중에서 택정되었다. 따라서 왕

---

5) 다만 여기서는 고려시대 동궁관의 구성과 소속된 개별 관직의 역할 및 수업 내용 등 교육적 기능에 대해서는 논외로 한다.

6) ① "右渠請降遣太子獻馬 … 謂太子已服 宜毋持兵 太子亦疑使者詐之"(『삼국유사』권1, 기이2, 魏滿朝鮮) ; ② "遣太子入謝 獻馬五千匹及饋軍糧"(『史記』朝鮮傳).

7) "名曰金蛙 乃其長爲太子 夫婁薨 金蛙嗣位爲王"(『삼국유사』권1, 기이2, 東夫餘).

8) 『삼국사기』에는 왕위의 부자세습이 이루어지기 이전에 태자의 기사가 많이 산견되지만, 이것은 '큰아들'이라는 의미와 혼용되었기 때문에 그 의미를 명확히 구분하기는 어렵다.

9) 이러한 원칙은 고려 태조의 「訓要十條」제3조를 통하여 다시 한번 규범화되었다(김창겸, 1994, 「고려 태조의 왕위 부자계승 의식」『교남사학』6).

에게 아들이 없을 때는 태자의 택정이 사실상 불가능하였다. 이런 경우는 왕의 유조로 왕위계승자로 지명된 인물이나 왕이 죽은 뒤에 새 왕을 추대하는 것이 보통이었다.

태자를 미리 결정한 것은, ① 왕위의 공백을 최소화하고, ② 왕위계승을 둘러싼 정국의 혼란을 막고 전대 왕의 정치를 안정적으로 계승하며, ③ 일찍부터 태자로 책립하여 왕으로서 갖추어야 할 교양과 덕목을 쌓고 군주의 자질을 함양하는 데 있다고 볼 수 있다. 사실 태자로 책립되면 도중에 폐위되지 않는 한 나이에 관계없이 왕위를 계승하게 되어 있다.[10]

태자는 곧 왕으로 즉위할 인물이기 때문에 매우 특별한 예우를 받게 된다. 태자가 거처하는 궁궐은 태자궁(동궁)이라 하여, 태자의 교육과 신변 보호를 위하여 특별히 독립된 인원과 예산이 배정되었다. 이 기구를 東宮衛官 · 東宮官 등으로 불렀다. 삼국시대에도 태자의 宮殿과 官屬이 있었겠지만, 자료의 인멸로 고구려와 백제에 대한 기록은 보이지 않고, 다만 신라만이 전한다. 신라는 동궁을 679년(문무왕 19) 8월 별도로 마련하였다. 그리고 752년(경덕왕 11) 8월에는 東宮衛官을 설치하였다.[11] 태봉에서도 동궁관직이 있었다.[12]

고려에서도 건국초부터 태자가 있었다. 그러나 고려 초기에는 태자

---

10) 신라 혜공왕은 8세, 고구려 태조왕은 7세, 고려 충목왕은 6세, 충정왕은 10세, 조선의 단종은 12세, 명종은 12세, 순조는 11세, 헌종은 8세로서 10세 전후의 어린 태자(세자)가 왕으로 즉위하였다.

11) 『삼국사기』 권9, 경덕왕 11년 8월. 한편 신라시대의 태자와 동궁관에 대해서는 김창겸, 1993, 「신라시대 태자제도의 성격」 『한국상고사학보』 13을 참조하기 바란다.

12) "王儒 本姓名朴儒 字文行 光海州人 性質直 通經史 初仕弓裔 爲員外 遷至東宮記室"(『고려사』 권92, 王儒傳).

로 칭해진 인물이 무려 17명이나 된다.[13] 이러한 태자 칭호의 사용은 신라시대에 왕위계승자 한 명에게 책봉을 통하여 부여되었던 태자와는 큰 차이를 보인다. 태자라고 지칭되는 아들이 여러 명이었다는 점에서 분명히 한명의 왕위계승자를 일컫는 법제적 의미의 태자는 아니었다. 그리고 17명 태자에서 태자와 정윤으로 동시에 지칭되었던 惠宗(王武)와 景宗(王伷)을 제외한 15명의 태자는 누구도 실제 왕위를 계승하지 못하였다는 점에서 더욱 그러하다.[14] 그러므로 고려 초기의 태자라는 용어가 단순한 왕위계승자가 아니라 혈연적으로 국왕의 아들에 대한 일반적인 관작이었다.

고려초에는 왕위계승자를 특별히 正胤이라고 하였다.[15] 正胤은 '정통을 이을 자손을 미리 작정함' 내지는 '왕을 이을 바른 자손'이라는 뜻을 가졌으니, 그 자체가 왕위계승자라는 법제적 의미를 가진 하나의

---

13) 태조의 아들인 太子 泰(母 神明王后 劉氏), 元莊太子(母 貞德王后 劉氏), 壽命太子(母 獻穆大夫人 平氏), 孝穆太子(母 東陽院夫人 庾氏), 孝隱太子(母 東陽院夫人 庾氏), 元寧太子(母 肅穆夫人), 孝成太子 琳珠(母 天安府夫人 林氏), 孝祗太子(母 天安府夫人 林氏), 太子 稷(母 興福院夫人 洪氏), 孝悌太子(母 聖茂夫人 朴氏), 孝明太子(母 聖茂夫人 朴氏)와 戴宗의 아들인 孝德太子(母 宣義王后), 敬章太子(母 宣義王后), 그리고 元寧太子의 아들 孝當太子, 惠宗의 아들인 太子 濟(宮人 哀伊主), 光宗의 아들인 孝和太子(大穆王后 皇甫氏) 등과, 광종 16년 2월 광종에 의하여 왕태자로 책봉된 伷(경종)가 있다.

14) 고려초에는 왕의 아들뿐만 아니라, 왕의 아들의 아들과, 추존된 왕의 아들도 태자를 호칭했다. 이는 漢代나 唐代에 諸王의 子를 태자라 칭했던 것과 연계시켜 살펴볼 여지가 있다. 즉 태자의 名號가 태조의 아들과 孫子들도 모두 "孝○太子"로 동일하게 표기된 것은 어느 시기에 일률적으로 책정된 듯하고, 또 당시 작성된 현전 금석문에서는 이들을 태자로 표기한 것은 접할 수 없고 君으로 되어 있다는 점에서 실제 왕위계승자로서의 태자는 정윤 한명이었다. 그러므로 이때 태자는 왕의 아들이라는 일반적인 관작이다.

15) "十二月 辛酉 册子武爲正胤 正胤卽太子"(『고려사』 권1, 태조 4년 12월). 이에서 추측컨대 고려 태조와 광종, 경종처럼 황제국 의식이 높았던 시기에는 왕위계승자를 皇太子에 비견하여 보다 특별한 의미로써 정윤이라고 칭했던 것으로 보인다.

특수 관작화되어 사용된 듯하다. 정윤으로 책봉된 인물은 태조의 장자인 王武(惠宗), 광종의 장자인 王伷(景宗), 景宗의 堂弟인 開寧君 王治(成宗) 3명이고, 이들 모두 실제 즉위하였다.

정윤은 광종의 사후에는 태자와 함께 공용되었다. 그러다가 현종대에 이르러 봉작제의 실시와 함께 중국 唐의 諸王制에 입각한 태자제가 확립되어 책봉된 왕위계승권을 가진 아들만이 태자로 칭해지고 다른 아들들은 公侯로 봉해졌다.[16] 그 결과 고려 초기 왕의 모든 아들을 지칭하던 태자제는 소멸되었다. 이와 더불어 고려에서도 부자계승원칙에 입각한 중국적 세계질서 속에 편재된 태자제로 변화되어, 왕의 장자인 동시에 왕위계승자를 의미하는 태자제가 확립되었다.[17] 그리고 정윤이라는 용어 대신에 태자가 왕위계승자를 의미하는 법제적 용어가 되었다.

고려에서는 건국초, 즉 921년(태조 4) 장자 王武를 正胤으로 책봉하면서부터 동궁관직이 설치된 듯하다. 崔彦撝는 가족을 데리고 신라에서 고려로 귀부한 뒤 太子師傅로 임명되어 문필에 관한 임무를 맡아 宮院의 편액과 이름을 지었다.[18] 또 崔凝은 932년(태조 15) 11월 죽었는데 大匡太子太保로 추증되었다.[19] 崔知夢이 987년(성종 6) 3월 죽자 太子太傅로 추증하였고,[20] 崔亮이 995년(성종 14) 4월 죽음에 太子太師를 추증하였으며,[21] 그리고 1021년(현종 12) 11월 姜民瞻이 죽자 그를 太子

---

16) 김기덕, 1999, 『고려시대 봉작제 연구』, 청년사.

17) 김창겸, 1993, 앞의 논문, 175~176쪽.

18) 『고려사』 권92, 崔彦撝傳.

19) 『고려사』 권92, 崔凝傳.

20) 『고려사』 권92, 崔知夢傳.

21) 『고려사』 권93, 崔亮傳.

太傅로 추증하였다.[22] 한편 태조대 東宮食邑이 있었고,[23] 태자는 1,000碩에 가까운 歲祿을 받았으며,[24] 더구나 998년(목종 1) 12월 제정된 전시과에 太子太保, 太子賓客, 太子詹事, 太子諭德, 太子家令, 太子率更令, 太子僕, 太子中允, 太子中使人, 太子洗馬, 太子監, 太子丞 등이 포함되어 있다.[25] 이러한 것들에 의하면 고려초에는 태자(정윤)와 동궁이 있었고, 또 이와 관련한 여러 관직이 있었음을 알 수 있다. 더욱이 광종의 장자 王伷(경종)와 경종의 당제 王治(성종)가 태자로 책봉되고 이에 따라 몇 개의 태자 관련 관직이 설치된 결과 전시과 규정에도 적용되었다. 그러나 이것이 동궁관으로 조직화된 것은 아니었다. 즉 통일신라기에 수입된 당의 동궁관을 모방하여, 태봉과 고려 초기에는 필요한 관직이 두어지고, 특히 성종대 3성6부제를 시행하면서 여러 동궁관직이 설치되어 개정전시과에도 적용되었다. 그러나 고려의 현실에 맞지않아 변개를 거듭하였다.

동궁관이 독립된 관부로 설치된 것은 1022년(현종 13) 5월 현종이 장자 延慶君 王欽을 태자로 책봉하고, 이은 6월에 이르러서이다.[26] 이때 설치된 동궁관직은 師·保를 두었으며, 그리고 屬官으로서는 司議郎 1명, 司直 1명, 通事舍人 2명, 丞·注簿·錄事 각각 1명씩을 두었다.[27] 이것은 중국 唐의 제도를 모방한 동궁관의 최소 기본적인 조직이었다.

---

22) 『고려사』권94, 姜民瞻傳.

23) 『고려사』권1, 태조 1년 6월 乙丑. "所有內庄 及東宮食邑積穀 歲久 必多朽損"

24) 『고려사』권2, 태조 18년 12월. "拜金傅 位政丞 位太子上 歲給祿千碩"에서 추측된다.

25) 『고려사』권77, 지32, 식화1 전시과.

26) 『고려사』권5, 현종 13년 5월과 6월.

27) "東宮官:顯宗十三年 立太子置師保及官屬 司議郎一人司直一人通事舍人二人 丞注簿錄事各一人"(『고려사』권77, 지31, 백관2 동궁관).

고려시대 동궁관제가 더욱 발전된 것은 문종에 이르러서이다.[28] 문종의 '정제에 의하면, 1068년(문종 22)에 종1품 大師·大傅·大保 각 1인, 종2품 少師·少傅·少保 각 1인, 정3품 賓客 4인, 정4품 左右庶子 각 1인, 정4품 左·右諭德 각 1인, 종4품 侍講學士·侍讀學士 각 1인, 정5품 左·右贊善 각 1인, 정5품 中舍人·中允 각 1인, 종5품 洗馬·典內 각 1인, 정6품 文學·司議郞 각 1인, 시독사 1인을 둔다. 또 따로 詹事府를 설치하여 정3품 知府事·첨사 각 1인, 종3품 少僉事 1인, 정6품 丞 1인, 정7품 司直 1인, 종7품 注簿 1인, 정9품 錄事 1인을 둔다. 또한 종4품 家令 1인, 종5품 僕 1인, 종6품 內直郞 1인, 종6품 宮門郞을 둔다. 한편, 率更寺에 종5품 侍事·率更令, 정6품 率更士 1인, 정6품 藥藏郞 1인, 정8품 藥藏丞, 左·右司禦率府에 率·副率, 左·右監門率府에 率·副率, 左·右內率府에 率·副率이 있고, 그리고 侍衛上·大將軍이 있다.'고[29] 한다.[30]

이상에서 살펴보았듯이, 고려 건국초부터 태자 관련 관직이 있었고, 이후에도 필요에 따라 당의 제도를 모방하여 치폐하다가, 1022년(현종 13)에 이르러 정식으로 동궁관이 설치되고 갖추어졌다.

---

28) 고려 동궁관직에 대한 연구는 이진한, 1999, 「고려시대 동궁 삼사·삼소의 제수와 녹봉」『민족문화』22 ; 이진한, 2000, 「고려시대 동궁 3품직의 제수와 녹봉」『진단학보』89가 참조된다.

29) 『고려사』 권77, 지31, 백관2 동궁관.

30) 하지만 이것은 너무 방대하여 1116년(예종 11)에 冗官을 탕감하여 태사·소사·부·보·빈객·서자·유덕·시강학사·시독학사·찬선·중사인·중윤·첨사·소첨사·率更令의 품직은 모두 문종의 제를 따랐으나 그 나머지는 두지 않았다. 더구나 몽고간섭기의 충렬왕 때에 이르러 묘호는 물론 중국의 관호와 동일한 것은 모두 이름을 고치고, 또 짐·조·태자 등 용어는 孤·敎·世子로 개정함으로써, 태자궁도 세자궁으로 바뀌었다.

Ⅲ. 현종대 동궁관 설치의 배경과 목적

1. 현종의 즉위와 거란의 제2차 침입

전통시대 왕들은 일반적으로는 자신의 적장자에게 왕위를 물려주려 하였다. 그리고 왕의 이러한 욕구와 의도는 태자에 대한 관심으로 표출하였다. 결국 왕의 태자에 대한 관심은 왕위계승권을 확보하기 위함이라 하겠다. 고려 현종 역시 이러한 의도에서 자신의 적장자를 태자로 책봉하고 동궁관을 설치하였다. 그런데 현종의 동궁관 설치는 당신의 시대적 상황에서 절박한 필요성을 느끼고 취한 조치였을 것이다. 그러면 절박한 필요성은 어디에서 왔는가? 그것은 자신의 즉위 과정과 그것에서 파생된 거란의 제2차 침입에 대한 조치인 것이라 하겠다.

먼저 현종의 즉위 과정부터 살펴보자. 그의 즉위 과정에서 있었던 문제점은 그가 재위중에 왕위계승에 대하여 취하는 정책과 인과관계가 있기 때문이다.

고려초의 왕위계승은 순탄하지 못했다. 태조는 고려 건국과 후삼국 통일과정에서 각 지역에 있었던 호족의 딸과 정략적으로 혼인하였다. 그리하여 많은 后妃와 夫人의 아들을 두어 후계자를 선정하는 과정에서 대립과 갈등의 양상을 보였다. 우여곡절을 겪은 뒤 혜종이 왕위를 이었으나, 王規의 변란이 있었다. 곧이어 혜종이 죽고 그의 이복동생인 제3대 정종이 왕위를 계승하였다. 그러나 정종도 재위 3년만에 죽고 이어 그의 동생인 제4대 광종이 즉위하였다. 광종은 여러 가지 왕권강화책을 실시하고 공신세력을 숙청하였다. 이러한 노력의 결과에 힘입어 이후의 왕위계승은 대체로 순조로웠다.

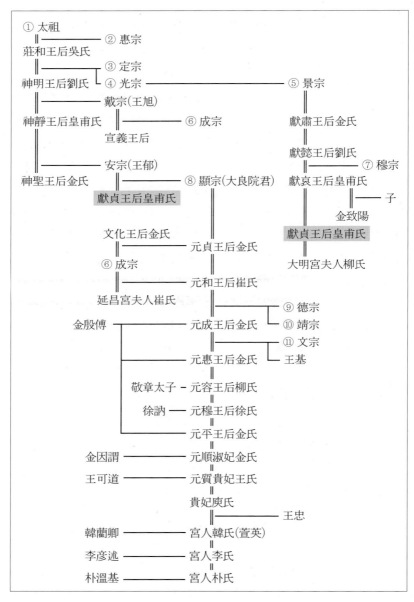

[그림] 현종의 가계도

그러나 한 동안 평화롭게 이루어졌던 왕위계승은 제8대 현종의 즉위를 둘러싸고 또다시 정치적 혼란상을 드러냈다. 제5대 경종은 4명의 후비와 1명의 부인을 두었다. 獻肅王后 金氏(신라 경순왕의 딸), 獻懿王后 忠州 劉氏, 獻哀王后 黃州 皇甫氏와 獻貞王后, 大明宮夫人 柳氏가 있었다. 경종이 27세의 나이로 죽자 제6대 성종이 즉위하였다. 하지만 성종대에 이르러 金致陽이 獻哀王后(千秋太后)와 사통하고, 또 태조의 아들 王郁(뒤에 安宗으로 추존)이 헌정왕후와 정을 통하여 大良院君(현종)을 낳았다. 성종이 죽은 뒤, 일찍이 경종과 헌애왕후 사이에서 태어난 제7대 목종이 왕위를 계승하였다.

그런데 대량원군의 어머니인 헌정왕후는 그를 낳다가 죽었고, 그의 아버지인 王郁도 泗水縣(지금의 泗川)에 귀양갔다가 996년(성종 15)에 죽었다. 그리하여 대량원군은 유모에게서 길러졌다.[31] 이에 비해 김치양은 성종 때에 귀양을 가기도 했지만, 목종 즉위 이후 그의 義父 자격으로 전권을 장악하였다. 뿐만 아니라 헌애왕후와 사이에서 뒤늦게 낳은 자신의 아들을 왕위계승자로 만들기 위해 대량원군을 강제로 승려로 삼아 三角山 神穴寺에 기거시켰다. 그 뒤에도 대량원군을 제거하기 위해 온갖 수단을 동원했으나 실패하였다.[32]

그러던 중에 목종이 병들자 김치양이 변란을 일으키려 하였다. 하지만 목종이 먼저 皇甫俞義 등을 보내 대량원군을 맞아오게 하였다. 그러면서 한편으로는 西北面都巡問使로 있던 康兆를 불러 입위하게 하였다. 그러나 개경에 들어온 강조는 대량원군을 옹립하고 목종을 시해하였다. 즉 현종은 비록 목종의 유조가 있었다고는 하나 강조가 목종을

---

31) 김갑동, 2006, 「고려 현종과 사천지역」『한국중세사연구』20.
32)『고려사』권88, 열전1, 후비1 헌애왕태후 황보씨.

시해하고 옹립함으로써 즉위하였다.[33]

결국 현종은 부자계승에 의하여 정상적으로 왕위를 계승한 것이 아니라 정변에 의하여 옹립된 비정상적인 왕위계승이었다. 그의 아버지 王郁은 실재 재위한 왕도 아니었고, 현종 또한 태자로 책봉된 적도 없었다. 다시 말하면 목종의 아들이 없는 한 현종이 혈연적으로 비록 왕위계승자로서 적임자라고 하드라도[34] 그의 왕위계승은 康兆의 정변에 의하여 옹립된 비정상적인 방법이었다.

어렵게 즉위한 현종으로서는 왕위계승상 정당성에 문제가 있었고, 이것은 그의 재위기간 내내 최대의 약점으로 작용하였다고 보겠다. 그리하여 자신의 권위를 높이고 왕통을 확립하고자 미리 장자를 태자로 책봉하여 왕위계승자로 지명하여 정상적인 왕위계승을 유도하였을 것이다.

한편 강조의 정변에 의한 현종의 비정상적 왕위계승은 결국 국제문

---

33) 목종의 폐위와 현종의 즉위 과정을 다룬 논문으로는 다음과 같은 것이 있다. 池內宏, 1919, 「高麗穆宗朝の禍亂」『東洋學報』9-3 ; 1937, 『滿鮮史研究』중세2 ; 荻山秀雄, 1922, 「高麗穆宗の卽位に關する高麗史の曲筆を論ず」『東洋學報』12-3 ; 이태진, 1977, 「김치양난의 성격」『한국사연구』17 ; 김당택, 1980, 「고려 목종 12년 정변에 대한 일고」『한국학보』18 ; 江原正昭, 1980, 「高麗初期の王位繼承 - 二代惠宗から八代顯宗まで -」『中嶋敏先生古稀記念論集』上.

34) 李泰鎭은 현종(대량원군)이 왕위계승권을 가진 것을 『고려사절요』권2, 목종 12년 1월 기사("王曰 朕疾漸危篤 朝夕入地 太祖之孫 唯大良院君在")에 근거하여 태조의 자손으로 유일하게 남아있었기 때문이라고 보았다(이태진, 앞의 논문, 101쪽). 한편 이와 달리 南仁國은 『고려사절요』의 이 내용은 잘못이며 목종연간에 생존해 있던 王孫이 있었는데 다만 현종은 왕위계승의 적임자였다고 보았고(남인국, 1999, 『고려 중기 정치세력 연구』, 신서원, 35~36쪽), 鄭容淑은 현종은 獻貞王后 皇甫氏가 태조의 아들 安宗(郁)과 사통하여 낳은 劉氏 및 皇甫氏 가계를 잇는 마지막 왕자이며 따라서 목종에게 친자가 없는 한 제1의 왕위계승자이기도 했다고 보았다(정용숙, 1988, 『고려왕실족내혼연구』, 새문사, 108쪽).

제로 비화되어 거란 제2차 침입의 구실이 되었다. 고려와 거란의 교섭은 국초부터 있었으나, 고려가 북진정책과 대외관계를 추진하는 과정에서 거란과 대립·갈등이 발생하였다. 드디어 993년(성종 12) 蕭遜寧이 이끄는 거란의 제1차 침입이 있었다. 그러나 고려는 徐熙의 탁월한 외교 수완으로 강동6주를 확보하였으며, 그 후 거란은 이 지역의 반환을 요구하였다. 그러던 차에 고려에서 강조가 목종을 폐하고 김치양 일당을 제거한 뒤 현종을 옹립하는 정변이 발생하자, 거란은 이것을 빌미로 1010년(현종 1) 제2차 침입을 하였다.

특히, 거란의 제2차 침입은 강조의 정변을 문책한다는 명목과 아울러 정변으로 즉위한 현종의 정통성 문제를 구실로 삼았다.

A – ① 고려 서경유수 康肇(康兆)가 그 임금 誦(穆宗)을 죽이고 誦의 從兄 詢(顯宗)을 제 마음대로 세웠다. 제도에 詔書를 내려 甲兵을 가다듬어서 東征에 갖추도록 하였다(『遼史』 권15, 聖宗本紀 統和 28년 5월 丙寅).

② 統和 28년 帝가 여러 신하에게 이르되, 고려의 康肇(康兆)가 그 임금 誦을 죽이고 誦의 族兄 詢을 세워 돕고 있으니 大逆인지라 마땅히 군사를 발하여 그 죄를 물어야 하겠다 하자, 여러 신하들은 모두 가하다고 하였다(『遼史』 권28, 蕭敵烈傳).

③ 契丹主가 通州城 밖에서 … 그 글에 "짐은 前王 誦이 우리 조정에 복종하여 섬긴 지가 오래 되었는데 지금 역신 康兆가 임금을 죽이고 어린 임금을 세운 까닭으로 친히 精兵을 거느리고 이미 국경에 다달았으니, 너희들이 강조를 사로잡아 御駕 앞에 보내면 곧 군사를 돌이킬 것이나 그렇지 않으면 바로 開京으로 들어가서 너의 처자들을 죽일 것이다." 하였다(『고려사절요』 권3, 현종 원년 11월 임진).

이처럼 거란은 제2차 침공의 표면적인 명분을 강조가 목종을 폐하고 현종을 옹립한 것으로 삼고 있다. 특히 현종이 목종의 從兄으로서 새로 즉위한 것이 정당치 못함을 질책하고 있다.

거란의 제2차 침입을 받은 뒤 강조가 패배하자 개경이 함락되고, 전세는 고려에게 불리해짐에 1010년 12월 27일 현종은 개경을 포기하고 한강 이남으로 파천을 단행하였다. 그리하여 양주-광주-양성-천안-공주-여양(여산)-삼례-전주를 잇는 경로를 따라 노령을 넘어 이듬해 1월 13일 나주에 도착하였다. 그러던 중 거란군이 현종의 친조를 조건으로 개경에서 철군을 개시하였다는 보고를 받자 현종은 나주를 떠나 전주-공주-청주를 거쳐 2월 23일 개경으로 돌아왔다. 이 과정에서 현종은 지방의 세력가들로부터 수차례 수모를 당하였다. 이것은 현종이 독자적 세력기반을 가지고 있지 못했기 때문이었다.[35]

거란은 제2차 침입의 실패 이후 추락된 자국의 위신을 만회하기 위하여 고려와의 새로운 분쟁을 일으킬 기회를 노리고 있었다. 거란의 성종은 1012년 4월 고려의 사신이 도착하자 제2차 침입의 강화 조건이었던 고려 국왕의 친조의 조속한 이행을 고려에 요구하였다.[36] 그러나 고려는 승리를 거두었다고 확신하고, 1012년 6월 刑部侍郎 田拱之를 거란에 보내어 國王은 身病으로 친조가 불가능함을 통고하여 거란의 친조 요구에 대한 거부 의사를 분명히 밝혔다.[37]

이에 거란은 고려의 친조 거부 의사를 확인되자 고려가 점거하고 있는 강동6주에 대한 연고권을 주장하였다. 그리하여 강동6주 귀속문제는 거란 제3차 침입의 빌미가 되었다. 거란은 제2차 침입이 종식된 다음해인 1012년부터 1017년까지 무려 5년 동안 크고작은 무력 도발을

---

35) 김당택, 2007, 「고려·대거란(요) 관계를 둘러싼 관리들 간의 갈등」『역사학연구』29, 98쪽.
36) 『고려사』 권4, 현종 3년 4월.
37) 『고려사』 권4 ,현종 3년 6월 갑자.

자행하여 강동6주를 탈취하려 했으나 고려의 저항으로 실패하였다. 그러자 거란은 1018년 12월 제3차 침입을 단행하였다. 그러나 거란군은 고려군과의 싸움에 연패하였고 퇴각하다 姜邯贊에게 龜州에서 패하여 거의 전멸하게 되었다. 이듬해 거란과 강화하여 이후 평화적인 외교관계를 유지하게 되었다.

이처럼 거란의 2차 침입은 강조의 정변을 구실로 삼았는데, 그 속에는 현종의 정통성을 언급하고 있다. 즉 현종의 왕위계승상 정통성 문제는 거란의 침입의 빌미가 되었다. 더구나 현종은 어린 시절에 여러 차례 신변에 위협을 받았고, 또 군사정변에 의하여 비정상적으로 왕위계승을 하였기에, 즉위후에 이것이 약점으로 작용하는 것을 경험하였다. 그리하여 현종은 이후의 왕위계승은 실제는 물론 형식상으로도 그 정통성을 확립하고자 아들 연경군을 태자로 책봉하고, 곧이어 태자를 위한 동궁관을 설치하였다.

2. 현종의 왕권 강화와 태자 책봉

한편 고려 왕실혼인의 한 특징이 왕실족내혼이다. 그러나 족내혼이긴 하나 결합의 양상은 전기와 중기 이후에 큰 차이를 보였다. 그 변질의 한 획을 현종의 즉위에 그을 수가 있다. 광종에서 목종까지의 왕실혼인은 주로 왕자와 왕녀의 혼인관계로 나타났고, 또 그 사이에서 태어난 親子, 혹은 女壻 관계의 姪이 왕위를 이어가는 형태를 취하였다. 그러나 현종 때부터는 왕실의 공주도 맞아 정비로 삼는 혼인관계를 존속시키면서, 한편으로는 여러 왕비를 귀족 가문의 여자를 맞아들였다. 그리고 이들 귀족의 여자에게서 소생한 王子가 왕위를 계승하였다.[38]

앞의 [그림]에서 보듯이, 현종은 즉위후 13명이나 되는 많은 후비를

---

38) 정용숙, 앞의 책, 88쪽.

두었다. 그 가운데 족내혼을 한 후비는 성종의 딸인 제1비 元貞王后 金氏와 제2비 元和王后 崔氏, 宗室 敬章太子의 딸인 제5비 元容王后 柳氏 등 3인이다.[39]

그리고 현종은 8개 귀족 가문의 10명 妃嬪을 취하였다. 먼저 金殷傳의 딸인 제3, 4, 7비가 있는데, 이것은 거란의 침입을 받아 몽진갔던 현종이 급박한 상황에서 중부지역과 軍權을 장악하고 있던 公州節度使 김은부와 연결하여 왕권을 안정시키려는 목적에서 행한 것이다. 또 1014년(현종 5) 將軍 金訓·崔質의 난을 진압한 중심 인물 王可道의 딸인 제9비 元質貴妃로 맞이한 것도 군사적 실력자와 결합하려는 의도에서였다.

그리고 광종대의 재상 徐弼과 성종대 거란족을 담판으로 물리친 徐熙로 이어지는 명문가인 徐訥의 딸을 제6비 元穆王后로 맞았다. 제8비 元順淑妃는 신라 원성왕의 후손인 경주 김씨 金因謂의 딸이다. 또 제10비 貴妃 庚氏와 혼인하였다.[40] 제11비 宮人 韓氏는 목종대에 平章事의 지위에 있으면서 목종의 궁인 김씨와 함께 원성왕의 遠孫을 사칭한 경주인 融大로부터 뇌물수수사건으로 1007년(목종 10) 7월 流刑을 받아 貶黜되었던 韓藺卿(韓彬卿)의 딸이다. 이에서 한인경이 목종의 궁인 김씨와 협력하여 反千秋太后的 태도를 견지하면서 일찍부터 현종과 긴밀한 유대관계를 맺고 있었던 것으로 짐작되며,[41] 현종의 즉위 뒤에는

---

39) 제1, 2왕비의 혼인은 목종이 폐위된 후 즉위한 현종이 성종의 女壻가 됨으로써 왕위계승권자의 자격을 구비하는 의미의 혼인이라는 견해도 있다(정용숙, 앞의 책, 109쪽).

40) 庚氏系는 태조가 庚黔弼의 딸를 제9비로 맞았으나, 태조의 자 東陽院君이 異圖를 품었다 하여 광종 때 사사되었고 그 후손은 목종대까지 상당한 핍박을 받게 되었는데, 아마 현종은 왕위에 오르기 전부터 이들 庚氏系 인물들과 연결되었을 가능성이 있으며 貴妃도 이 집안으로 짐작된다(정용숙, 앞의 책, 110쪽).

41) 정용숙, 앞의 책, 110쪽.

유배에서 풀려나 관직에 재등용되고, 이 무렵 그의 딸이 궁인이 된 듯하다.[42] 그리고 제12비 宮人 李氏는 李彦述의 딸이고, 제13비 宮人 朴氏는 朴溫其의 딸이다.

이상과 같이 현종은 군사적 실력자 및 명망있는 재상가나 귀족 가문의 여자를 왕비로 맞았다. 이처럼 현종의 혼인은 종전 왕들과 달라졌다. 그는 족내혼으로 취한 후비 외에도 군사적 실력자, 아울러 당대 유력가문 및 자신의 옹립에 공이 있는 인물들의 여자를 후비로 맞는 폭넓은 혼인관계를 맺었다. 이것은 현실적으로 족내혼을 할 대상자가 별로 없기 때문이기도 하지만, 현종 즉위시의 정치적 상황을 고려한다면, 그 보다는 왕통의 정체성을 확보한 이후에는 왕실의 협력세력을 구하기 위한 정치적 목적에서 정략적으로 여러 후비와 혼인을 맺은 것으로 해석이 된다.[43]

결국 현종은 강조의 정변에 의해 옹립된 비정상적인 왕위계승을 하였고, 그에게 이것이 즉위초부터 최대의 약점으로 작용하였다. 더구나 거란의 침입으로 피난을 하고, 또 김훈·최질의 난을 겪으면서 자기 세력의 필요성을 절감하였다. 그리하여 현종은 이것을 극복하고자 왕실

---

42) 일반적으로 한인경이 목종 10년에 유배된 뒤로는 그의 정치적 행적을 찾을 수 없고 또 궁인 한씨가 왕자를 낳았어도 그녀의 신분이 궁인에 그친 점 등으로 미루어 현종대에 그의 정치적 입장을 고려하지 않아도 좋을 듯하다고 보았으나(남인국, 앞의 논문, 6쪽), 이 무렵에 그의 딸은 현종의 비가 되었다. 이는 『고려사』권5, 현종 20년 "2월 궁인 한씨의 아버지 彬卿을 太子賓客 同知中樞事 柱国을 兼하게 하였다."고 한 것과 『고려사』권88, 후비열전1, 현종에서 "궁인 한씨는 이름이 萱英인데 楊州人이며 平章事 藺卿의 딸이다."고 한 것에서 韓藺卿과 韓彬卿이 동일인이었음에서 알 수 있다. 그러므로 한빈경은 1029년(현종 20) 兼太子賓客 同知中樞事 柱國(『고려사』권5, 현종 20년 2월), 또 1033년(덕종 2) 韓彬卿은 工部尙書로 임명되어(『고려사』권5, 덕종 2년) 정치활동을 하였다. 한편 韓彬卿이 韓藺卿의 誤記라는 견해도 있다(김태욱, 1994, 「고려 현종대의 재추」『역사학보』144, 24쪽 주80).

43) 남인국, 앞의 책, 37쪽.

내의 족내혼은 물론 당시 군사적 실력자와 유력자 및 자신을 추대한 자의 딸과 폭넓은 혼인관계를 형성하여 지지세력을 확보함으로써 왕권의 강화를 꾀하였다. 또 현종은 부자계승을 목적으로 태자를 책봉하고, 그를 왕위계승자로서 자질을 함양하고 신변보호를 위하여 동궁관을 설치한 것으로 보겠다.

한편 동궁관 설치는 현종대 행한 개혁조치의 하나로써 이루어진 것이다. 그러므로 현종이 동궁관을 설치한 배경과 목적을 알아보기 위해서는 그가 행한 개혁정치에 대하여 살펴볼 필요가 있다.

앞에서도 언급하였듯이, 현종은 대단히 어려운 과정을 거쳐 즉위하였다. 게다가 곧이은 거란의 침입으로 남쪽으로 몽진을 다녀오는 고난을 겪었다. 그 과정에서 자신의 처지에 대한 분명한 자각과 인식을 하였고, 왕권강화와 부국강병의 필요성을 절감하였다. 그리하여 현종은 환도후 난국을 수습해가는 과정에서 여러 방면에 걸쳐 대대적인 개혁정치를 단행하여 큰 업적을 이루었다.

현종은 대내적으로 호족세력에 대한 직접적인 통제책과 함께 1012년(현종 3)과 1018년(현종 9)에 대대적인 지방제도의 개편을 통한 군현제의 완성으로 지방제도의 기본구조를 마련하고,[44] 또 중앙군의 2군제를 확립하여 국왕을 정점으로 한 강력한 중앙집권체제로 전환하였고, 대외적으로는 특히 對契丹關係가 드디어 해결을 보게 되어 북방민족에 대하여 자주적인 입장을 확립하였다.[45] 더욱이 유교적 통치이념을 고려

---

44) 하현강, 1977, 「고려 초기의 지방통치」『고려지방제도의 연구』; 구산우, 1994, 「고려 현종대 향촌지배체제 개편의 배경과 성격」『한국중세사연구』창간호; 김갑동, 1995, 「고려 현종대의 지방제도 개혁」『한국학보』80.

45) 고려는 현종 1년의 거란 제2차 침입과 현종 9년의 제3차 침입을 물리치고, 거란과 강화 이후 평화적 외교관계를 유지하였다. 자세한 것은 구산우, 2010, 「고려 현종대의 대거란전쟁과 그 정치·외교적 성격」『역사와 경계』74; 이미지, 2018,『태평한 변방 – 고려의 대거란 외교와 그 소산 –』, 경인문

정치구조 내에 합법적으로 정착시키는 구실로서 1020년(현종 11) 8월 崔致遠을, 1022년(현종 13) 1월 薛聰을 문묘에 종사를 하였다.[46] 게다가 왕위계승의 대원칙이 확립되어 현종 즉위 이후는 왕의 直子에 의하여 계승되어 가고,[47] 왕실의 혼인관계도 재수정되었다.[48]

이러한 현종이 추구한 왕권강화의 하나 방법으로써 이루어진 것이, 1022년(현종 13) 5월 長子인 延慶君 王欽을 태자로 책봉하고, 6월에 동궁에 師·保와 官屬을 둔 것이다. 이것은 현종이 왕위의 후계자를 대내외에 공포하여 자신의 통치체제를 강화하면서, 아울러 왕위를 이어받을 아들 연경군의 위상을 미리 확립해 줌으로써 왕통을 직계로 강고히 하려는 의지와 목적을 실천한 것이다.

결국 현종이 행한 개혁정치의 목적은 왕권강화와 부국강병에 있었다. 이것은 현종이 즉위과정에서 겪은 고난과 거란의 침략과 격퇴 과정에서 체험한 자기 방어와 보호, 나아가 태자 책봉과 동궁관 설치를 통한 왕통의 확립, 외세로부터 국가적 자주라는 목적에서 이루어진 것이다. 이러한 노력의 결과 현종대에는 유교적 관료제에 기초한 고려 귀족사회가 강화되었다.

3. 「훈요십조」의 재출현

현종은 고려 건국 이래 선대왕들의 업적을 정리하고자 『칠대실록』을

화사가 참조된다.

46) 김용곤, 1986, 「고려 현종대의 문묘종사에 대하여」『고려사의 제문제』, 삼영사.
47) 김기덕, 1997, 「고려 전기의 왕위계승」『건대사학』9, 12~13쪽.
48) 정용숙, 앞의 책, 111쪽. 그리고 이러한 것은 정치세력의 교체와 긴밀한 관련이 있는 것이며, 곧 고려 사회의 유교적 통치체제의 전반이 현종대에 와서 재정비 강화된 것을 말한다.

편찬하였다. 『七代實錄』은 태조·혜종·정종·광종·경종·성종·목종의 실록으로 총 36권이었으나 현전하지 않는다. 고려는 국초부터 이미 역사를 기록하는 관리가 있어 태조 이래의 사실을 기록하였으며, 광종대 史館이 설치되어 모든 사료를 이곳에 보관하였다. 그러나 1011년(현종 2) 거란의 침입으로 개경에 불이 나자 궁궐 안에 설치되었던 사관이 불탐으로써 이곳에 보존된 기록이 모두 소실되었다. 그리하여 거란의 제2차 침입이 수습되고 얼마 뒤인 1013년(현종 4) 9월 『칠대실록』 편찬을 위한 준비작업으로[49] 이부상서 참지정사 최항을 감수국사, 예부상서 김심언을 수국사, 예부시랑 주저, 내사사인 윤징고, 시어사 황주량, 우습유 최충을 모두 수찬관으로 삼고,[50] 실록의 편찬을 착수하여 1034년(덕종 3, 성종 즉위) 완성하였다.[51] 『칠대실록』의 편찬에 참여한 최항·김심언·윤징고·황주량·최충은 모두 『고려사』 열전에 입전되었다. 이 중에서 황주량과 최충은 모두 1023년(현종 14)과 1030년(현종 21) 두 차례에 걸쳐 동궁관에 함께 임명되었다.

흥미로운 것은 『칠대실록』을 편찬하는 과정에서 태조의 「訓要十條」가 다시 나타난 사실이다. 「훈요10조」의 발견 경위를 『고려사』 권93, 최승로전의 말미에 실린 崔齊顏傳에는 "「신서」와 「훈요」는 兵亂에 분실되었다가 (최제안이 이미 죽은) 崔沆의 집에서 얻어 바침으로써 세상에 전하게 되었다."고 하였다. 여기에서 '병란'은 개경까지 쳐들어온 거란 성종의 入寇를 의미한다. 이때 개경의 궁궐과 기타 중요건물이 불타버리고 많은 문헌이 소실되었다. 그래서 1013년(현종 4) 史局을 열고 최

---

49) 김성준, 1981, 「고려칠대실록 편찬과 사관」 『민족문화논총』 1 ; 1985, 『한국중세정치법제사연구』, 일조각, 120쪽.

50) 『고려사』 권5, 현종 4년 9월.

51) 완성 시기는 수찬관인 황주량이 政堂文學으로 재임하였던 덕종 3년 정월부터 같은해 정종 즉위년 11월 사이에 해당된다.

항과 金審言 등에게 명하여 國史(七大實錄)를 편수하게 하였다. 최제안은 崔承老의 손자로, 여러 왕대에 걸쳐 중요한 관직을 역임하였다. 아마 최제안이 실록 편찬을 위하여 사료를 채집하는 과정에서 최항의 집에서「훈요십조」를 발견하였던 것이다.[52]

그리하여「훈요십조」를 접하게 된 당시『칠대실록』의 편찬 담당자들은 그 내용에 대한 신봉과 준수를 주장하였을 것이다. 특히 제3조는 고려 왕조의 왕위의 부자계승원칙을 제시한 것이다.

其三曰 嫡子에게 나라를 전하는 것이 常禮이다. 그러나 丹朱가 不肖하므로 堯가 舜에게 선양한 것은 참으로 공명정대한 마음이었다. 만약에 元子가 불초하면 그 次子에게 줄 것이고, 차자 또한 불초하면 그 兄弟의 무리에서 여러 사람의 推戴를 받은 자에게 주어 大統을 잇게 하라(『고려사』권12, 태조 26년 4월).

이 내용에 의하면 태조는 나름대로의 왕위계승원칙을 제시하고 있다. 즉 태조는 嫡子와 元子의 계승이 가장 이상적인 것이라 말하여 嫡

---

52) 그런데 최항이 소장한 그것은 宮中秘傳의 헌장인만큼, 부본이 있을 수 없는 것인데, 어떻게 해서 그 원본을 私藏하였던가 하는 것이 문제이다. 이에 대해 金成俊은 거란의 2차 침입으로 현종 1년 12월 28일 밤에 왕이 황망히 서울을 빠져 나간 후, 다음날 최항은 당황한 끝에 궁중문서 일부를 거두어 집에 두고 피난한 듯하며, 최항은 그 중에「훈요십조」와 같은 중요한 문서가 들어 있을 것을 전혀 모르고 있다가『칠대실록』편찬에 중임을 맡은 후 수사관 최제안을 시켜 家藏之書를 정리하던 중에 우연히「훈요십조」를 발견하였다고 보았다(김성준, 1979,「십훈요와 고려태조의 정치사상」『한국사상대계』, 성균관대학교 대동문화연구원 : 앞의 책, 6~8쪽). 한편 이병도는 강조의 정변 때 목종이 최항에게 후사인 현종의 보필을 당부하면서「십훈요」를 은밀히 맡긴 것 같으며, 그후 그가 계속해서 왕실비전을 사장하게 된 것은「십훈요」에 달갑지 않은 조목(특히 2조와 5조)이 들어 있어서 내놓지 않고, 외간에는 흡사히 그것이 병화에 분실된 것 같이 보인 것이라 하였다(이병도, 1948,『고려시대의 연구』, 을유문화사, 44~46쪽).

長子繼承의 원칙을 일반적인 것으로 보고 있다.

비록 태조가 가졌던 왕위의 부자계승의식은 신라 중대 이래 중국으로부터 『禮記』를 비롯한 유교 경전과 『唐律』의 전래를 통하여 도입된 宗法意識에 의한 것으로도 볼 수 있지만 보다 직접적 계기가 된 배경은 신라말 왕위계승의 혼란과 신라 왕조의 멸망, 궁예 정권의 왕위계승자 결정 과정에서의 분열로 인한 붕괴, 후백제의 왕위계승상 분쟁에 따른 국력의 약화와 멸망 등을 지켜본 태조 자신의 직접간접 경험을 통하여 형성되었을 것이다.[53]

이와 같은 제3조의 '적장자 왕위계승'을 실천하자는 주장이 「훈요십조」의 발견자인 최제안과 더불어 황주량·최충 등 실록 편찬자들을 중심으로 제기되었을 것이고, 현종 또한 자신의 입장과 부합하는 태자의 조기 책봉을 통하여 후계자 확정하여 왕권을 강화하고, 또 태자의 지위를 보장해주는 동궁관의 임명을 실행한 듯하다.

결국 현종이 동궁관을 설치한 것은 왕위의 부자계승이라는 태자 책봉의 기본적인 목적과 더불어 현종 자신의 경험이 가장 크게 작용하였다. 현종은 즉위 과정에서 겪은 고난과 이것이 빌미가 된 거란의 제2차 침입을 받아 어려움을 겪었다. 그리하여 족내혼은 물론 당시 군사적 실력자와 유력자 및 자신을 추대한 자의 딸들과 혼인하여 지지세력을 확보함으로써 왕권강화를 꾀하며 노력하였다. 이 무렵에 다시 나타난 「훈요십조」의 제3조는 현종에게 절대적으로 작용하여 부자계승이 목적인 태자 책봉을 하였다. 그리고 현종은 중앙집권체제를 확립하고자 여러 직제의 개편과 설치 과정에서 동궁관을 설치하였다.

---

53) 김창겸, 1994, 앞의 논문. 하지만 「훈요십조」 제3조가 후대에는 정치적 상황 논리에 따라 형제계승을 합리화해주는 빌미와 구실이 되기도 했을 것이다.

Ⅳ. 현종대 정치세력과 동궁관

1. 현종대 정치세력과 동궁관 설치

현종이 추진한 개혁정치의 하나로 이루어진 것이 동궁관의 설치이다. 그러면 이러한 개혁정치의 과정에서 현종과 더불어 그를 보필하면서 정국을 주도해갔던 세력은 누구였을까? 이들은 당시 동궁관의 설치에 주요한 역할을 한 인물들이었다고 추측할 수 있다. 1022년(현종 13) 왕태자 책봉 직전의 정치 주도세력에 대한 이해를 바탕으로 하여 왕태자 책봉의 추진 세력을 살펴보면, 현종대 왕태자 책봉과 곧 이은 동궁관 설치의 역사적 성격을 보다 정확하게 이해할 수 있을 것이다.

바로 직전의 목종대 정치세력은 천추태후와 연결된 김치양 일파의 왕후족 계열과 성종대에 유교적 관인형으로 양성된 집단으로 구성되었다.[54] 그리고 정국은 목종을 정점으로 김치양 일파와 유교적 관인층 두 집단이 반목·대립하는 양상이었다.[55] 그래서 목종 말의 정변을 김치양의 난에 기인하는 것으로 보기도 하지만,[56] 좀더 자세히 살펴보면 정치세력간의 대립·갈등이었음을 알 수 있다.[57] 김치양의 난과 현종의 즉위를 계기로 김치양과 왕후족의 집단은 탈락하고, 유교적 관료군과 현

---

54) 이태진, 앞의 논문.

55) 김용곤, 앞의 논문.

56) 池內宏, 앞의 논문 ; 이태진, 앞의 논문.

57) 이를 목종과 김치양 및 최항·강조를 중심 인물들로 한 3파전으로 해석하기도 하고(荻山秀雄, 앞의 논문), 또 김치양의 난에 대해 의문을 제기하면서 정변의 주체 세력을 '宰臣'이라 보고, 김치양의 '不軌'는 '宰臣'들의 압력에 대항하는 수단의 하나였다고 보는 견해도 있다(김당택, 2007, 앞의 논문, 96쪽). 또 아울러 목종말의 정변은 목종의 혈연·지연 혹은 개인적 친분을 앞세운 측근정치가 광종 이후 성종에 이르기까지 꾸준히 발전해온 관인 사회의 공적 질서를 외면하고, 왕실 중심의 사적 체계를 강화하려는데 대한 반발이었다고 보는 견해도 있다(정용숙, 앞의 책, 131쪽).

종의 즉위 과정에서 나타난 康兆로 대표되는 군사력을 장악한 세력이 이후 정치세력의 핵심을 구성하게 되었다.

그리하여 현종대 정치세력은 성종대에 양성된 관료집단과, 현종대 교육정책과 과거제 강화의 결과로 중앙 정계에 진출하였던 관료집단, 서경지방의 군사력 장악 세력, 거란과의 전쟁관계를 계기로 성장하게 된 무장세력으로 구성되었다. 이 중에서 서경 지방의 군사력을 장악한 세력은 거란의 제2차 침입으로 몰락하였다. 거란의 2차 침입으로 강조의 군대가 패배하고 1010년(현종 원년) 12월에 강조가 포로가 되어 사망한 뒤에는 현종의 추대 세력을 중심으로 한 유학적 관료군의 진출이 현저해졌다. 1011년(현종 2) 3월 劉瑨·崔士威가 재상의 대열에 발탁되고, 7월 최사위가 西北面行營都統使로서 병권을 장악하였다. 이어 8월 강조를 폄하하면서 卓思政·朴昇·魏從政 등 그 일당이 유배됨으로써 정치적 실권은 유학적 관인세력의 수중으로 넘어갔다.[58] 1012년(현종 3) 2월 유진이 문하시랑, 최사위가 내사시랑평장사, 최항이 이부상서 참지정사, 박충숙이 상서좌복야, 채충순이 예부상서에 임명되었다. 또 곧이어 1014년(현종 5) 4월 유진은 수문하시중, 최사위는 문하시랑평장사에 임명되었다.

그러나 앞서 거란과 전쟁과정에서 성장한 金訓·崔質 등의 무신세력은 이러한 문신들의 득세에 불만을 가지게 되었고, 이에 1014년(현종 5) 11월 반란을 일으켜 실권을 장악하였지만, 이들은 1015년 西京留守官 李子琳(뒤에 王可道로 개명)에게 제거당하였다. 이 난의 진압을 계기로 李可道·金猛과 姜邯贊·柳韶 등 과거 출신의 귀족적 관인층이 또 하나의 정치세력집단으로 등장하였다. 이가도와 김맹은 이들 무신의 제

---

58) 이들은 유학을 학문으로 익히고 과거 혹은 유사한 문필의 능력으로 출사한 인물들이며, 신라시대의 골품적 통치 질서를 부정했던 인물들과 맥을 같이 하는 사람들이다(정용숙, 앞의 책, 131~132쪽).

거계획을 세워 진압하였다. 그리고 강감찬이 건의하여 1019년(현종 10)에 공사를 시작한 開京의 羅城 축조를, 이가도가 1029년(현종 20)에 완료하였다.

최질의 무리를 제거한 공으로 1025년(현종 16) 2월 이가도는 致盛功臣, 김맹은 宜春縣 開國男의 작호를 받았다. 강감찬은 1018년(현종 9) 龜州에서 거란을 물리친 공으로 12월에 推忠協謀安國功臣의 작호를 받고, 1022년(현종 13)에는 徐訥과 함께 각각 자신의 딸들을 현종에게 納妃하였으며, 또 나성을 축조하여 王氏 姓과 開城縣 開國伯이라는 공신 작호를 받았다. 한편 柳韶는 북방 영토 개척의 공으로 덕종대에 推忠拓境功臣의 작호를 받았다.

결국 현종대에 계속적으로 존재한 정치세력은 유교적 관인층, 곧 관료집단이었다. 그러므로 현종대 정국을 주도한 인물은 강력한 왕권을 행사한 현종 자신과 그를 추대한 공신 계열과[59] 왕권강화를 도와준 유교적 관료집단이었다.

김훈과 최질 등 무신세력을 제거한 1015년(현종 6) 3월 이후의 정국은 현종이 주도하였다.[60] 이것은 1022년(현종 13) 겨우 일곱 살에 불과한 延慶君 王欽을 王太子로 책봉하여 왕위계승자로 확정한 것과 동궁관을 최초로 정식 설치한 것을 통해서도 알 수 있다. 정국을 주도하게 된 현종은 1026년(현종 17) 11월 「훈요십조」의 발견자이고 『칠대실록』 편찬관인 최제안과 황주량·최충을 동궁관에 임명하여 태자를 보필하게 하고, 이듬해 4월에는 역대 왕들을 보필하였던 인물들을 각 왕의 묘정에 배향하였다.

---

59) 현종 즉위에 공을 세운 인물은 채충순·최사위·최항·한인경·강감찬 등 주로 양주 이남 세력이었다(권순형, 2008, 「고려 목종대 헌애왕태후의 섭정에 대한 고찰」『사학연구』89, 77쪽).

60) 남인국, 앞의 책, 52~54쪽.

이상에서 살펴보았듯이, 현종대의 개혁정치는 현종의 의지에 의해 주도되었고, 유교적 관료군이 강력한 후원 세력의 역할을 하였다. 그리고 동궁관의 설치 역시 현종이 즉위 과정과 거란의 침입, 일부 정치 세력의 반발 진압 등 자신의 경험에 의해 이루어진 개혁정치의 하나로서, 그 목적은 무엇보다도 왕권의 강화와 통치체제의 확립에 있었다.

한편 현종은 왕태자 책봉과 동궁관 설치를 전후하여 신라시대 유학자 薛聰과 崔致遠을 추증하고 文廟에 종사하였다.[61] 이 일은 유교적인 정치사상의 실현으로써, 현종대의 왕태자 책봉과 관련이 있었던 것같다. 기존 연구에 의하면, 최치원의 문묘 종사는 여러 가지 역사적인 당대의 현실이 반영되어 있는 것이라고 한다. 현종의 즉위 과정과 1014년(현종 5) 11월에 일어난 최질·김훈의 난을 진압하는 과정에서 중앙집권적 왕정체제를 옹호하는 유교적 관인층이 등장하였다. 이 중에서 현종의 즉위 과정에서 등장한 정치세력은 崔沆·崔士威가 중심이 된 유교적 관료군이고, 최질·김훈의 난을 계기로 등장한 정치세력은 귀족적 관인으로서의 개경파 문신이었지만, 최치원의 문묘 종사는 이들 관인층 특히 유교적 관료군에 의해서 주도되었다. 그리고 현종의 개혁정치의 목표였던 유교정치의 실현을 도운 것은 이들이었다.[62] 최치원의 문묘 종사는 그의 정치사상이 현종대 정치를 주도한 관인층의 정치 방향과 일치하였던 것이다. 즉 현종대의 정치 방향은 안으로 중앙집권적 왕정체제를 확립하고, 밖으로 이민족의 침입을 격퇴하는데서 오는 정치적, 문화적 자신감이 밖으로 나타나는 시기라 할 수 있다.

---

61) ① 新羅의 執事省侍郎 崔致遠을 內史令으로 追贈하여 先聖의 廟庭에 從祀하게 하였다(『고려사』권4, 현종 11년 9월) ; ② 新羅 翰林 薛聰을 弘儒侯로 추증하고 先聖의 廟庭에 從祀케 하였다(『고려사』권4, 현종 13년 정월) ; ③ 崔致遠을 追封하여 文昌侯라 하였다(『고려사』권5, 현종 14년 2월).

62) 유교적 관료군 중에서도 특히 '慶州系'였다(김용곤, 앞의 논문).

그리고 시기적으로 최치원의 추증과 문묘 종사 사이에 있었던 태자 책봉과 동궁관의 설치 또한 현종의 왕권강화와 유교적 정치이념의 실현에 바탕을 둔 조치의 하나였다. 물론 여기에는 당시 현종의 의지가 가장 강력하게 작용하였겠지만, 이 일을 협조·추진한 정치세력은 최치원의 문묘 종사를 추진한 자들과 동일하다고 보겠다. 결국 현종과 당시 유교적 관료군이 주도한 태자 책봉과 동궁관의 설치는 고려 왕통을 新羅系로의 정통성을 확립한 것이다. 태조와 그의 제5비 神聖王后 (신라 경순왕의 伯父 億廉의 딸) 사이에서 태어난 安宗(王郁)의 아들인 현종으로 계승된 고려의 왕통을 고착시키는데 노력하였다.

2. 현종대 동궁관 역임자

여기서는 1022년(현종 13) 태자 책봉과 동궁관 설치를 주도한 인물들에 대하여 살펴보겠다. 어느 특별 관부와 관직이 설치된 경우, 일반적으로 여기에는 그 관부·관직 설치에 주도적 역할을 한 인물들이 임명되었다. 때로는 최고 장관직에는 당시 상징적 인물이 임명되는 경우도 있지만 실무 관직에는 실질적으로 중추적 역할을 한 인물들이 임명되는 것이 상례이다. 그러므로 현종대 동궁관의 설치 직후 동궁관직에 보임된 인물들이 동궁관 설치를 주도한 인물들이라고 보아도 될 것같다.

이러한 관점에서 동궁관 설치 이후 1031년(현종 말년)까지 동궁관직의 임명기사를 보면 다음과 같다.

① 乙亥 蔡忠順을 太子少師로, 徐訥을 참지정사로, 郭元을 중추사로 각각 임명하였다(『고려사』 권5, 현종 14년 정월).

② 己卯 庚方을 태자태보로, 李龔을 내사시랑평장사 감수국사로, 李元을 검교 태자태보로 각각 임명하였다(『고려사』 권5, 현종 14년 12월).

③ 丁未 柳韶를 太子賓客으로 임명하였다(『고려사』 권5, 현종 16년).

④ 11월 黃周亮을 태사소첨사로, 崔齊顔을 태자우서자로, 崔冲을 태자중윤으로 각각 임명하였다(『고려사』 권5, 현종 17년).

⑤ 봄 정월 辛亥 崔士威를 태자태사로, 채충순과 이공을 문하시랑으로, 徐訥을 내사시랑으로, 郭元과 李可道를 참지정사로, 李端과 金猛을 중추사로, 양진을 좌복야로, 崔冲을 급사중으로 각각 임명하였다(『고려사』 권5, 현종 18년).

⑥ 2월 庚辰 궁녀 韓氏의 아버지 彬卿을 겸 태자빈객 동지중추사 주국으로 임명하였다(『고려사』 권5, 현종 20년).

⑦ 丁卯 李可道를 검교 태위 행이부상서 겸 태자소사 참지정사로 임명하였다 (『고려사』 권5, 현종 20년).

⑧ 5월 甲寅 金猛을 태자소부로, 劉徵弼을 태자빈객으로, 黃周亮을 태자우서자로, 崔冲을 태자우유덕으로 각각 임명하였다(『고려사』 권5, 현종21년).

⑨ 金猛 : (현종 17년)中樞副使 中大夫 秘書監 兼 太子賓客 柱國 宜春縣開國男 食邑三百戸 賜紫金魚袋(『韓國金石全文』 中世上, 弘慶寺碣).

위 자료에 의하면 현종대 - 특히 1022년(현종 13) 동궁관이 설치된 이후부터 현종 말년까지 - 8차례에 걸쳐, 동궁관직에 임명된 인물은 채충순, 유방, 이원, 유소, 최제안, 최충, 최사위, 한빈, 이가도, 김맹, 유징필, 황주량 등 12명이다. 이 중 황주량·최충과 김맹은 1026년(현종 17)과 1030년(현종 21)에 걸쳐 각각 두 차례씩 임명되었다.

이들 인물의 출신지, 정계 진출 방법과 그 시기, 동궁관직 임명 전의 관직 경력, 동궁관 임명 시기와 직책, 그리고 동궁관을 보임한 뒤의 승진 사항을 정리하면 다음의 [표 1]과 같다.

[표 1] 고려 현종대 통군관 역임자 일람

성명	출신	진출	시기	취임전 경력	통군관직	이후 승진
1 蔡忠順	陰城 ?			목종:하사 목종11.3.:지공거 목종12.:매량군 영임 현종즉위.2.:직중대 현종즉위.3.:이부시랑좌간의대부, 현종 피난 호종, 비서감 현종2.7.:중추사 현종3.2.:예부상서 현종4.1.:중추원사,거란사행 현종7.1.:예부상서 현종8.12.:좌산기상시중추사 현종9.6.:이부상서참지정사 현종10.:주충진정위사공신 현종10.12.:제양현개국자 현종11.3.:지공거 현종12.:현화사비문찬자,검교태위 제양현개국자보국공신 현종13.5.:내사시랑평장사겸서경유수	현종14.1.:태자 소사	현종16.1.:판상서예부사 현종18.1.:문하시랑평장사 현종21.2.:판서경유수사 현종22.:지사 정종2.:별사(시호:貞簡)

성명	출신	진출	시기	취임전 경력	동궁관직	이후 승진
2 庚方	평주 유금필 손자			성종12.:낭장 목종12.:친종장군 근전문 수직 현종2.5.:병부상서겸상장군 현종2.10.:참지정사 서경유수검서 북면행영도통사 현종7.11.:형부상서겸지정사 현종10.12.:千乘縣開國男 현종12.3.:내사시랑평장사,검교태보 현종13.6.:문하시랑평장사 현종14.1.:서북면행영도통사	현종14.12.:태자태보	현종16.1.:판상서평부사 현종18.1.:치사,특진문하시중 정4.6.:사망
3 李元				현종1.:거란군격퇴,좌우기군장군 현종8.:용호군상장군검부상장서 현종8.:좌복야	현종14.12.:검교태자태보	
4 柳韶	貞州柳氏 始祖			현종2.:전중시어사 현종7.:어사잡단 현종10.10.:사헌중승 현종13.:간의대부 현종14.6.:지공거	현종16.2.:태자빈객	현종20.:석성 수리,서북면판병마사 현종21.:중추사 현종22.5.:이부상서참지정사 덕종즉위.6.:중군병마사 덕종즉위.10.:문하시랑 동내사문하평장사 덕종2.:권리장성 죽조

성명	출신	진출	시기	취임전 경력	동궁관직	이후 승진
4 柳韶	貞州柳氏 始祖					덕종3.:주충직경공신, 은청광록대부 상주국 대위 문하시랑 평장사 / 정종2.2.:문하시랑 동내사문하시랑평장사 / 정종4.4.:사망(시호:襄懿, 덕종묘정 배향)
5 黃周亮	黃州?	과거	목종 7.4.	현종4.1.:시어사 / 현종4.9.:수찬관 / 현종14.6.:지공거 / 현종15.12.:어사중승	현종17.11.:비서소감사 / 현종21.5.:비자우서자	현종18.6.:형부시랑 / 현종20.11.:국자제주한림학사 / 현종21.12.:中樞副使 / 덕종1.2.:중추사 / 덕종1.3.:수국사 / 덕종2.1.:판어대사 / 덕종2.10.:호부상서 / 덕종3.1.:정당문학한림원사 / 덕종3.7.:이부상서 / 정종즉위.12.:예부상서참지정사 / 정종3.3.:예부상서 지공거 / 정종3.7.:내사시랑동내사문하평장사

성명	출신	진출	시기	취임전 경력	동궁관직	이후 승진
5 黃周亮	黃州?	과거	목종7.4.			정종4.11.:문하시랑평장사 정종7.2.:문하시중 지공거 정종9.:주중진절문녕광구공신득진수배보겸문하시중구판 상서이부사성주국(시호:景文, 정종묘정 배향, 선종:개부의동 삼사 주중)
6 崔齊顏	慶州 崔承老 손자, 崔肅 자			현종11.:거란사신,	현종17.11.:배 자우시자	현종21.:중추사 덕종3.:호부상서 정종즉위,12.:이부상서 현종27.2.:상서좌복야중추사 현종28.7.:참지정사 정종9.2.:문하시랑 동내사문 하평장사판상서호부사, 태사 문하시중 정종12.3.:기구정행배송 문종즉위,8.:시정득십논 문종즉위,11.:사망(시호:順恭, 문종묘정 배향)

성명	출신	진출	시기	취임전 경력	동급관직	이후 승진
7 崔冲	海州 鄉吏 崔溫의 子	과거 장원	목종 8.4.	현종2.5.:우습유 현종4.9.:칠대실록 편찬 수찬관 현종7.1.:우보궐 현종11.1.:기거사인 현종15.12.:중추직하사 현종16.12.:한림학사 내사사인지제고 현종17.3.:지공거, 예부시랑 간의대부	현종17.11.:태자중윤 현종21.5.:태자우유덕	현종18.1.:급사중 현종20.11.:우간의대부, 현종친 작성 덕종2.1.:우산기상시 동지중추원사 덕종3.7.:형부상서 중추사, 축성 정종1.1.:중추사형부상서 정종1.3.:형부상서 지공거 정종3.7.:참지정사 수국사 정종7.:영원진평로진 축성 정종7.10.:내사시랑평장사 정종9.2.:수사도수국사상주국 문종즉위.8.:시정득실논의 문종1.4.:문하시랑 문종1.6.:문하시중, 율령교정, 군국서무 자문 문종3.2.:수태보 문종4.1.:개부의동삼사 수태부 추충찬도공신, 시중, 도병마사 문종4.:식목도감사

성명	출신	진출	시기	취임전 경력	동궁관직	이후 승진
7 崔冲	海州 鄉吏 崔溫의 子	과거 장원	목종 8.4.			문종7.:궤장하사, 주중찬도 협모통덕치리공신 개부의동 삼사 수태사 겸문하시중 상주 국, 치사, 군국대사 자문, 주종 찬도좌리동 덕후문으뮤보정 강신 문종9.7.:내사령(중서령) 문종22.9.:사망(시호:文憲, 정 종묘정 배향)
8 崔士威	水州	과거?		목종:시어사, 호부시랑, 형부상서 목종12.1.:태정문별감 현종1.10.:통군사 현종2.3.:참지정사 현종2.7.:서북면행영도통사 현종2.8.:서경유수 현종2.9.:이부상서 현종3.2.:내사시랑평장사 현종5.4.:문하시랑평장사 현종10.12.:추중좌리공덕공신 정 하현개국남 현종11.4.:지중추사	현종18.1.:태자 태사	현종22.5.:내사령 치사 정종7.:사망(녹종:太師 주증, 시호:貞肅, 현종묘정 배향)

성명	출신	진출	시기	취임전 경력	동궁관직	이후 승진
8 崔士威	水州	과거?		현종12.:광주목신개국백 현종12.8.:검교태사 수문하시중 현종12.12.:판상서이부사 현종13.4.:향리호칭 개정요청		
9 韓彬卿(韓藺卿)	楊州	과거	광종25.3.	광종25.3.:과거급제 성종8.12.:시랑, 송사신 목종10.7.:평장사, 뇌물수수사건, 양주귀양 현종9.11.:시강하사 이 무덤:딸 납비	현종20.2.:검교자비령 동지중추사주국	덕종 2.9.:工部尙書
10 王可道(李子林)	淸州	과거 장원	성종14.9.	서경장서기, 회주방어사 현종5.:서경유수판관, 김훈·최질의 난 진압 현종12.:상서우승 현종13.:동지중추사, 중추사국지혜주 현종14.:호부상서, 致盛功臣 현종18.:참지정사	현종20.:검교위 행이부상서 검태자소사 참지 정사 상주국 개 성현개국백	현종20.:수중창령급신, 왕서 사성 현종21.8.:내사시랑, 판삼사사 덕종즉위8.:딸납비 요청 덕종즉위10.:문하시랑, 딸납비, 요사신 사문하평장사, 딸납비, 요사신 요출빙 주청 덕종1.3.:감수국사 덕종3.5.:시랑(덕종3.:평사, 배사중서령 주증, 시호·英肅, 현종묘정 배향)

성명	출신	진출	시기	취임전 경력	동궁관직	이후 승진
11 金猛	梁州 宜春縣	과거		좌습유, 김훈·최질난 진압, 공신. 현종7.6.:중추직하사 현종9.5.:금사동 지공거 현종11.윤12.:숭사신 현종12.12.:이부시랑 현종13.1.:권지중추사 현종13.10.:이부시랑, 중추부사 현종16.2.:의훈현개국남	현종17.:태자빈객 현종21.5.:태자소부	현종18.1.:중추사 현종21.12.:참지정사(시호:文貞)
12 劉徵弼	忠州			현종3.윤10.:예부시랑, 거란사행 현종11.5.:국자좨주, 지공거 현종13.1.:한림학사비서감 현종14.3.:거란사행 현종15.1.:예부상서 현종15.3.:지공거	현종21.5.:태자빈객	덕종1.3.:상서좌복야, 상서우복야 정종2.3.:참지정사 겸 서경유수사 정종2.12.:소목노정 정종3.7.:내사시랑 동내사문하평장사 서경유수 정종8.6.:사망

[표 1]과 [표 2]에 의하면, 현종대 동궁관에 보임된 자들의 관직은 太子太師 1, 太子太保 2, 太子少師 2, 太子少傅 1, 太子賓客 4, 太子右庶子 2, 太子右諭德 1, 太子中允 1명 등이다.

이들 관직은 1022년(현종 13) 설치된 동궁관직에 포함된 것도 있지만, 여기에 없던 관직이 더러 있다. 1022년 王欽의 태자 책봉과 더불어 설치된 동궁관직은 태자태사, 태자태보와 속관으로 사의랑, 사직, 통사사인, 승, 주부, 녹사 등의 속관을 두었다.[63]

그런데 앞에서 살펴보았듯이, 현종대 임용 기사에 보이는 동궁관직 중에는 1022년 설치된 관직에는 보이지 않는 관직이 있다. 즉 태자소사, 태자빈객, 태자우서자, 태자소부, 태자중윤, 태자우유덕 등이 그것이다. 그런데 이들이 현종대 동궁관 임용 기사에 보이는 관직의 대부분을 차지하고 있다. 즉 8개의 관직 중에서 6개에 해당하며, 13명의 임용 사례 중에서 3명(태자태보 2, 태자태사 1)를 제외한 10명이나 된다. 태자소사, 태자빈객, 태자우서자, 태자소부, 태자중윤, 태자우유덕은 모두 『고려사』 권77, 백관2 東宮官에는 1068년(문종 22)에 설치된 것으로 기록되어 있다. 그러나 이들 관직에 이미 『고려사』 권78, 식화지1, 田制에 의하면 998년(목종 1) 12월 제정된 전시과에 보이는 것(태자태보, 태자빈객, 태자유덕, 태자중윤)도 있고, 또 현종대 임용 사례가 있는 것들이다. 그러므로 이들 관직이 성종~현종대에 걸쳐 중국 唐의 제도를 모방하여 그때그때 필요에 따라 설치되고 임명되었으나 현실적으로 맞지 않아 치폐를 거듭하다가 － 이는 동궁관직의 확충 내지는 강화를 의미하는 것으로 － 1054년(문종 8) 체계화된 것을 의미한다.

현종대 임명된 동궁관직을 1068년(문종 22) 정비된 제도를[64] 참조하

---

63) 『고려사』 권77, 지31, 백관2 동궁관.

64) 앞의 주34 참조. 그리고 동궁관은 [표 2]의 관직과 함께 첨사부 정3품 지부

여 정리하면 [표 2]와 같다.

[표 2] 현종대 동궁관직과 임명사례[65)]

현종 대								문종 22년		품계
관직명	14년 1월	14년 12월	16년 2월	17년 11월	18년 1월	20년 2월	21년 5월	관직명	인원	
태사					최사위			태사	1	종1품
								태부	1	
태보		유방·이원						태보	1	
소사	채충순					왕가도		소사	1	종2품
소부							김맹	소부	1	
								소보	1	
빈객			유소	김맹		한빈경	유징필	빈객	4	정3품
우서자				최제안			황주량	좌우서자	각 1	정4품
우유덕							최충	좌우유덕	각 1	
								시강학사	1	종4품
								시독학사	1	

사·첨서 각 1인, 종3품 소첨서 1인, 정6품 승 1인, 정7품 주부 1인, 정9품 녹사 1인과, 솔경시 종4품 가령 1인, 종5품 복 1인, 내직랑 1인, 종6품 궁문랑 1인이 있었다. 한편 동궁관직은 직무에 따라 태자를 輔導하는 三師·三少·賓客, 시종 및 보좌하는 太子庶子 계열(좌우유덕 시강학사 시독학사 좌우찬선대부 등), 태자부의 서무와 경제를 담당하는 詹事 계열(지첨사부사·첨사·소첨사·첨사부승·사직·주부·녹사), 그리고 호위를 맡은 동궁시위직과 諸奉府의 率·副率로 분류되어 있었다.

65) [표 2]에는 황주량이 현종 17년 11월에 첨사부의 소첨사에 임명된 것은 표기치 않았다.

현종 대							
관직명	14년 1월	14년 12월	16년 2월	17년 11월	18년 1월	20년 2월	21년 5월
중윤				최충			

문종 22년		
관직명	인원	품계
좌우찬선대부	각1	정5품
중사인	1	
중윤	1	
세마	1	종5품
전내	1	
문학	1	정6품
사의랑	1	
시독사	1	

[표 2]에서 동궁관이 설치된 직후인 1023년(현종 14) 1월 당시 정계의 최고실력자(채충순)가, 현종 14년 말에는 무관직 역임자(유방·이원)가, 그리고 현종 16년 2월과 17년 11월에는 당시 최고 문벌귀족의 대표적인 인물들(유소·최제안·황주량·최충)이 동궁관직에 임용되었다.

또 이 무렵을 계기로 하여 과거 출신의 문신들이 동궁관에 임용되었다. 과거에 급제한 것으로 추정되는 인물은 최사위·한빈경·왕가도·김맹·황주량·최충 등 6명인데,[66] 이들은 1026년(현종 17) 이후에 동궁관직에 임용된 인물들이다. 더욱이 과거에서 장원 급제자들이(왕가도·황주량·최충) 동궁관에 임용되었다.[67] 이것은 아마 유학에 깊은 조예와 학문을 가진 장래가 촉망되는 훌륭한 학자관료들을 태자의 유학적 소

---

66) 다만 유징필은 과거 급제 여부를 알 수 없는데 당시 동궁관들의 성분으로 보아 그도 과거를 통하여 진출하였을 가능성이 있다.

67) 광종대 과거제가 실시된 이후 현종대까지만 살펴보아도 知貢擧를 역임한 인물들 다수가 座主-門生 관계에 있음을 확인할 수 있다(마종락, 1995, 「고려전기 정치세력과 유학사상」『진단학보』 80, 70쪽).

양교육을 담당케 하고, 또 나아가 실제 즉위후 왕으로서 통치 행위를 행할 때 그를 보필할 인물들을 가깝게 밀착시켜 맺어주려는 현종의 의도였을 것이다. 특히 현종 말기인 1030년(현종 21) 5월에는 동궁관에 모두 지공거 출신인 황주량·최충과 유징필이 태자우서자와 태자우유덕 및 태자빈객에 각각 임명되었다. 그리하여 이들은 왕태자 延慶君이 덕종으로 즉위한 후에는 요직을 두루 역임하면서 공신에 책봉되어 정치권을 주도하였다.

그리고 현종대 동궁관직에 임명된 자들은 앞서 김치양파와는 반대적 입장으로 취했던 인물들로서 현종의 즉위 과정에 그를 추대한 공신세력들이다. 또 문신 출신이 많았으며, 이 가운데 현종대에 지공거를 역임한 인물은 김맹·채충순·유소·유징필·황주량·최충 등 6인이며, 특히 유징필은 두 차례 역임하였다. 이들이 지공거를 역임한 시기는 유징필은 1020년(현종 11) 5월과 1024년(현종 15) 3월, 김맹은 1018년(현종 9) 5월, 황주량은 1023년(현종 14) 6월, 최충은 1026년(현종 17) 3월 등으로 모두 동궁관에 임용되기 이전에 역임하였다.[68] 그리고 동궁관에 임용되기 이전에 6부의 상서를 역임한 자는 채충순(이부상서)·유방(병부상서)·이원(호부상서)·최사위(형부상서·이부상서)·왕가도(호부상서)·유징필(예부상서)·황주량(호부상서) 등 7명이고, 동궁관직을 역임후에 상서직를 역임한 인물은 유소(이부상서)·최제안(호부상서·이부상서)·한빈경(공부상서)·최충(형부상서) 등 4인이다.

한편 이들 중에서 재추로서 동궁관에 임명된 자가 대부분이다. 고려시대의 재추라고 하면 중서문하성의 재신과 중추원의 樞密(추신)을 합친 용어이다.[69] 동궁관직은 태자가 책봉되고 첨사부가 설치되어야만

---

68) 물론 최충과 황주량은 동궁관 역임 이후에도 정종대 직공거를 맡기도 했다.

69) 고려시대 중서문하성은 宰府라고도 하는데, 982년(성종 1) 내사문하성을 설

한시적으로 운영되었고, 본직에 부수되는 겸직으로 제수되었다. 특히 동궁관직 중 최고관직인 三師·三少는 宰臣에서 兼職으로 임명되는 것이 원칙이었다.[70] 사실상 앞의 [표 1]에서 보면, 동궁관직 중 태자의 태사와 태보, 소사와 소부에 임명된 자들은 모두 재추가 겸직하였고, 태자빈객은 추밀이 겸직 임명되었다. 그리고 설령 동궁관 하위 관직에 임명된 자 중에는 당시는 재추가 아니었으나, 곧 재추로 승진하고 있음을(이원·유소·황주량·최제안·유징필) 볼 수 있다.

결국 현종대 동궁관직에 임명된 인물들은 대부분이 현종과 아주 밀접한 관계에 있는 자들이다. 처음에는 현종의 즉위와 거란의 제2차 침입으로 인한 몽진시 그를 도운 공신세력들이 임명되었으나, 점차 현종이 왕권강화를 위한 개혁정치를 추구하는 과정에서, 과거 출신의 문신으로 지공거 경력이 있는 유교적 관료군과, 또 딸을 현종에게 납비하고, 김훈·최질의 난을 진압하는 등 현종을 적극 지원한 인물들이다. 즉 현종대 동궁관직은, 비록 최제안은 慶州系라고 할 수도 있으나, 대체로 현종대에 등장한 近畿 출신의 명망있는 유교적 관료가 겸직하였

치하였고, 1061년(문종 15) 중서문하성이라 개칭하였다. 재신은 중서문하성의 (문하)시중·(문하시랑)평장사·중서시랑평장사·문하평장사·중서평장사·참지정사·정당문학·지문하성사 등 省五의 8인을 말한다. 한편 고려시대 추신은 일반적으로 중추원의 판원사 1인, 원사 2인, 지원사 1인, 동지원사 1인, 부사 2인, 직학사 1인, 첨서원사 1인 등 樞七의 8인을 일컬었다. 그러나 이는 문종대 관제가 정비된 뒤 이야기이고 이전인 현종대에는 좀 달랐다. 현종대 중추원 소속의 추신은 사·지사·동지사·부사·직학사 등이다.

70) 고려 전시기를 통하여 태자태사에는 중서령·문하시중·문하평장사, 태자태부에는 문하시중·문하평장사·중서평장사·참지정사·지추밀원사, 태자태보에는 문하시중·문하평장사·중서평장사·참지정사, 태자소사에는 중서평장사·참지정사·수사공복야·지추밀원사·판형부사, 태자소부에는 중서평장사·참지정사·정당문학지문하성사·중추사, 태자소보에는 중서평장사·참지정사·정당문학·지문하성사·수사공복야·지원사·복야·좌승선이 임명되었다(이진한, 1999, 앞의 논문, 113쪽 「표 1」 참조).

다고 보겠다. 이처럼 현종대 동궁관직을 역임한 인물들은 태자 시절부터 연경군(덕종)과 밀접한 관계를 맺어 그의 즉위후에도 정치권에서 중추적 역할을 하였다. 그러나 이들도 북방정책, 즉 대거란정책에는 입장의 차이를 보였다. 이것은 그들의 출신 성분에서 오는 것이기도 하였지만[71] 어쩌면 덕종초의 정치적 입장의 차이로 볼 수 있겠다.[72]

　이상에서 살펴본 바를 정리하면 다음과 같다.

　현종대 임명된 동궁관직은 태자의 태사, 태보, 소사, 소부, 빈객, 우서자, 우유덕, 중윤 등이다. 여기에 임명된 채충순, 유방, 이원, 유소, 황주량, 최제안, 최충, 최사위, 한빈경, 왕가도, 김맹, 유징필 등 12명은 대부분 지공거 출신이며, 재추로서 동궁관에 임명되어 겸직하였다. 비록 동궁관 하위직 임명시는 재추가 아니었을지라도 곧 재추로 승진하였다. 결국 현종대 동궁관을 설치하고 동궁관직에 임명된 인물들은 대부분 현종과 아주 밀접한 관계에 있는 자들로서, 현종의 개혁정치를 도와 정치계를 주도한 유교적 관료군이었다. 그 결과 현종대는 유교적 관료제가 완비되고 고려 문벌귀족사회의 형성이 일단락을 이루었다.

---

71) 현종·덕종대 대거란관계의 강경론과 온건론에 대한 연구로는 박종기, 1998, 「11세기 고려의 대외관계와 정국운영론의 추이」『역사와 현실』 30이 있다. 보다 구체적으로, 현종의 측근세력이 위기 의식을 조장하여 국내의 정치 상황을 자신들의 의도대로 끌고 가기 위해 대거란 강경론을 주장했다면, 현종의 옹립 세력은 측근세력의 이러한 정치적 의도를 좌절시키기 위해 대거란 온건론을 내세웠다는 견해(김당택, 앞의 논문, 93쪽), 과거 출신 관료들은 학자적 안목을 가지고 대외정책에 임한 반면 吏系 官僚들은 행정실무형 관료의 입장에서 대외관계를 본 대립이라는 견해(김두향, 2005, 「고려 현종대 정치와 이계관료」『역사와 현실』 55, 225~231쪽)도 있다.

72) 특히 덕종 2년 9월에 있었던 대거란정책으로 왕가도·유소는 강경론을 편 반면에, 황주량·최제안·최충은 온건적 태도를 보여 이들 간에 심한 입장의 차이를 보였다. 왕가도는 여기에 실망하여 귀향하였고 신병으로 덕종 3년 5월에 죽었다.

Ⅴ. 맺음말

지금까지 살펴본 것을 정리하면 다음과 같다.

고려시대 동궁관이 정식 설치된 것은 1022년(현종 13)이다. 현종이 동궁관을 설치한 것은 왕위의 부자계승이라는 태자 책봉의 기본적인 목적과 더불어 현종 자신의 경험이 가장 크게 작용하였다. 현종은 즉위 과정에서 겪은 고난과 이것이 빌미가 된 거란의 제2차 침입을 받아 어려움을 겪었다. 그리하여 족내혼은 물론 당시 군사적 실력자와 유력자 및 자신을 추대한 자의 딸들과 혼인하여 지지세력을 확보함으로써 왕권강화를 꾀하며 노력하였다. 이 무렵에 다시 나타난 「훈요십조」의 제3조는 현종에게 절대적으로 작용하여 부자계승이 목적인 태자 책봉을 하였다. 그리고 현종은 중앙집권체제를 확립하고자 여러 직제의 개편과 설치 과정에서 동궁관을 설치하였다.

현종대 임명된 동궁관직은 태자의 태사, 태보, 소사, 소부, 빈객, 우서자, 우유덕, 중윤 등이다. 그리고 여기에 임명된 인물은 채충순, 유방, 이원, 유소, 황주량, 최제안, 최충, 최사위, 한빈경, 왕가도, 김맹, 유징필 등 12명이다. 이들은 대부분 지공거 출신이며, 재추로서 동궁관에 임명되었고, 비록 하위직 임명시는 재추가 아니었을지라도 그들도 곧 재추로 승진하였다.

결국 현종대 동궁관직에 임명된 인물들은 대부분이 현종과 아주 밀접한 관계에 있는 자들이다. 처음에는 현종의 즉위와 거란의 제2차 침입에 따른 피난시 그를 도운 공신세력들이 임명되었으나, 점차 현종이 왕권강화를 위한 개혁정치를 추구하는 과정에서, 과거 출신의 문신으로 지공거 경력이 있는 유교적 관료군과, 또 딸을 현종에게 납비하고, 김훈·최질의 난을 진압하는 등 현종을 적극 지원한 인물들이다. 그리고 현종대 동궁관직을 역임한 인물들은 태자인 연경군(덕종)과 밀접한 관계를 맺어 그의 즉위후 정치권의 중추적인 역할을 하였으나, 북방정책에 있어서는 정치적 입장에 따라 상반된 견해를 보였다. 그럼에도 현종대는 유교적 관료제가 완비되고 문벌귀족사회의 형성이 일단락된 시기였다.

이러한 현종의 업적으로 당시 최충은 史贊에서 漢 文帝·景帝에 비견할 만하다고 하였다. 그것은 현종의 업적이 여러 가지 면에서 이들과 비슷하다는 것인데, 이 중에는 賈誼가 태자의 교육에 주력하여 태자는 장래 덕행면에 있어서 臣民의 모범이 되어야 한다고 주장하였고, 문제 때에는 太子家令이 되어 太子 劉啓의 신임을 받았고 태자 劉啓가 즉위하여 景帝가 된 사실과, 최충 자신을 대비한 면도 있는 것이라 하겠다.

하지만 현종대에 동궁관이 설치되었다고 해서 이후 왕위계승이 모두 부자계승이 행해진 것은 아니었다. 무엇보다도 덕종은 왕자가 없었다. 그리하여 덕종은 자신의 사후 왕위를 둘러싼 분쟁을 방지하려는 의도에서 아우 平壤君 王亨(靖宗)에게 왕위를 계승케 하였다.

최치원에 대한 후대인의 평가

Ⅰ. 머리말

최치원은 신라말의 난세기에 불우한 생을 살았음에도 불구하고, 정치사와 문학, 역사인식, 사상 등 여러 방면에 큰 업적을 남긴 대학자였다. 그래서 최치원은 이미 생존기에 신라는 물론 중국의 당과 일본에서 크게 평가를 받은 국제적인 인물이었다.

최치원은 자신을 「上太師侍中狀」에서 "儒門末學", 「無染和尙碑銘」에서 "腐儒"라고 겸양하였다. 그러나 「眞鑑禪師碑銘」에는 스스로 "지난번에 중국에서 이름을 얻었고 장구 사이에서 살찌고 기름진 것을 맛보았다(頃捕中州 嚼腴咀雋)."고 하였다. 또 「朗慧和尙碑銘」에는 진성여왕이 '최치원은 중국에서 벼슬하여 빛나게 귀국한 사람이며, 경문왕께서 國子로 선발하여 학문을 하도록 명하였고, 헌강왕께서 國士로 예우하였다(乃甞西宦 絲染錦歸 顧文考選國子命學之 康王視國士禮待之).' 하였고, 아울러 「朗空大師碑銘」에 의하면 당시 최치원을 崔仁渷(崔彦撝)·崔承祐와 함께 '一代三崔'로 칭송하였다. 조선 초기 權近(1352~1409)은 "최치원이 精敏好學하여 同輩들이 그의 문장을 훌륭하다고 칭찬하였다."고[1] 하였다.

한편 중국 당나라 사람 顧雲(?~894)은 최치원이 신라로 귀국할 때에 「儒仙歌」라는 送別詩를 지어 최치원을 추켜세워 神仙國에서 온 神仙으로 대우하면서 그의 문장과 재주를 칭찬하였다.[2] 이것은 賀知章이 李白을 평한 비유와 같다. 그리고 羅隱(833~909)은 최치원보다 24세 연장으로 재주를 믿고 자만하여 남을 쉽게 인정하지 않았는데, 최치원의 문재는 인정하였다.[3] 이외에도 최치원은 재당시절에 당의 高駢, 張喬, 楊贍, 吳巒 등 유명한 문인들로부터 文才를 인정받아 서로 시를 주고받으며 교류하였다.[4] 또 최치원이 山谷에 은거한 수십년 뒤, 일본의 大江維時가[5] 엮은 『天載佳句』에 최치원의 聯句가 9句나 수록되어질 정도로,[6] 최치원은 국제적으로 이름이 나 있었다.

이처럼 최치원은 이미 재당 시절에 문장으로 크게 이름을 떨쳐 당 문인들에 의하여 재주와 문장을 대단히 높게 인정받아 중국의 李白에 비유되었고, 귀국 후에는 신라의 국왕과 동배들로부터 문장과 학문을 인정받아 국사로 예우되었으며, 그의 작품은 당시 세계 문단에 널리 퍼져 있을 정도로 평가받았다.

최치원의 삶과 문학과 사상 그리고 업적은 후대인에게 많은 영향을

---

1) 『동사강목』 제4下, 丁亥年.

2) "十二乘船渡海來 文章感動中華國 十八橫行戰詞苑 一箭射破金門策"(李奎報, 『東國李相國集』 권22, 雜文 「唐書不立崔致遠列傳義」).

3) "隱負才自高 不輕許可 人示致遠所製 詩歌五軸"(『삼국사기』 권46, 崔致遠傳).

4) 김중렬, 1986, 「최고운문학의 비교문학적 연구」 『논문집』 13, 군산대학.

5) 大江維時는 應知 3년(963)에 67세로 死去하였으니 최치원보다 39세 연하였다. 이처럼 최치원의 시가 조속히 전파된 것은 최치원의 시명이 내외에 높았던 까닭이다(김중렬, 앞의 논문, 56쪽).

6) 김중렬, 앞의 논문, 39~56쪽.

끼쳤다. 그리하여 최치원이 서거한 이후 오늘날까지도 그에 대한 평가는 끊임없이 계속되고 있다. 하지만 그에 대한 후대인의 평가는 시대에 따라, 또 평가자의 입장에 따라 달랐다.

최치원에 대한 후대인의 평가에 관한 고찰은 이미 여러 연구자들에 의하여 있었다.[7] 그러나 이 글들은 대체로 그의 문학을 주로 하면서, 각 연구자의 필요에 따라 일부 특정 분야를 중심으로 이루어졌거나, 또는 개요적으로 작성되었다. 이러한 미비함을 보완하고자 최치원에 대한 후대인의 평가를 고려 태조에 대한 密贊祖業說과 그의 문학, 사상, 역사인식, 개혁 의지 등의 주제로 나누어 보다 종합적으로 살펴보겠다. 물론 이 글의 작성은 기존의 연구들로부터 많은 도움을 받았음을 밝혀둔다.

Ⅱ. 밀찬조업설과 문창후 추시

신라말에 최치원이 가야산으로 들어가 세상을 등진 뒤, 신라 왕조가 멸망하고 고려에 의하여 후삼국이 통일되었다. 고려는 왕조의 창업과

---

7) 김복순, 1980, 「고운 최치원의 사상연구」『사총』 24 ; 최경숙, 1981, 「최치원연구」『부산사학』 51 ; 최근영, 1981, 「고운 최치원의 사회개혁사상」『한국사상』 18 ; 최근영, 1982, 「고운 최치원의 사상연구」『한국사상』 19 ; 김중렬, 1984, 「고운문학에 대한 제가의 평가고Ⅰ」『논문집』 9, 군산대학 ; 김중렬, 1985, 「고운문학에 대한 제가의 평가고Ⅱ」『논문집』 11, 군산대학 ; 김인종, 1989, 「고운의 생애」『고운최치원』, 민음사 ; 김영두, 1980, 「고운의 문학사상」『고운최치원』, 민음사 ; 한석수, 1989, 『최치원 전승의 연구』, 계명문화사 ; 이구의, 1995, 『최고운의 삶과 문학』, 국학자료원 ; 정경주, 1997, 「최치원 인물의 문화사적 의미」『고운의 사상과 문학』, 파전한국학당 ; 최영성, 2001, 「최치원의 철학사상」, 아세아문화사 ; 이광우, 2018, 「최치원 평가를 둘러싼 조선시기 유학자의 몇 가지 고민」『한국학논집』 73 ; 김근호, 2019, 「고운최치원 평가에 나타나는 통시대적 인식」『공자학』 39.

후삼국통일을 정당화하기에 노력하였다. 그 하나로써 왕건의 출생과 후삼국통일에 대한 道詵國師와 최치원의 豫言이 있었다고 하였다. 특히 고려 건국 이후 약 한 세기가 지난 뒤에 현종이 즉위하여, 고려 왕조는 공식적으로 최치원에 대한 추숭작업을 하였다. 즉 1020년(현종 11) 8월 신라의 執事省 侍郎 崔致遠을 內史令으로 추증하고 文廟에 配享하였으며,[8] 1023년(현종 14) 2월 文昌侯로 추증하였다.[9] 최치원이 고려로부터 추앙을 받게 된 이유를 『삼국사기』에서는 "처음에 우리 태조가 나라를 일으킬 때 최치원이 태조가 비범한 인물로서 반드시 천명을 받들어 나라를 열 것을 알았기에 태조에게 글을 보내었는데 거기에는 鷄林은 黃葉이고 鵠嶺은 靑松이라는 글이 있었다. 그의 제자들이 고려 초기에 이르러 많이 와서 고려에 벼슬하여 높은 자리에 이른 자도 적지 않았다. 현종이 재위시에 치원이 밀찬조업하였으니 그의 공을 잊을 수 없으므로 명령하여 내사령을 추증하고 현종 4년 태평 12년 계해 2월에 이르러 문창후라는 시호를 추증하였다."고[10] 기록되어 있다. 즉, 최치원을 추증한 가장 주된 이유는 그가 태조의 건국을 몰래 도왔기 때문이라고 하였다.

　현종은 어려운 과정을 거쳐 즉위하였다. 더구나 즉위 과정에서 있었던 康兆의 정변을 구실로 삼은 거란의 제2차 침입을 받아 몽천하는 고난을 겪었다. 이후에 현종은 왕권의 확립을 위하여 여러 가지 방법으로 노력하였다. 그 과정에서 최치원을 薛聰과 함께 추증하고 문묘에

---

8) 『고려사』 권4, 현종 11년 8월.

9) 『고려사』 권5, 현종 14년 2월.

10) "初我太祖作興 致遠知非常人 必受命開國 因致書問 有鷄林黃葉 鵠嶺靑松之句 其門人等至國初 來朝 仕至達官者非一 顯宗在位 爲致遠 密贊祖業 功不可志 下敎贈內史令 至十四歲太平十二年癸亥二月 贈諡文昌侯"(『삼국사기』 권46, 최치원전).

배향하였다.[11]

최치원의 密贊祖業說은 후대에 계승되어 졌다. 『삼국사기』보다 약간 뒤에 나온 崔滋(1188~1260)의 『보한집』에는 "우리 태조가 일어났을 때, 최치원은 천운이 태조에게 있음을 알고 글을 올렸는데, '鷄林黃葉 鵠嶺 靑松'이라는 말이 있었다. 신라왕이 이를 듣고 미워하니, 그는 곧 가족을 이끌고 가야산 해인사로 들어가 은거하다가 세상을 마쳤다."고 하여,[12] 『삼국사기』 최치원열전과 비슷한 내용을 말하고 있다.

安鼎福(1712~1791)은 『동사강목』에서 최치원이 태조를 밀찬조업한 것을 사실로 받아들이고, 그 공으로 현종대에 謚號가 追贈됨으로써 고려 왕조의 공신이 되었으니, 의리와 절조를 지키지 못했다고 개탄하였다. 그러나 난세를 만났을 때에 선비가 택할 길 중에서 은둔을 택하여 세상을 마친 것만은 귀중하게 여길 수 있다고[13] 하였다. 그리고 『동사문답』 권10에서는 '최치원의 일은 자못 의심스럽다. 신라 왕실의 중신이면서 몰래 고려조에 의탁하여 황엽청송과 같은 구절을 지었다.'고[14] 하였다.

또 오늘날에도 최치원의 밀찬조업설을 인정하는 연구자도 있다.[15]

---

11) 이때 문묘에 배향된 최치원은 1253년(고종 40) 6월 弘儒侯 薛聰과 함께 작위가 추증되었고, 또 1309년(충선왕 1)에는 유림 조종의 자격으로 文昌侯 崔致遠과 弘儒侯 薛聰, 그리고 地理國師 道詵에게 모두 시호가 더하여 졌다. 그리하여 文宣王廟에 文宣王과 十哲 七十子와 함께 우리나라의 文昌侯, 弘儒侯가 배향되었는데, 최치원과 설총의 신위는 서쪽 벽에 안치되었다.

12) "我太祖作興 新羅崔致遠 知必受命 上書有鷄林黃葉鵠嶺靑松之語 羅王聞而惡之 卽帶家隱居伽倻山海印寺終焉"(『補閑集』上, 第4則).

13) 『동사강목』 제5하, 무오년.

14) "崔孤雲事 竊有疑焉 孤雲 以羅室重臣 潛托麗朝 有黃葉靑松之句"(安鼎福, 『東史問答』 권10).

15) 이우성, 1983, 『한국의 역사상』, 창작과 비평사, 159~160쪽 ; 최병헌, 1997, 「고운 최치원 연구의 문제점과 과제」 『원불교사상』 21.

하지만 최치원이 고려 태조에게 밀찬조업하였다는 것을 역사적인 사실로 받아들이기에는 의문점이 있어 논란이 되고 있다. 이미 조선 인조대 학자 鄭克後(1577~1658)는 『西岳志』에서 최치원이 "靑松黃葉의 글로써 고려의 창업을 은밀히 도왔기 때문에 문묘에 배향하였다는 것은 필시 史傳에 鄙陋함 때문일 것이다."고 하였다.[16]

그리고 李丙燾는 "고려초에 최치원의 문인으로 麗京에 와서 벼슬한 사람이 자못 많았던 모양이어니와, 위 참구는 실상 그 계통의 사람들이 求仕媒進의 策으로써 이것을 최치원의 이름에 假託하여 지어 바친 것이 아닐까? 사실 신라의 國祿을 먹은 최치원이 왕건에게 그러한 의미의 詩讖을 지어 보냈다고는 도저히 생각되지 않는다."고[17] 하였다. 즉 밀찬조업을 부정하고, 이를 최치원의 문인들이 가탁한 것으로 이해하였다.

또 韓碩洙는 "이는 고려의 史家가 최치원같은 사람도 고려의 건국을 예견하고 그러한 시구를 써 보내어서 왕업을 밀찬했다고 하여, 고려 건국을 전후하여 민간에 전파되었던 讖謠的 성격의 이 句를 의도적으로 최치원과 결부시킴으로써, 고려의 건국을 미화 또는 합리화하기 위한 것으로 생각된다."고[18] 하여, 최치원의 밀찬조업설을 부정하였다.

한편 崔敬淑은 "현종대에 최치원이 문묘에 종사되고 문창후로 추봉된 것은 참서로 인한 것이라기보다는 거란의 침입으로 발생된 사회의 혼란과 그에 대한 대응 방안으로써 신라말 혼란기에 생존했던 최치원이 부각되었거나 또 고려초에 많은 활약을 한 최치원 계통인 문인들의

---

16) "生乎東國 而其文章事業 至於馳駕中原 暎耀後世者 千古一人而已 此其可以從祀聖廟也 以青松黃葉之句 爲密贊麗業 則必史傳之陋耳"(『西岳志』).

17) 이병도, 1980, 『고려시대의 연구』, 아세아문화사, 37쪽.

18) 한석수, 앞의 책, 26쪽.

영향이 아니었을까."[19] 생각하면서, 최치원이 "태조 왕건의 개국을 은밀히 도왔다고 하여, 뒷날(현종대) 그에게 내사령을 추증하고 문창후라는 시호를 내렸다 함도, 고려조에서 합리화시킨 것"이라 하였다.

이처럼 일반적으로 오늘날에는 최치원의 밀찬조업설은 부인되고 있는 것이 지배적이다.[20] 결국 최치원의 밀찬조업설은 당시의 참언을 그의 학문과 사상의 탁월함에 가탁한 것으로 보겠다.

그러면 고려 현종대에 이르러 왜 최치원을 추증하고 추시하였을까? 무엇보다도 최치원이 우리나라에서 유학과 한문학의 선구적 위치에 있었기 때문이다. 이에 더하여 현종의 즉위 과정에서 등장한 경주계 문신들이 정치적·학문적 입장을 강화하기 위하여, 그리고 현종의 중앙집권적 왕정체제를 확립하고 이민족의 침입을 격퇴하는데서 오는 정치적·문화적 자신감을 나타낸 것이다.[21] 결국 최치원이 지조있는 선비요, 또 중국까지 문명을 떨친 문학의 鼻祖로서 도덕과 문장이 후세 사람들로부터 추앙을 받을 수 있는 인물로 평가되었기 때문에,[22] 밀찬조업을 내세워 고려의 건국을 합리화하고, 현종대의 정치적 변화에 적절히 이용된 듯하다. 고려 왕조의 최치원에 대한 이러한 입장과 태도는 계속되어 1074년(문종 28) 9월에 최치원의 5대손 崔善之를 특채하였고,[23] 최치원을 우리나라의 儒宗으로 받들고, 1309년(충선왕 1) 加號하였다.[24]

---

19) 최경숙, 앞의 논문, 38쪽.
20) 최근영, 1982, 「고운 최치원의 사상연구」『한국사상』19, 179쪽.
21) 김용곤, 1986, 「고려 현종대의 문묘종사에 대하여」『고려사의 제문제』, 삼영사, 543~544쪽.
22) 이구의, 앞의 책, 222쪽.
23)『고려사』권9, 문종 28년.
24)『고려사』권33, 충선왕 1년.

결국 고려시대의 최치원에 대한 평가는 고려 태조의 건국을 몰래 도와준 공로자로 인식되어 현종대에 이르러 추시되고 문묘에 배향되었으며, 이로부터 계속 우리나라의 儒宗으로 받들어졌다.

Ⅲ. 문학과 삶에 대한 이해

1. 우리 문학의 비조 − 고려시대 −

최치원은 많은 문학작품을 남겼고, 또 그의 문학은 후대인들에게 큰 영향을 미쳤다. 그리하여 후대인들은 최치원의 문학적 업적에 대하여 다양한 평을 하였다.

최치원에 대한 최초의 평가가 전하는 문헌은 고려시대 편찬된 『삼국사기』이다. 편찬자인 金富軾(1075~1151)은 『삼국사기』 권46, 최치원전에서 『唐書』禮文志에 최치원의 작품이 수록된 것을 예시하고 그의 문명이 중국에서 높았음을[25] 자랑스럽게 평가하였다.

그리고 鄭知常(?~1135)은 금강산에 있는 栢栗寺를 읊은 시에서 '최치원은 문장으로 중국 땅을 진동시킨 儒仙이며, 그를 설총과 더불어 세상에서 2君子라고 부르는데, 이것은 중국의 李白과 杜甫와 이름이 가지런하기가 같다.'고 하였다. 이 역시 최치원이 당에서 문명이 높았음을 찬양하고, 그에게 최대의 찬사를 보낸 것이다.[26] 이는 당나라 시인 顧雲이 최치원을 儒仙으로 李白에 비유한 것과 궤를 같이한다.

李仁老(1152~1220)는 『파한집』에서 최치원이 高駢의 종사관으로서

---

25) "新唐書藝文志云 崔致遠 四六集一卷 … 名聞上國如此"(『삼국사기』 권46, 최치원전).

26) "記憶崔儒仙 文章動中土 絲往錦還鄉 年未二十九 白玉點蒼蠅 不爲時所取 … 俗呼二君子 齊名同李杜"(『東京雜記』 권2, 佛宇).

문필의 활약상을 크게 보았고,[27] 아울러 시로써 이름을 중국에 나타내기 시작한 인물로 최치원을 들면서[28] 동방문학의 원조됨을 확언하였다. 특히 이인로는 무신정권 하에서 세속을 떠나 은둔하여 江左七賢의 생활을 한 적이 있는데, 이는 최치원이 말년에 은둔생활을 한 것에서 영향을 받은 것이라 하겠다.

李奎報(1168~1241)는『백운소설』에서 최치원을 "당에 들어가 과거에 급제함에 이르러서 문장으로 이름이 천하에 울렸다."[29] 하면서, 文章家로서의 공헌을 높이 평가했다. 특히『동국이상국집』에는 최치원은 문학하는 선비로 "파천황의 공이 있어 우리나라 학자들이 그를 宗으로 삼는다."고[30] 하였다. 그리고『東國李相國集』권22, 雜文에「唐書不立崔致遠列傳議」를 지어서『당서』예문지에 최치원의 저서가 실린 것을 들고는 '문예열전에 치원을 위해서 전을 세우지 아니한 것은 … 내가 생각해 보니, 옛 사람들은 글재주에 있어서 서로 시기가 있었는데, 하물며 최치원은 외국 선비로서 중국에 들어가서 당시의 유명한 무리들을 짓밟았으니, 이것이 중국 사람들이 꺼리는 것이라 하겠다. 만약 전을 세워 그 사실을 직필하면 꺼릴까 두려워서 빼버린 것이다.'라[31] 하

---

27) "文昌公崔致遠 字孤雲 以賓貢入中朝擢第 遊高騈幕府 時天下雲擾 簡檄皆出其手"(『破閑集』권23).

28) "我本朝境接蓬瀛 自古號爲神仙之國 其鍾靈毓秀間生五百 現美於中國者 崔學士孤雲唱之於前 朴參政寅亮和之於後 而名儒韻釋 工於題詠 聲馳異域者 代有之矣"(『破閑集』跋).

29) "崔致遠 入唐登第 以文章 名動海內 有詩一聯曰 崑崙東支五山碧 星宿北流一水黃 … 學士 朴仁範 題涇州龍朔寺詩云 燈撼螢光明鳥道 梯四虹影落岩肩 參政朴寅亮 題泗川龜山寺詩 … 我東之以詩明於中國 自三子始 文章之華國 有如是夫"(『白雲小說』).

30) "崔致遠孤雲 有坡天荒之大功 故東方學者 皆以爲宗"(『東國李相國集』).

31) "按唐書藝文志 載崔致遠四六一卷 又桂苑筆耕二十卷 自注云 高麗人賓貢及第 爲高騈淮南從事 豫讀之未嘗不嘉其中國之曠蕩無外 不以外國人爲之輕

여, 최치원의 전을 세우지 않은 일의 불가함을 논박하고 있다. 이것은 이규보가 최치원을 자랑스러운 문인으로 높이 평가한 것이며, 아울러 자부심에 가득 찬 고려 문인의 자긍을 보여주는 것이다. 이규보는 몽고의 침략에 대한 항쟁의식으로 서사시 「東明王篇」을 저술한 점으로 보아 최치원에 관한 언급은 중국과 대등하다는 민족적 자긍의식에서 쓴 것이라[32] 하겠다.

崔滋(1188~1260)는 『補閑集』에서 최치원의 시를 평하여 "맑고 아름다워 가히 사랑할 만하다."고 특성을 평가하였다.[33] 이것은 종전에 최치원을 막연히 '神仙' 또는 '東國文宗'이라던 평가에서 일보 진전되어 시의 특성을 찾으려고 시도한 점에서 주목된다.[34]

李承休(1224~1300)는 민족적 자주성을 드러낸 『帝王韻紀』에서 "문장으로 어느 누가 중화를 움직였던가, 청하의 최치원이 처음으로 칭찬을 받았네."라[35] 노래하며, 문장으로 중국에 이름을 드날린 사람으로 최치원을 격찬하였다. 잘 알듯이 『제왕운기』는 민족의 유구한 역사를 노래한 시인데, 그 중에 건국한 帝王들과 나란히 최치원의 문장을 특별히 들었다.

洪侃(?~1304)은 『동문선』 권6, 「送秋玉蟾曬史海印寺」라는 최치원을 흠모하는 시를 지어, 최치원의 시격이 淸越하고 필체가 森嚴함에 존경

重 而旣令文集行於世 又載史如此者 然於文藝列傳 不爲致遠特立列傳 豫未知其意也 … 豫以私意揣之 古之人 於文章不得不相嫌忌 況致遠以外國孤生 立中朝躪躒時之名輩 是近於中國之嫌者也 若立傳直其筆 恐涉其嫌故略之歟"(『東國李相國集』 권22, 雜文 「唐書不立崔致遠列傳議」).

32) 최경숙, 앞의 논문, 38쪽.
33) "寄贈亦多絕句 淸婉可愛"(『補閑集』 上, 三十三則)
34) 김중렬, 1984, 「고운문학에 대한 제가의 평가고(1)」『논문집』 9, 44쪽.
35) "文章何人動中華 淸河致遠方延譽"(『帝王韻記』 下).

하면서, 그를 儒仙이라고 평가하였다.[36] 또 崔瀣(1287~1340)는 '나는 당나라에서 侍御史를 지낸 최치원의 후손으로 계원필경의 유업을 전문으로 이은 사람'이라 하면서, 자신이 최치원의 후손임을 자랑스럽고 영광으로 생각하였다.[37] 그리고 최해의 사위인 田錄生(1318~1375)은 「鷄林東停」이라는 회고풍의 시에서 최치원을 神仙이라 읊었다.[38]

결국 고려시대 문인들의 최치원에 대한 평가는 지조있는 선비이고, 중국에까지 문명을 떨친 문학의 비조이며, 그리고 神仙같은 존재로서 숭앙되었다. 이들의 평가는 대체로 최치원이 당에서 문명을 떨치고 당에서 인정받았다는 것이 공통된 내용이다. 그리고 고려시대의 최치원에 대한 평가는 사상가보다는 문장가로서의 재능을 숭상하는 경향에 있었다.[39] 특히 이 시기에 최치원은 '新羅十賢'의 한 사람으로 존경을 받았다. 결국 당·송의 문화를 흠모했던 고려사회에서는 최치원이 중국에서 문장으로 이름을 날린 것이 대단히 자랑스러웠을 것이다.

2. 조선시대 상반된 평가

1) 긍정적 평가

조선시대에 있었던 최치원의 문학에 대한 평가는 긍정적 평가와 부정적 평가로 대별된다. 먼저 긍정적 평가로는 다음과 같은 것들이 있었다.

---

36) "先生詩格何淸月 霜空萬里亭亭月 泳光浩蕩瀉山何 萬象森羅坐可掇 先生眞筆何森嚴 古鏡飛出雙龍匣 是是非非俱自然 懦夫有立頑夫廉 吾聞伽倻山海印寺 儒仙崔子會遊地"(『東文選』 권6, 「送秋玉蟾曬史海印寺」).

37) "我是唐朝侍御孫 筆耕遺業繼專門 敢從聖域論超詣 粗向科場免數奔"(『東文選』 권18, 拙詩六韻呈壯元修撰宋本誠先生兼奉示同年諸公共爲一笑).

38) "終日昏昏簿領間 偶人迎客出郊關 俯看逝水歎流景 坐對靑山多厚顔 半月城空江月白 孤雲仙去野雲閑 更尋陶令歸來賦 千載高風未易攀"(『東文選』 권15, 田綠生 鷄林東亭).

39) 김인종, 앞의 논문, 45쪽.

일찍이 趙浚(1346~1405)은 '우리나라의 문장은 최치원이 먼저 발휘하였고, 牧隱에 이르러 집대성되었다.'[40] 하였다. 그리고 徐居正(1420~1488)은 『東人詩話』에서 이규보의 『白雲小說』에 수록된 최치원의 시화와 거의 동일한 내용을 들면서 최치원을 칭송하였다.[41] 또 成俔(1439~1504)은 『慵齋叢話』에서 "우리나라 문장은 최치원에서 비로소 시작되었다. 최치원이 당에 들어가 급제하여 문명을 크게 떨쳤고, 지금에 이르러 문묘에 배향되었다."[42] 하여, 최치원의 문학과 업적을 크게 칭찬하였다.

曺偉(1454~1503)는 『東史纂要』에 인용된 문구에 의하면, "어떤 사람이 '고운 선생이 그의 글재주로 학문을 넓히고 고국에 돌아와서 최치원이 벼슬에 나아가서 文德에 의한 정치를 행했다면 신라의 국세가 위태롭지도 않았고, 甄萱과 弓裔가 함부로 날뛸 수 있었을까.' 하였다. 생각해 보건대 '선생께서는 자연 속에서 머물면서 벼슬살이를 달갑게 여기지 아니하여 나라가 위태하고 망해 가는 것을 저 越나라 사람이 야위어 가는 것을 쳐다보는 듯하며 자기 몸만을 깨끗이 하고 윤리를 무시하였으니, 훌륭한 재주를 가지고 있으면서도 나라를 미혹에 빠지게 한 삶이다.'고 하겠지만 이는 그렇지 않다." 하였다.[43] 이처럼 조위는 최치원의 문덕과 정치적 역량을 높이 평가하며 애석하게 여겨 그를 변

---

40) "吾東方文章 始發揮於崔致遠 至牧隱 能集大成 詩文具優"(『海東雜錄』3, 『大東野乘』5).

41) 『東人詩話』 二則.

42) "我國文章 始發揮於崔致遠 致遠入唐登第 文名大振 至今配享文廟 今以所著者觀之 雖能詩句而意不精 雖工四六而語不整"(『慵齋叢話』 권1).

43) "曺偉曰 或者疑其以孤雲大才 卷而東歸 陳力就列 遇事匡救 禰縫其闕失 粉飾其文治 則國勢不至於捏危 萱裔何處猖獗 而顧奈棲遲偃仰 不肯仕宦 國之危亡 視若越人之肥瘠 無奈幾於潔身而亂倫 懷寶而迷邦者耶 是不然"(『東史纂要』『崔文昌侯全集』, 성균관대학교 대동문화연구원, 414쪽).

호하였다.

　또 周世鵬(1495~1554)은 「上李晦齋書」에서 "최문창후는 문장이 신이하고 그 식견이나 소행이 참으로 백세의 스승이라 할 만하다. 誠正의 설에 대해서는 거의 들어 볼 수 없으나 그 분이 구석진 나라에 태어나 문학을 창건한 공이 말할 수 없을 정도로 크다. 先聖廟에 배향하는데 이분이 아니고 누구를 하겠는가."라고[44] 하면서, 최치원을 공자와 같은 '백세의 스승'으로 높이고 그의 文德과 人品을 칭송하였다. 주세붕은 당시의 성리학자들이 최치원의 문묘 배향을 부정적으로 생각했던 것과는 달리 오히려 당연하다고 하였다. 또 『遊淸凉山錄』에서 '고운이 唐에 들어가 황소에게 격서를 보내어 이름이 천하에 진동하였다. 드디어 東方文章의 始祖가 되어 문묘에 배향하게 되었던 것이다. … 고운이 참으로 옳은 말을 해서 사람들의 눈을 뜨게 할 수 있게 했다면 오백년 동안 유지되어 온 고려가 불교 때문에 혹독하게 나라가 망하지는 않았을 것'이라[45] 하였다. 즉 주세붕은 최치원을 유학자의 입장에 두고 있다.

　李晬光(1563~1629)은 『芝峰類說』에서, 성현의 비평에 반론을 펴면서 최치원 시문의 조그마한 험은 시대의 산물이기 때문이라고 가볍게 돌리고 오히려 그가 동국문장의 시조가 된 점을 높이 평가하였다.[46]

---

44) "崔文昌之文藻神異 其所見所行 眞可謂百世之師 而至於誠正之說 槩乎其未聞也 然其生一隅 倡文學功莫大焉 則配享先聖 非斯人而誰歟"(『崔文昌侯全集』, 418쪽).

45) "孤雲入大唐 檄黃巢名動天下 遂爲東方文章之祖 至於配食文廟 然負大名東歸 東人望之若神仙中人 其平生所歷一水一石 至今猶稱道不衰 誠使孤雲 昌言排之 則五百年高麗 未必陸沈於佛 若是之酷也"(『崔文昌侯全集』, 428쪽).

46) "成慵齋俔曰 崔致遠 雖能詩句而意不精 雖工四六而語不整 余謂此言未必通論 而致遠詩文亦豈無小疵 但新羅時文風未振 而致遠倡之故 我東人言文章者 必稱治遠 如不可幾及者耳"(『芝峰類說』 권8, 文章部 文評).

그리고 許筠(1569~1618) 또한 "우리 동방의 문장이 천하에 알려진 것은 신라말의 최치원을 처음으로 칭해진다."고 하면서, 한국 시단의 조종으로 최치원을 들기를 주저하지 않았다.[47]

鄭克後(1577~1658)가 최치원을 享祀한 경주의 西岳書院에 관한 내용을 편찬한『西岳志』에는 "동국에 태어나서 그 문장과 사업이 중원을 휩쓸고 후세에 빛낸 이는 천고에 한 사람뿐이다. 이것이 성묘에 종사하게 된 원인이다."고[48] 하여, 최치원의 문장이 뛰어나 중국에 떨치고 후세에까지 빛남을 높이 평가하였다.

『朝鮮王朝實錄』에는 여러 곳에 최치원에 대한 평이 실려 있다. 그 대부분이 다른 사람의 문묘배향 문제가 거론될 때 최치원의 배향과 평을 들먹이었다. 그 대표적인 것이 "최치원·설총은 문장이나 하고 글의 뜻이나 알려주는 학문으로 오히려 문묘배향에 참여하였다."는[49] 것으로, 최치원은 문학의 공로만으로 문묘배향되었음을 밝히고 있다. 즉 최치원은 한문학사상의 공적, 동방 유학을 開山한 공적 등을 인정받고 있으며, 그 공으로 묘정에 종사되었음을 알 수 있다. 그리고 숙종대(1674~1720) 지어진「武城書院致祭文」에서 "오직 문창은 신라말에 나서 중국에서 이름을 날려 우뚝 나라의 보배로움이 되었다. 문장 학술이 천년 동안 빛나서 성묘에 같이 제사지냄에 斯文에 떨어짐이 없다. 우리나라의 유교가 실로 공으로부터 시작되었다."고 하여,[50] 최치원을

---

47) "吾東文章天下聞 羅季始稱崔孤雲"(『許筠全集』31쪽 余以病火動不克燕行 族譜巡軍作長句 贈奇獻甫以抒懷).

48) "生乎東國 而其文章事業 至於驅賀中源 暎曜後世者 千古一人而已 此其可以後祀聖廟也 … 見幾高蹈 終於隱晦迹 不染麗代之世 其時立獨行之義 又可謂百世之師"(『西岳誌』).

49) "崔致遠薛聰 以詞章訓誥之學 尙得與廟庭之享"(『宣祖實錄』 권180, 宣祖 37년 10월 癸亥).

50) "奧惟文昌 挺生羅季 歷敭中朝 蔚爲國瑞 文章學術 輝暎千祀 腏食將聖 斯

동방 유학의 시조로서 문묘에 배향되었다고 하였다.

金錫胄(1634~1684)는 신라부터 조선에 이르기까지 우리나라의 대표적인 시인 40인을 자연현상에 비겨 상징적으로 평하였다. 그 가운데서 최치원을 "천길 되는 우뚝히 선 절벽이요 만리의 큰 파도이다."고[51] 표현하였다. 종전까지 최치원을 기교파의 시인으로 일컬으며, 섬약하고 기려에 흐르기만 한 것으로 알려졌던 최치원의 시를 웅장하고 힘찬 시풍으로 평하고 있음이 이채롭다. 사실 최치원의 「海驪」·「泛海」·「石峰」 등의 작품들은 그런 특성을 잘 나타내고 있어서 적의한 평가라고도 할 수 있다.[52] 이는 徐有榘(1764~1845)가 「校印桂苑筆耕序」에서 이 책을 평하기를, '우리나라의 시문집은 이 책으로 개산의 시조를 삼아야하며, 또한 東方 藝苑의 근본이고 처음'이라 하여 동방 문학의 開山始祖로 보면서, 아울러 '최치원은 豪傑之士'라[53] 한 것과 맥이 통한다. 洪萬宗(1637~?)은 『소화시평』에서 '최치원에 이르러 문체가 크게 갖추어져 드디어 동방 문학의 시조가 되었다. … 崔의 시는 격률이 엄정하다.'고[54] 하며, 최치원이 동방 문학의 시조가 되었다고 높이 평가하였다.

朴趾源(1737~1805)은 「咸陽郡學士樓記」에서 "회남도통 高騈이 주청하여 종사로 삼아서 高騈을 위하여 격서를 초하여 제도의 병사를 모았다. 황소를 토벌하는 격서는 황소가 이를 보고 놀라서 상에서 떨어졌

文未墜 我東儒敎 實自公始"(『武城書院誌』).

51) "文昌侯崔致遠 千仞絶壁 萬里洪濤"(任璟, 『玄湖瑣談』, 『詩話叢林』 冬).

52) 김중렬, 앞의 논문, 48쪽.

53) "終以文章鳴一世 同時賓貢之流 莫之或先生豈不誠豪傑之士哉 … 我東詩文集之祇今傳者 不得不以是集 爲開山鼻祖 是亦東方藝苑之本始也"(徐有榘, 「校印桂苑筆耕序」).

54) "我東國之通中國 遠自檀君箕子 而文獻蓋蔑蔑 隋唐以來 … 雖在簡册 率皆寂寞 不足下乘 而至于唐侍御史崔致遠 文體大備 遂爲東方文學之祖 … 崔詩詩律嚴整 朴詩語韻淸絶"(『小華詩評』 上).

으므로 고운의 이름이 드디어 해내에 떨쳤다. 『당서』예문지에 고운이 지은 『계원필경』 4권이 실려 있다.”[55]하여, 「檄黃巢書」로 고운의 명성이 중국 전체에 떨친 일과 『당서』예문지에 문집이 실린 것을 특기하였다. 또 申緯(1769~1847)는 「東人論詩絕句」 35수 가운데 첫 수에서 최치원을 평하여 공이 '初祖如開山'로서 높아서, 중국에서 인정을 받았고 우리 나라에서 적수가 없는 위대한 문인임을 나타내었다.[56]

그리고 洪錫周(1774~1842)는 徐有榘가 편찬한 「계원필경집서」에서 "우리 동방에서 문장을 하고 저서를 지어 후세에 전한 이는 고운 崔公으로부터 시작되었고, 우리 동방의 선비가 중국에 유학하여 문명을 천하에 떨친 이도 또한 최공으로부터 시작하였다. 최공의 글이 후세에 전해진 것은 오직 『계원필경집』과 『중산복궤집』 2부인데, 이 두 글 또한 우리 동방 문장의 시작이다.”고 하여,[57] 최치원이 우리 문학사상의 祖宗이라고 평하였다.

이러한 여러 사람의 평가는 조선 후기에 道家的 民族史學에 바탕하여 저술된 『揆園史話』에서 "최고운은 자상하고 똑똑하여 글을 배우는 데 있어서도 뭇사람에 뛰어났고 고금의 일에 대해서 널리 알뿐만 아니라 글 짓는데 이름이 뛰어났다.”고 한 것으로써 적절하게 평가되었다. 이는 자상한 인품과 우수한 능력, 고금의 역사에 대한 통달, 문장력의 탁월함 등을 근거하여 최치원을 긍정적으로 종합 평가한 것이다.

조선시대의 최치원에 대한 문학적 측면에서 긍정적 평가는 고려시

---

55) "淮南都統高騈奏爲從事 爲騈草檄 召諸道兵 討黃巢 巢得檄 驚墜牀下 孤雲 名遂震海內 唐書藝文志 有孤雲所著桂苑筆耕四卷”(『燕巖集』권1 記).

56) "放眼威儀覩漢官 功高初祖始開山 顧雲一部方輿誌 爭及僧綦白日閑”(『警修 堂全藁』9, 東人論詩絕句).

57) "吾東方之有文章 而能著書傳後者 自孤雲崔公始 吾東方之士 北學于中國而 以文聲天下者 亦自崔公始 崔公之書 傳于後者 有桂苑筆耕 與中山覆簣集二 部 是二書者 亦吾東方文章之本始也”(『桂苑筆耕集序』).

대에 이어서 최치원은 중국에 문명을 떨친 우리 문학의 비조이고, 유학의 종조이며, 그러므로 백세의 스승이라는 것이다. 그러면서도 이들은 최치원의 탁월한 문장가로서의 재능을 평하면서 고려시대와는 달리 중국에서 그의 명성을 우리나라 안의 공적으로 받아들이려는 시각이 돋보인다.[58]

2) 부정적 평가

조선시대에 이르면 시대적 변화와 성리학의 발달로 최치원에 대한 평가도 달라져, 부정적인 평가가 나타났다.

徐居正(1420~1488)은 『계원필경』에는 읽지 못할 곳이 많고,[59] 최치원의 문장이 괴이하고 난삽하여 족히 천하를 움직일 것이 못된다고[60] 평가 절하하였다. 하지만 이것은 아마 최치원이 典故와 함축된 語句를 잘 인용하였고, 아울러 儒·佛·道에 두루 통효하고 특히 불교에 상당히 깊은 이치까지를 설진한 『계원필경』이 유교 일변도로 공부한 서거정에게는 이해되지 못할 곳이 많이 있었을 것이 사실이고, 이는 또 신라의 기풍이기도 한 것이므로, 서거정의 평가는 지당한 것이라 하겠다.[61]

成俔(1439~1504) 역시 최치원에 의해 동방 문학이 해외에 알려진 것은 긍정적 평가를 하면서도, 그의 작품에 대해서는 '뜻이 정밀하지 못

---

58) 김인종, 앞의 논문, 45~46쪽.

59) "今桂苑筆耕 多有不解處 恐當時氣習如此 惑東方文體 未能如古也"(『筆苑雜記』권1).

60) "崔致遠所著 桂苑筆耕 載文獻通考 以今觀之 致遠文章詭奇涉僻 不足動天下"(『筆苑雜記』권2).

61) 김중렬, 1985, 「고운문학에 대한 제가의 평가고(2)」 『논문집』 11, 53쪽.

하고 말이 가지런하지 못하다.'고[62] 구체적인 문체에 대한 비평을 하였다. 성현의 평가는 아마 최치원의 시가 晚唐風이라는 것에 착안한 듯하다.

許筠(1569~1618) 또한 成俔과 비슷한 견해를 보였다. 그는 한국 시단의 조종으로 최치원을 들기를 주저하지 않으면서도 그 시의 격은 그리 높지 않다는 평가를 하였다. 즉, 고운의 높은 명성은 인정하지만 그의 작품은 천박하며 웅후하지 못하고[63] 엉성하고 허약하며 보잘 것 없어[64] 그 실은 명성만 못하다고 비판하고 있다. 이에 더하여 李德懋(1741~1793)는 『青莊館全書』에서 '고운의 騈儷文은 中國 流行을 따른 惡流'라고 비평하였다.

그러나 이와 같은 최치원 문학에 대한 조선시대 비평은 그의 문장이 拙劣한데서 기인한 것이라기보다는 몇 백년 세월이 흐르는 동안 漢文體의 변모에 더 큰 이유가 있었다고 보아야 할 것이다.[65] 이미 洪錫周는 "세상에서 혹 이르기를 공의 문이 변려사륙체로 옛적의 글과 서로 다르다고 한다. 그것은 공이 중국에 들어간 것이 당나라 의종·희종 때라서 그 당시의 중국의 문장은 오로지 변려문만을 사용했으니, 공도 시대의 풍조를 따라 어찌할 수 없는 노릇이었다."[66] 하였는데, 이는 당시의 문체와 최치원의 처지를 잘 표명한 대변이었다.

---

62) 주42 참조.

63) "崔孤雲學士之詩 在唐末亦鄭谷韓偓之流 率佻淺不厚"(許筠, 『惺所覆瓿藁』 권25, 說部4 惺叟詩話).

64) "及羅季孤雲學士 始大闡譽 以今觀之 文菲以萎 詩粗以弱 使在許鄭間 亦形其醜 乃欲使盛唐爭其工耶"(『惺所覆瓿藁』 권10, 文部7 書).

65) 최경숙, 앞의 논문, 41쪽.

66) "世或謂公文皆騈麗四六 殊不類古作者 公之入中國 在唐懿僖之際 中國之文 方專事騈麗風 會所趨固有不得而免者"(『崔文昌侯全集』, 285쪽, 「桂苑筆耕序」).

이처럼 조선시대에는 최치원의 문학에 대하여 부정적인 평가도 있었다. 하지만 이들도 최치원을 우리 문학의 조종으로 존숭하고 높이 평가하였다. 그러면서 다만 그의 문학작품이 美文을 존중하는 騈麗文體로서 어렵고 나약하다는 점에서 부정적 평가를 하였다. 결국 최치원의 문학에 대한 평가는 최치원이 盛唐의 文風을 따르지 않고 晚唐의 詩風에 젖었기 때문에 그의 시격이 그리 높지 않다고 폄하되었던 것이다.[67]

Ⅳ. 문묘 배향과 사상에 대한 이해

1. 유가들의 평가

최치원은 유학·불교·도교 등 사상적인 면에서도 후대인들에게 큰 영향을 미쳤고, 아울러 대단한 평가를 받았다. 먼저 유학자로서의 평가부터 살펴보자.

최치원은 이미 고려시대부터 문묘에 배향되었고, 또 우리나라의 유종으로 인정되었다. 이것은 고려시대 지식인들 사이에는 당연한 것으로 받아들여졌다. 이러한 평가는 조선시대에는 그대로 이어졌고, 또 문묘에도 계속 배향되었다. 한편 조선시대에도 그의 문묘배향에 대해서는 찬반논쟁이 끊이지 않았다. 『朝鮮王朝實錄』에는 최치원에 대한 평이 여러 곳에 실려 있다. 그 내용은 최치원의 한문학상 공적, 동방유학을 개산한 공적 등을 인정하면서, 유학자로서의 사상적 공로와 문묘 또는 서원에 향사한 기록으로 집약되어 있다. 이는 최치원이 우리나라 유학의 종조로 조선시대에도 공식적으로 인정받았음을 보여주는 증거이다. 특히 "단종 1년(1453) 9월 25일 의정부에서 아뢰기를 '최치원은

---

67) 김중렬, 앞의 논문, 60쪽.

이름이 중원에 퍼져서 동방의 유종이 되는데 그 문장의 볼만한 것은 다만 이것(계원필경)이 있을 뿐이다.'고 하였다."는 기록에서, 최치원이 조선시대에 우리나라 문학의 시조이자 유학의 종조로 인정되었음을 알 수 있다.

그리고 다른 사람의 문묘배향 문제가 거론될 때마다 거의 매번 최치원의 문묘배향을 들먹이면서 최치원에 대한 평을 하고 있다. 그 대표적인 것이 "최치원·설총은 문장이나 하고 글의 뜻이나 알려주는 학문으로 오히려 문묘배향에 참여하였다."는[68] 것으로, 최치원은 문학의 공로로 문묘배향되었음을 밝히고 있다. 즉『조선왕조실록』의 최치원에 대한 기록은 문장가로서의 한문학사상 공적, 유학자로서의 동방 유학을 開山한 공적 등을 인정하고 있으며, 그 공으로 문묘 또는 서원에 향사되었음을 말해주는 내용이다.

金宗直(1431~1492)은 최치원을 '닭떼 안에 낀 학'으로 평하였다.[69] 그리고 김종직의 제자인 金馹孫(1464~1498)은 「遊頭流錄」에서 최치원이 불교도와 어울린 것을 안타깝게 생각하면서도 최치원이 今日의 사람이면 太平을 장식했을 것이고 자신은 그의 문하가 되었을 것이라고 하면서 최치원의 학문을 높이 평가하였다.[70] 그리고 이어서 '고운이 大儒를 따르면서도 仙佛을 위하여 글짓기를 좋아하는 것은 晩唐의 시풍을 배워 그 폐습을 버리지 못하였으며, 세상의 쇠미함을 경시하여 은거하고 시세에 따라 佛仙에 의탁함으로써 스스로 재주와 학식을 감춰

---

68) "崔致遠薛聰 以詞章訓詁之學 尙得與廟庭之享"(『宣祖實錄』권180, 宣祖 37년 10월 癸亥).

69) "雙溪寺裏憶孤雲 時事紛紛不可聞 東海歸來還浪迹 紙綠野鶴在雞群"(『崔文昌侯全集』, 426쪽. 고운선생사적).

70) "使某生於孤雲之時 當執杖履而從 不使孤雲踽踽 與學佛者爲徒 使孤雲生於今日 亦必居可爲之地 摛華國之文 賁飾太平 某亦得以奉筆硯於門下矣"(『濯纓先生文集』권5 錄).

버린 것이 아니었던가.' 추측하였다. 시대적으로 성리학이 사상의 기저였던 상황에서 이루어진 김일손의 평가는 불교가 사회적으로 보편화된 시대를 산 최치원의 생애를 이렇게 평한 것은 당연한 것이라 하겠다. 이것은 일찍이 주세붕(1495~1554)이 최치원을 「上李晦齋書」에서 문학을 창건한 공이 크고, 「遊淸凉山錄」에서 동방문학의 시조라는 연유에서 문묘에 배향되는 것은 당연하다고 한 견해와도 일치한다.[71]

특히 최치원은 유림의 숭앙의 대상으로서 경주의 西岳書院, 태인의 武城書院, 함양의 栢洲書院, 옥구의 三賢祠 등 전국의 여러 서원에 배향되었다. 또 鄭克後(1577~1658)는 『西岳志』에서 "동국에 태어나서 그 문장과 사업이 중원을 휩쓸고 후세에 빛낸 이는 천고에 한 사람뿐이다. 이것이 성묘에 종사하게 된 원인이요. … 기미를 보고 숨어 마침내 자취를 감추어서 고려에 물들지 않고 자기의 소신을 관철하여 일세를 홀로 지낸 의리는 가위 百世의 스승이라 할만하다."고[72] 하였다. 정극후도 서거정과 마찬가지로 최치원을 백세의 스승이라고 칭찬하였다.

이처럼 유가들의 최치원에 대한 평가는 김종직 문하의 사림파 유생들에 의하여 긍정적인 평이 두드러진다. 이들은 최치원을 동방 문학의 시조, 유학의 시조로 인정하면서 그의 문묘배향을 당연하다고 보았다.

사림파의 긍정적인 평가와는 달리, 도학자들은 최치원이 불교사상과 밀착했다는 점을 들어 비난도 하였다. 심지어 최치원을 '영불지인(佞佛之人)'이라는 평과 더불어 문묘배향의 부적격자로 몰기도 하였다.

중종대 講筵에서 金絿(1488~1534)가 한 말에서 최치원은 정통한 유학자가 아니라 다만 동방 문헌의 시조로서 자격이 인정되어 문묘에 배

---

71) 이구의, 앞의 책, 231쪽.
72) 주48 참조. 「武城書院致祭文」에도 비슷한 내용이 있다(주50 참조).

향되었음을[73] 알 수 있다. 그리고 최치원의 문묘배향에 대한 이러한 평가는 후대 인물의 문묘배향이 거론될 때마다 비교되면서 언급되었다.

李滉(1501~1570)은 "우리나라의 종사하는 법에는 이해할 수 없는 것이 많다. 저 최고운의 무리들은 문장만 숭상하고 더욱 부처에게 몹시 아첨하였다. 그의 문집 가운데 있는 佛疏 따위의 작품을 볼 때마다 몹시 미워서 아주 끊어 버리고 싶지 않은 적이 없었는데, 그를 문묘에 두어 제사를 받게 하니 어찌 선성을 욕되게 함이 심하지 않은가."[74] 하였다. 즉 최치원은 '오로지 불교에 아첨한 사람(佞佛之人)인데 외람되게 문묘에 배향하여 제사를 지내고 있다.'고[75] 혹평하였다. 결국 최치원이 불도를 숭상한 문학인이기 때문에 문묘에 배향하는 것이 옳지 않다는 것이다. 이것은 이황의 최치원에 대한 유교사상에 입각한 인물평으로 문묘를 성리학자들만이 점유하여야 된다는 편협한 태도에서 나온 주장이다.[76] 이 같은 이황의 주장은 조선조의 理學에 공로가 있는 자만이 문묘에 배향되어야 한다는 성리학자의 입장에서 말한 것으로 理學이 형성·발달하기 이전의 당시 환경과 학풍을 무시한 논조라고 하겠다.[77] 그럼에도 이러한 퇴계의 비평은 이후 유학자들 사이에는 최치원을 불교에 아첨한 인물로 폄하하는 기준이 되었으며, 최치원의 문묘배향의

---

73) "御夕講 講高麗史 至以崔致遠從祀廟庭之語 金綠曰 崔致遠 以東方文獻之首 而從祀於廟庭 然非能精究道學者也"(『中宗實錄』 권21, 중종 9년 11월 庚午).

74) "我朝從祀之典 多有未喻者 如崔孤雲徒 尙文章而蹈佛又甚 每見集中佛疏等作 未嘗不深惡而痛絶之也 與享文廟 豈非辱先聖之甚乎"(金誠一, 『鶴峰先生文集續集』 권5, 退溪先生言行錄).

75) "近看東文選 崔孤雲以全身佞佛之人 濫厠祀禮"(『退溪全書』 下, 李滉退溪先生言行錄).

76) 김중렬, 앞의 논문, 55쪽.

77) 최경숙, 앞의 논문, 43쪽.

부당함을 주장하는 근거로 작용하였다.

이러한 생각은 李珥(1536~1584) 또한 마찬가지였다. 그는 '전조(고려)에서 문묘에 종사한 사람으로 鄭文忠公(정몽주) 한 사람외에 설총·최치원·안유 등은 도학과는 관계가 없다. 만약 의리대로 정한다면 이 사람은 다른 곳에서 제사를 지내야 되지 문묘에 배향해서는 아니된다.'고[78] 하면서 최치원의 문묘배향을 반대하였다.

그러나 그가 불교와 깊은 관련이 있다는 것에 대해서는 이미『세종실록』권59, 세종 15년 2월 9일 金泮이 上言하기를 "韓昌黎는 중 大顚과 벗하였고, 朱文公은 雲谷寺에서 놀았고, 최치원은 斷俗寺에서 놀았으니, 이것도 과연 부처에게 아첨한 것입니까"라 하여, 최치원이 유학자임을 분명히 하였다. 즉 최치원은 한문학사상의 공적, 동방 유학을 開山한 공적 등을 인정받고 있으며, 그 공으로 묘정에 종사되었던 것이다.

최치원이 도통상 문제가 있음은『靜庵集』에서도 같은 입장을 나타내었다. "설총·최치원·안유와 같은 이는 그들이(조광조·김굉필·이언적) 도달한 경지에 미치지 못한다."고 하였고, "백인걸이 소를 올려 간략하게 말하기를 우리나라에서 문묘에 종사한 선현들 중에는 오직 정몽주만이 선비들의 여망에 맞을 뿐이고 그 밖의 설총·최치원·안유는 모두 조광조의 아래에서도 매우 뒤떨어지는 인물들이다."고 하였다.[79] 이는 최치원을 성리학적 입장에서 폄하하면서 문묘배향을 비난한 것이다.

그리고 정조(재위 1776~1800)는 "내가 선정을 배향하는 문제에 대하

---

78) "前朝從祀者 鄭文忠公一人外 其餘薛聰崔致遠安裕 卽無與於斯道 如欲裁之 以義 則斯三人者 可以祀於他所 而不可配於文廟也"(『栗谷全書』권29).

79) "薛聰崔致遠安裕之道 未有及其見到處者 … 丙子白仁傑略曰 我國從祀之賢 惟鄭夢周愜于士望 其餘薛聰崔致遠安裕輩 皆出趙光祖下遠甚"(『燃藜室記述』別集3, 祀典典故『靜庵集』).

여 나름대로 오래 전부터 생각해 왔다. … 최치원과 설총도 동방 유학
자로서 두드러진 자들이다. 그러나 이들을 종사하는 것에 대해서는 나는
어떨지 모르겠다. 최치원의 경우는 좀 지나친 듯하다." 하였다.[80] 이에
의하면 정조도 도학과 절의의 입장에서는 최치원의 문묘배향을 지나치
다고 보았다.

조선시대 유학자들이 程朱의 성리학적 입장에서 최치원의 道統을
문제삼아 문묘배향을 폄하한 것이 『조선왕조실록』에 여러 번 기록되어
있다. 그러나 대부분이 최치원 본인이 문제가 된 것은 아니고 다른 사
람의 문묘배향문제가 거론될 때 최치원의 문묘배향을 들먹이면서 최치
원에 대한 평을 하고 있다. 결국 최치원은 문학의 공로로 문묘에 배향
되었음을 밝히고 있다.

비록 조선시대 성리학적 기준에서는 도통의 문제가 논의될 수 있을
지언정, 최치원은 신라를 위하여 절의를 지킨 문사였다. 安鼎福
(1712~1791)은 『東史綱目』에서 "고운은 문장이 세상을 驚動시켰지만 마
침내 고려왕조의 功臣이 되었으니 선비가 글을 읽음에는 의리를 아는
것을 귀중하게 여기는데, 의리가 이에 이르면 과연 어디에 있겠는가?
옛사람이 이르기를 '文士가 절조를 지키는 자가 적다.' 하였는데, 그것
은 고운을 두고 한 말인가? … 그가 은둔으로 세상을 마친 것만을 귀
하게 여길 뿐이다."고[81] 하였다. 즉 崔承祐는 후백제로 망명하였고, 崔
彦撝는 고려 태조의 寵臣이 되었는데, 유독 최치원은 신라 말의 어느
세력과도 제휴하지 않고 오직 은둔으로 세상을 마쳤으니 그는 선비로
서 의리나 문사로서 절조를 지킨 인물이기에 훌륭하다고 하였다.[82] 이

80) 『정조실록』 권45, 정조 20년 9월 19일.

81) 『동사강목』 제5하, 효공왕 5년 11월.

82) 柳得恭(1748~?)은 「二十一都懷古詩」에서 최치원이 망해가는 신라를 위하
여 번민하고 있는 그의 삶을 애절하게 읊어 문덕과 인품을 환기시켰다.

러한 안정복의 최치원에 대한 평가는 승려 有一의 평가와 함께 최치원의 입장을 가장 잘 변호했다고 보겠다.

이처럼 최치원의 불교적 시각이 유학인들의 많은 논평의 대상이 되었다. 이것은 조선의 지도이념으로서 억불숭유정책인 성리학이 갖는 排佛的 성격이 작용했기 때문으로 보인다.[83]

이러한 부정적인 평가에도 불구하고 최치원은 우리나라 유학의 종조임은 명종대에 '최치원을 "東方理學의 祖"라고 추앙하고 그 자손을 대대로 보호하라는 전교를 내렸다.'는[84] 기록이 있듯이 공식화되었다. 그러므로 고려시대부터 최치원이 우리나라 유종으로 인정되었고, 또 문묘에 배향되었는데, 이에 대하여 조선시대에는 비록 일부 도학자들의 비난이 있었음에도 그대로 계속되었음을 말해주는 것이다.

이처럼 이들도 최치원을 탁월한 문장가로는 인정을 하면서도 유·불·도에 두루 통했던 까닭에 성리학적 도통과는 거리가 있기 때문에 문묘에 배향되는 것에 대해서는 반대하였다. 다시 말하면 도학자들이 최치원을 비판한 것은 두 가지 이유에서였다. 그 하나는 그의 시문이 '도문'과 거리가 먼 이른바 '사장지문'이라는데 있다. 다른 하나의 이유는 그의 '숭불' 때문이다. 이것은 조선시대 유학자들의 입장에서 볼 때 최치원의 三敎의 복합적 성격이 유학자로서의 순수성을 잃은 것으로 보여졌기 때문에 나온 비평이라 파악된다.[85]

2. 불가들의 평가

조선시대 도학자들의 비판과는 달리, 불교계에서는 최치원의 생애

---

83) 김인종, 앞의 논문, 47쪽.
84) 한글번역 『孤雲崔致遠先生文集』, 418~422쪽.
85) 김인종, 앞의 논문, 48쪽.

와 문묘배향 문제에 대하여 긍정적으로 평가하였다.

僧 休靜(西山大師, 1520~1604)은 『淸虛堂集』의 「智異山雙溪寺重創記」
에서 "옛날에 유교와 불교를 밝게 알고 안팎으로 널리 통달한 사람들
은 공명을 헌신짝처럼 벗어버리고 … 남의 근심을 자기 것처럼 걱정하
며 남의 즐거움을 자기의 즐거움으로 여기니 어느 겨를에 유교가 그르
다 불교가 그르다하고 불교가 그르다 유교가 그르다하여 서로 원수처
럼 지내며 서로 비난만 하겠는가. 우리나라의 최고운과 진감선사가 그
러한 분이다. 고운은 유자요 진감은 불승이다. 진감이 절을 세워 처음
으로 人天의 안목을 열었고, 고운이 비를 세워 널리 유·불의 골수를
내었으니, 아아! 두 사람의 마음은 일종의 줄이 없는 거문고이다. …
한·당·송 이래로 유·불의 허명을 부수고 천지의 온전함을 즐겨 황홀
해하면서 초연히 홀로 허명을 돌아보지 않는 이는 오직 두 대인인가
한다."고[86] 하여, 최치원의 사상이 고차원의 경지에 있음을 기린 바 있
다. 즉 최치원은 유학자로서 佛이다 儒이다 하고 다툴 여가가 없을 정
도로 자신의 학문에 精進했다고 보았다. 다시 말하면 휴정은 이기성정
을 말함이 없으면 유학자로 여기지도 않았던 당시의 학문적 풍토 속에
서 '영불지인'이란 혹평과 함께 거센 비판을 받았던 최치원에 대해 지
극한 尊慕의 정을 표함과 아울러 변호적 입장을 취하고 있다.

최치원에 대한 휴정의 깊은 관심과 尊慕의 정은 그의 문인들에게 계
승되었다. 마침내 최치원의 저술이 佛家에서 중시되고 經餘의 課外讀
本으로까지 읽혀지기에 이르렀다. 휴정의 제자로서 주로 호남지방에

---

86) "古之洞精 儒釋博達內外者 脫履功名 … 自憂其憂 自樂其樂 奚暇非儒非佛
   非佛非儒 相譏而相非乎 我國崔孤雲與眞鑑 是其人也 孤雲儒也 眞鑑釋也
   眞鑑建刹 始鑿人天之眼目 孤雲立碑 廣出儒釋之骨髓 吁二人之心 一種沒
   絃琴也 其曲也 若春風之燕舞 其調也 若綠柳之鶯歌 一經一緯 一表一裏而
   相資耳 自漢唐宋以來 碎儒釋之虛名 樂天地之大全 芒乎芴乎 超然獨不顧者
   其唯此二大人歟"(『淸虛堂集』雙溪寺重創記).

주석하였던 中觀子(鐵面老人) 海眼(1567~?)은 「四山碑銘」의 가치를 높이 평가하고 이것을 한권의 책으로 독립시켰으며, 거기에 주석을 달아 불교학인들에게 습송하도록 하였다. 이로부터 400여년에 걸친 사산비명 註釋史가 시작되었다.

金萬重(1637~1692)은 『西浦漫筆』에서 "신라가 성함에 薛弘儒가 석문의 羅睺로서 문풍을 열었고, 崔文昌은 丈室의 維摩로서 중화에 크게 울렸다."고[87] 하여, 최치원이 불교 문인으로 중국에서 명성을 크게 얻었다고 하였다. 특히 '장실의 유마'라고 하여 불교인으로서의 최치원에 대한 최고의 평가를 하였다. 그리고 申維翰(1681~?)은 「與任正言璞論文書」에서 "당말에 이르러 비로소 중국에 배운 崔(致遠) 阿湌 한 사람이 있어서 문득 初祖의 達摩가 되었다. 대개 지금 사람들이 고문상서가 있는 줄을 안 것이 600~700년에 지나지 않았다."라고[88] 하여 최치원을 우리나라의 문학뿐만 아니라 학문 자체를 연 최초의 시조 達摩라고 평하였다.

僧 有一(蓮潭, 1720~1799)은 李滉이 최치원을 佞佛之人으로 祀禮를 濫厠하였다고 평한 것은 이황이 하나만을 지키는데 국한된 탓이라고 하였다. 다시 말하면 이황의 최치원에 대한 비평을 오히려 반박하고, 어느 한곳에도 치우침이 없이 各敎에 따라 크게 격찬한 최치원의 학문적 태도를 높이 평가하였다. 즉 「四山碑銘序」에서 "선생은 동국 문장의 시조인데, 즉 반드시 성리학에도 능치 못함이 아니겠지만 때를 만나지 못해 보배를 품고 팔지 못했으니 애석하기 이를 데 없다. … 선생께서

---

87) "新羅之盛 薛弘儒 以釋門之羅睺 首闡文風 崔文昌 以丈室之維摩 大鳴中華 至於麗末 圃牧諸公 因之而反正於孔孟"(『西浦漫筆』 下).

88) "鴨江以東 文獻曷徵 商周之世 得箕聖爲君而民不識洪範九疇 至唐末而始有 崔阿湌北學一人 便爲初祖達摩 盖今人之知有古文尙書 不過六七百年"(『靑泉集』 권3, 書).

이미 유관을 쓰셨고 유복을 입으셨으니 반드시 유교로 전모를 삼고 글을 통해 공·맹을 본받아 밝혔을 것이다. 고려 때부터 문묘에 종사된 것이 진실로 이런 까닭이거늘 우리 왕조의 退陶선생은 말씀하시되 '요사이 『동문선』을 보니, 최고운은 온몸으로 부처에게 아첨하던 사람인데, 외람되게도 사전에 섞여 들었다.'고 했으니, 대개 하나를 지키는데 국한되었기 때문이다. …『동문선』은 나도 일찍이 보았거니와 거기에 실린 선생의 글이 불사와 부도를 찬양한 것에 지나지 않는데, 退陶夫子께서 이 일단을 가지고 공격한 것이다. … 공은 밝고 민첩한 재주와 뛰어난 식견으로 한번 보면 곧바로 천하에는 두 가지 도가 없고 성인은 두 가지 마음이 없음을 알았다. 모가 나거나 한쪽에 치우치거나 좌우로 치우치지 않았으며, 각각 그 가르침에 따라 크게 찬양했던 것이다."고[89] 하였다. 그리고 「사산비명」의 내전과 외서를 총망라하여 그 대구와 인용한 것이 매우 넓고 미묘하지만 한 글자도 내력 없는 것이 없고 훌륭하여 韓退之나 柳宗元으로도 당할 수 없다고 단언하였다. 유일은 이황같은 성리학자는 조선의 유교적인 관념에 사로잡혀 유교를 강조한 나머지 최치원을 이단시하였으나 승려들은 오히려 최치원을 유학자로 인정하고 시세의 불우함으로 산수간을 소요하며 불교 관련 글을 적었으나 어느 한 곳에 치우친 것이 아니었다고 하였다.

이처럼 조선시대 성리학자들의 독선적인 비판과는 달리, 釋門에서는 최치원이 본래는 유학자임을 인정하면서도 오히려 그를 三敎에 통관한 大文人으로 높이 숭앙하고 있다. 결국 불가에서는 최치원의 학문

---

[89] "先生爲東國文章之倡 則未必不能性理之學 而遇非其時 懷寶而未售 可勝惜哉 … 先生旣冠儒冠 服儒服 則必以儒敎爲前茅 由其文子 以憲章孔孟也 … 東文選余亦曾見 其所載先生之文 不過贊佛事與浮屠也 退陶夫子 執此一段而刺之也 … 以明敏之才 超詣之見 一覽便知 天下無二道 聖人無兩心 不滯方隅 不袒左右 故各隨其敎而弘贊也"(『蓮潭大師林下錄』 권3, 「四山碑銘序」).

과 삼교회통적 경향을 칭송하고 유자들의 비판으로부터 그를 변호하였다.

3. 도가들의 평가

최치원에 대한 도가들의 평가는 대단히 높았다. 속설에는 최치원이 말년에 풍류를 즐기며 은둔생활을 하다가 어느 날 아침 집을 나가서 갓과 신발만 남기고 간 곳을 모르게 되어,[90] 그가 가야산에서 신선이 된 것으로 이해하기도 하였다.

이러한 이야기와 더불어 이미 당나라의 시인들이 최치원을 신선이라 한 뒤, 고려시대에도 金克己,[91] 李齊賢,[92] 李穡,[93] 鄭以吾[94] 등은 최치원을 유선·신선 등으로 불렀다. 이러한 생각은 조선시대에도 이어졌다. 徐居正은 「海雲臺行送柳斯文之東萊」에서 "孤雲孤運是儒仙"이라 하였다. 그리고 『신증동국여지승람』 권23, 동래현조에 의하면 金德齡 (1567~1596)은 "致遠仙人也"라고, 俞好仁(1445~1494)은 "儒仙一去烟者"라 하였으며, 또 권30, 陜川郡조에 의하면 洪侃은 "儒仙崔子遊也"라 하였으며, 김일손은 "崔孤雲之仙遊皆在此地"라 하여, 모두 최치원을 신선적인 존재로 보고 있다. 高敬明(1533~1592) 역시 최치원을 유선으로 추모하였다.[95]

李重煥의 『택리지』를 보면 "고운은 金(可記), 崔(承祐) 두 사람과 더불

---

90) 洪萬宗, 『海東異蹟』 ; 李圭景, 『五洲衍文長箋散稿』 권35 ; 『崔文昌侯全集』 孤雲先生事蹟讀書堂 ; 『신증동국여지승람』 권30, 합천군 등 참조.

91) 『昌原府邑志』, 題詠 月影臺, 아세아문화사, 1982.

92) 『益齋亂稿』 권4, 後儒仙歌爲崔拙翁作示及菴.

93) 李穡, 『牧隱詩稿』 권5, 後儒仙歌拙翁次韻.

94) 鄭以吾, 『郊隱先生文集』 권1, 月影臺.

95) 高敬明, 『霽峰集』 권5, 聞護送官朴正字東善遊海雲臺有感.

어 終南山 절에서 신천사를 만나서 내단비결이라는 책을 얻고 뒷날 동국에 돌아와서는 함께 수련하여 선인의 술법을 깨쳤다."는[96] 기록이 있다. 이는 최치원이 우리나라 도교에서 중요한 존재였음을 말해주는 것이다. 그리고 조선 중기 이후에 나온 韓無畏의 『海東傳道錄』, 趙汝籍의 『靑鶴集』, 洪萬宗의 『海東異蹟』, 趙宜白의 『梧溪日誌集』 등 도교사서와 李圭景의 『五洲衍文長箋散稿』의 「崔文昌侯事蹟辨證說」에는 최치원을 우리나라 선도를 계승 발전시킨 道脈의 중추적 인물로 말하고 있다.

특히 『정조실록』에 의하면 文洋海가 서면으로 바친 모반 관계 공초에 "녹정은 신라 말년에 崔孤雲이 伽倻山에 들어가서 공부할 때, 항상 어떤 사슴 한 마리가 와서 책상 밑에 엎드려 있었는데, 마치 도를 듣는 것 같았다고 합니다. 그래서 최고운이 말하기를, '네가 비록 다른 종류의 짐승이지만, 능히 도를 흠모할 줄을 아니, 나이를 연장하는 방법을 얻도록 해야겠다.'고 하였는데, 마침내 사람의 형태를 갖추고 말도 통하게 되었다고 합니다."는[97] 기록이 있다. 이에서 최치원이 가야산에서 학문에 정진했다는 것과 도교에서 최치원이 차지하는 위치와 조선 후기까지도 작용한 그의 영향력 등을 볼 수 있다.

후대에 와서 이능화의 『조선도교사』에서도, 최치원이 齋詞를 비록 당에 있을 때 지었다 하나 이 일로 연유해서 가히 최치원을 도교인으로서 증명하고 있다 하여, 그에 관한 도가들의 평도 긍정적이다.

역대로 도선가들의 의식 속에 잠재하였던 최치원의 위상은 위대한 선인이자 민족적인 사상가였다. 최치원이 역대로 선도계열에 끼친 영향은 고려시대에는 더 말할 나위가 없고, 조선시대에도 적지 않았다.

---

96) 『擇里志』 八道總論 全羅道.
97) "文洋海書納供日 …新羅末 崔孤雲入伽倻山讀書時 常有一鹿來伏床下 殆若廳道然 孤雲日 爾雖異類 能知慕道 當使得延年之方 竟具人形 通言語"(『정조실록』 정조 9월 3월 12일).

특히 임진·병자 양란 이후에는 그 진가가 발휘되었다. 임진왜란과 병자호란이라는 민족적 대수난을 겪고 난 뒤 많은 역사서와 소설 등이 나와서 애국심과 주체의식을 고취시키는 사상적 배경이 되었다. 이 시기에는 많은 군담소설과 선도소설이 나왔는데, 그 가운데 최치원과 관련된 선도소설과 역사서를 들자면 『최고운전』과 『규원사화』를 꼽을 수 있다. 특히 『최고운전』의 끝부분은 '나무꾼이 정덕연간 검단선사와 바둑을 두는 신선 최치원을 만났다.'고 하여 최치원이 신선이 된 것으로 이해하였다.

『최치원전』에 대해서는 종래 학자들에 따라 사뭇 다른 각도에서 분석되어 설왕설래가 적지 않았다. 그 중에는 '임진왜란 때 明軍의 횡포에 대한 앙갚음이 민중의 역사의식으로 반영된 것이 『최고운전』이라면, 아마도 이 작품은 민중의식에 편승한 도선가적 역사의식을 가지고 있었던 식자계층의 작품이 아닌가 한다. 작자는 최치원을 주체의식을 가진 한국 고유의 도선가로 파악하였을 것이니, 당시 명의 횡포와 오만무례함을 보고 비분강개하여 최치원으로 하여금 도술로써 중국에 설욕을 하고자 하였을 것이다.'는 견해가[98] 있어 주목된다.

北崖子가 민족의식에 입각하여 1675년(숙종 2)에 지은 도가계열의 역사서인 『揆園史話』의 「檀君紀」에는 최치원의 「鸞郎碑序」를 인용한 뒤, "그의 말은 선성수훈의 정화를 캐냈다고 할 만하다."고 하였다. 이것은 최치원이 상고 이래로 전승되어온 풍류사상의 정수를 잘 체득한 사람이라고 높이 평가한 것이다.

이상에서 최치원의 도교사상에 대한 후대인의 평가를 살펴보았다. 이미 최치원은 당나라에서부터 신선으로 불리었고, 고려는 물론 조선

---

98) 최삼룡, 1985, 「최고운전의 주제와 민족의식」『국어국문학』25, 전북대학교, 24쪽.

시대에도 최치원이 도맥에서 차지하는 위치와 영향력은 대단하였다. 특히 조선 후기에 이르러 민족의식이 발로하면서 최치원의 도교적 인물로서의 성격이 더욱 부각되었다.

4. 삼교회통과 북학·동학에 끼친 영향

최치원은 "사상적 측면에서 그는 조금도 위대한 인물은 아니다."는 견해가 있다.[99] 더구나 "최치원은 사상적으로 모호한 태도를 지녔고, 유학을 내세우기는 해도 확신이 없었으며, 불교에 대해서도 호감을 가지면서 미지근한 언설을 늘어놓는데 그쳤다. 그러므로 사상적인 문제를 다루어야 할 때에는 어정쩡한 유불양역론 같은 것을 전개하면서 자기의 한계를 스스로 노출했다. … 최치원에게는 元曉나 强首에게서 찾아볼 수 없는 정신적 가난이 심각했지만, 이 가난을 극복하기 위한 결단조차 할 수 없었다."는 혹평도[100] 있다.

그러나 이러한 평과는 달리 최치원 이후 우리의 선인들은 그를 위대한 사상가로 인식하였고, 또 그의 사상으로부터 큰 영향을 받았으며 발전시켜 왔다. 최치원의 사상은 흔히 '三敎包含'이라고 이야기한다. 여기서 삼교란 「난랑비서」에서 언급된 유·불·선교를 말한다.

최치원의 사상은 위로는 삼교에 통효했던 원효와 같은 선학으로부터 많은 영향을 받고, 그 자신은 후대에 백운거사 이규보, 매월당 김시습, 청허당 휴정, 연담 유일, 수운 최제우 등 삼교회통 내지는 조화를 주장하는 학자·종교인들에게 직접간접으로 많은 영향을 끼쳤으며, 북학사상에도 그 선구적 구실을 함으로써 독특한 사상적 맥락을 이루었

---

99) 송항룡, 1982, 「최치원사상연구」『한국철학사상연구』, 한국정신문화연구원, 309쪽.
100) 조동일, 1995, 『한국문학사상사시론』, 지식산업사, 52~53쪽.

다. 그래서 최치원을 정점으로 하여 이어지는 일군의 학자·사상가들이 독특한 사상적 맥락을 연면히 이루어 왔으므로, 이들을 '고운학맥' 또는 '최치원 라인'이라고 할 수도 있다.[101]

최치원의 삼교회통적 사상은 이미 고려시대 이규보에게로 계승되었다. 이규보는 유·불·도 삼교에 정통한 학자로서 최치원 이후에 거의 첫손에 꼽힐 만한 통유였다. 그의 호 '白雲'은 '孤雲' 최치원과의 사상적 연계성을 시사적으로 보여주고 있다. 그는 일찍이 「당서불립최치원열전의」를 지어 최치원의 문학적 성취를 높이 평가하고, 『당서』 문예열전에 최치원의 열전을 넣지 않은 것을 비판하면서, 이를 민족적 자부심과 연결시키려 하였다. 이규보가 자신의 저술을 통해 古神道를 강조하고, 또 고신도를 통해 삼교융화를 도모하였던 사실은 그가 최치원의 사상적 유서를 잘 계승한 인물이라는 점을 보여주는 것이라 하겠다. 이러한 이규보의 삼교조화 내지 삼교일원 사상은 내면적으로 우리나라 고신도사상을 바탕으로 하고 있으며, 이것은 최치원의 입장과 서로 합치된다.

조선 중기 金時習(1435~1493)의 생애에서 최치원과 비슷한 성격을 엿볼 수 있다. 김시습은 세조가 왕위를 찬탈하자 승려가 되어 세속을 떠나 가야산 해인사에 들려 청산에 한번 들면 다시는 세상에 나오지 않겠다고 다짐하면서 최치원을 추모하고 자기의 심정을 견주어 본 것과, 또 최치원의 출신지인 경주 금오산의 茸長寺 옛터에 山室을 짓고 은거한 점, 楊州의 水落, 雪岳 등지를 배회하며 글을 지어 최치원의 문학과 풍류를 추앙한 점은 물론 은둔 후 유·불·도교적인 은둔을 출입한 것은 두 사람이 매우 흡사하여, 김시습이 최치원을 숭모하였고 영향을

---

101) 최영성, 2000, 「최치원의 철학사상 연구」, 성균관대학교 박사학위논문, 299~300쪽.

받았음을 알 수 있다.[102]

사실 김시습은 최치원처럼 유교를 체로 하여 삼교를 두루 통탈했으며, 유교의 입장에서 불교의 화엄과 선, 그리고 도교사상을 이해하기도 했다. 또 우리나라 도맥의 중추적인 인물로 받들어졌던 것도 최치원의 경우와 마찬가지이다. 이 뿐만 아니라 李珥가 김시습을 '心儒迹佛'이라 지적한 것처럼 삶의 발자취 또한 최치원과 비슷하다. 아마 김시습은 최치원의 사상적 맥락을 계승하였을 것이다.

최치원의 사상은 조선 후기에 들어 북학파 실학자들에게 北學의 사상적 선구가 되어 적지 않은 영향을 끼쳤다. 朴齊家(1750~1805)는 최치원을 북학사상의 선구로 평가하면서 "나는 어렸을 적에 고운 최치원과 重峯 趙憲의 사람됨을 사모하여 비록 세대는 다르지만 한 번 말채찍을 잡고 그 분들의 뒤를 따르고자 하는 慨然한 소원이 있었다. 고운은 당나라에서 進士한 뒤 동으로 본국에 돌아왔는데, 신라의 풍속을 혁신하여 중국과 같은 문명의 세계로 나아갈 수 있을 것으로 생각했다. 그러나 時運이 따르지 않아서 마침내 伽倻山에 은거하였는데, 삶을 어떻게 마쳤는지는 알 수 없다. 重峯은 質正官으로 燕京에 다녀왔다. 그가 지은 『東還封事』는 매우 부지런하고 정성스러웠다. 저들로 말미암아 자기를 깨달으며 잘하는 것을 보고 그와 같이 할 것을 생각하였으니, 華夏로써 東夷의 풍속을 변화시키려는 고심이 아닌 것이 없었다. 압록강 동쪽에서 천여 년 동안에 이 변변치 못한 모퉁이를 한번 변화시켜서 중국과 같은 문명에 이르게 하려던 사람은 오직 이 두 사람뿐이었다."고 하였다.[103] 대표적인 북학파 실학자인 박제가는 최치원을

---

102) 최근영, 1981, 「고운 최치원의 사회개혁사상」 『한국사상』 18, 267쪽.

103) "余幼時 慕崔孤雲趙重峰之爲人 慨然有異世執鞭之願 孤雲爲唐進士 東還本國 思有以革新新羅之俗 而進乎中國 遭時不兢 隱居伽倻山 不知所終 重峰以質正官入燕 其東還封事 勤勤懇懇 因彼而悟己 見善而思齊 無非用夏

사모하면서 우리 문화를 일대 변화시킨 인물로 최치원을 들고 있다. 사실 최치원의 사상체계는 민족주체성과 자존의식을 고취시키면서도 국제사회의 진운에 보조를 맞추어 문명세계를 이룩하고자 했던 북학파 학자들의 진취적 사상 경향과 문명의식은 실로 흡사하다. 이처럼 최치원의 국제통으로서 위치는 북학에 영향을 끼쳤다.

한편 최치원의 삼교관과 동인의식은 동학을 창시한 崔濟愚(1824~1864)에게도 지대한 영향을 미쳤다. 최제우는 최치원과 같은 慶州 출신이며, 아울러 최치원의 후손이다. 이들의 사상적 맥락은 아주 긴밀하다. 우선 이들의 號마저도 천상의 '孤雲'과 천하의 '水雲'으로 잘 조응하고 있다. 그리고 동학의 包와 接의 조직 체계와 '侍天主'를 모시는 방법 등은 최치원의 사상에서 연원한 것이다.[104] 그리고 이후 출현한 檀君敎 등 여러 민족종교들은 최치원의 사상에 큰 영향을 받은 듯하다.

V. 문학작품과 민간에서 숭배

최치원에 관련하여 '雙女墳'이라는 흥미있는 설화가 전해오고 있다. 이 설화는 원래 『殊異傳』에 수록되었던 것이 뒤에 成任의 『太平通載』 권68에 '崔致遠'이라는 이름 아래 전재되어 있고, 그 뒤 權文海의 『大東韻府群玉』 권15에는 '仙女紅袋'라는 이름으로 수록되어 전한다.

그 내용은 '최치원이 12세에 唐에 들어가 과거에 급제한 뒤 溧水縣의 縣尉가 되었는데, 항상 고을 남쪽의 招賢館에 가서 놀았으며, 초현

變夷之苦心 鴨水以東 千有餘年之間 有以區區一隅 欲一變而至中國者 惟此兩人而已"(「北學議 自序」, 『楚亭全書』下).

104) 최영성, 앞의 논문, 312~313쪽.

관 앞에는 雙女墳이라는 오래된 무덤이 있었다. 어느 날 최치원이 쌍녀분에 관한 시를 지어 읊었더니, 쌍녀분의 주인공인 八娘子와 九娘子를 만나, 세 사람은 곧 술자리를 베풀고 시로써 화답하여 즐기다가, 세 사람이 베개를 나란히 하여 정을 나누며 즐기다가 달이 지고 닭이 울자 두 여인은 이제 작별할 시간이 되었다면서 시를 지어 바치고는 사라져 버렸다. 최치원은 그 다음날 지난밤 일을 회상하며 쌍녀분에 이르러 그 주위를 배회하면서 長歌를 지어 불렀다. 그뒤 최치원은 신라에 돌아와 여러 명승지를 유람하고 최후로 가야산 해인사에 숨어버렸다.'는 줄거리이다. 이 설화의 성립 연대는 주인공인 최치원의 연대로 보아 고려 초기나 적어도 중기 이전으로 추측된다. 신라 말엽 이후 많은 최치원 관계 설화가 생성, 구전되면서 이 설화도 생성되었을 것이다.

조선 전기에 沈義(1475~?)는 우리나라 역대 문사들을 한 자리에 놓고 문장의 고하에 따라 관직의 차등을 둔 가상의 문장 국가를 그린 한문소설 『大觀齋夢遊錄』(일명 記夢)을 남겼다. 이에서 최치원을 최고의 지위인 天子로 추키어 올렸다.[105] 이에서 보건대 비록 가상적인 세계이기는 하지만 최치원을 동방 문학의 조종이며, 최고로 여기고 있음을 수 있다.

조선 후기에 이르러 최치원은 『崔孤雲傳』의 주인공으로 등장하였다.[106] 여기서 최치원은 금돼지(혹은 미륵돼지)의 아들로 해석되고 있다. 한편 오늘날까지 전승되는 전국의 최치원 관련 설화는 대단히 많다.[107]

---

105) 『大觀集』권4, 「記夢」(『栖碧外史』海外蒐逸本 4).

106) 「최치원전」은 조선시대 구전설화의 집대성으로 이루어져 있고, 임·병 양란 이후의 민족적 민중의식이 표출되어 있어 그 성립연대가 조선 중기 이후로 보인다.

107) 김승찬, 1997, 「최치원 구전설화 연구」『고운의 사상과 문학』, 파전한국학당.

그 중에는 『최고운전』의 내용과 같은 맥락과 구조를 가진 것이 여럿 있는데, 여기서 최치원은 금돼지의 아들로 표현되고 있다. 금돼지는 존귀함을 의미하는 것으로, 결국 금돼지로 상징되는 최치원은 존귀한 인물이라는 뜻이다. 이는 조선 후기 불우한 생활을 하던 서민들이 최치원을 동질감 속에서 이해한 사고의 표현이다. 만년에 불행한 삶과 신비한 행적이 서민들의 동정심을 불러 일으켰을 것이고, 또 동정심이 신선사상과 연결되면서 최치원을 신이적인 인물로 만들고 있는 것이다.[108]

최치원은 후대에 민간에서도 크게 존경을 받았다. 일찍이 曺偉는 "삼국시대부터 문인 재사가 대대로 끊이지 아니하였으나 선생의 이름이 유독 선현을 빛내고 후세에 견줄 이 없어 사람들의 입에 오르내린다. 평생의 발자취가 미친 곳마다 지금껏 소먹이는 아이와 나무꾼들이 가리켜 '최고운이 놀던 곳'이라 하고 여염집의 보잘 것 없는 사람들이나 시골 구석의 무식한 부녀자들까지도 모두 공의 성명을 외우고 공의 문장을 사모한다."고[109] 하였다. 이에 의하면 이미 조선 중기에는 더 많은 최치원 관련 유적과 전설이 있었고 인구에 회자되며 존경을 받았음을 추측할 수 있다. 지금도 최치원의 설화는 전국적으로 전해오고 있다.

특히 최치원의 탄생설화와 관련되는 '금돼지굴'은 충북 보은의 검단산, 강원도 금화의 금성산, 평북 철산의 동고암산, 경남 마산의 돌섬(猪島), 충남 공주의 원골 동고암산, 전북 순창의 화산 등에 전국 여러 곳에 있다고 전해진다. 그리고 최치원의 出生, 仕宦, 遊覽 등 행적과

---

108) 한석수, 앞의 책, 35~36쪽.

109) "自三國以來 文人才士 世不乏人 而公之名 獨光前而掩後 膾炙人口 平生足跡所及之處 至今樵人牧竪 皆指曰 崔公所遊之地 至於閭閻細人 鄕曲愚婦 皆知誦公之姓名 慕公之文章"(曺偉, 『東史纂要』).

관련하여 문헌과 口傳되는 유적이 경주를 중심으로 한 동해안 일대, 지리산 일대, 호남 북부 서해안 일대, 경남 남해안 일대 등 전국적으로 천년이 지난 오늘날까지도 전해오고 있다. 이것은 최치원이 우리 민족에게 時空을 초월하여 끊임없이 추앙받은 인물임을 짐작할 수 있다.

한편 李重煥의 『擇里志』에는 沃溝 自天臺의 石籠 설화[110] 및 최치원이 도를 얻어서 가야산과 지리산 사이를 왕래하였다는 설화와 紅流洞에서 최고운이 신을 버리고 갔다는 설화[111] 등이 실려 있고, 또 최치원이 책을 읽는 소리가 중국의 천자에게 들렸다는 紫泉臺가 지금 옮겨져 옥구향교 내에 있다는 이야기 등도 전해오고 있다.[112] 또 앞에서 언급하였듯이 1785년(정조 9)에 있었던 文洋海의 獄事에 의하면 민간에서는 최치원을 조선 후기까지도 신선이 된 인물로 받들고 있었음을 보여준다.

물론 이러한 이야기는 그 내용의 진실성에는 의문이 있다. 그럼에도 이것은 최치원의 행적과 관련하여 전국 곳곳에 전하는 설화와 더불어 이들 지역에서는 일반 민들 사이에 최치원은 도교적 성격을 가진 신이한 인물로 전하여 오고 또 존숭의 대상이었음을 말해주는 것이다.

결국 조선 후기에 이르러 최치원은 민족의식을 표방한 문학작품 속에서 도교적 사상 측면이 강조되는 한편으로, 한편 민간에서도 설화·전설의 주인공으로서 신이적 존재로 평가되었다.

---

110) 李重煥, 『擇里志』 八道總論 全羅道.

111) 李重煥, 『擇里志』 卜居總論 山水.

112) 『옥구군지-오성의 횃불-』, 1982, 177~178쪽 ; 장일규, 2016, 「최치원 관련 유적의 분포와 숭모」 『한국사학보』 63.

Ⅵ. 사대주의 문제와 역사인식 이해

申采浩(1880~1936)는 "金富軾은 金春秋와 崔致遠을 이래에 慕華主義 結晶이라. 최치원은 그 사상이 漢이나 唐에만 있는 줄 알고 신라에 있는 줄 모르며 학식은 漢書나 佛典을 관통하였으나 본국의 古記 一篇도 보지 못하였으니 그 주의는 조선을 가져다가 純支那化하여 했다."고 하였다.[113] 즉 신채호는 최치원을 漢字를 수입한 支那留學의 한 학생이며 事大慕華主義의 기원으로 폄하하였다. 신채호의 비판에서 보듯이, 최치원에 대한 일반적인 비판의 하나는 그가 철저히 事大的 사상이 몸에 밴 사람이었다는 것이다. 사실『계원필경』등의 내용을 보면 그렇게 평할 수도 있다. 특히 최치원이 高駢을 대신해서 쓴 여러 유형의 문장이나 獻詩 등은 그러하다.

더욱이 최치원은 당나라에서 지내면서 신라의 관습을 버리고 당의 관습을 빨리 익히고자 하였고, 신라에 있는 지식인들에 대하여 늘 우월감을 갖고 있었을 것이다. 그러므로 최치원은 재당 시절에는 당에 완전히 동화된 인물이었다고[114] 비판을 받을 수도 있다.

이러한 시각에서의 최치원에 대한 평가는 「난랑비서」에 보이는 풍류정신에 대한 이해에서도 적용되고 있다. 金凡夫(1897~1966)는 "선생은 문화적으로 모화파일지언정 배타적 국수론자는 될 수 없는 事理란 말이다. 그런데도 불구하고 국선 중의 일인인 鸞郎의 비문에 大書特筆日 '國有玄妙之道 曰風流 實乃包含三敎'라 했으니, 우리는 조금도 피로할 것이 없이 일찍 적어도 최치원 그 시대까지는 삼교를 포함한 國敎

---

113) 신채호, 1980, 『조선상고사』, 삼성문화문고, 72쪽.
114) 허권수, 1985, 「최치원의 재당생활에 대한 소고」『영남중국어문학』10, 262쪽.

가 있었던 것을 발견할 수 있는 것이다.”[115] 하였는데, 이는 최치원은 모화주의자라는 일반적인 인식을 토대로 논리를 전개하면서, 「난랑비서」에 보이는 풍류도의 객관적 실재를 강조한 것이다.

최치원을 대표적인 사대모화주의자로 지목할 수 있는 뚜렷한 근거는, 그가 代撰한 글에 보이는 사대모화적인 표현에서 찾을 수 있을 뿐, 그 밖의 특별한 것은 없다. 우리나라에서는 삼국시대부터 이미 중국에 대한 외교는 의례적으로 사대·모화적 표현을 사용하는 것이 관례처럼 되어 왔다. 따라서 최치원이 외교문서를 대찬하면서 이러한 의례적인 표현들을 사용했다고 해서 이것을 곧 최치원의 본래의 생각으로 보는 것은 무리인 듯하다. 아마 이들 사대·모화적 표현 대부분이 사대문서에서 흔히 볼 수 있는 상투적이고 외식적인 수사에 불과할 뿐, 이것이 최치원 개인의 사대사상은 아니었을 것이다. 그러므로 최치원의 문장이 오로지 한화를 추구하느라고 자국의 고유한 정서를 외면하였고 더 나아가 그의 의식 자체가 중화에 중독되었다고 하는 비판적 평가는 마땅치 않은 듯하다. 요컨대 최치원은 자신의 문장이 중국에 전해져 널리 알려지는 것을 의식하였고, 또 보편적 가치 기준과 개념을 빌어 우리의 역사와 문화를 당시 국제무대인 중국에 널리 알리려고 하였다.

최치원의 사대의식을 언급할 때는 흔히 『帝王年代曆』에서 신라 고유의 왕호를 버리고 모두 ‘王’이라 일컬었던 점을 거론한다. 이미 고려시대 김부식은 『삼국사기』의 논에서 “신라말 명유 최치원은 『제왕년대력』을 지으면서 모두 ‘某王’이라고만 일컫고 居西干 등으로 말하지 않았다. 혹시 말이 鄙野해서 일컬을만한 것이 못된다는 까닭에서였을까. … 이제 신라의 사실을 기록함에 있어서 그 나라 말을 남겨둠이 또한 마땅할 것이다.”고 하였다. 이러한 김부식의 사대주의적인 추측은 후

---

115) 김범부, 1959, 「풍류정신과 신라문화」 『한국사상』 1, 106~107쪽.

대에 그대로 받아들여졌다. 조선 후기의 안정복은 "신라 초기에는 왕호가 정해지지 않아 거서간·차차웅·이사금·마립간이라 칭하였는데, 최치원이 『연대력』에서 그것이 오랑캐 말임을 싫어하여 글을 고쳐 썼다."고[116] 하였다.

이러한 이해로 인하여 최치원은 우리나라에서 대표적인 모화주의 학자요 文辭에 殉하기 위해 자기 나라의 고유어, 고유사상을 버리고 漢文化를 추구했던 몰주체적인 역사가로 그릇 인식될 수밖에 없었다.[117]

이와 같은 평가는 오늘날에도 반영되어 李基白은 '최치원의 역사인식은 유교적 중국 문화 중심의 입장을 천명한 것'이라고,[118] 또 李基東은 '최치원의 사상적 경향은 신라의 전통을 고수하기보다는 오히려 중국 문화의 절대적 우위를 인정하는 입장'으로[119] 이해한 바 있다.

하지만 최치원이 순수 우리식의 왕호를 버리고 모두 왕이라고 했던 사실을 단순히 모화적 사고에서 비롯된 것으로 보기보다는 모두 왕이라 일컬음으로써 어엿한 千乘之國의 군주임을 일깨운 것이다. 더 나아가 최치원은 오히려 당에 대하여 통일신라의 정통성을 명백히 하고,[120] 우리나라 역사를 동양권의 세계사적인 관점에서 보편적인 역사개념과

116) "新羅之初 王號未定 稱居西干 次次雄 尼師今 麻立干 崔致遠年代曆 嫌其 夷語 變文書之"(『東史綱目』卷首 凡例 名號).

117) 최영성, 앞의 논문, 290쪽.

118) 이기백, 1986, 「신라 골품제하의 유교적 정치이념」『신라사상사연구』, 일조각.

119) 이기동, 1995, 『한국의 역사가와 역사학』, 창작과 비평사.

120) 조인성, 1985, 「삼국 및 통일신라시대의 역사인식」『한국사학사의 연구』, 한국사연구회편, 31쪽 ; 김성준, 1990, 「제왕연대력과 최치원의 역사인식」『동고이종욱박사고희기념학술논문집』 ; 김창겸, 2004, 「최치원의 제왕연대력에 대한 검토」『고운학보』 2.

가치를 의도적으로 택한 최초의 역사가였다고 하겠다.[121] 이러한 관점이 이미 『揆園史話』에서 최치원을 고대 정신의 참된 계승자로 본 것과 더불어 최치원의 역사인식에 대해 보다 잘 이해한 것이라 하겠다.

그리고 李賢惠가 "최치원에게 있어서 중국적 역사 개념은 바로 세계적 역사 개념의 기준으로서 최대의 객관성과 합리성을 지닌 것으로 인식되었을 것이다. 그러므로 한국고대사 내지는 자기 전통을 세계사적 관념과 기준 속에서 조명·정립시키려는 노력이 최치원에게서 비롯되었다는 것은 한국사학사상 역사인식의 형성 과정이란 측면에서 상당한 의미를 지니는 것"이라 하였는 바,[122] 경청할 필요가 있다. 결국 최치원은 東人意識을 바탕으로 하면서 신라 고유사상을 중국적 가치와 개념으로 해석, 설명하여 국제화시키려 했던 인물이라 하겠다.[123]

그리고 최치원의 고대사인식을 논의할 때 거론되는 것이 삼한의 위치 비정과 발해사의 인식에 대한 문제이다.[124]

최치원은 「太師侍中狀」에서 "듣건대 동쪽 바다 밖에 삼국이 있었는데 그 이름은 마한·변한·진한이다. 마한은 고구려, 변한은 백제, 진한은 신라다."[125] 하여, 삼한의 위치비정에서 마한=고구려를 제시하였다. 이는 후대의 많은 논란이 되었다.

金富軾은 『삼국사기』권34 지리1 지리지에서 "신라의 강역은 옛날에

---

121) 정구복, 1999, 『한국중세사학사Ⅰ』, 집문당, 30쪽.

122) 이현혜, 1993, 「최치원의 역사인식」『명지사론』창간호, 11쪽.

123) 최영성, 앞의 논문, 270쪽.

124) 조인성, 1982, 「최치원의 역사서술」『역사학보』94·95합집 ; 최경숙, 앞의 논문 ; 김병곤, 2005, 「최치원의 삼한관에 대한 인식과 평가」『한국고대사연구』40.

125) "其文集有上太師侍中狀云 伏聞東海之外有三國 其名馬韓卞韓辰韓 馬韓則高麗 卞韓則百濟 辰韓則新羅也"(『삼국사기』권46 , 최치원전).

전하는 기록이 같지 아니하다. … 신라의 최치원은 '마한은 고구려이고, 변한은 백제이고, 진한은 신라이다.'라고 말하였다. 이 여러 설이 사실에 가깝다고 하겠다."고[126] 하여, 마한=고구려라는 최치원의 설을 긍정적으로 평하였다. 또 一然은 『삼국유사』에서 "최치원이 말하기를 '마한은 고구려고 진한은 신라다' 하였다."고[127] 하면서, 최치원의 마한=고구려, 변한=백제설을 지지하였다. 그리고 李承休 또한 『帝王韻紀』에서 고구려의 마한 계승을 믿고 있다.[128] 이처럼 고려시대까지는 삼한의 위치비정에 대한 최치원의 설을 정론으로 하였다.

그러나 조선 초기가 되면 최치원의 설에 대한 반론이 제기되어, 이후로는 이에 대한 긍정적 평가와 부정적 평가가 한동안 공존했다.

고려말에 편찬된 듯한 『周官六翼』에서 처음으로 馬韓=百濟說이 제기되었다. 조선초의 權近은 『東國史略』에서 "『후한서』에 '변한은 남에 있고, 진한은 동, 마한은 서에 있다'고 하나, 변한이 남쪽에 있다고 한 것은 대개 漢 경계인 요동의 땅으로부터 말하는 것이지 변한이 진한·마한의 남쪽에 있다는 것을 말하는 것이 아니다. 최치원이 '마한이 고구려, 변한이 백제다'한 것은 잘못이다." 하여, 최치원의 설을 반박하였다. 그리하여 최치원이 제기한 마한=고구려설은 부정되기 시작하였다.

한편 『동국여지승람』에서는 "신이 살펴보건대 마한이 고구려가 되고 진한이 신라가 되고 변한이 백제가 됨은 최치원이 이미 定論하였다. 이것은 치원이 처음으로 이 말을 한 것이 아니라 삼국 초기부터 서로 전해오던 말이다. … 신은 그런 까닭으로 삼가 최치원의 옛 설에 의하

---

126) "新羅彊域 古傳記不同 … 新羅崔致遠曰 馬韓則高麗 卞韓則百濟 辰韓則新羅也 此諸說可謂近似焉"(『삼국사기』 권34, 지리 1).

127) "崔致遠云 馬韓麗也 辰韓羅也"(『삼국유사』 권1, 紀異1 馬韓).

128) 李承休, 『帝王韻紀』 下, 「東國君王開國年代 幷序」.

여 경기·충청·황해 등의 도를 마한 구역에 소속시키고, 전라도를 변한 구역에 소속시켰나이다." 하였다.[129] 아울러 권근의 설은 부정되었고, 결론은 최치원의 설을 따른다고 하였다.

그러나 韓百謙(1552~1615)은 『東國地理志』에서 "최치원이 비로소 '마한이 고구려, 변한이 백제다.'고 하였는데, 이것이 처음 잘못이다. 권근은 마한이 백제인 것을 알았지만 역시 고구려가 변한이 아니라는 것을 모르고 혼란되게 말했다. 이것은 또다시 잘못이다."고 하였다. 그리하여 한백겸은 최치원을 비판, 부정하고 처음으로 삼한 위치를 마한이 호서·호남, 진한·변한이 영남지방에 있었다고 말하였다.

한백겸에 의해 부정되었던 최치원의 설은 李瀷(1681~1763)에 의해 다시 지지를 받았다. 그는 『星湖僿說』에서 '최치원이 당시 사람인데 어찌 錯說이 있겠느냐.'고, 최치원의 설을 옹호하고 지지하였다. 그러나 이러한 지지는 단지 역사적 사실로 이를 뜯어 맞추려는 臆說이며 신라의 大家라는 명분에 최치원의 설을 변명했을 뿐이다.[130]

安鼎福은 『동사강목』에서 "고운은 당시 사람인데 마한이 고구려가 아니라는 것을 어찌 몰랐겠는가. 그가 말한 마한이 고구려라고 한 것은 고구려가 일어난 땅을 가지고 말한 것이 아니라 뒤에 고구려가 마한 동북쪽 땅을 병합한 것을 가지고 말한 것이다. … 대개 이 같은 이유는 마땅히 시대가 가장 오래된 것을 근거로 삼아야 하니, 나는 고운의 설로 정설을 삼는다."고[131] 하였다. 이처럼 안정복은 스승 이익이 최치원

129) 『新增東國輿地勝覽』 권6, 京畿.

130) 김정배, 1968, 「삼한위치에 대한 종래설과 문화성격의 검토」 『사학연구』 20, 135~136쪽.

131) "孤雲 當時人 豈不知馬韓之非麗乎 其謂馬韓爲麗者非以麗所起之地爲言也 後來麗所并馬韓東北之地 而言也… 凡此之類 當以時代之最高者爲據 故愚 以孤雲爲正"(『동사강목』 附卷下, 辰國三韓說).

의 설을 옹호했듯이, 그도 최치원의 설에 대해 같은 의견을 보였다.

한편 韓鎭書는 『海東繹史續』에서 『동국여지승람』의 삼한설은 최치원의 잘못된 설에 근거한 것이며, 의견이 분분한 삼한 위치는 오직 韓百謙의 설이 명확하여 바꿀 수 없는 세상의 定論이라고 하였다.[132] 결국 한진서는 한백겸과 같이 최치원의 설을 부정하였다.

丁若鏞(1762~1836)은 『아방강역고』에서 삼한의 지역 비정을 최치원처럼 삼국에 비정하는 것을 배격하고 자신은 최치원의 설을 '따를 수 없다'고 하면서,[133] 최치원이 당시 사람인데도 이러한 잘못을 범한 것은 삼한으로 삼국에 분배하려 했기 때문이라고 이유를 들었다.[134]

『문헌비고』에서는 여러 설을 평한 뒤 한백겸의 논이 분명하여 세상에서 정론으로 삼고 있다고 하면서, 한백겸의 설이 옳다고 하였다.[135]

결국 삼한의 위치에 대한 최치원의 설은 고려시대에는 정론으로 받아졌으나, 조선 초기 권근의 비판이 있은 뒤, 그의 설에 대해 긍정적으로 동조하는 부류와 부정하는 부류가 있었다. 그러다가 17세기 초에 한백겸이 두 사람의 설은 삼한을 후에 일어난 삼국에 분배하려는 데서 오류를 범하였다는 지적과 함께 새로운 위치 비정을 제시한 뒤부터는 한백겸의 설이 통설이 되면서, 최치원은 물론 권근의 설은 효능을 상실하였다.

한편 최치원은 그의 작품 곳곳에서 渤海를 고구려의 殘蘗이 세운 국가로 보면서, 이를 北國이라 칭하였다. 그런데 조선 후기에 柳得恭이 『渤海考』에서 남북국시대론을 제기하였다. 이후 발해사는 한국사의 일

---

132) 韓鎭書, 『海東繹史續』 地理考.

133) 丁若鏞, 『我邦疆域考』 弁辰考.

134) 丁若鏞, 『丁茶山全集』 上, 雜纂集 文獻備考刊誤.

135) 『增補文獻備考』 권13, 輿地考 1.

부로 인식되고 체계화되면서 남북국시대론이 성립되었다. 그 근거의 하나로 바로 이러한 최치원의 견해이다. 이 설은 이후에도 계승되다가, 드디어 1970년대에 이르러 李佑成에 의하여 재확립되었다.[136]

Ⅶ. 정치·사회적 개혁의지

趙浚은 최치원을 '속된 세상의 사람이 아니며'[137] 또 "文章으로 명성이 났을 뿐이지 經世學은 아니다."고[138] 하였다. 즉 최치원이 神仙적인 인물로서 문학가일 뿐 경세의 학문은 하지 않았다고 이해한 것이다. 그러나 최치원 또한 중국 유학과 이후 중앙 정치 무대에서 관직 생활, 지방의 목민관 생활 등을 두루 겪으면서 변화를 갈망하는 시대적 요구에 대해, 직접 몸으로 부딪치면서 부응하고자 노력하였다.

최치원은 894년(진성여왕 8) 10여조의 時務策을 올려 개혁의 방향을 제시하기도 했다. 그의 경세사상 내지 개혁사상은 '時務十餘條'로 집약되었다.[139] 비록 그것의 구체적인 내용은 알 수 없지만 아마 당시 진골 중심의 정치사회 모순을 시정할 것을 건의한 것으로 추측된다. 그러나 그의 개혁안은 당시 신라의 정치 상황에서는 실천될 수 없는 것이었다. 이에 회의를 느낀 그는 海印寺에 들어가 은둔생활을 하였다. 이러한 은둔적 행위는 전형적인 지식인의 나약한 모습을 보여주었던 것으로 이해되고, 그리하여 최치원에게는 개혁 의지가 없었거나, 혹은 있

---

136) 이우성, 1975, 「남북국시대와 최치원」 『창작과 비평』 10-4(통권 30).

137) 余讀文昌侯 人間之要路通津 眼無開處 物外之靑山綠水 夢有所歸時之句 想公襟抱飄飄然 非塵實中人(『大東野乘』, 趙浚『海東雜錄』3).

138) 崔以文章名世 亦非經世之學也(『大東野乘』, 『海東雜錄』 권6).

139) 최영성, 앞의 논문, 215쪽.

었다 하더라도 매우 소극적이었던 것으로 평가되어지고 있다.

최치원은 심지어 '새로운 시대를 여는데 참신한 이념과 체제를 제시하지 못했다.'는 혹평도 있다.[140] 아니면 최치원은 '신라말 고려초의 전환기에 있어서 일련의 사상적 변화를 대변한 시대정신의 증인이지만, 사회혁명의 용기와 슬기를 갖추지 못한 周邊人'이었다.[141] 또는 "비록 신라 하대의 사회 모순을 나름대로 인식하고 그 타개 방향을 모색하고 있었지만 그의 개혁의 방향이란 신라 지배체제 내에서 그의 활동을 증대시키는 선상에서 개혁을 의미하는 것이지 결코 신라와는 다른 새로운 사회를 건설하는 주체세력으로서 성장과는 질적으로 다른 것"이다.[142] 혹은 개혁에 대한 타당성만을 제시한 채 개혁에 참여하는 행동적 지식인이 되지는 못하였으며, 이것은 어쩔 수 없는 지식인의 한계로 보기도 한다.[143]

이러한 최치원에 대한 소극적 인물로의 인식과는 달리, 박제가는 「北學義自序」에서 최치원을 북학사상의 선구자로 적극적 평가를 하였다. 그는 최치원의 의식세계를 살핌에 있어서 종래 '사대모화적 성향'으로 치부하였던 것을 보편성 추구의 차원에서 '문명세계의 지향'이라는 문제 의식으로 이해할 수 있는 중요한 단서를 제기한 것이다.[144]

최치원은 당시 신라 봉건통치체제가 문란, 해이되어 가는 환경에서 상층 귀족들의 극히 부패타락한 상태에 대하여 일정하게 폭로하였으며

---

140) 전기웅, 1989, 「신라하대말의 정치사회와 경문왕가」『부산사학』16, 37쪽 ; 2005, 「신라말의 개혁과 최치원」『신라사학보』5.

141) 신형식, 1985, 『신라사』, 이화여자대학교, 224쪽.

142) 김호동, 1986, 「최은함−승로 가문에 관한 연구」『교남사학』2, 10쪽.

143) 김갑동, 1990, 『나말려초의 호족과 사회변동연구』, 고려대학교출판부, 22~23쪽.

144) 최영성, 앞의 논문, 272쪽.

당시로서는 일부 진보적인 철학적 견해들을 내놓았다.[145] 사실 최치원의 쓴 「謝嗣位表」 등의 글에는 민중의 힘을 중시하는 易位의 논리 내지 혁명사상까지도 포함된 것들이 있다.[146] 그리고 최치원의 글에는 어느 정도의 사회개혁적인 일면도 보인다.[147] 그러나 그의 개혁 의지는 신라말의 현실을 극복하지 못하여 은둔의 길을 택함으로써 꺾이고 말았다. 하지만 이러한 최치원의 사상은 고려 건국 과정에서 사회 개혁의 방향과 지향해야 할 목표를 제시해 주었을[148] 뿐만 아니라 중세사회로의 전환에 있어서의 지적 집단과 사상적 변화를 크게 강조하였고, 특히 고려 중기에 이르러 崔承老의 時務策 등에 큰 영향을 주었다.[149]

최치원은 결코 신라 왕조를 부정하지는 않은 인물이다. 다시 말하면 최치원은 '은둔을 할지언정 호족과 결탁하여 독립된 정부를 세우는데 관심이 없는 인물'이고, '세상을 떠나는 날까지 신라에 대한 충성을 잃지 않고' 호국정신을 가졌던 대학자였다.[150] 그러므로 최치원은 자신이 처했던 재당기나 귀국 후의 사회가 한결같이 정치적 문란, 종교적 다양성과 문학사의 변동, 특히 정치적 난세기였음에도, 이러한 환경에서도 시류에 물들지 않은 당대 최대의 지성인으로 고고하게 지조를 지킨 신라말의 유일한 인물이며,[151] 신라말 고려초의 전환기에 있어서 일련

---

145) 『조선전사』 5 중세편, 1979, 과학백과사전출판사, 351쪽.

146) 최근영, 앞의 논문 참조.

147) 최영성, 1999, 「최치원 시무책의 건의배경에 대한 고찰」 『사학연구』 58·59합집.

148) 이재운, 1999, 「고려 태조의 정치사상」 『백산학보』 52, 966쪽.

149) 이기백, 앞의 논문 ; 김복순, 1992, 「최치원과 최승로」 『경주사학』 11.

150) 이기백, 앞의 논문: 1977, 『한국고대사론』, 탐구당, 126~137쪽 ; 이문기, 2020, 「최치원의 현실인식과 신라 수창군 호국성 팔강등루기의 찬술 배경」 『신라사학보』 50.

151) 崔根泳, 1982, 「孤雲 崔致遠의 思想硏究」, 『韓國思想』 19, 187쪽.

의 사상적 변화를 대변한 시대정신의 증인이다.

결국 최치원은 신라말의 정치사회적 모순을 인식하고 개혁하려는 일정 수준의 사상과 의지는 있었으나 현실적 한계를 극복하지 못한 채 은둔의 길을 택하였다. 그렇지만 그는 죽는 날까지 유교정신에 입각하여 신라 왕조를 인정한 지식인이었다.

Ⅷ. 맺음말

최치원에 대한 후대인들의 평가는 다음과 같이 정리할 수 있다.

최치원은 생존기에 이미 중국 당나라 문인들에게 文才가 인정되어 詩仙 李白과 비유되었고, 귀국한 뒤에는 신라의 왕과 동배들로부터 문재를 인정받아 國士로 대우받았으며 세간에서는 '一代三崔'의 한사람으로 존경하였다. 그리고 그의 작품은 중국·일본 등에 널리 알려지고 평가된 국제적인 문인이었다.

최치원은 문학과 삶은 물론 역사인식과 사상 등 여러 면에서 후대인에게 많은 영향을 끼쳤다. 그리하여 후대인들로부터 끊임없이 존경과 비판, 긍정과 부정의 상반된 평가를 받았다.

먼저 고려 현종대에 최치원이 고려의 건국 과정에서 밀찬조업한 공로가 인정되어 문창후로 추시되고 문묘에 배향되어 우리나라의 儒宗으로 받들어졌다. 특히 '新羅十賢'의 한사람으로 존경받았다. 최치원의 문학과 삶에 대하여, 고려의 여러 문인들은 그를 儒仙·神仙으로 추앙하는 등 평가가 긍정적이었다. 즉 최치원은 문명을 중원에 날린, 동국 문종인 탁월한 문인으로 평가하였다.

조선시대에는 최치원에 대한 평가가 보다 다양하였다. 먼저 문학적 측면에서는 고려시대에 이어서 중국에 문명을 날린 우리 문학의 시조로서 탁월한 인물이라는 긍정적 평가와 최치원의 문장은 達意보다는 美文을 존중하는 騈麗文體라는 이유로 한 유학자들의 부정적인 평가가 있었다.

사상적 측면에서는 평가자들이 몸담은 처지와 입장에 따라 평가를 달리하였다. 유가에서는 김종직 문하의 사림파 유생들과 실학자들은 긍정적인 평가를 하였다. 그러나 최치원의 사상이 삼교회통적인 까닭에 도학자들은 성리학적 입장에서 최치원의 도통을 문제삼았고, 특히 그가 불교와 밀접하였던 것을 이유로 문묘배향 등을 부정적으로 평가하였다. 즉, 조선 중기에 이르러 성리학적 통치이념이 확립되자 유가에서는 최치원을 뛰어난 문장가로서는 인정하면서도 사상적으로는 유·불·도의 삼교를 회통한 최치원의 문묘배향에 대해서는 부정적인 평가를 하였다. 한편 불가에서는 최치원이 본래 유학자임을 인정하면서 오히려 삼교에 통관한 대문인으로 높이 숭상하면서 유가의 비판으로부터 그를 변호하였다. 그리고 도가에서는 최치원은 우리나라 도맥의 계승자로 그 위상을 높이 평가하였다.

한편 최치원의 삼교회통적 사상은 이규보와 김시습으로 이어지고, 北學·東學은 물론 한말의 신흥 민족종교에도 큰 영향을 끼쳤다. 게다가 조선시대 일반 민중들 사이에는 신라 말의 불우한 생을 살았고, 신비한 행적을 남긴 최치원에 대한 동정심이 신선사상과 연결되면서 문학작품 및 민간에서 전승된 설화의 주인공으로서 초능력을 가진 인물로 반영되었다.

최치원을 철저한 사대주의자로 보는 견해도 있다. 일부 작품의 내용을 보면 그러한 성향도 있다. 그러나 그것은 주로 代作인 경우이다. 또 사대주의 문제는 『제왕연대력』을 통해서 추측되는 그의 역사의식과 함께 논의되었는데, 그러나 이것은 사대주의라기보다는 차라리 당시 唐 중심의 보편성에 근거한 유교적 합리주의에 입각한 인식이었다. 아울러 조선 후기에 도가 사학자들은 오히려 최치원이 고대 정신의 참된 계승자로 평하였다.

한편 최치원은 삼한의 위치 비정에서 마한=고구려설을 제시하여, 후대에 많은 논쟁을 불러 일으켰다. 대체로 고려시대에는 정설로 되었으나, 조선 초기에 반론이 제기되어 이후 찬반논쟁이 계속되다가, 조선 후기에 이르러 효능을 상실하였다. 또 최치원은 발해를 고구려의 후손이 건국한 북국이라 말하여, 후대에 발해사를 한국사의 체계 속에 편입시키는데, 이른바 남북국시대론의 중요한 단서를 제시하였다.

최치원은 신라 말의 정치사회적 모순을 개혁하려는 사상과 의지는 있었지만, 현실적인 한계를 극복하지 못한 채 은둔의 길을 택하였다. 하지만 최치원은 죽는 날까지 유교정신에 입각하여 신라 왕조에 호국정신을 지닌 지조 있는 지식인이었다. 그래서 후대인의 그에 대한 평가는 난세 내지 민족적 위기시일수록 보다 적극적으로 나타난 것 같다.

최치원의 생애와 더불어 그의 문학·사상·역사인식 등에 대한 후세인의 평가는 다양하여 상반된 양상을 보여 왔고, 지금까지도 논란이 되고 있다. 이처럼 다양한 평가가 나온 최치원이 후대에 미친 영향이 그만큼 크고 계속되었다는 사실을 보여주는 것이다. 또 최치원의 업적과 사상 그리고 이와 관련한 것들이 우리 민족사에 特出한 것이었음을 입증하는 것이다. 그러므로 최치원에 대하여 더 올바른 이해와 평가를 위해서는 그의 문학작품, 역사인식, 철학사상 및 정치 생활을 비롯한 생애 등에 대한 보다 종합적인 연구가 요구된다고 보겠다.[152]

152) 이와 관련하여서는 다음의 논저들이 참고가 된다. 최영성, 2001, 『최치원의 철학사상』, 아세아문화사 ; 당인평 저/마중가 역, 2004, 『최치원 신연구』, 한림대학교 아시아문화연구소 ; 이강래, 2004, 「최치원의 고대인식과 그 함의」『고운학보』 2 ; 이구의, 2005, 『최고운 문학연구』, 아세아문화사 ; 장일규, 2008, 『최치원의 사회사상 연구』, 신서원 ; 김복순, 2016, 『최치원의 역사인식과 신라문화』, 경인문화사.

참고문헌

[단행본]

권덕영, 2005, 『재당 신라인사회 연구』, 일조각

김갑동, 1990, 『나말려초의 호족과 사회변동연구』, 고려대학교출판부

김갑동, 2005, 『고려전기 정치사』, 일지사

김갑동, 2021, 『고려태조 왕건정권 연구』, 혜안

김갑동, 2022, 『고려 현종 연구』, 혜안

김기덕, 1999, 『고려시대 봉작제 연구』, 청년사

김두헌, 1980, 『한국가족제도연구』, 서울대학교출판부

김복순, 2016, 『최치원의 역사인식과 신라문화』, 경인문화사

김상기, 1985, 『신편 고려시대사』, 서울대학교출판부

김성준, 1985, 『한국중세정치법제사연구』, 일조각

김수태, 1996, 『신라중대정치사연구』, 일조각

김영태, 1990, 『한국불교사개설』, 경서원

김정현, 2009, 『우리겨레 성씨 이야기』, 지식산업사

김정호, 2005, 『한국의 귀화 성씨』, 지식산업사

김창겸, 2003, 『신라 하대 왕위계승 연구』, 경인문화사

김창겸, 2018, 『신라와 바다』, 문현

김창겸, 2018, 『신라 하대 국왕과 정치사』, 온샘

김철준, 1975, 『한국고대사회사연구』, 지식산업사

김태식, 2002, 『화랑세기, 또 하나의 신라』, 김영사

나희라, 2003, 『신라의 국가제사』, 지식산업사

남인국, 1999, 『고려 중기 정치세력 연구』, 신서원

남풍현, 2000, 『이두연구』, 태학사

노용필, 2017, 『한국고대인문학발달사연구(1)』, 한국사학

당인평 저/마중가 역, 2004, 『최치원 신연구』, 한림대학교 아시아문화연구소

동북아역사재단 한국고중세사연구소 편, 2019, 『고려의 국가의식과 동아시아』

동아대학교 고전연구실, 1965, 『역주 고려사』, 태학사

류영철, 2004, 『고려의 후삼국 통일과정 연구』, 경인문화사

문경현, 1983, 『신라사연구』, 경북대학교출판부

문경현, 1987, 『고려태조의 후삼국통일연구』, 형설출판사

박옥걸, 1966, 『고려시대의 귀화인 연구』, 국학자료원

박용운, 1985, 『고려시대사』 상, 일지사

박은경, 1996, 『고려시대 향촌사회연구』, 일조각

사회과학원 고전연구소, 1962, 『고려사』, 과학원출판사

사회과학원 력사연구소, 1979, 『조선전사』 5 중세편, 과학백과사전출판사

송기호, 1995, 『발해정치사연구』, 일조각

신성재, 2018, 『후삼국 통일전쟁사 연구』, 혜안

신형식, 1981, 『삼국사기연구』, 일조각

신형식, 1985, 『신라사』, 이화여자대학교

신호철, 1993, 『후백제견훤정권연구』, 일조각

심재석, 2014, 『고려 초기 정치사 연구』, 미주

안광훈, 2019, 『중국의 군망제도와 한국의 본관제도 연구』, 지식산업사

이구의, 1995, 『최고운의 삶과 문학』, 국학자료원

이구의, 2005, 『최고운 문학연구』, 아세아문화사

이기동, 1984, 『신라골품제사회와 화랑도』, 일조각

이기백, 1974, 『신라정치사회사연구』, 일조각

이도학, 2015, 『후삼국시대 전쟁연구』, 주류성

이병도, 1980, 『고려시대의 연구』, 아세아문화사

이수건, 1984, 『한국중세사회사연구』, 일조각

이수건, 2003, 『한국의 성씨와 족보』, 서울대학교출판부

이영춘, 1998, 『조선 후기 왕위계승 연구』, 집문당

이영호, 2014, 『신라 중대의 정치와 권력구조』, 지식산업사, 2014

이우성, 1983, 『한국의 역사상』, 창작과 비평사

이재범, 2007, 『후삼국시대 궁예정권 연구』, 혜안

장일규, 2008, 『최치원의 사회사상 연구』, 신서원

전국임씨중앙회, 2013, 『임씨상계보 약사』, 기창

전기웅, 1996, 『나말려초의 정치사회와 문인지식층』, 혜안

정구복 외, 2005, 『역주삼국사기』 3.주석편 상, 한국학중앙연구원

정구복, 1999, 『한국중세사학사 I 』, 집문당

정병완 편저, 1987, 『한국족보구보서집』, 아세아문화사

정용숙, 1988, 『고려왕실족내혼연구』, 새문사

조경철, 2015, 『백제불교사연구』, 지식산업사

조동일, 1995, 『한국문학사상사시론』, 지식산업사

조인성, 2007, 『태봉의 궁예정권』, 푸른 역사

주보돈, 2018, 『한국 고대사의 기본 사료』, 주류성, 2018

중앙일보사, 2005, 『성씨의 고향』

채웅석, 2000, 『고려시대의 국가와 지방사회』, 서울대학교출판부

최규성, 2005, 『고려 태조 왕건 연구』, 주류성

최근영, 1990, 『통일신라시대의 지방세력연구』, 신서원

최영성, 2001, 『최치원의 철학사상』, 아세아문화사

하현강, 1977, 『고려지방제도의 연구』. 한국연구원

한국정신문화연구원, 1987, 『한국학기초자료선집』 -고대편-

한석수, 1989, 『최치원 전승의 연구』, 계명문화사

홍사원·김사헌, 1979, 『한국해외이민연구』, 한국개발연구원

홍승기 편, 1996, 『고려태조의 국가경영』, 서울대학교출판부

황운룡, 1978, 『고려벌족에 관한 연구』, 친학사

濱田耕策, 2002, 『新羅國史の硏究』, 吉川弘文館, 2002

旗田巍, 1972, 『朝鮮中世社會史の硏究』, 法政大出版部

[연구논문]

강희웅, 1977, 「고려 혜종조 왕위계승난의 신해석」『한국학보』7

고병익, 1969, 「삼국사기에 있어서의 역사서술」『김재원박사회갑기념논총』

구산우, 2000, 「고려초기 향촌지배층의 사회적 동향」『부산사학』39

권덕영, 2009, 「大唐故金氏夫人墓銘과 관련한 몇 가지 문제」『한국고대사연구』54, 2009

권순형, 2008, 「고려 목종대 헌애왕태후의 섭정에 대한 고찰」『사학연구』89

권익기·김만태, 2017, 「성명의 항렬자에 관한 고찰」『정신문화연구』149

김갑동, 1991, 「고려시대의 성황신앙과 지방통치」『한국사연구』74

김갑동, 1995, 「고려 현종대의 지방제도 개혁」『한국학보』80

김갑동, 2001, 「나말려초의 면천과 복지겸」『한국중세사회의 제문제』, 한국중세사학회

김갑동, 2006, 「고려 현종과 사천지역」『한국중세사연구』20

김갑동, 2009, 「고려 태조 왕건과 유금필장군」『인문과학논문집』46, 대전대

김광석, 1983·1984, 「고려태조의 역사인식」『백산학보』27·28

김광석, 1986, 「고려태조의 신료제」『백산학보』

김광수, 1977, 「고려건국기의 패서호족과 대여진관계」『사총』21·22합집

김광수, 1986, 「고려건국기 일국가의식의 이념적 기초」『고려사의 제문제』, 삼영사

김광수, 1987, 「나말의 사회변동」『제2판 한국사연구입문』, 지식산업사

김근호, 2019, 「고운 최치원 평가에 나타나는 통시대적 인식」『공자학』39

김기덕, 1997, 「고려 전기의 왕위계승」『건대사학』9

김기덕, 1997, 「고려의 제왕제와 황제국체제」『국사관논총』78

김당택, 1980, 「고려 목종 12년정변에 대한 일고」『한국학보』18

김당택, 2007, 「고려 현종·덕종대 대거란(요) 관계를 둘러싼 관리들 간의 갈등」『역사학연구』29.

김두진, 1975, 「요오선사 순지의 선사상」『역사학보』65

김두진, 1979, 「고려 광종대의 전제왕권과 호족」『한국학보』15

김두진, 1988, 「나말려초 동리산문의 성립과 그 사상」『동방학지』 57

김두진, 1988, 「신라 진평왕대의 석가불신앙」『한국학논총』 10

김두향, 2005, 「고려 현종대 정치와 이계관료」『역사와 현실』 55

김범부, 1959, 「풍류정신과 신라문화」『한국사상』 1

김병곤, 2005, 「최치원의 삼한관에 대한 인식과 평가」『한국고대사연구』 40

김복순, 1980, 「고운 최치원의 사상연구」『사총』 24

김복순, 1992, 「최치원과 최승로」『경주사학』 11

김상기, 1959, 「고려태조의 건국과 경륜」『국사상의 제문제』 2, 국사편찬위
원회

김성준, 1958·1959, 「기인의 성격에 관한 고찰」『역사학보』 10·11

김성준, 1990, 「제왕연대력과 최치원의 역사인식」『동고이종욱박사고희기념
학술논문집』

김수태, 1981, 「고려 본관제도의 성립」『진단학보』 52

김수태, 2000, 「고려 초기의 본관제도」『한국중세사연구』 8

김수태, 2022, 「고려 태조의 예산진 조서」『이화사학연구』 64

김승찬, 1997, 「최치원구전설화 연구」『고운의 사상과 문학』, 파전한국학당

김영관, 2015, 「백제 말기 중앙 귀족의 변천과 왕권」『한국고대사탐구』 19

김영두, 1980, 「고운의 문학사상」『고운최치원』, 민음사

김영태, 1977, 「고려 역대 왕의 신불과 국난타개의 불사」『불교학보』 14

김영태, 1988, 「고려 개국초의 불교사상」『한국사론』 18, 국사편찬위원회

김영하, 1986, 「신라여인명」『역사교육논집』 8

김영하·허흥식, 1987, 「한국중세의 호적에 미친 당송 호적제도의 영향」『한
국사연구』 19

김용곤, 1986, 「고려 현종대의 문묘종사에 대하여」『고려사의 제문제』, 삼영사

김용국, 1967, 「나말려초의 고구려고강수복운동」『백산학보』 3.

김윤곤, 1983, 「고려 군현제도의 연구」, 경북대학교 박사학위논문.

김윤곤, 1983, 「여대의 운문사와 밀양청도지방」『삼국유사연구』 상, 영남대
학교 민족문화연구소편

김은숙, 1991, 「8세기의 신라와 일본의 관계」『국사관논총』 29

김인종, 1989, 「고운의 생애」『고운최치원』, 민음사

김정배, 1968, 「삼한위치에 대한 종래설과 문화성격의 검토」『사학연구』 20

김종선, 1989, 「일본정창원 소장 신라장적의 작성년도와 그 역사적 배경」
『아세아문화』 5

김종택, 1991, 「이름」『한국민족문화대백과사전』 17, 한국정신문화연구원

김중렬, 1984·1985, 「고운문학에 대한 제가의 평가고」『논문집』 9·11, 군산
대학

김중렬, 1986, 「최고운문학의 비교문학적 연구」『논문집』 13, 군산대학

김창겸, 1987, 「후삼국통일기 고려태조의 패서호족과 발해유민에 대한 정책
연구」『성대사림』 4

김창겸, 1988, 「신라 경문왕대 수조역사의 정치사적 고찰」『계촌민병하교수
정년기념 사학논총』

김창겸, 1992, 「고려태조대 대유이민정책의 성격」『국사관논총』 35

김창겸, 1993, 「신라시대 태자제도의 성격」『한국상고사학보』 13

김창겸, 1994, 「고려 태조의 왕위부자계승 의식」『교남사학』 6

김창겸, 2000, 「고려 건국기 유이민의 양상」『한국중세사논총』 - 이수건교
수정년기념-

김창겸, 2004, 「신라 국왕의 황제적 지위」『신라사학보』 2

김창겸, 2004, 「최치원의 제왕연대력에 대한 검토」『고운학보』 2

김창겸, 2005, 「최근 발견 사천선진리신라비 검토」『금석문을 통한 신라사
연구』, 한국학중앙연구원

김창겸, 2009, 「고려 태조대 성관 사여와 그 의미」『역사민속학』 30

김창겸, 2012, 「9세기 일본 서부 연안에 나타난 신라인들」『신라사학보』 26

김창겸, 2013, 「9세기 신라인의 출현에 대한 일본의 대응」『신라사학보』 28

김창겸, 2015, 「신라말 고려초 평택임씨의 등장」『신라사학보』 34

김창겸, 2021, 「신라시대 인명의 항렬자 사용과 그 의미」『한국고대사탐구』
39

김창석, 2015, 「공주 주미사지와 阿尼 명문석편에 관한 고찰」『목간과 문자』 15

김철준, 1952, 「신라 상대사회의 Dual Organization(상)」『역사학보』 2

김철준, 1964, 「후삼국시대의 지배세력의 성격」『이상백박사화갑기념논총』

김태욱, 1994, 「고려 현종대의 재추」『역사학보』 144

김호동, 1986, 「최은함—승로 가문에 관한연구」『교남사학』 2

김효경, 2008, 「부여 임천군 성황사와 유금필」『역사민속학』 26

남동신, 1996, 「광주 교산리 마애약사상」『譯註羅末麗初金石文』 下

노명호, 1987, 「고려시대 친족조직의 연구상황」『중앙사론』 5

노명호, 1995, 「나말려초의 사회변동과 친족제도」『한국고대사연구』 8

노명호, 1997, 「동명왕편과 이규보의 천하관」『진단학보』 83

노명호, 1999, 「고려시대의 다원적 천하관과 해동천자」『한국사연구』 105

마종락, 1995, 「고려전기 정치세력과 유학사상」『진단학보』 80

문명대, 1991, 「광주지역 사지 발굴의 성과와 의의」『불교미술』 10

민재홍, 2009, 「중국인의 성씨와 시대별 이름 짓기(命名)의 특징」『중국문화연구』 15

박종기, 1998, 「11세기 고려의 대외관계와 정국운영론의 추이」『역사와 현실』 30

박한설, 1977, 「고려왕실의 기원」『사총』 21·22합집

박한설, 1978, 「후삼국의 성립」『한국사』 3, 국사편찬위원회

박한설, 1980, 「고려태조의 후삼국통일정책」『사학지』 14

박현서, 1974, 「북방민족과의 항쟁」『한국사』 4, 국사편찬위원회

배종도, 1989, 「신라하대의 지방제도의 개편에 대한 고찰」『학림』 11

변태섭, 1981, 「고려초기의 정치제도」『한우근박사정년기념 사학논총』

서영대, 1998, 「한국·중국의 성황신앙사와 순창의 성황대신사적」『성황제와 성황당』, 민속원

송준호, 1986, 「한국의 씨족제에 있어서의 본관 및 시조의 문제」『역사학보』 109

송항룡, 1982, 「최치원사상연구」『한국철학사상연구』, 한국정신문화연구원

신석호, 1971, 「한국성씨의 개설」『한국성씨대관』, 창조사

신호철, 1972, 「궁예의 정치적 성격」『한국학보』 29

안병우, 1986, 「고려초기 재정운영체계의 성립」『고려사의 제문제』, 삼영사

오경석, 2021, 「고려전기 왕위계승 인식과 그 성격」『사림』 76

위은숙, 1985, 「나말려초 농업생산력 발전과 그 주도세력」『부대사학』 9

윤무병, 1953, 「고려북계지리고」『역사학보』 4·5

이강래, 2004, 「최치원의 고대사인식과 그 함의」『고운학보』 2

이광우, 2018, 「최치원 평가를 둘러싼 조선시기 유학자의 몇 가지 고민」『한국학논집』 73, 계명대학교

이기동, 1976, 「신라 하대의 패강진」『한국학보』 4

이기동, 1981, 「신라쇠망사관의 개요」『한우근박사정년기념 사학논총』

이기백, 1957, 「신라사병고」『역사학보』 9

이기백, 1968, 「고려경군고」『고려병제사연구』, 일조각

이기백, 1977, 「고려귀족사회의 성립 개요」『한국사』 4, 국사편찬위언회

이기백, 1977, 「고려 태조시의 진」『고려병제사연구』, 일조각

이기백, 1986, 「신라 골품제하의 유교적 정치이념」『신라사상사연구』, 일조각

이문기, 2020, 「최치원의 현실인식과 신라 수창군호국성 팔각등루기의 찬술배경」『신라사학보』 50

이병도, 1991, 「훈요십조」『한국민족문화대백과사전』 25, 한국정신문화연구원

이수건, 1970, 「고려시대 북방이민에 대하여」『서정덕교수화갑기념학술논총』

이순근, 1980, 「신라시대 성씨취득과 그 의미」『한국사론』 6, 서울대학교

이우성, 1975, 「남북국시대와 최치원」『창작과 비평』 10-4(통권 30)

이인재, 1992, 「신라하대 농민층 분해와 농민항쟁(1)」, 한국역사연구회 제25회연구발표회요지

이장우, 2001, 「고려시대 하남지역의 불교유적」『하남의 역사와 문화』, 국학자료원

이재운, 1999, 「고려 태조의 정치사상」『백산학보』 52

이정신, 2000, 「신라하대 농민항쟁의 특징」『International Journal of Korean History』 1, 고려대학교 민족문화연구원

이종명, 1968, 「고려에 내투한 발해인고」『백산학보』 4

이종서, 1887, 「나말려초 성씨 사용의 확대와 그 배경」『한국사론』 37, 서울대학교

이종서, 2017, 「신라 진골 성씨의 성립과 기능 변화」『역사와 현실』 105

이종서, 2018, 「고려시대 성씨 확산의 동인과 성씨의 기능」『역사와 현실』 108

이종욱, 1981, 「고려초 940년대의 왕위계승과 그 정치적성격」『고려광종연구』, 일조각

이종욱, 1988, 「신라시대의 혈족집단과 상속」『역사학보』 121

이종일, 1993, 「중국에서 동래한 사람의 성씨와 그 자손의 신분지위」『소헌남도영박사고희기념역사학논총』

이진한, 1999, 「고려시대 동궁 삼사·삼소의 제수와 녹봉」『민족문화』 22

이진한, 2000, 「고려시대 동궁 3품직의 제수와 녹봉」『진단학보』 89

이태진, 1977, 「김치양난의 성격」『한국사연구』 17

이현혜, 1993, 「최치원의 역사인식」『명지사론』 창간호

이혜옥, 1982, 「고려초기 서경세력에 대한 일고찰」『한국학보』 26

이홍직, 1960, 「경기도 광주군 동부면 교리마애불」『고고미술』 1-2(통권 2호)

이희덕, 1984, 「최충의 사상과 유교정치윤리」『최충연구논총』, 경희대학교전통문화연구소.

장일규, 2016, 「최치원 관련 유적의 분포와 숭모」『한국사학보』 63

전기웅, 1989, 「신라하대말의 정치사회와 경문왕가」『부산사학』 16

전기웅, 2005, 「신라말의 개혁과 최치원」『신라사학보』 5

전덕재, 1991, 「신라 하대의 농민항쟁」『한국사』 4, 한길사

정경현, 1992, 「고려태조의 왕권」『택와허선도선생정년기념 한국사학논총』

정승모, 1991, 「성황사의 민간화와 향촌사회의 변동」『태동고전연구』 7

정영호, 1984, 「광주춘궁리사지 일고」『남사정재각박사고희기념 동양학논총』

정용숙, 1984, 「고려 초기 혼인정책의 추이와 왕실족내혼의 성립」『한국학보』 37

정중환, 1966, 「고려건국고」『동아논총』 3, 동아대학교

조인성, 1982, 「최치원의 역사서술」『역사학보』 94·95합집

조인성, 1985, 「삼국 및 통일신라시대의 역사인식」『한국사학사의 연구』, 한국사연구회편

조인성, 1994, 「신라말 농민반란의 배경에 대한 일시론」『한국고대사연구』 7

조인성, 1996, 「미륵신앙과 신라사회」『진단학보』 82

주보돈, 2010, 「한국 고대사 속 여성의 지위」『계명사학』 21

채웅석, 1986, 「고려전기 사회구조와 본관제」『고려사의 제문제』, 삼영사

최경숙, 1981, 「최치원연구」『부산사학』 51

최규성, 1981, 「고려초기 여진문제의 발생과 북방경영」『백산학보』 26

최근영, 1981, 「고운 최치원의 사회개혁사상」『한국사상』 18

최근영, 1982, 「고운 최치원의 사상연구」『한국사상』 19

최병헌, 1975, 「나말려초 선종의 사회적 성격」『사학연구』 25

최병헌, 1978, 「신라 하대 사회의 동요」『한국사』 3, 국사편찬위원회

최병헌, 1997, 「고운 최치원 연구의 문제점과 과제」『원불교사상』 21

최삼룡, 1985, 「최고운전의 주제와 민족의식」『국어국문학』 25, 전북대학교

최양규, 2005, 「고려―조선시대 중국 귀화성씨의 정착」『백산학보』 73

최재석, 1982, 「고려조의 상속제와 친족조직」『동방학지』 35

최홍기, 1991, 「항렬」『한국민족문화대백과사전』 24, 한국정신문화연구원

추만호, 1986, 「나말 선사들과 사회 제세력과의 관계」『사총』 30

하현강, 1965, 「고려식읍고」『역사학보』 26

하현강, 1968, 「고려 혜종대의 정변」『사학연구』 20

하현강, 1968, 「고려전기의 왕실혼인에 대하여」『이대사원』 7

하현강, 1974, 「고려왕조의 성립과 호족연합정권」『한국사』 4, 국사편찬위원회

하현강, 1985, 「고려왕조 성립기의 제문제」, 연세대학교 박사학위논문

하현강, 1987, 「고려태조의 내외정책의 수립배경과 그 성격」『동방학지』 54·55·56합집

한규철, 1985, 「후삼국시대 고려와 거란관계」『부산사학』 1, 경성대학교

한기문, 1983, 「고려태조의 불교정책」『대구사학』 22

한우근, 1960, 「고대국가 성장과정에 있어서의 대복속민시책(하)」『역사학

보』13

한우근, 1961, 「여대의 기인선상규제」 『역사학보』 14

허권수, 1985, 「최치원의 재당생활에 대한 소고」 『영남중국어문학』 10

현종민, 2021, 「고려 초기 정윤과 태자검토」 『서강인문논총』 62

홍승기, 1989, 「후삼국의 분렬과 왕건에 의한 통일」 『한국사시민강좌』 5

홍승기, 1992, 「궁예왕의 전제적 왕권의 추구」 『택와허선도선생정년기념 한국사학논총』

황운룡, 1974, 「고려제왕고」 『정중환선생환력기념논총』

황운룡, 1993, 「귀화성씨시조 동래설」 『부산여대사학』 10·11합집

鈴木靖民, 1967, 「金順貞·金邕論-新羅政治史の一考察-」 『朝鮮學報』 45, 1967

江原正昭, 1980, 「高麗初期の王位繼承」 『中嶋敏先生古稀紀念論集』 上

今西龍, 1912, 「新羅僧道詵について」 『東洋學報』 2-2

今西龍, 1918, 「高麗太祖訓要十條につえて」 『東洋學報』 8-3

瀨野馬熊, 1926, 「高麗惠宗朝の內亂」 『史學雜誌』 37-10, 東京大學

浜中昇, 1984, 「高麗の歷史的位置について」 『朝鮮史研究會論文集』 21

荻山秀雄, 1922, 「高麗穆宗の卽位に關する高麗史の曲筆を論す」 『東洋學報』 12-3

池內宏, 1913, 「高麗太祖薨後堆に於けろ王位繼承上の一悲劇」 『史林』 3-2

池內宏, 1919, 「高麗穆宗朝の禍亂」 『東洋學報』 9-3

찾아보기

ㄱ

駕洛 金氏 197

家乘 196

伽倻山 368, 371, 372, 374

假王子 175

葛項寺石塔記 287

갑오개혁 192

강감찬 319

康公萱 124, 201

康起珠 124

강릉 김씨 199

江陵 王氏 90, 199, 200, 201

江陵 劉氏 227, 228

姜民瞻 300

强首 370

康氏夫人 249, 250, 251, 252

강제사민 216

康兆 305, 306, 311, 318, 342

改名 166, 180

開仙寺石塔記 287

거란의 제1차 침입 307

거란의 제2차 침입 296, 303, 307, 308, 314, 316, 318, 337, 342

거란의 침입 309, 310, 311, 314, 344

黔用 126

堅權 66

甄萱 28, 38, 49, 253, 283, 350

甄萱幽閉事件 254

경문왕 339

敬順王 108, 284

景宗 122, 261, 271, 275, 279, 281, 282, 290, 291, 292, 293, 294, 281, 288, 299, 300, 301

慶州 金氏 197

慶州 裵氏 202

경주 석굴암 본존상 270

계원필경 349, 354, 355, 377

季興 183

高敬明 367

高麗系 流移民 28, 36, 37, 56

고려사 249, 283, 285, 331

高騈 340

高子羅 65

曲衿會 202

鵑岩城 125

鵑岩鎭 111

공동 수호신 212

공동 시조 210, 212

공동제사 210

공동체 의식 211, 212

公山 桐藪戰鬪 122

과거 335, 337

官景 90, 199

光德 275, 280, 281, 287, 288

光山 李氏 250

광종 120, 260, 275, 280, 281, 285,
  288, 290, 292, 293, 294, 301,
  303

廣州 278

廣州校山里磨崖藥師佛坐像 269

구안동 김씨 197

九族 181

仇足達 202

具足達 202

국내 유이민 29, 43

國飯 160

국제 유이민 38, 50, 65

國學 162, 163

軍官 170

軍籍 95, 208

軍鎭勢力 103, 126, 127

郡縣制度 76

弓裔 28, 34, 49, 67, 248, 249,
  250, 251, 283, 350

權近 339, 381

勸農政策 73

權文海 373

權幸 201

歸巢型 流移民 28, 39, 50, 56

귀양 216

귀화성씨 215, 216

귀화인 197

摸園史話 354, 369, 380

均貞 177

克相 184

克宗 184

金剛 253

今上皇帝 279, 281, 282

今俊 53

兢讓 83

其人制度 109

箕萱 49

金公亮 182

金公立 182

金綵 359

金克己 367

金寧 金氏 197

金樂 122, 123

金萬重 365

金猛 322, 330, 332, 333, 334, 336,
  337

金明(민애왕) 178

金沜 361

金法敏 162

金奉昌 185

金富軾 264, 346, 377, 380

金思恭 163, 164

金思仁 163, 164

金相貞 173, 174, 175

金序貞 173, 174, 175

金錫胄 353

金宣弓 202

金順元 171

金順貞 173, 174, 175

金時習 370, 371, 372, 388

金神述 175

金審言 296, 315

김씨부인 182

金陽 181

金良武 185

金英雄 179

金永昌 185

金銳 182

金元良 172

金元文 172

金元泰 172

金庾信 149, 161, 167

金庾信家 167, 176

金律熙 202

金殷傅 310

金仁門 162

金仁泰 162

金馹孫 358, 367

金立言 179

金立之 179

金宗直 358

金周元 91, 181, 200

金仲恭 177

金中庸 162

金志廉 165

金志滿 165

金眞平 157

金眞興 156, 157, 160

金鐵 122, 123

金體信 175, 176

金體貞 175, 176

金春秋 161, 162, 163, 377

金忠恭 177

金致陽 305, 317

金浦 公氏 226, 227

金咸雄 179

金行濤 106, 133, 189

金行波 121, 123, 124, 133, 189

金鉉 182

金孝貞 173, 174, 175

金后稷 161

金昕 181

金欽突 170

ㄴ

鸞郞碑序 369, 370, 377

男建 158

男産 158

男生 158

남양 228

南陽 房氏 225, 227, 229

南陽 徐氏 225, 227

南陽 宋氏 226, 227, 228

南陽 諸葛氏　226, 227
南陽 洪氏　197, 224, 227
能山　201, 205
能昌　47, 64

ㄷ

達官　170
당서　354
唐律　244, 265
唐城　227
幢元　171
唐洪　197
大恭　181
大觀齋夢遊錄　374
大光顯　40, 52, 78, 79, 114, 135,
　　140, 143, 144, 146, 198
大東韻府群玉　219, 373
大良院君(현종)　305
大廉　181
對馬島　54
大溟州院夫人　91, 200
大穆王后　122
大西院夫人　123, 201
戴宗　122
大昕　181
德曼　160
덕종　334
도당유학생　238
道詵　88, 89, 342
도시조　222

道允　121
돌림자　157, 158, 159, 160, 162,
　　163, 176, 184
東國史略　381
동국여지승람　381
東國李相國集　347
東國地理志　382
東宮　296, 298, 313
東宮官　296, 301, 303, 312, 313,
　　316, 317, 319, 320, 321, 322,
　　331, 333, 334, 336, 337, 338
동궁관제　302
동궁관직　321, 331, 332, 333, 334,
　　335, 336
東宮衙官　298
동래시기　229
銅輪　160
東明王篇　348
동문선　348, 366
동물 성씨　203
同本　196
東史綱目　343, 362, 382
東史問答　343
東史纂要　350
同姓　196
同姓同本　192, 195, 196, 197
同姓異本　195
東陽院夫人 庚氏　121
東人詩話　350
동일 세대　158

동일부계친 158, 169, 170, 173, 181, 184, 186, 190, 192
同一親族集團 90, 192
同族 195
동족의식 139
洞州 金氏 202
豆恩岾 116, 128

ㅁ

莫勤 158
莫德 158
萬夫橋事件 115
末世觀 49
沔川 卜氏 202
母系 177, 190, 239
冒姓 193
慕華思想 236, 237
穆宗 122, 305
木州 91, 203
夢良院夫人 朴氏 120
무력 진압 63, 64, 65, 66
武守 158
무역 216
무열왕 162, 163
무열왕계 164, 165, 175, 176
무장해적단 58
문묘 320, 321, 342, 344, 346, 357, 359
문묘배향 351, 352, 357, 358, 359, 360, 361, 362, 388

文洋海 376
문종 302
文昌侯 342, 344, 345
문헌비고 383
文化 柳氏 203
文姬 167
민적법 192
밀찬조업 342
密贊祖業說 341, 343, 344, 345

ㅂ

朴景伯 190
朴景山 119, 190
朴景仁 190
朴蘭鳳 210
朴守卿 118, 119, 120, 121, 123, 126, 189
朴守文 118, 119, 120, 189
朴述熙 259, 266, 291
朴英規 38, 210
朴儒 198
朴仁範 186
朴仁遠 186
朴濟家 372, 385
朴趾源 353
朴質榮 121, 133
渤海 383, 389
발해 유민 40, 134, 136, 138, 139, 140, 143, 145
발해 유이민 79

渤海系 流移民　28, 39, 50, 56

渤海考　383

裵玄慶　201, 202

伯飯　160

白玉三　201

백운소설　347

백인걸　361

白州　78

白川 劉氏　117

白川 太氏　143, 146

變姓　193

寶壤　65, 86

補閑集　343, 348

寶姬　167

卜沙貴　201

卜智謙　103, 201, 202, 235

本貫　92, 93, 94, 96, 144, 145,
　192, 195, 196, 204, 205, 207,
　209, 210, 211, 227, 230, 231

本貫姓氏制　190

本貫制　59, 90, 95, 185, 209

본관제도　93, 194, 206, 211, 214

封君分官說　237

封君地　195

鳳巖寺　83

封爵制　289, 300

父系　239

부계친　153, 155, 159, 172, 183,
　187, 246

부계친족제　187, 188, 189, 190

부계친족집단　155, 164, 177, 189

扶安林氏大同譜　220

扶餘忠勝　158

扶餘忠志　158

부자계승　246, 248, 260, 262, 296,
　312, 316, 337, 338

父子繼承原則　244, 265, 300, 315

北國　383

북방정책　110

北崖子　369

북진정책　112

북학파 실학자　372

불교식 돌림자　156

불교식 이름　163

불교정책　82

比干說　217, 218

ㅅ

賜貫　192, 197, 204, 206, 211

賜貫地　195

舍輪　160

사림파　359, 388

賜名　202, 203

徙民　79

徙民政策　78

私兵　104

四山碑銘　365

賜姓　59, 90, 91, 94, 191, 192,
　193, 196, 197, 200, 202, 203,
　204, 206, 209, 211

賜姓政策 90, 108
사신 216
事審官制度 108
寺院籍 87
山神 96, 210
山賊 64, 65
삼국사기 149, 157, 264, 342, 343,
    346, 378, 380
삼국유사 285, 381
三毛夫人 174
上大等 163, 164, 169
徐居正 350, 355, 367
西京 79, 109, 113
西京 經營 37, 132
西京 徙民 110, 121, 124, 129, 133,
    144, 145
徐訥 310, 319, 321, 322
西岳志 344, 352, 359
서역계 유이민 42
徐有榘 353, 354
庶子 257
西浦漫筆 365
徐弼 310
西河先生集 223
徐熙 310
釋迦族 159
선교 216
禪法寺 269, 277
善山 金氏 203
仙元 171

禪宗 81, 84
說文解字 150
薛聰 313, 342, 346, 352, 358, 361
姓 195, 213
姓貫 196
성관체제 204
성덕왕 164, 165, 166, 171
姓名制 185
姓氏 90, 177, 188, 189, 191, 193,
    196, 210, 211, 214, 227, 231,
    238, 240
姓氏 賜與 195
姓氏制 185, 187
성씨제도 204, 214, 237
聖源錄 116
成任 373
成貞王后 172
成宗 122, 300, 301, 305
成俔 350, 355
星湖僿說 382
城隍神 96, 210
세종실록지리지 194
소목 263
昭穆論爭 264
昭文太后 172
小西院夫人 金氏 123, 201
蘇律熙 202
蘇定方 210
小中華意識 237
소화시평 353

小黃州院夫人 122

續日本紀 173

首露王 196

수리사업 88

秀昇 177

隨院僧徒 85

守護神 210, 212, 235

淑貞王后 173

叔興 183

순수식 이름 187

順之 117

順天 金氏 250

勝曼 160

時務十餘條 384

始祖 90, 96, 196, 210, 235, 240

始祖東來說 236, 237

諡號 157

食邑制 289

神劍 38, 189, 253, 254

神光菩薩 189, 248, 249

神光鎭 79

新羅系 流移民 28, 29, 33, 56

新羅坊 54

申崇謙 103, 122, 125, 189, 201,
202, 205, 210

신안동 김씨 197

申緯 354

申維翰 365

神人說 217, 218

神靜王太后 皇甫氏 122

信州 康氏 124

信州院夫人 康氏 124

신증동국여지승람 231, 367

申采浩 377

神惠王后 柳氏 118

실학자 388

沈義 374

ㅇ

아방강역고 383

阿於閒 66

阿志泰 250

安東 權氏 203

安東 金氏 203

安東 張氏 203

안유 361

安長 184

安鼎福 362, 379, 382

安宗(王郁) 122, 305, 321

哀宣 77

耶律阿保機 41

良劍 189, 253

梁吉 49

彦昇 177

女眞系 流移民 28, 41, 50, 56

櫟翁稗說 128

延慶君(덕종) 309, 313, 319, 334,
336, 337

연호 273, 274, 275, 288

廉相 130, 131, 132

永順 太氏 143

禮記 150, 244

禮山鎭 69

禮山縣 74

禮成江 126, 128, 129, 141, 142

禮英 177, 180

禮徵 178

醴泉林氏世譜 218, 220

梧溪日誌集 368

烏山城 74

五常 162, 177, 180

吳元卿 125

五洲衍文長箋散稿 368

吳闡猷 125

五行 152

沃川 陸氏 226, 227

溫陽 方氏 225, 227

王可道(李子林) 310, 329, 332, 333,
    334, 336, 337

왕건 103, 251, 342

王景 90, 91, 199, 200

王繼 78, 141, 198, 202

王規 120, 198, 278, 291, 292, 293,
    294

王規의 변란 303

王能長 198

王廉 202

王武(惠宗) 299, 300

王伯 90

王順式 90, 91, 199, 200

王式廉 112, 120, 131, 132, 292

王申一 198

왕실족내혼 309

王氏 197, 198

王乂 91, 200

王郁(安宗) 305, 321

왕위계승 244

왕위계승원칙 255, 256

왕위계승자 298

王儒 198

王佋(景宗) 299, 300

王治(成宗) 300

王亨(靖宗) 338

외래 성씨 215

외래계 성씨 215

外王內帝 283

龍劍 189, 253

龍女 116, 128

傭兵 81

慵齋叢話 350

龍珠坊 219, 220, 221

우리말식 이름 159

牛峰 太氏 143, 146

祐徵(신무왕) 178

雲門寺 84

원성왕 177

원성왕계 177, 179, 246

元子 256

原州 元氏 224, 227

元昌王后 128

元曉 370

月鏡院夫人 朴氏 120

威肅王后 韓氏 117

魏昕 181

庾黔弼 80, 111, 114, 121, 130, 132,
 210

유교식 이름 184, 186, 187, 189

유교식 인명 161

유교식 항렬자 162, 180

劉權說 201

柳矜順 126

柳得恭 383

유망 32

庾方 321, 324, 332, 333, 334, 336,
 337

劉相晞 117, 128, 133

柳韶 319, 321, 324, 332, 333, 334,
 336, 337

流移民 25, 27, 31, 33, 62, 68, 69,
 73, 77, 85, 93, 95, 206, 207,
 209, 212, 216

流移民政策 63, 98, 211

有一 363, 365, 370

유조 298

劉瑨 296, 318

劉徵弼 330, 332, 334, 336, 337

柳車達 125

柳陟良 202

柳天弓 118, 202

遊清凉山錄 351

유학지식인 185, 186

柳憲英 118

俞好仁 367

6두품 104, 186, 188

允文 167, 168

尹瑄 44, 51, 53, 125, 133

允中 167, 168

允忠 168

允興 183

邑姓 203

義官 170

宜寧 玉氏 226, 227

義城 金氏 203

義城 洪氏 202

義英 177

義慈王 158

擬制家族 107, 198

義直 158

李堅雄 125

李圭景 368

李奎報 347, 370, 371, 388

李袑會 202

李德懋 356

李棹 202

吏讀文 271

璃目 87

異腹兄弟 190, 254

吏部尙書 233

李穡 367

異姓同本 195

異姓異本 195

李晬光　351

李承休　348, 381

里審使　86, 208

李元　321, 324, 332, 333, 334, 336, 337

李珥　361, 372

李瀷　382

李仁老　346

伊帝建　127

李齊賢　112, 116, 117, 367

異族　195

李重煥　367, 376

李陟良　202

李滉　360, 365, 366

伊昕巖　105

仁謙　177

인구이동　25, 27, 206, 216

仁守　158

일본계 유이민　42

一然　381

林開 자손설　217

林放 후손설　217

임씨 시조　239, 240

임씨유래설　218

林椿　223

林春吉　106

林八及　214, 219, 222, 223, 224, 227, 230, 232, 234, 236, 240

입당신라인　181

ㅈ

字　187

自稱姓　193

作帝建　116

長湍 韓氏　117

張保皐　54

長子　257, 297

장자계승　254, 257, 262

長興 魏氏　224, 227

再從兄弟　179

赤袴賊　47

嫡子　256

嫡長子　257, 303

적장자 왕위계승　316

嫡長子繼承　244, 254, 263

田錄生　349

全義 李氏　203

折中　121

정강왕(晃)　179

鄭克後　352, 359

貞德王后　118

정몽주　361

靜庵集　361

丁若鏞　383

正胤　258, 260, 299, 300

鄭以吾　367

定宗　120, 260, 288, 292, 293, 303

鄭知常　346

정통성　307, 309

帝王年代曆　378, 388

帝王韻紀 348, 381

諸王制 300

諸侯國 282, 286, 289

조광조 361

조선도교사 368

朝鮮王朝實錄 357, 358

兆陽林氏大同譜 220

趙汝籍 368

曺偉 350, 375

趙宜白 368

趙浚 350, 384

趙憲 372

족내혼 309, 310, 311, 316, 337

족보 196, 215, 237

族譜行列 152

尊號 157

宗廟 263

宗法 258

宗法意識 244, 245, 263, 265, 316

從兄弟 183, 185, 187

좌전 150

주거지 택정 77

周世鵬 351, 359

주첩 208

峻豊 275, 280, 281, 287, 288

중국 215

중국 林氏 217, 218, 219

증보문헌비고 217, 218, 228

지공거 334, 335, 336, 337

芝峰類說 351

智炤夫人 167

직계계승 257

直系孫 257

진골 104

진골귀족 167, 169, 176, 181

眞功 168, 170

眞福 168, 169, 170

진성여왕(曼) 179, 339

振威 230, 231

振威 金氏 232

振威 李氏 232

眞種說 159

眞珠 168, 170

晉州 邢氏 225, 227

眞平王 160

眞欽 168, 170

진흥왕 156

ㅊ

次子 256, 257

蔡忠順 321, 323, 332, 333, 334, 336, 337

天官 170

天授 287, 288

천자국 282

천추태후 317

천하관 289

靑光菩薩 189, 248, 249

淸明(애장왕) 178

淸長 184

靑壯館全書 356

淸川江 132

靑鶴集 368

淸虛堂集 364

體明 178

草溪 卞氏 226, 227

村主 104

崔孤雲傳 369, 374, 375

崔光遠 190

崔光胤 190

崔亮 300

崔士威 296, 318, 320, 322, 328,
332, 333, 334, 336, 337

崔棲遠 185

崔善之 345

崔承老 386

崔承祐 339, 362

崔彦撝 190, 300, 362

崔凝 300

崔仁渷(崔彦撝) 339

崔滋 348

崔貞獻 125

崔齊顏 296, 315, 316, 319, 322,
326, 332, 333, 334, 336, 337

崔濟愚 370, 373

崔知夢 300

崔沖 295, 296, 319, 322, 327, 332,
333, 334, 336, 337, 338

崔致遠 185, 313, 320, 321, 339,
340, 342, 344, 345, 352, 354,
358, 359, 360, 361, 362, 364,

365, 370, 377, 389

崔沆 296, 314, 318, 320

崔瀣 349

崔行歸 190

崔行宗 190

추대 298

忠常 158

取民有度 66, 71, 73

친족제도 153

친형제 172

七代實錄 314, 315, 319

E

泰封系 流移民 28, 34, 56

太子 258, 296, 297, 299, 333, 335,
336, 338

태자궁 298

太子師傅 259, 300

태자제 300

태조 194, 210, 235, 341

太平二年 273, 276, 293

太平二年銘磨崖藥師佛坐像 269

太平通載 373

太平興國 273, 275

太平興國銘磨崖菩薩坐像 270

擇里志 214, 367, 376

토성 204, 206, 212

土姓分定 86, 94, 206, 207

土洪 197

투항 216

ㅍ

파병 216

파한집 346

八學士 214, 222, 223, 224, 227, 228, 229, 230, 232, 239

浿江鎭 117, 120, 126, 127, 129

패서 호족 115, 116, 127, 128, 129, 133, 134, 138, 139, 142, 145

浿西地方 111, 123, 126, 127, 128, 129, 139, 143, 145

浿西地域 79, 145, 189

彭城 220, 221

編年通錄 117, 137

編戶 79, 80

平山 朴氏 119, 121

平山 申氏 126, 202, 205

平山 太氏 143, 146

平壤 109

평양 경영 112

平壤君(靖宗) 338

平澤 228, 230, 231, 234

平澤 金氏 231

平澤 林氏 214, 217, 219, 222, 223, 226, 227, 228, 230, 231, 232, 240

平澤 田氏 231

평택임씨족보 219, 228

표착 216

풍수지리설 89

피난 216

避諱制 166, 176

ㅎ

하남 교산동 약사불좌상 269

한림학사 234

韓無畏 368

韓百謙 382

韓彬卿 310, 311, 332, 333, 334, 336, 337

韓藺卿 310, 311, 329

漢姓 206

韓申一 198

漢人系 流移民 28, 41, 56

한자식 성명 187

한자식 이름 159

漢字式 人名 157

韓鎭書 383

항렬 152, 154

行列字 153, 154, 155, 158, 159, 160, 161, 162, 163, 175, 177, 178, 180, 183, 184, 185, 186, 187, 188, 189, 190

海東繹史續 383

海東異蹟 368

海東傳道錄 368

海東天子 284

海上勢力 103, 126, 127

海眼 365

海印寺 384

海賊 64

海平 吉氏 226, 227

幸州 殷氏 226, 227

許筠 352, 356

헌강왕(晸) 179, 339

獻哀王太后 122

獻哀王后(千秋太后) 305

憲貞 177, 181

獻貞王后 305

顯宗 122, 295, 305, 306, 307, 309, 310, 312, 319, 335, 336, 337, 338, 342

형제 187

형제계승 260

惠宗 258, 260, 291, 303

戶籍 94, 207, 208, 209, 212

豪族 101, 104, 116, 194, 196, 197, 204, 207, 211

호족통합정책 104

혼인정책 107, 260

洪侃 348, 367

洪萬宗 353, 368

洪錫周 354, 356

洪術 202

弘術 202

洪儒 77, 103, 123, 202

桓宣吉 105

皇都 275, 280, 281, 284

皇甫能長 198

皇甫悌恭 122

皇甫悌弓 133

황제 285

황제국 283, 286, 294

黃周亮 296, 319, 322, 325, 332, 333, 334, 336, 337

孝令 司空氏 226, 227

효성왕 171

後高句麗 111

後金海 金氏 197

후백제 253

後百濟系 流移民 28, 37

후삼국통일 63, 211, 243

후삼국통일전쟁 235

訓要十條 62, 82, 89, 99, 115, 243, 245, 255, 260, 261, 262, 265, 266, 267, 314, 315, 316, 319, 337

休靜 364, 370

김창겸(金昌謙)

경상북도 김천에서 태어나 김천고등학교와 영남대학교 국사학과를 졸업하고(문학사), 성균관대학교 대학원 사학과 석사과정과 박사과정을 졸업하였다(문학석사. 문학박사). 한국학중앙연구원에서 수석연구원으로 근무하면서 연구실장과 한국학진흥사업단 부단장을, 그리고 신라사학회 회장, 문화재청 문화재위원회 전문위원을 역임하였다.
현재는 김천대학교 기초교양학부 교수로 재직하고 있다.